図説 西洋建築史

グルッポ7
陣内秀信
太記祐一
中島智章
星 和彦
横手義洋
渡辺真弓
渡邊道治

彰国社

装丁・レイアウト/伊原智子

はじめに

ヨーロッパという存在

　地球の温暖化が取り沙汰される昨今、かつてアメリカの建築家バックミンスター・フラーが提唱した「スペースシップ・アース」というイメージがよく頭に浮かぶ。「宇宙船地球号」に乗ったすべての人々は、有限の環境を分かちあう運命共同体であり、内部で争いや戦闘にかかわっている余裕など本当はないはずなのだ。

　地球上に棲息する社会の中で、やはり一番成熟した「大人」の貫禄を見せているのは、ヨーロッパであろう。人間にたとえるならば、平和と栄光の日々ばかりでなく、争いや病苦や破綻も数々経験し、長く生きた証である古く優雅な品々に囲まれて悠然と暮らしながら、なお新しい試みにも挑戦する、知的で魅力的な年輩者のような存在である。もちろん、蓄積された文化や富の背景には植民地から搾取した過去という暗部も見つかるが、それも今はほぼ精算されているらしい。気になる人物の経歴を探るように、ヨーロッパの歴史を概観してみよう。

　〈古代〉の主要な舞台は地中海の周辺地域で、エジプト文明についでエーゲ海文明が起こる。そしてヨーロッパの精神的な故郷とでもいうべき高雅なギリシア文明が花開き、やがて古代ローマの文化圏に吸収されていく。ヨーロッパの内陸部は深い森に覆われた辺境の地であったが、次々とローマの属州に組み入れられていく。

　やがてゲルマン民族の大移動が始まる中、ローマ帝国は衰亡への道をたどり、東西に分裂したあと、西ローマ帝国は476年に滅亡するが、東ローマ帝国はコンスタンティヌポリスを中心にその後も独特のビザンツ文化を展開し、1453年にオスマン・トルコによって陥落されるまで、およそ千年を生き延びる。一方、西ヨーロッパでは混沌の中からキリスト教と封建制を中心とした中世社会が確立していく。

　〈中世〉の半ば頃までは農村社会を基盤としていたが、12世紀頃から都市の発達が顕著となり、手工業や商業の繁栄を伴った都市文化の中から新しい時代、〈ルネサンス〉の幕が15世紀初頭に開かれる。16世紀の主要な出来事は、プロテスタントの台頭による宗教戦争であるが、カトリックの巻返しの運動の中から〈バロック〉様式が生まれる17世紀は、絶対主義王政の時代でもあった。18世紀にはヨーロッパ文化があらゆる面で爛熟期を迎えるが、啓蒙主義の風潮の中から〈新古典主義〉様式が台頭し、フランス革命等を経て19世紀の工業化された市民社会へと入っていく。

　ヨーロッパの魅力はこうした歴史を傍証する遺跡や建築遺構に恵まれていることである。ヨーロッパ都市の歴史的中心部はどこも、その都市が最も輝いた時代の雰囲気を今によく伝えている。さらに書物や絵画的

な史料（都市図、建築図面、庭園の図など）の豊富なことも、建築史研究に利するものである。第二次大戦後には破壊された建物や街並みを復元する試みがあちこちで見られたが、古いものを保存し記録することへの執着の強さは特筆に値する。まさにその点こそ、わたしたちが一番見習わなければならないことかもしれない。

建築の歴史をたどる楽しみ

　本書は、「西洋建築史」の入門書として編集されたものである。「ヨーロッパ建築史」とせず、「西洋建築史」の呼称を踏襲したのは、明治時代に確立された日本、東洋、西洋、近代という建築史の区分に、歴史的な価値と有効性を認めるからである。西洋建築のダイナミックな変遷は、様式の発展史としてすでに見事に体系化されており、その体系自体をたどることのおもしろさこそ、まず伝えたいものである。しかしそれが太い幹であるとすれば、途中では幾重にも枝が別れ、葉も茂っている。大きな流れに沿って叙述しながらも、豊かに枝葉が分岐していることのヒントも示し、建築史を学ぶことの楽しさを伝えるよう努力すること。それが、わたしたちの設定した目標であった。

　そのために、全体を〈古代〉〈中世〉〈ルネサンス〉〈バロック〉〈新古典主義・19世紀〉の五つの章に分け、さらに各章に15のテーマを設定し、各テーマは見開き２ページで完結させるという構成にした。各章の扉には、時代ごとの大きな流れがわかるような解説が置かれているが、それ以外は比較的自由な発想でテーマを選定し、既存の概説書にはない新しい切り口や興味を引きそうな面白い話なども可能な限り盛り込むことにした。

　本書の企画は彰国社の中山重捷氏と陣内秀信氏の話合いから始まった。他の６人は陣内氏の呼びかけで集まったが、７人が平等にかかわる形で進めたいという氏の強い希望に従って、上述の方針や担当部分を決める会議はきわめて民主的に楽しく行われた。陣内さんは監修者にはなりたくないと固辞したが、私たちにとって常に中心人物であったことにかわりはない。他のメンバーが欠席することはあっても、彼のいない会議はなかった。その立場は、自身もチェンバロなど弾きながら指揮もする古楽器アンサンブルのリーダーに似ていたかもしれない。各奏者は誰も情熱では負けていないが、全体が妙なるハーモニーを奏でているかどうかは読者の判断を待つばかりである。

2005年２月
渡辺真弓

目次

はじめに ──────── 3

■古代
「建築」の誕生 ──────── 8
1 粘土の王国 ──────── 10
2 永遠なる建築を求めて ──────── 12
3 ギリシア神殿の建築美 ──────── 14
4 建築の文法としてのオーダー ──────── 16
5 ランドスケープと神域 ──────── 18
6 古代民主政の都市生活 ──────── 20
7 ゾーニングと景観の都市計画 ──────── 22
8 ローマの市民生活の中心─フォルム ──────── 24
9 ローマ都市の娯楽施設 ──────── 26
10 ローマ都市の都市住宅 ──────── 28
11 地中海都市の基礎としての古代都市 ──────── 30
12 ヴィラ建築のはじまり ──────── 32
13 記憶の継承 ──────── 34
14 帝都の建築 属州の建築 ──────── 36
15 古典建築を造るもの ──────── 38
column 教会堂の種類/各国語の人名 ──────── 40

■中世
天上の楽園を求めて ──────── 42
1 「神の家」の建設 ──────── 44
2 死と再生の場 ──────── 46
3 古代最後の輝き ──────── 48
4 ビザンツの煌めき ──────── 50
5 瞑想から生まれた帝国 ──────── 52
6 ロマネスクの石 ──────── 54
7 罪深き愚か者 ──────── 56
8 異文化混淆の建築 ──────── 58
9 ゴシックの光 ──────── 60
10 教会堂の空間 ──────── 62
11 遍歴する職人 ──────── 64
12 都市の空気 ──────── 66
13 小宇宙の秩序 ──────── 68
14 聖と俗とのはざま ──────── 70
15 世俗権力の構築物 ──────── 72
column 時をとどめ、時を刻む/様式のイメージ ──────── 74

■ルネサンス
再生の創造力 ──────── 76
1 フィレンツェ花の都 ──────── 78
2 再生という名の創造 ──────── 80
3 音楽、数、建築の比例 ──────── 82
4 ヒューマニズムと教会建築 ──────── 84
5 書物の力 ──────── 86
6 透視図法と新しい世界観 ──────── 88
7 宮廷文化とパトロン ──────── 90
8 建築家像の変遷 ──────── 92
9 偉大なるパラッツォ ──────── 94
10 美しき田園のヴィラ ──────── 96
11 ルネサンス都市の理想像 ──────── 98
12 ルネサンスの祝祭性 ──────── 100
13 マニエリスムの創造力 ──────── 102
14 ルネサンス建築の伝播（フランスとスペイン）──────── 104
15 北方での多様な展開（ドイツ、ベルギー・オランダ、イギリス）──────── 106
column 戦利品としての建築/鮮やかに彩られていた建築 ──────── 108

■バロック
教権と王権が支えた総合芸術 ──────── 110
1 反宗教改革の建築 ──────── 112
2 教皇の都市ローマ ──────── 114
3 装いに真実を求めて ──────── 116
4 ドームの幾何学 ──────── 118
5 王権の建築 ──────── 120
6 王権とパリの勃興 ──────── 122
7 野外祝典とフランス式庭園 ──────── 124
8 機械の幻惑 ──────── 126
9 建築と新旧論争 ──────── 128
10 百花繚乱のロココ ──────── 130
11 啓蒙絶対主義と後期バロック ──────── 132
12 市民の建築 ──────── 134
13 都市と国家戦略 ──────── 136
14 劇場建築の発展 ──────── 138
15 図面の力 ──────── 140
column 建築と模型/ローマのオベリスク ──────── 142

■新古典主義・19世紀
高まる歴史意識と新しい建築の模索 ──────── 144
1 新しき古代 ──────── 146
2 原初からの再出発 ──────── 148
3 幻視の建築家たち ──────── 150
4 風景の中の建築 ──────── 152
5 廃墟の美学 ──────── 154
6 建築家の旅 ──────── 156
7 ギリシアを尋ねて ──────── 158
8 ゴシックの再燃 ──────── 160
9 建築の蘇生術 ──────── 162
10 「様式」の乱立 ──────── 164
11 集うブルジョア ──────── 166
12 快適な都市をめざして ──────── 168
13 ヨーロッパ世界の拡大 ──────── 170
14 工学としての建築 ──────── 172
15 高さへの挑戦 ──────── 174
column 映画と都市/中庭という空間 ──────── 176

ヨーロッパの建築史年表 ──────── 177
おわりに ──────── 178
参考文献 ──────── 179
図版出典リスト ──────── 181
人名索引 ──────── 186
建物索引 ──────── 190

凡例
- 建設年代は西暦で表記し、起工年や竣工年の判明している場合は、とくに付記した。
- 年代表記におけるハイフン (-) は「○年から△年」の「から」を示し、スラッシュ (/) は「○年ないし△年」の「ないし」を示す。
- 建物に関する表記は、建物の名称（設計者名〔ない場合もある〕、場所〔都市名ないしは国名〕、建設年代）の順を基本とする。建物名にすでに都市名が付記されている場合、場所は国名となる。
- 建物の名称・人名は、日本建築学会編『西洋建築史図集』（彰国社刊）を基本としているが、場合によっては修正した。
- (→バ2❶) …バロック２のページの図❶を見よ、との指示を示す。
- 巻末の索引は建物の名称、人名をもとに五十音順に並べてある。

古代
Ancient

粘土の王国

永遠なる建築を求めて

ギリシア神殿の建築美

建築の文法としてのオーダー

ランドスケープと神域

古代民主政の都市生活

ゾーニングと景観の都市計画

ローマの市民生活の中心——フォルム

ローマ都市の娯楽施設

ローマ都市の都市住宅

地中海都市の基礎としての古代都市

ヴィラ建築のはじまり

記憶の継承

帝都の建築　属州の建築

古典建築を造るもの

古代―「建築」の誕生

古代の建築史は他の時代に比較して時間的には最も長い期間を対象としている一方、地域的な広がりの観点からすればやや限定されている。その中で古代は単なる建物ではない「建築」を生み出した時代である。言い換えれば、「建築」の定義を示し、そのモデルをつくり出した時代である。古代の各地の建築はそれぞれに独自の建築のモデルをつくり出し、その定義とモデルは近代建築が始まる19世紀中頃まで西欧世界で連綿と受け継がれ、現代においてもそのもつ意味は生き続けている。すなわち、建築は特定の役割を果たす容器あるいは特定のものを入れる入れ物ではなく、当時の工学技術、芸術を最大限に用いて、そこにある種の美的効果を備え、物体としても意匠としても耐久性のあるものでなければならなかった。そして壁や天井をつくることのみが意味をもつのではなく、それらで囲まれた空間そのものをつくることも同時に重要な意味をもつことであった。その建築はメソポタミアの地に誕生した。

　紀元前7000年期のイェリコの遺跡などから紀元前6世紀のアケメネス朝ペルシアに至るメソポタミアの建築は、日干しレンガやレンガによる組積造とアーチ構法、壁面の立面意匠、軸線による部屋の構成を建築にもたらした。土を水でこね、天日で乾かしてつくった日干しレンガを層状に積み、前面から奥の部屋に向かって軸線上に二つの入口を並べる原初的な軸線構成はすでにイェリコ遺跡に見いだせる。紀元前2000年期初期には日干しレンガやレンガによるヴォールト天井が架けられていた。そうした壁体の表面に浅い凹凸をつけたり、タイルや時には彩釉タイル、あるいは浮彫りを施した石板を表面に張ることで、組積造建築の立面意匠の手法を確立した。

　これに対して、紀元前5000年期の先王朝時代から紀元前1世紀末にローマに併合されるまで続くエジプトの建築は、石材による組積造とその立面意匠、中心軸を強調した軸線構成によって建築に永遠性を与えようとした。すなわち、材料、形態、空間における永遠性である。当初はメソポタミア同様に日干しレンガを用いていたが、紀元前2000年期中頃には石材が使われるようになり、そこで確立された石材加工の手法は古代を通じて大きな変更なく受け継がれた。それによって建築の耐久性は飛躍的に高まった。そしてピラミッドに見られるごとく、何物にも侵されない単純な幾何学形態による外観、その壁面には浅い凹凸による陰影感のある立面意匠、内部には石造の柱と梁の意匠が生まれた。さらに、神殿に代表される完全な左右対称性と中心軸上に開口部を連続させることから生まれる奥行感は、無限につながる空間、言い換えれば空間の永遠性を示唆している。

　紀元前3000年頃より紀元前1100年頃まで栄えたクレタ・ミュケナイ建築を受け継ぎ、紀元前1000年期初めからギリシアの建築はポリス（都市国家）のもとで生まれた。その建築は石造による柱・梁構造にオーダーという新しい美的概念を生み出し、同時にミレトスに代表される明確な都市計画をつくり出した。彼らは柱に梁を載せる構法による建物を単なる小屋ではなく美的価値をもつ建築とするために、その構成、比例、装飾についての規範をつくり出した。それがドリス式、イオニア式、コリント式の3種のオーダーであり、その建築美は神殿建築に集約されている。紀元前4世紀末に始まるヘレニズム建築は、神域やアゴラにおける空間への認識が芽生えるとともに、ギリシア建築の一層の普遍化と理論化、地域的な広がりを引き起こした。つまり、オーダーやペリステュリウムを中心とする住宅形式、列柱廊で囲まれたアゴラなどの広がりに代表される建築の国際化が地中海を取り巻く世界で興ったのである。

　ローマの建築は当初エトルリア建築のもとで、その後ヘレニズム建築の影響のもとに形成されていった。その建築は「建築空間」を明確に意識し、その「建築空間」をつくることこそ重要な意味をもつことを新たな概念として建築に付加した。そしてそれを可能にしたのが紀元前3世紀頃より使われ始めた新しい建築材料コンクリートである。いかなる形も可能なコンクリートによって多種多様な形態を持つ建築が生み出され、外観も内部空間も同等の重要性をもって建設されることとなった。またローマ人は、円形闘技場や記念門に見えるように、組積造に由来するアーチの構法と柱・梁構法にもとづくオーダーの意匠を一体化した立面の意匠法を確立し、それは最も重要な建築の意匠法の一つとして近代建築が始まるまで使われ続けたのである。さらに彼らは都市という概念を最も明確に意識し、そこに少なくとも必要とされるものを備えた都市を地中海全域を含む広大な領土内に無数につくり出した。それに伴い必要とされる種々の新しい建築タイプ、たとえばバシリカ、円形闘技場、浴場、ヴィラなどを生み出した。それは自らの生活スタイルを普遍化し各地に定着させることを意味し、そうした生活スタイルを可能にしてくれる都市や建築そのものも同時に普遍化することであった。（渡邊道治）

1 粘土の王国

最初に文字による記録を残した人々、シュメール人。彼らが書いた人類最古の叙事詩『ギルガメシュ』。そこに旧約聖書のノアの方舟と洪水の伝説の原形がある。最初の成文法を成立させた国、古バビロニア王国。彼らのハンムラビ法典にはすでに手抜き工事を禁止する規定がみられる。すべては土から生まれ、しかし土に帰っていく。

●メソポタミア文明

メソポタミアとは、ギリシア語で「川の間」を意味する。現代のイラクとその周辺だ。ギリシアから遠く離れているのにギリシア語の地名で呼ばれるのは、現代の世の中がギリシア文明に大変影響されているからだ。しかし確かにメソポタミアほどこの地方の地勢上の特色を的確に表現した言葉はない。メソポタミア地方はチグリス川とユーフラテス川と二つの大河の流域で、中心は二つの大河の間なのだ。

今から5000年以上前、この土地にはシュメール人が暮らしていた。そして世界最古の文学作品が生まれた。英雄ギルガメシュを主人公とする叙事詩である。ギルガメシュはウルクという都市国家の架空の王だ。つまり当時すでに神殿や宮殿といった複雑な建築や、それらが建つ都市がメソポタミアにあったことがわかる。

この時代、都市の中心は神殿であった。神殿は最初、簡単な基壇の上に建てられた。やがてこの基壇は天の高みを指向して徐々に高さを増し、巨大な人工の山、ジッグラトへと発展した（❶）。このような宗教施設の隣に宮殿が建てられた。そして神殿と宮殿の周囲に街区が整備され、その街区の周囲を城壁が囲んでいた。ジッグラトや宮殿は巨大な建築だったが、粘土をこねて天日で乾燥させた日干しレンガでつくられていた。とくに紀元前23世紀から22世紀にかけてのウルの町の遺跡は有名だ。この巨大な人工の山のような神殿ジッグラトの話に尾鰭がついて旧約聖書のバベルの塔の逸話になったと考えられている。

●ジッグラトと空中庭園

紀元前18世紀の古バビロニア王ハンムラビの頃から、メソポタミア地方は大きな帝国が地域全体を一つにまとめるようになっていく。国が大きくなると国王の力も強くなる。それとともにジッグラトよりも宮殿が、建築の主になってくる。とくに重要なのはアッシリア王国だ。この国は、小アジアで鉄を用いて繁栄したヒッタイトに対抗し、バビロニアを、後にはエジプトをも制圧した。ニネヴェやホルサバードの遺跡はアッシリア帝国の主要都市として有名だ。こういった都市の中心は宮殿で、中庭とそれを取り囲む諸室が複雑に組み合わさって全体が構成されていた。

アッシリア滅亡後、いわゆる中近東地方はエジプト、リディア（小アジア地方）、新バビロニア（メソポタミア地方）、メディア（イラン高原）の四王国に分裂した。

世界の七不思議とは古代ギリシアの著述家フィロンが選んだものだが、残念ながらピラミッド以外はすべて失われてしまった。その一つにバビロンの空中庭園がある。もちろん庭園が空中に浮かんでいるわけではない。宮殿の屋上に緑豊かな庭園を整備したものと考えられているが、給水方法など細いところはよくわからない。この空中庭園は紀元前6世紀初めに新バビロニア（カルディア）王国のネブカドネザル2世が首都バビロンの王宮に建てさせたものだ（❷、❸）。このバビロンの繁栄を今日に伝えるものの一つにイシュタル門がある（❹）。極彩色のレンガで飾られた壮麗な門で構造的には焼成レンガ造、外見はベルリンの博物館に復元されている。バビロンの都は聖書にも登場する。バビロニアがユダヤを占領したこともあって、爛熟した都市文化は背徳の都として描かれたため悪名高くなってしまったが、庶民は普通の生活をしていたはずだ。

メソポタミア地方の都市住宅はどの時代も基本的には

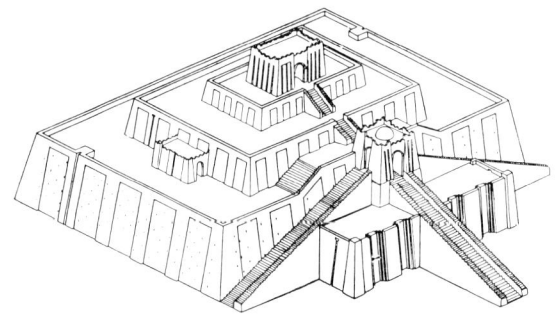

❶ ウル第3王朝時代のジッグラト（イラク、前22世紀頃）

同じ構成だ。曲がりくねった街路を持つ街区に住宅が密集して建っている。宮殿と同様、住宅は中庭が中心で、多くの部屋が中庭に向かって入口を持っていた。家の外側は壁で閉ざされるか、窓があっても覗けないような高いところに小さな開口が穿たれているだけだった。

●オリエントの大帝国

紀元前6世紀になると、メディア貴族アケメネス家のキュロスという男がペルシア帝国を建設した。この国はやがて小アジアやエジプトからインドまで至る大帝国に発展し、紀元前480年ダリウス（ダラヤウォシシ/ダイレイオス）1世の時にギリシアに攻め込み、パルテノン神殿もろともアテネ（アテナイ）を焼き払った。ペルシア帝国は現在のイランに基盤があり、国教はゾロアスター（ザラスシュトラ/ツァラトゥストラ）教、実質上の首都スーサと儀礼のための都ペルセポリスと二つの都を整備した。とくに注目すべきはペルセポリスで、軸線と対称性を重視した壮大な計画の宮殿都市だ（❺）。メソポタミアの中庭中心の構成と異なり、グリッドに並べた柱で屋根を支えた大ホールを連続させた全体計画となっている（❻）。ダリウス1世の命令で建設が始まったが、メソポタミアやギリシアなどさまざまな地域の影響がみられた。ダリウス3世がアレクサンドロス大王に破れ、ペルシア帝国が滅ぶまで、200年にわたって拡張が続けられた。（太記祐一）

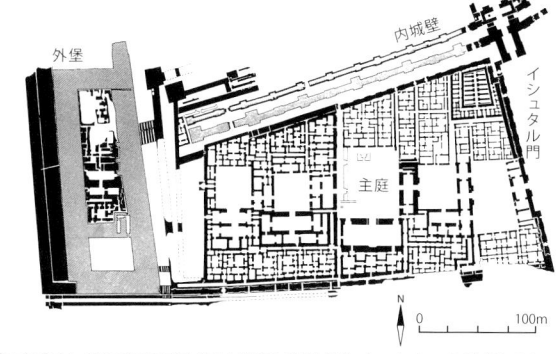

❸バビロンの王宮平面図（屋上庭園は東北隅にあったという説がある）

❹イシュタル門の復元図

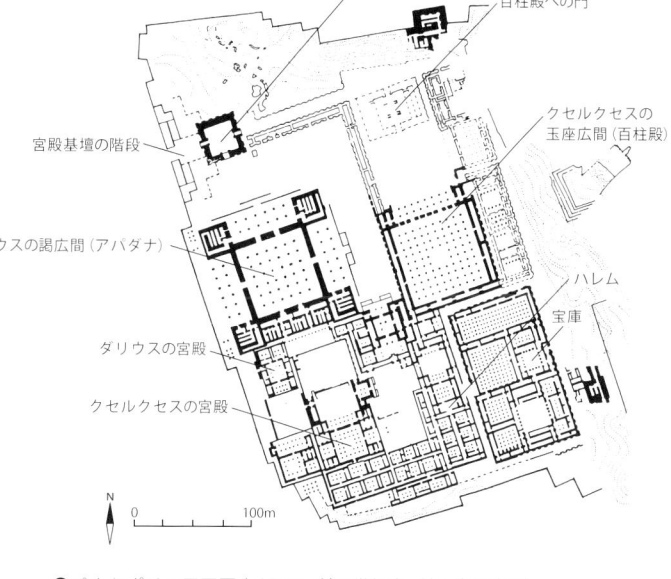

❺ペルセポリス平面図（イラン、前6世紀末-前4世紀中頃）

❻ペルセポリス百柱殿復元図

❷バビロンの市街図（前6世紀前半）

2 永遠なる建築を求めて

「諸君、4000年の歴史が君たちを見守っている！」とナポレオンは麾下の軍を鼓舞した（という「伝説」をつくった）。古代のギリシア人やローマ人にとっても、エジプト文明はすでに憧れの「古代」であり、ヘロドトスを驚嘆させたピラミッドはユリウス・カエサルの戦いをも見守ったのである。文明は去ったが、それが残した石の構築物は今なお揺ぎない。

● 古王国時代とピラミッド

ひとくちに「古代エジプト」といっても、その一語の中に数千年の歴史が詰まっている（時代区分は下表参照）。

エジプト建築を代表する遺構ピラミッド（古代エジプト語ではメフ）は、古王国から第11王朝まで大小80基ほど発見されている。最初のものは第3王朝ジェセル（ネテリクヘト）王がイムヘテプにつくらせたサッカラの「階段ピラミッド」（前2620-2600頃）で、王侯貴族の地下墳墓（その形状から、後世、マスタバ（アラビア語で腰掛けの意）と呼ばれる）から発達したと考えられている。地上部に「王宮ファサード」と称される凹凸壁体をめぐらせており、メソポタミアの宮殿建築の影響が指摘されている。

さらに、「屈折ピラミッド」（前2600頃）など5基を残した第4王朝スネフェル王の治世、「赤ピラミッド」（前2600頃）で初めて角錐形が採用され、標準形となる。構造はどうなっているのだろうか。階段ピラミッドは弁当箱を重ねた構造にみえるが、実は角錐台形の石造構築物を核に、内側に傾いた石造壁体を、高さを低めながら縦に重ねたものである。スネフェル王が第3王朝フニ王から引き継いだメイドゥムのピラミッド（前2600頃）の崩れた遺構に見てとれる（❶）。これに化粧材を施すと角錐になる。

したがって、この時代のピラミッドの傾斜は内部の構造壁の傾きによって結果的に定まったものである。通常、高さ1腕尺（キュービット）（＝7掌尺（パーム）＝約52.5cm）に対して水平距離2掌尺の傾きで（2セケドの傾きという）、壁厚10腕尺、高さの低減一段当たり20腕尺の場合、その構造体を覆う四角錐の傾きは5.5セケド、つまり、51度50分34秒となる。

クフ、カフラー、メンカウラーによるギザの三大ピラミッドは別の構造を持つ（❷）。下から水平に石の層を積み上げる形式で、下部では1m立方の石材が頂上付近では一辺40cm程度、それから、石材だけでなく砂が詰まっていることも確認された。スネフェル王の子、クフ王の「大ピラミッド」（前2545-20頃）が最大であり、一辺440腕尺＝約230.4m、高さ280腕尺＝約146.6m、約300万個の石材からなる。傾斜はやはり5.5セケドで、構造が違っても前時代に確立した「形」が意味をもって採用されたのだという。

紀元前5世紀のギリシアの歴史家ヘロドトスは、ピラミッドを奴隷がつくったファラオの墓と述べ、ケオプス、ケプレンの暴政を語る（クフ、カフラーのこととされる）。しかし、発掘された労働者集落跡は、普通の農民や労務者たちが生き生きと働いていた様子を伝えており、大ピラミッドの用途も謎に包まれたまま、農閑期の公共事業説も提出されている。

● 新王国時代の神殿と宮殿

新王国時代、ピラミッドはつくられなくなって久しかったが、王家の谷に諸王の墳墓が営まれるようになり、ツタンカーメン（トゥトアンクアメン）王の黄金の副葬品が示すように、著名なファラオたちが強力な王権を誇っていた。

第18王朝のアメンヘテプ4世は、アメン＝ラー信仰をやめ、アテン神を唯一神として崇める「宗教改革」を進め

古代エジプトの時代区分

時代名	王朝名	首都による名称	年代（紀元前）
先王朝			6000-3200 年頃
初期王朝	第1-2王朝	ティニス時代	3200-2700 年頃
古王国	第3-6王朝	メンフィス王朝	2700-2200 年頃
第1中間期	第7-11王朝		2180-2060 年頃
中王国	第11末-12王朝	テーベ第1王朝	2060-1785 年頃
第2中間期	第13-17王朝		1785-1580 年頃
新王国	第18-20王朝	テーベ第2王朝	1580-1090 年頃
第3中間期	第21-24王朝		1085-715 年頃
	第25王朝	エチオピア王朝	750-656 年頃
	第26王朝	サイス王朝	663-525 年頃

❶ メイドゥムの崩れピラミッド（エジプト、前2600頃）崩壊したのは建造後1000年以上後という

て、自らアクエンアテンと改名、テーベから新都アケトアテン（現テル・エル・アマルナ）に遷都した。アマルナ芸術と呼ばれる写実的様式が生まれ、一種の「ルネサンス」を迎えたが、「改革」は一代で滅び、建築遺産もほとんど残っていない。

第18王朝の最盛期はむしろ彼の父アメンヘテプ3世の治世（前1382-44頃）であり、そのマルカタ宮殿の遺構も発掘されている。王の寝室の天井に鷲の姿の真理の女神が描かれるなど、豊かな装飾を誇ったが、宮殿も含めて世俗建築は日干しレンガで築かれたので遺構は多くない。

一方、神々の住まう神殿は石造である。末広がりの巨大な入口「パイロン（塔門）」と、奥に行くほど狭くなる多柱室（天井も石造でスパンを短くしなければならなかった）の連続からなる。柱頭は多様な植物モチーフで装飾され、壁面にはヒエログリフ（神刻文字）や絵画が描かれた。入口にはオベリスクという尖塔が建立されることもある。

なかでもアメン大神殿（カルナック神殿）が最重要（❸）。中王国時代からアメン信仰の本拠として整備され（前1991-29頃）、第18、19王朝が主要建造物を建立した（前1529-1224頃）。パイロンや多柱室が幾重も連なる大複合神域である。ルクソール神殿（前1490-1223頃）はアメンヘテプ3世以来のその副殿である（❹）。

ハトシェプスト女王葬祭殿（前1485頃）は岩壁をテラス状に整えたもの。第19王朝最盛期のラムセス2世も、アメン大神殿多柱室（前1303-1224）やルクソール神殿、崖を掘削したアブシンベル神殿（前1290-20頃）などを残した（❺）。

この神殿様式は第30王朝が滅んでアレクサンドロス大王の武将プトレマイオスがアレクサンドリアに王朝を立てた後も継承され、フィロエ島イシス神殿（前305頃）やエドフのホルス神殿（前257-37）などの作例がある。紀元前3世紀にはヘリオポリスの神官マネトによってエジプト史も編まれた（王朝名を30までの数字で表したのも彼）。

最後の女王クレオパトラ7世とともに王国は滅びローマ属州となっても、393年にテオドシウス帝がキリスト教を国教とし異教崇拝を禁止するまで、エジプトの神々への信仰は止まず、伝統様式で神殿が建立され続けた。

寓意小説『ポリフィリオスの夢』（1499）、19世紀のエジプト熱など、エジプトはヨーロッパにとって気になる存在であり続け、古代ローマ時代から近代まで、欧州各都市に運ばれたオベリスクがその証人である。（中島智章）

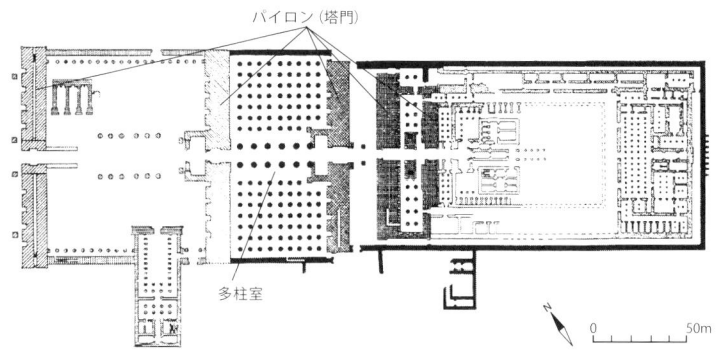

❸ カルナック神殿平面図（エジプト、前1529-1224頃）多柱室は53×102mの規模

❹ ルクソール神殿のパイロンとオベリスク（エジプト、前1490-1223頃）

❷ ギザの三大ピラミッド（エジプト、前2545-2450頃）砂漠からナイル川方向を望む。クフ王のピラミッドは左

❺ アブシンベル神殿（エジプト、前1290-20頃）巨像はラムセス2世像といわれる

3 ギリシア神殿の建築美

ギリシア建築のもつ建築美を端的に示すものが神殿建築である（❶）。そこでは柱を立て、梁を架け、その上に屋根を架ける最も単純な建て方の中に柱や梁という構造部材が同時に意匠としての役割を果たす考え方が示されている。その考え方にもとづく建築がつくり出す美への追求がオーダーという建築言語を生み、究極の域まで昇華され、ギリシア神殿で表現されている。

●ギリシア神殿の形成

ギリシアの神殿建築は同時期の住宅をもとに神像を納める神室（ナオス）と玄関廊をなす前室（プロナオス）からなる小屋のようなものから出発し、ミュケナイの宮殿に見られたメガロン形式（❷）を継承しながら、紀元前8-7世紀頃に矩形平面の神殿としての最初の形がつくり出された。そこにはまだオーダーと呼べるほどのものは確立されておらず、柱や梁は木造、壁は日干しレンガ積みで、屋根は陸屋根もしくは切妻屋根であった。ギリシアの神殿ではオーダーの種類で構法や平面が異なるわけではなく、立面のプロポーション、意匠、装飾において相違が見られる。

最初期の例として、ドリス式ではイスミアのポセイドン神殿（前8世紀末-7世紀前半）やテルモンのアポロン神殿（前630頃、❸）、イオニア式では紀元前6世紀中頃のエフェソスの旧アルテミス神殿（前560頃）やサモスのヘラ神殿（第3期、前6世紀中頃、❹）があげられる。それらの平面は細長く、2室もしくは3室からなる部屋の大きさは一定せず、後壁が円弧状をなしたり、またテルモンの神殿のように神室を柱列で囲む周柱式をなし、神室の中央部に梁を支えるために一列に柱が並ぶこともあった。

紀元前7世紀中頃より、切妻の三角破風部分に何らかの装飾を施すようになり、紀元前600年頃より木造から石造へと移行した。コリントのアポロン神殿（前540頃）は初期の石造の周柱式ドリス神殿の代表例で、正面に6本、側面に15本の柱が立ち、前室、二つの神室、後室（オピストドモス）の4部屋からなり、神室内には二列に円柱が並ぶが、全体としてはまだ細長い矩形をなしている（❺）。紀元前5世紀初めになると、アイギナのアファイア神殿（前495-485）のように、前室、神室、オピストドモスの3室からなり、側面の柱数が前面の柱数の約2倍となる矩形の平面形式がほぼでき上がる。柱もコリントでは一本石でつくられていたが、アイギナでは円筒形の石材（ドラム）を積み重ねたつくり方が使われ始めた。しかしヘレニズム時代になると、テゲアのアテナ神殿（前350頃）のごとく、ドリス式神殿の神室内の独立円柱が壁付き半円柱となったり、神室などの部屋と外側の柱廊との間の幅がより広くなる傾向を見せる。

一方、イオニア式は紀元前6世紀中頃にエフェソスの旧アルテミス神殿、サモスのヘラ神殿、ディディマの旧アポロン神殿（前6世紀、❻）という三つの巨大な規模の神殿を生み出すことになった。いずれも正面幅50m以上、側面長さ100m以上にも達し、神室と前室の2室からなり、神室周りの柱廊が二重の二重周柱式で、神室内には柱はなく、屋根も架かっていなかったとみられる。イオニア式神殿は古典期（前480頃-323）にはきわめて少なく、ヘレニズム時代になってからドリス式よりも好まれるようになり、前室、神室、オピストドモスの3室からなり、柱廊で囲まれた周柱式がしばしば用いられた。とくに紀元前2世紀の建築家ヘルモゲネスの考案といわれる擬似二重周柱式平面、すなわち二重周柱式の柱廊の内側の柱列を省略した平面形式が見られるようになった。

●経験の蓄積が生み出す建築美

アルカイック期（前600頃-480頃）から古典期（前480頃-323）に至る間のドリス式とイオニア式の周柱式神殿の平面では、外側の柱列と神室の壁の中心線は一致しておらず、その傾向はドリス式神殿でより強い。両者の中心線の微妙なずれは意図的なものであるが、時代や地域によって特定の傾向があるわけではない。しかしながら、そうしたずれは外側の柱廊と内側の部屋を別個のものと考えていたことを表し、その両者のバランスをとることで神殿に独自の美的価値を与えている。このような計画は何らかの論理的根拠にもとづくものというより、建築家が多くの現場をこなす中で学び、磨いていった感性をよりどころにしており、その経験は蓄積され、次の世代へと引き継がれた。

そうした経験の蓄積によって建築美を生み出す手法はドリス式の神殿に適用された視覚補正にも見ることができる。視覚補正とは、上からかかる荷重とそれを支持する柱や梁といった構造体が生み出す力の関係を建築細部の微調整によって人間の眼に絶妙のバランスで表現する手法である。その典型例がアテネのパルテノン神殿（前447-432）である（❼、→古4❶）。もともとドリス式オーダーではフリーズの端部をトリグリフで終わらせるために隅の柱間を若干狭くする必要があった。そのため、正面の柱間において、隅の柱間のみ狭くする、隅の二つの柱間を狭くする、正面中央から隅部に向かって漸次柱間を狭くするといった手法が取られた。さらに並び立つ柱列では隅柱が離れて外側に倒れて見え、またやや細く見える傾向にあるので、隅柱のみ他の柱より少し太くした上で、若干内側に傾斜させて

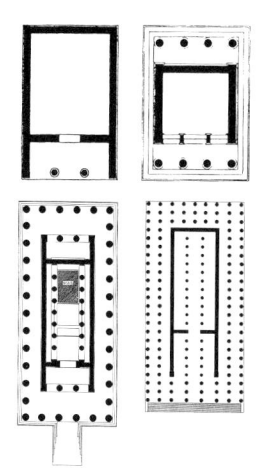
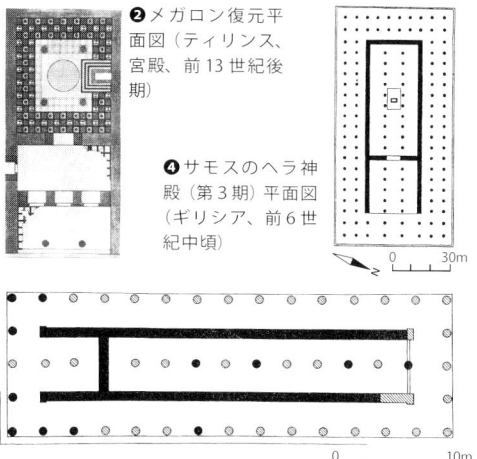

❶神殿の平面形式の代表例（上段左はディ・スタイル・イン・アンティス式、右は前柱式、下段左は周柱式、右は二重周柱式）

❷メガロン復元平面図（ティリンス、宮殿、前13世紀後期）

❸テルモンのアポロン神殿平面図（ギリシア、前630頃）

❹サモスのヘラ神殿（第3期）平面図（ギリシア、前6世紀中頃）

❺コリントのアポロン神殿と平面図（ギリシア、前540頃）

いる。また、水平線は人間の眼には中央部が下がって見えるため、柱が立つ面であるスタイロベートや梁の中央部を少し上げたむくりが施されている。そのことによって正面立面により均整のとれた安定感を生み出している。

● 理論が生み出す建築美

　ヘレニズム時代（前323-31）になると、古典期までの建築家の感性にもとづき、建物を建設するという現場での経験の蓄積により建築の美しさをつくり出す手法に代わって、より理路整然とした手法、すなわち理論化された手法によって建築の美しさを求めるようになった。その背景には、紀元前4世紀以降、神殿建築の中心がドリス式からイオニア式に移行した点があげられる。その端緒となったのがピテオス設計のプリエネのアテナ神殿（前340-156）である（❽）。当初、ドリス式の予定であったが、途中でイオニア式に変更された正面6本、側面11本の周柱式神殿で、外側の柱列と壁の中心線は一致し、柱や壁の位置は6尺グリッドにすべて従っている。このように柱や壁の位置を等間隔にきわめて機械的に定める方法が最も洗練され、理論化した例が、建築書も書き表していたといわれる建築家ヘルモゲネスによるマグネシアのアルテミス神殿（前2世紀中頃）である（❾）。正面8本、側面15本のイオニア式円柱による擬似二重周柱式平面で、前室、神室、オピストドモスの長さは2：2：1の比であり、室内の柱、外側の柱廊の柱、壁の中心線はすべて一致している。また正面中央の柱間のみが他の柱間より4分の1倍だけ広げられている。ここでは古典期のドリス式神殿に見られたような、現場の個々の建築家の感性にもとづくような視覚補正や壁と外側柱廊の中心線の微妙なずれといったものはもはやなく、きわめて簡素な比例関係のみが全体を支配しており、それは誰でも使いこなせるものとなっていた。（渡邊道治）

❻ディディマの新アポロン神殿（トルコ、前313-）

❼アテネのパルテノン神殿と平面図（ギリシア、前447-432）

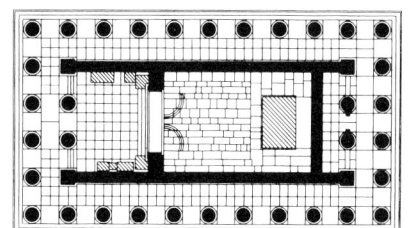
❽プリエネのアテナ神殿平面図（トルコ、前340-156）

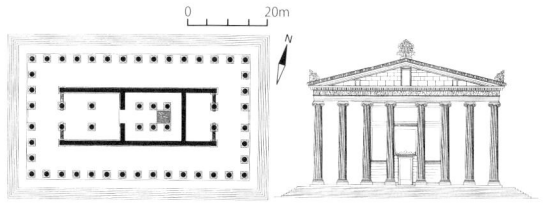
❾マグネシアのアルテミス神殿平面図と復元立面図（トルコ、前2世紀中頃）

4 建築の文法としてのオーダー

古典建築において、オーダーは基壇から上部の軒までの意匠的・比例的な構成を決定する法則である。古代ギリシアの神殿建築に始まり、古代ローマ以降、ルネサンスやバロック、新古典主義期には建築全般で採用され、こうした古典主義建築にとってオーダーはまさに建築そのものといえる。ここでその起源や様式などについて考えてみよう。

●古典建築の規範、オーダー

古典建築では、基壇から軒の間が、礎盤（柱礎）、柱身、柱頭の各部を持つ柱と、その上の梁ないし桁（アーキトレイヴ）、装飾帯（フリーズ）、軒先（コーニス）を重ねたエンタブラチュアから形成される（❶）。柱とエンタブラチュアとのちに柱下に据えられる柱台は、輪郭と装飾に特徴のある刳り形（繰り形、❷）を施した部材の組合せからなる。こうした部分や部材は、美的な判断から装飾と寸法が一定の関連をもち構成されるようになり、こうして成り立った規範が古典建築の文法ともいうべきオーダーである。意匠の特色はとりわけ柱頭やエンタブラチュアに表現され、寸法は円柱の下部の太さ（モデュール）にもとづく比例関係として把握される。その関係は、円柱の高さ方向だけでなく、その太さや配置の間隔（柱間間隔、❸）など建物の水平方向にも及ぶ。このように、オーダーは設計から構築まで、細部から全体に至るまで古典建築のすべてにかかわっている。

●古代ギリシアのドリス式オーダー、イオニア式オーダー、コリント式オーダー

コリントのアポロン神殿（前540頃、❹、→古3❺）は、太く短い礎盤のない柱、方形の板とふくよかに広がる円盤からなる柱頭、縦溝を施した柱身が中ほどで微妙に膨らむエンタシスと、ドリス式オーダーの基本を備える。下部直径に対する円柱全体の高さの比（柱高比）は約4で、おおらかだが重々しい。一方、アイギナのアファイア神殿（前495-485、❺）は柱高比が約5.1で、柱頭の円盤状の部分は輪郭が直線的となり、円柱全体は軽快さを感じさせる。ドリス式はギリシア本土で考案され、オーダーとして最も古いだけでなく、オリンピアのヘラ神殿（前590頃）は木造から石造への構造的変化を伝えている。こうしたドリス式の頂点は、アテネのアクロポリスにそびえるパルテノン神殿（前447-432、❶、→古3❼）である。柱高比は約5.5で、輪郭はすっきりとした美しさと力強さを併せ持つ。このように、ギリシア人はドリス式オーダーを彫琢し、洗練させていった。

一方、イオニア式オーダーの起源は小アジアにある。サモスのヘラ神殿（前6世紀中頃、→古3❹）に見られるように、二つの渦巻き（ヴォリュート）を持つ柱頭、下部直径の約10倍とドリス式と比べて大きな柱高比、フリーズが省かれたエンタブラチュアなどが特徴である。こうした比例や構成は、エフェソスの旧アルテミス神殿（前6世紀中頃）など巨大神殿の建設と関係がある。一方、ギリシア本土のアテネのエレクテイオン（前421頃-406、❻）では、柱高比は約9で、エンタブラチュアはフリーズを持ち、ドリス式同様3部分からなる。ところでイオニア式柱頭は渦巻きのため正面性が生じる。そこでエレクテイオンでは、正面両端の柱頭に限って、正面と側面のどちらからも渦巻きが見えるように、斜めに突き出た渦巻きとしている。こうした正面性のある不便さを解決することが、第3のオーダー、コリント式の生まれた理由の一つと考えられている。

コリント式柱頭は、どの面にも表れる小さな渦巻きと、渦巻きを支える1-3段の葉飾りからなる釣鐘部を持つ。その高さは円柱の直径と同寸か大きく、柱高比は10程度だが柱頭が他のオーダーより目立つ。エンタブラチュアの構成部材も多いだけでなく装飾的である。紀元前5世紀中頃にバッサエのアポロン神殿の内部に現れ、後の古代ロー

❶パルテノン神殿のドリス式オーダーと各部の名称（アテネ、前447-432）

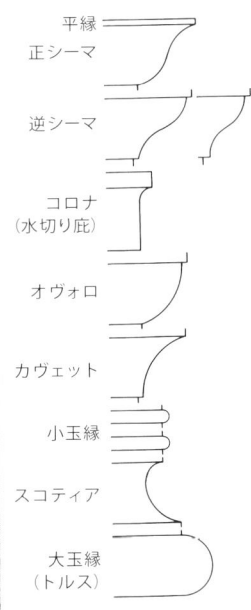

❷各種刳り形

マ建築でコリント式柱頭の手本となったアテネのオリンピエイオン（前2世紀-2世紀、❽）などがあり、とくに柱頭の意匠が多様であった。

● **古代ローマのトスカナ式オーダーとコンポジット式オーダー**

古代ローマ建築で頻繁に使われたのはコリント式（❾）である。ローマ起源とされるオーダーには、古代ローマに先行したエトルリア建築の伝統を引き継ぐトスカナ式がまずあげられる（❿）。ドリス式と似た形態だが、礎盤があり柱身に縦溝が付けられておらず、マルケルス劇場の1層目（ローマ、前13/11、→古9❷）など遺構は少ない。コンポジット式オーダーとは、イオニア式柱頭の渦巻き部分とコリント式柱頭の釣鐘部分を合成した形式が一般的で、起源は紀元前1世紀前半にさかのぼれるが、よく使われるようになったのは、紀元1世紀後半のティトゥス記念門（ローマ、⓫）からである。比例はコリント式と変わらないが、装飾はより華美となった。

オーダーに関して、よく「5種のオーダー」といわれる。古代ギリシアの3種類に、古代ローマの2種が加わるからである。しかし、こうした定式化は、古代ではなくルネサンスの建築書でなされた。またギリシアとローマでは、ドリス式とイオニア式はその意匠が大分異なる（❻、❼）だけでなく、同じギリシアのドリス式といっても個々の例はかなり違う場合があった。また、古代ローマ時代のウィトルウィウスの建築書では、ドリス式とイオニア式で寸法の決定方法に相違がある。ドリス式がモジュールで決められるのに対して、イオニア式では隣接する部材間に寸法的関連が与えられて全体が決められているからである。それは建物設計の段階における方法的な差異として考えられている。オーダーは、文法であればこそ時代や地域を超えた共通性があるが、例外や創造性を許さない厳格な掟ではない。古代ではむしろ建築家の創造力を発揮させるシステムといえよう。（星 和彦）

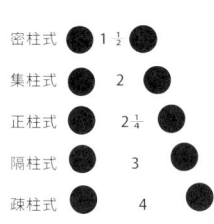

❸ 柱間間隔（直径を1とする）

❹ アポロン神殿のドリス式オーダー（コリント、前540頃）

❺ アファイア神殿のドリス式オーダー（アイギナ、前495-485）

❻ エレクテイオンのイオニア式オーダー（アテネ、前421頃-406）

❼ ポルトゥヌス神殿のイオニア式オーダー（ローマ、前2世紀末）

❽ オリンピエイオンのコリント式オーダー（アテネ、前2世紀-2世紀）

❾ パンテオンのコリント式オーダー（ローマ、118-120頃）

❿ アラトリのエトルリア神殿のトスカナ式オーダー（ローマ、前3世紀末-2世紀初め）

⓫ ティトゥス記念門のコンポジット式オーダー（ローマ、81頃）

5 ランドスケープと神域

ギリシアの神殿は、当初、地勢やランドスケープと対応して置かれ、あたかも自然環境の中で彫刻を鑑賞するかのようにその外観をアプローチに沿って連続的に眺められるよう配置されていた。しかし、次第に壁で囲み、自然環境から分離した人工的空間へ変化し、ヘレニズム期には列柱廊で囲まれ、さらに高低差をも活用して立体的に秩序化された神域空間へと変容した。

● 神殿の建つ場所

ギリシアの神殿あるいは神域は特定のいわれにもとづく神聖な場所に建設されることが多い。そうした神域では古典期に至るまで明確な神域に囲まれる場合は少なく、むしろ地勢やランドスケープに対応し、古くからあった道からの眺望を重視した計画が見られる。たとえばスニオンのポセイドン神殿（前444-440）はエーゲ海に突出したスニオン岬の端部に建てられ、沖合いの舟から明瞭に望むことができる。

同じような特徴は海に面した平地に位置するサモスのヘラ神殿にもいえることであり、ギリシア植民都市であるシチリアのアクラガスに建つコンコルディア神殿も、遠方からの眺望がきわめて良い場所に建てられている。また、傾斜地に形成されたデルフィのアポロン神域（❶）では、急峻な崖を背景にした位置に神殿が位置する一方、平地に立地するオリュンピアのゼウス神域（❷）では、ゼウスやヘラ神殿は小高い丘を背景とした場所に建てられている。そうした小高い丘の上、あるいは崖や丘を背景とした場所に神殿を建て、さらに都市景観の中にも組み込み、神殿をくっきりと浮かび上がらせる手法は、ヘレニズム期のプリエネやペルガモンのアテナ神殿にも見られる。

● 彫刻としての神殿と軸線配置

古典期までのギリシア神殿とそのアプローチの関係を見ると、まず神殿を正面からではなく斜め方向から眺めることでその外観を立体的に見ること、そしてさまざまな角度から神殿を連続的に眺めるという一連の結果として神殿建築を評価する、つまり建築を彫刻のように鑑賞させる手法が確立されていた。

その典型例がアテネのパルテノン神殿である（❸）。小高いアクロポリス上に位置する神殿を市街地から遠景として望み、アクロポリスのプロピュライアからまず斜めの位置に立体的に神殿を眺め、側面を回り込むようにしてプロピュライアとは反対側の神殿正面にたどり着くのである。このようにアプローチの道筋に沿って、つねに神殿を斜め方向から眺めながら神殿に近付き、その背面、側面を見て正面に至る神殿の配置の仕方は、完全でないながらも、オリュンピアやサモスのヘラ神殿のようにすでにアルカイック期から多くの神域で認められる手法であり、ヘレニズム期の神域にも継承された。

一方、前述した紀元前7世紀にさかのぼるサモスの第2期のヘラ神域やアイギナのアファイア神域（❹）では、神殿の正面中央に祭壇が置かれていた。つまり、祭壇が置かれる場合、一つの軸線上に神殿と祭壇を並べ、そこに軸線を意識させる計画が古い時代から用いられていた。したがって、神殿へのアプローチは神殿と祭壇によってつくられた軸線に対して直交するもの（アイギナのアファイア神殿など）、斜めに位置するもの（サモスの第2期ヘラ神殿など）、平行に位置するもの（デルフィのアポロン神殿など）など密接な関連性をもって計画されるようになった。

● 神域空間の立体的な秩序化

アルカイック期末、古典期初めの紀元前500年頃から、アイギナのアファイア神域やスニオンのポセイドン神域に見られるように、神殿と祭壇を壁で囲むことで神域を明確に規定する傾向が現れる。しかしながら、その場合、囲まれた神域は明確な意図をもった建築空間をつくり出す段階に達していたわけではない。

囲まれた神域空間として認識し、神殿との位置関係も考慮した神域がつくられるようになったのはヘレニズム時代になってからであり、その好例としてマグネシアのアルテ

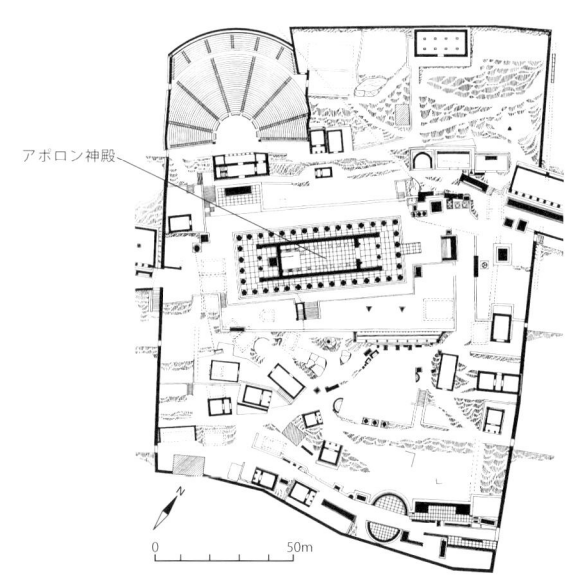

❶ デルフィのアポロン神域平面図（ギリシア、前150頃）

ミス神域（前150頃）があげられる（❺）。同一の意匠を持つ柱が等間隔に並ぶ柱廊で囲むことで生まれた空間はきわめて均質であり、自然界の要素を排除した人間がコントロールできる建築空間となっている。さらに古くから使われてきた神殿と祭壇による軸線の上に入口であるプロピュロンを配置し、その軸を神域全体の中心軸として強調し、囲まれた空間に方向性を与えている。そうした建築空間が生み出された背景には、列柱廊建築がスペースを囲む有効な手段としてアゴラなどさまざまな場所で使われるようになったことがあげられる。

ヘレニズム時代には、列柱廊で囲まれた均質な神域空間の中心軸を強調した神殿の配置を行うという平面的な空間の秩序化にとどまらず、さらに敷地の高低差を取り込み、立体的に空間を区分しながら、かつ結び付けるという空間の秩序化が行われた。たとえばコスのアスクレピオス神域（前2世紀、❻）では、3段のテラスからなり、最下段と最上段にコの字形の柱廊を向かい合わせに配置し、最上段テラスの中心軸上にアスクレピオスの神殿が置かれている。こうした高低差を活用して立体的に建築空間の区分とグレード付けを行うことでその秩序化を図る手法は、リンドスのアテナ神域（前4-2世紀）にも見られ、イタリアのパレストリーナ（❼）のフォルトゥナ・プリミゲニア神域のような共和政時代のイタリアに、さらにはローマの「皇帝のフォルム」の構成にも多大な影響を与えた。（渡邊道治）

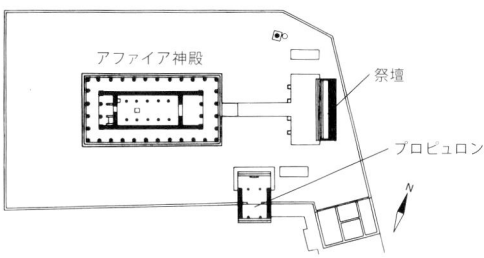

❹アイギナのアファイア神域平面図（ギリシア、前500-470）

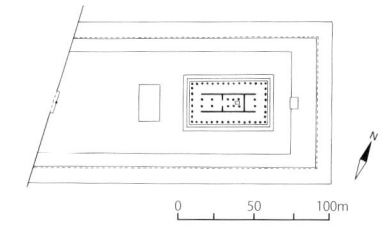

❺マグネシアのアルテミス神域平面図（トルコ、前150頃）

❻コスのアスクレピオス神域復元図（ギリシア、前2世紀）

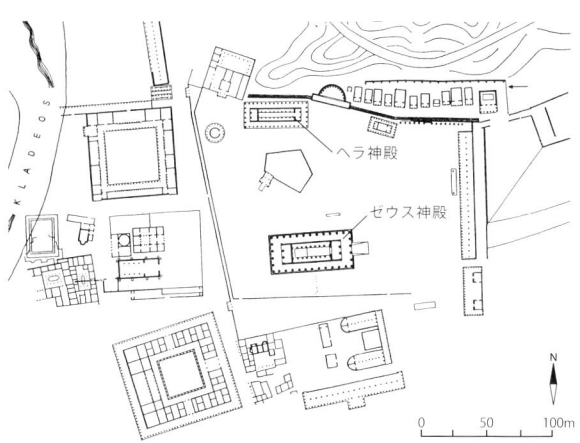

❷ローマ時代のオリュンピアの神域平面図（ギリシア）

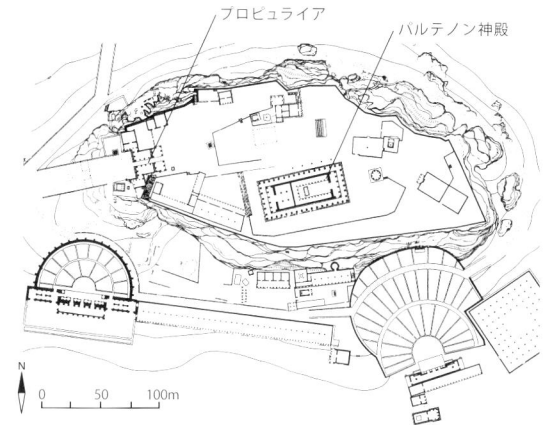

❸ローマ時代のアテネのアクロポリス平面図（ギリシア）

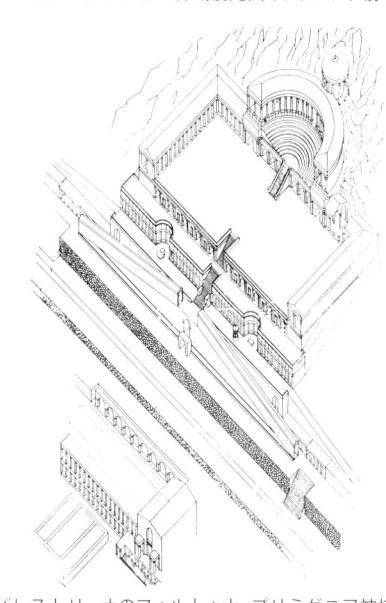

❼パレストリーナのフォルトゥナ・プリミゲニア神域復元図（イタリア、前80頃）

6 古代民主政の都市生活

ギリシアの都市（ポリス）は農業を経済活動の基礎としていたが、その社会は身分制にもとづき、成人男子のみをポリスの構成員とする民主政であった。彼等は中庭式を基本とする住宅に住み、アゴラと称する広場を中心に政治的、経済的な活動を行い、神域で宗教儀式にかかわり、次世代の都市の担い手である青少年をギムナシオンやパラエストラで教育した。

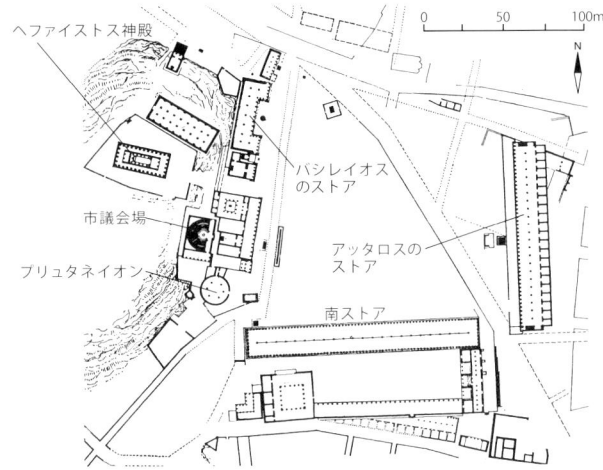

❶アテネのアゴラ平面図（ギリシア、紀元前2世紀）

●社会生活の中心―アゴラ

ギリシア、ヘレニズム世界の都市生活の中心をなすのがアゴラである（❶）。アゴラとは、行政、商業、宗教、社会的な活動のための建築が広場の周りに集積したもの全体を指す。そこには神殿、市議会場（ブーレウテリオン）、店舗や市場、多目的ホールとして使用できるストア、迎賓館あるいはゲストハウスとしての役割を果たすプリュタネイオン、国庫、裁判所、公共の泉などが建てられていた。古典期までのアゴラでは、アテネで見られるように、こうした種々の建物が不定形な平面の広場を緩やかに囲むように並び、建物間には出入りのための隙間があるものの、広場に入ると囲まれた印象を与えるように配置されていた。

矩形平面のアゴラをつくり出すのに大きな役割を果たしたのがストア建築である（❷）。ストアは列柱を1列ないし2列つくり、その背後に、単なる壁あるいは店舗や事務所が並ぶ平面形式で、通常は1階建て、ときには2階建ても建設され、必要に応じて間仕切ることで多様な用途に用いられた。紀元前6世紀頃からつくられ始めたが、ヘレニズム時代に最も活発に建設され、1列形、L字形、コの字形、ロの字形の平面を持ち、四周をストアで囲むことで、次第にアゴラは矩形平面の整然とした形をなすようになった。さらにプリエネに見られるように、ヘレニズム都市では商業施設が市場として列柱廊の形をとってアゴラとは別個に建設されるようになった（❸）。

●私生活の中心―住宅

紀元前8、7世紀の住宅には二つのタイプがあった。一つはミュケナイ時代の伝統を引くメガロン形式の平面を持ち、一つのホールのみからなるか、あるいはそのホールの前にポーチが付く住宅である。もう一つは前庭のようなスペースの周りにいくつかの部屋が並べられた住宅である。この二つのタイプはその後のギリシア住宅の原形として継承されたが、次第に庭の周りに部屋を配置する平面がギリシア本土では好まれるようになった。紀元前5世紀になると、アテネのDema Houseに見られるように、中庭の一辺側に木製の列柱を備えた2階建ての主要な部屋が並び、その他の中庭側は小部屋もしくは単なる囲みの壁となる住宅が多く見られるようになった（❹）。

オリュントスの住宅は紀元前4世紀を代表する住宅であり、柱廊を備えた中庭の周りに部屋が並び、片流れの瓦葺き屋根が架かる。左右対称性はなく、入口は中庭に対していったん折れ曲がる形式で、北側に木製の階段を備えた2階建ての主要な住居部分が置かれ、その前面部分は中庭に面した柱廊による通路（パスタス）となっていた。最も大きな部屋はアンドロンあるいはオイコスと称される食事室で、その床には玉石による多色のモザイクが施されることもあった。石積基礎の上の壁は日干しレンガでつくられ、内部はスタッコと壁画で仕上げられていた。紀元前3世紀のプリエネの住宅では少なくとも1階の壁は石造となり、居室の一部屋のみがとくに大きく、切妻の屋根を架け、メガロンの伝統を引いたホールとポーチからなっていた（❺）。

紀元前2世紀になると、デロス島の住宅に見られるように、住宅はより快適で、洗練された豪華なつくりとなった（❻）。すなわち、中庭は石造のペリステュリウムとなり、中庭およびその周りの部屋の床は切り石の多色モザイクで飾られた。石造で、2階建てが一般的となり、中庭の下には貯水槽が置かれ、窓や出入口などの開口部回りも装飾された。こうした住宅は地中海世界のギリシア植民都市の標準的な住宅タイプとなった。

●教育と娯楽の中心―ギムナシオン、パラエストラ、劇場

演劇はギリシア都市の生活に深いかかわりをもち、その始まりは、紀元前6世紀にアゴラや神域で行われた歌や

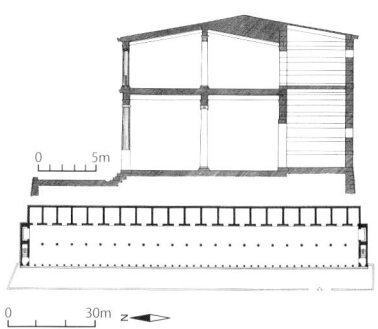

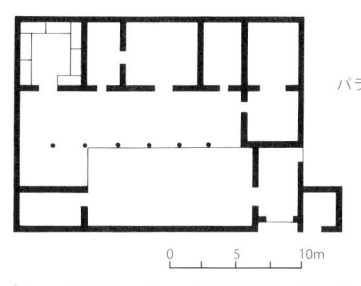

❹アテネのDema House 1階平面図（ギリシア、前420頃）

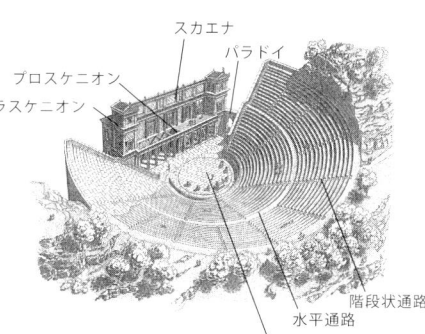

❼ギリシア型の劇場説明図

❷アテネのアゴラのアッタロスのストアと平断面図（ギリシア、2世紀中頃）

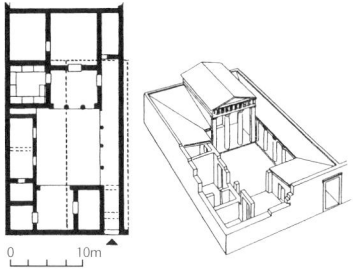

❺プリエネの住宅（トルコ、前4世紀）

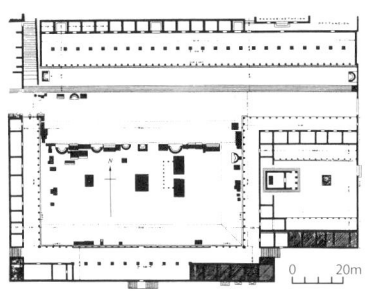

❸プリエネのアゴラ平面図（トルコ、前2世紀）

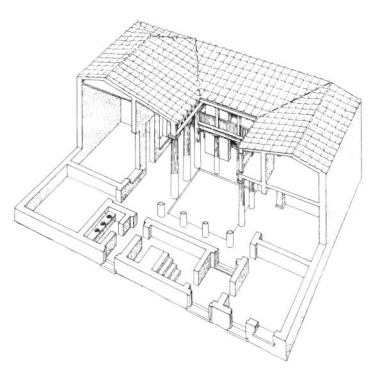

❻デロス島の住宅（ギリシア、前2世紀）

❽エピダウロスの劇場と平面図（ギリシア、前3-2世紀前半）

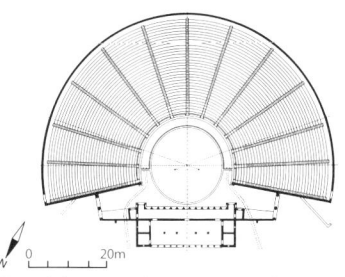

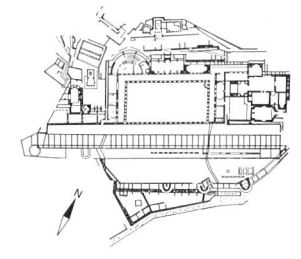

❾ペルガモンのギムナシオン平面図（トルコ、前2世紀）

踊りにさかのぼるとみられる。当初の演劇とはオルケストラにおける歌と踊りを中心とし、紀元前5世紀末頃まで劇場は建築タイプとして確立していなかった。客席のみ石造の劇場が紀元前6世紀以降に見られ、アテネのリュクルゴスのディオニソス劇場のように、紀元前5世紀末から紀元前4世紀初め頃に劇場としての形が整い、その頃から舞台と客席が次第に石造となった。紀元前4世紀末から紀元前3世紀初めに、セリフを主とした演劇の始まりに伴い高くなった石造の舞台がつくられ始めた。こうしてつくり出されたギリシア劇場の特徴は、エピダウロスの劇場に代表されるように、舞台と客席は別々の建物で、客席は自然の傾斜地を利用してつくられ、客席平面は半円より大きな扇形で、客席は水平通路と放射状の階段通路によって区分されている（❼、❽）。

ギムナシオンは本来、運動場に教室などが付随し、青少年の肉体と精神の鍛練によって教育を行う施設であり、パラエストラはレスリングを中心とした運動施設であるが、後の時代に次第にその役割が重なり合い、混同されて使われるようになった。紀元前4世紀頃のオリュンピアやプリエネに見られるように、周柱廊の周りに教室、講義室、着替え室などが並ぶ矩形平面のパラエストラと細長い柱廊からなるギムナシオンが隣接する形式が生まれた。さらに浴場や種々の講義室、劇場などが一体化したギムナシオンは、ヘレニズム時代に完成したペルガモンにその典型例を見ることができる（❾）。（渡邊道治）

7 ゾーニングと景観の都市計画

ギリシアの都市はアクロポリス、アゴラ、神域の三つを核として自然発生的に形成されてきた。しかし、紀元前5世紀前期のヒッポダモスの出現によって、格子状に街路を敷き、都市の敷地をゾーンに分けて用途指定する方法を得た。さらに紀元前4世紀になると都市全体の外からの景観を意識した都市計画がヒッポダモスの都市計画の上に重ねられることとなった。

● 新しい都市計画の出現

紀元前11世紀からアルカイック期までのギリシア都市には明確な都市計画といえるものは見いだしがたい。街路は地形に沿って延びることが一般的であり、要塞としてのアクロポリスは軍事的観点から、神域は特定のいわれにもとづき、公共建築などの都市の主要な建物が集中するアゴラはアクセスのしやすさから配置される傾向にあった。したがって、伝統的な古代ギリシアの都市は、一言で言えば、城壁で囲まれた中にアクロポリス、アゴラ、神域の三つを核として偶発的な要素で街がつくられていったといっても過言ではない。むしろ上記の三つの核をなす種々の建物の整備を進め、それぞれの建物をより立派につくることに関心が向けられていた。

紀元前494年にペルシア軍によって破壊されたミレトスがヒッポダモスによる都市計画のもとで紀元前5世紀前期、新たにつくり出された（❶）。その都市計画の特徴は、格子状による街路計画と用途地域を明確に定めたゾーニングにあり、こうした特徴を備えた都市計画をヒッポダモス式都市計画と称する。ミレトスはエーゲ海に面した半島部にあり、その西側の三つの入り江にそれぞれ港がつくられていた。都市のほぼ中央部、最も北側の港から南東側に広がる敷地に市場、二つのアゴラ、神域、市議会場（ブーレウテリオン）などが集中して配置されている。これらは紀元前5世紀からローマ時代にかけて建設・改築されたもので、明らかに商業、行政、宗教用の建物のための敷地として当初から確保されていたとみられる。これらの建物の北側と南側の敷地が住宅地として割り当てられていた。近年の研究によれば、北側の住宅地は東西29.40m、南北52.92mの街区が、南側住宅地では東西35.33m、南北44.10mの街区が規則正しく並んでいた。それぞれの街区は2行3列の六つの宅地に区分され、一つの宅地は約259m²の広さを持つ。ヒッポダモスとその弟子たちはピレウス（前476頃、❷）やロドス（前407頃）の都市計画も行ったと伝えられている。

同じような格子状街路の都市計画はオリュントス、カソッペなどのギリシアの都市のみならず南イタリアのパエストゥムなどのギリシア植民都市でも適用された（❸、❹）。南イタリアの植民都市では同じ格子状街路でありながら、都市の中央を走る主軸街路の幅員がとくに広く取られる傾向がみられる。紀元前4世紀までの格子状街路計画の街区は正方形から奥行が幅の5倍ほどになるきわめて細長いものまでさまざまであるが、一つの宅地の大きさは200-300m²ほどの大きさであった。したがって、オリュントスのように細長い街区を持つ都市では、一つの街区の中央に路地が延び、背中合わせに宅地が割り振られていた。

ヘレニズム時代になっても、アレクサンドリアやテッサロニケのように、多くの都市で格子状街路の都市は建設され、ミレトスほど厳格ではないにしても宗教、公共建築用の土地があらかじめ確保された例が数多く見いだせる。この時期になると一つの街区の奥行は幅のせいぜい2倍ほどの範囲に納まるようになり、正方形状の宅地になる場合が比較的多く見られるようになる。その一方で宅地の規模は、たとえばアレクサンドリアの490m²やテッサロニケの650m²のように、前の時代に比べてかなり大きくなる傾向にある。

● 景観を意識した都市計画へ

紀元前4世紀からヘレニズム時代になると、ヒッポダモス式都市計画を下敷きとしながら、その上に都市の景観という要素を取り入れた都市計画が見られるようになる。ここで指摘する都市の景観とは、街路や街並みがつくる都市空間としての景観ではなく、外からの都市全体の眺望としての景観を意味している。

そのことを最も端的に、かつ明瞭に古代ギリシアの歴史家ヘロドトスが述べている。彼は、ハリカリナッソスの街に船で訪れた際に「劇場のような都市」とその素晴らしさを賞賛している。ハリカリナッソスは、半円形の入り江を抱くようにして斜面に沿ってすり鉢状

❶ミレトスの都市平面図（トルコ、前5世紀前期）

に街が広がっている。紀元前4世紀前半に格子状街路計画がなされ、入り江のほぼ中央部に下から順に斜面に沿ってアゴラ、劇場、神域が並べられている。ここでは、ヒッポダモス式をもとにしながらも、劇場のオルケストラに立ち客席を眺めるようなパノラマを、船で街を訪れる人々に与えている。紀元前4世紀中頃に建設されたプリエネでは、かなり険しい斜面に格子状街路が敷かれ、街の中央部に下から上に向かって教育施設（ギムナシオン）、アゴラ、神域、劇場が並び、その左右に格子状に割り付けられた住宅地が配されており、あたかも棚田に広がる都市のような眺望を生み出している（❺）。

パノラマのように広がる美しい眺望を備えた都市計画の究極の姿が、紀元前2世紀頃からローマ時代にかけてのペルガモンである（❻）。斜面に沿って、劇場、神域と神殿、アゴラ、擁壁、宮殿などのすべての建物が劇場の客席のように扇形に広がりながら、そしてまた棚田のように建物が下から上へと積み重なりながら延びていく絵画のような都市景観がつくり出されている。ここでは都市の景観が重視されているため格子状街路は捨て去られ、その結果として、個々の建物へのアクセスや建物相互間の利便性という観点が損なわれている。こうした外からの都市の景観を意識した都市計画は、斜面の持つ高低差や立地する場所の地形の持つ豊かさを最大限に生かしながら、主要な神域や公共建築物を配置していく手法をとっているのである。
（渡邊道治）

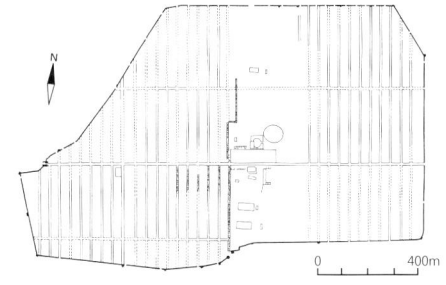
❹パエストゥムの平面図（イタリア、前6-3世紀）

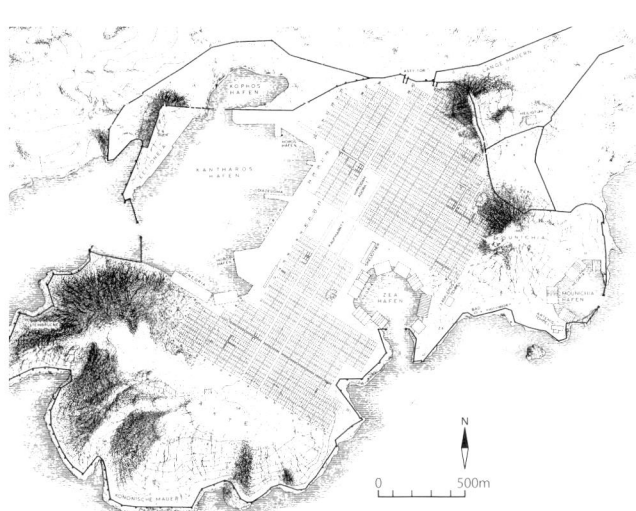
❷ピレウスの都市平面図（ギリシア、前476頃）

❺プリエネ鳥瞰復元図（トルコ、前4世紀中頃）

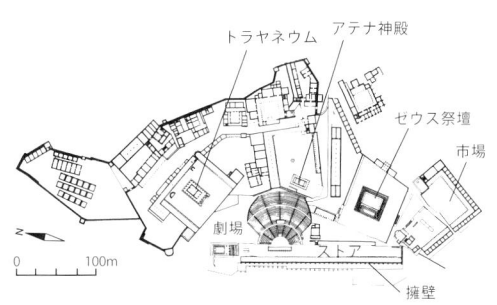

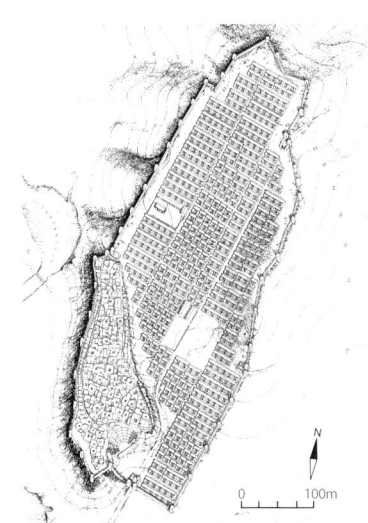
❸オリュントスの街区割復元図（ギリシア、前5世紀末）

❻ペルガモン上市平面図と復元図（トルコ、前2世紀頃-ローマ時代）

8 ローマの市民生活の中心—フォルム

ローマ時代の都市生活の中核はフォルムと称され、都市生活を過ごす上で必要とされるもの、すなわち政治、経済、文化、宗教活動のために必須とされるものが集中した一つの建築複合体をなし、ギリシア・ヘレニズム都市のアゴラに相当するものであった。フォルムは列柱廊で囲まれた矩形の均質な空間と軸線を取り入れ、次第に神域と見間違うほどに秩序化されていった。

●フォルムをつくり出す建築群

フォルムは単一の建物を指すのではなく、種々の建築物が一つのオープンスペースの周囲に集積した複合体全体を意味する(❶)。つまり、広場の周囲に経済活動や集会など特定の役割を果たす建物を計画的に並べることでつくり出されており、ローマ都市の主要な都市活動がこのフォルムに集約されている。フォルムは、特定の用途のために、ある程度定まった建築タイプの建物からつくられる。

まず、神殿が複数置かれ、その中の一つは広場に面し、ローマの伝統的三神であるユピテル、ユノ、ミネルウァを祀るカピトリヌス神殿である。広場を囲むように1、2階建ての列柱廊(ポルティクス)が巡り、その背後に店舗もしくは事務所として使われる小部屋が並ぶ。また、市議会場(コミティウム、クーリア)、裁判や商取引きを行うバシリカ、市場などが広場の周囲に建てられた。ポルティクスとその背後の部屋は建築的には一体としてつくられ、ギリシア・ヘレニズム時代のストアと同じであるが、ローマ時代になるとオーダーで枠取りした連続アーチで建てられる場合も見られる。コミティウムやクーリア(❺、❼)は半円形に座席を配置するギリシア・ヘレニズム時代のタイプとは異なり、矩形の部屋でその中にコの字もしくは向かい合わせに座席を配置する平面であった。バシリカ(❺、❻)は一重もしくは二重に柱を矩形状に並べた平面に切妻屋根を架けた一種の多目的ホールであり、中世のバシリカ式教会堂の平面の元となった。店舗や事務所はフォルムのポルティクスの背後に置かれることもあるが、ポルティクスを巡らした別の建物として、すなわち市場としてしばしばフォルムに隣接して建てられた。さらには食料品や衣料など品目別に市場が建てられることもあった(❽)。このように、ギリシア・ヘレニズム都市のアゴラと異なり、フォルムでは広場のオープンスペースで行われてきた種々の活動に対応する建物が個別に建つようになり、列柱廊の背後に建てられるようになった点に違いがある。

●秩序化されたフォルム

ローマの中心的なフォルムであるフォルム・ロマヌムのように、本来フォルムは明確な平面をなさない不定形平面の周りに種々の建物が並ぶものであった(❶)。しかし、ヘレニズム建築の影響を受けて、神殿、バシリカ、クーリアなどを軸線計画にもとづいて配置し、一つの完結した秩序をもつ建築空間をつくり出すようになり、その代表例がローマの通称「皇帝のフォルム」である(❷)。このフォルムの特徴は、高い列柱廊で囲まれた細長い矩形の広場の最奥に高い基壇の上に建つ神殿を置いて中心軸を明確に示し、時には神殿両脇に記念門を配してその中心軸がいっそう強調されている。さらに、この中心軸に直交あるいは平行に、バシリカなどの建物が列柱廊の背後に並べられたりしている。神殿には皇帝に関連する神々あるいは神格化された皇帝自身が祀られた。つまり、軸線によって完璧に秩序化された建築空間が生み出され、それは政治と宗教が一体化した形を建築によって表現したものであった。この形式はローマのカエサルのフォルムで最初に実現され、アウグストゥスのフォルム(❸)、ドミティアヌスのフォルム、トラヤヌスのフォルムと次々とローマに建設された。

ローマの植民都市や属州となった都市では、都市の中心としてのフォルムが必ず建設された。それらのフォルム

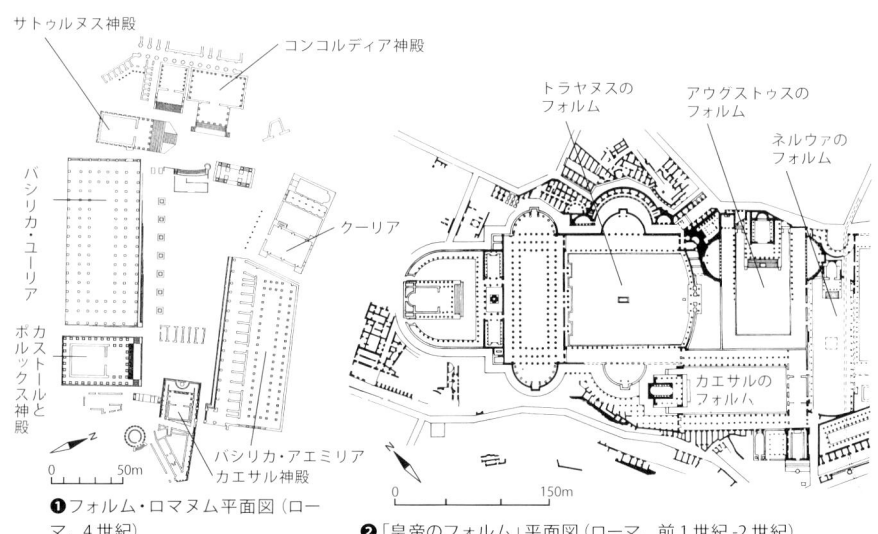

❶フォルム・ロマヌム平面図(ローマ、4世紀)

❷「皇帝のフォルム」平面図(ローマ、前1世紀-2世紀)

はポンペイ（❹）やレプティス・マグナに見られるように、列柱廊で四周を囲み、中央部奥にカピトリヌス神殿を配置し、列柱廊の一方にバシリカを開き、列柱廊背後に店舗や事務所として使われる小部屋が並び、中心軸を強調した平面をなしている。たとえ中心軸がさほど強調されていなくとも、四周を列柱廊で囲み、その背後にバシリカ、クーリア、店舗や事務所の小部屋を並べることで整然と完結した建築空間によるフォルムがつくられた。こうした特徴をもつフォルムは明らかにローマの「皇帝のフォルム」をモデルとしてつくられたものであった。

● 都市計画に組み込まれたフォルム

ローマ人は小さな集落から大帝国へと軍事的に領土を拡大していく過程で、多くの植民都市を建設していった。パリやロンドンなど、現在の多くのヨーロッパの都市は軍事都市を起源とする場合が多い。これらの都市は矩形の城壁を備え、南北に延びる街路（カルドー）と東西に延びる街路（デクマヌス）を組み合わせて格子状に街路を巡らし、その中に、劇場や浴場などの公共施設とともに、フォルムも都市計画の一部として組み込む計画がなされていた。この格子状街路計画のほぼ中央に位置するいくつかの街区は、フォルムのための用地として確保されていた。とくに軍団の駐屯地計画を基礎として都市計画が植民都市に適用される場合には、T字形に走るやや幅員の広い街路の交差点にフォルムが必ず置かれることとなった（❾）。こうしたフォルムは割り当てられた敷地から当然矩形の平面をなしていたが、その大きさや平面の形はむしろ街区に影響されることとなった。フォルムの三方あるいは四方に列柱廊が巡り、その背後にバシリカや議会場、店舗や事務所が配置されていた。神殿も建てられていたが、必ずしも中心軸を強調した配置となっていたわけではない。

（渡邊道治）

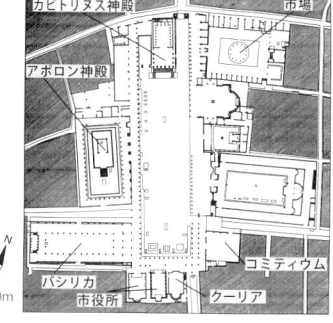

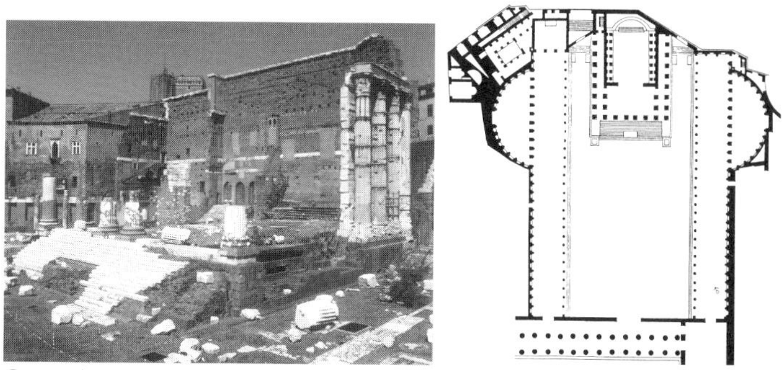

❹ ポンペイのフォルム平面図（1世紀中頃）

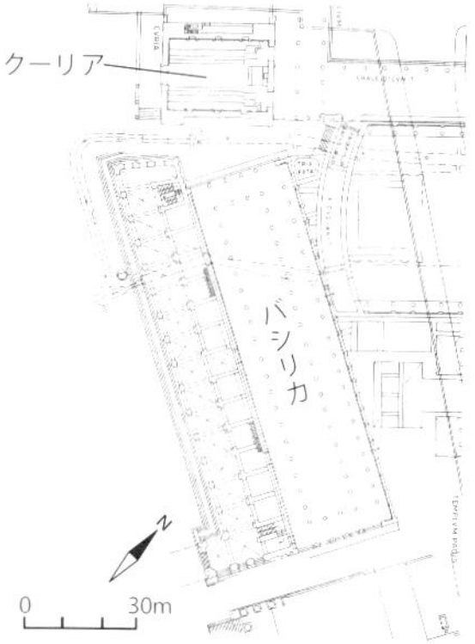

❸ アウグストゥスのフォルムと平面図（ローマ、前2献堂）

❺ バシリカ・アエミリアとクーリア平面図（ローマ）

❼ クーリア（ローマ、前29建設、3世紀末再建、7世紀に改修、1930-36復元）

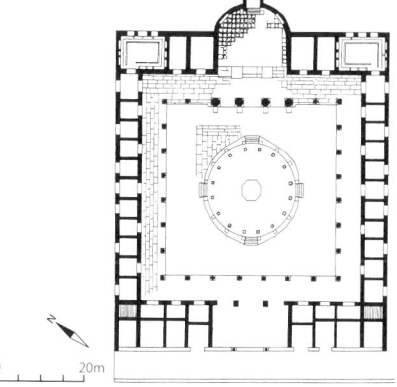

❽ ポッツオーリの市場平面図（イタリア、2世紀）

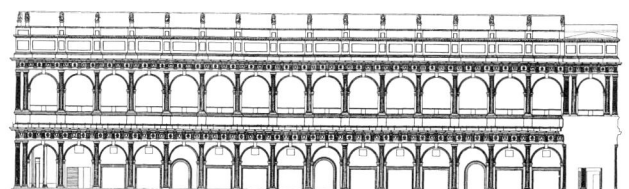

❻ バシリカ・アエミリア復元立面図（ローマ、前179建設、図は前55再建後）

❾ ティムガドの都市平面図（アルジェリア、100頃建設、図は4世紀）

⑨ ローマ都市の娯楽施設

「パンとサーカス」の言葉に示される古代ローマ世界では、演劇や剣闘士の闘いを見ることは生活の一部となっていた。すなわち古代ローマ人が抱く都市の概念には、城壁で囲まれ、街路が整備され、上下水道などの都市基盤施設が整っている上に、劇場や公共浴場、円形闘技場などの都市生活をより豊かにする公共施設が備わっていることが含まれていた。

●ローマ劇場の特徴

紀元前3世紀頃より南イタリアのギリシア植民都市では、ギリシア悲劇よりも「新喜劇」と称される演劇が人気を博するようになり、その伝統は帝政期にも受け継がれた。それは演劇の主体がコーラスから数人の演劇者のセリフへの変化を示していた。したがって、劇場に求められるものは上演者がくっきりと見える高くなった舞台、セリフを聞き取りやすく劇に集中できる環境であった。そのためにローマの劇場はギリシア・ヘレニズム時代の劇場と次の点で大きく異なる。まず観客席が半円形平面をなし、矩形平面をなす舞台建築と観客席から延びる壁が一体化し、しばしば観客席最上部には回廊が巡り、時には日よけのための巨大なテントが観客席全体に架けられた（❶）。つまり、劇場内は外の世界から完全に遮断された演劇空間をつくり出している。さらに、連続アーチとそれをオーダーで枠取り、多層に重ねる外観の意匠（❷）は一つの形式として定着した。またギリシア・ヘレニズム時代の劇場は丘の斜面を利用して客席をつくる必要があったが、コンクリートによる構法が可能となったことで、どのような場所にも建設することが可能となった。その結果、劇場はフォルムや神域など他の建築と関連性をもって建てられるようになった。こうした特徴を備えた劇場の最初の例は、ローマに紀元前55年に建設されたポンペイウス劇場（❶）であり、その後ローマのマルケルス劇場（前13/11、❷）、オランジュ（❸）、アスペンドス、ジェミラなどローマ帝国全土で建設された。

●円形闘技場

古代ローマ人は、野獣同士や人同士あるいは人と野獣との闘いを見世物として楽しみ、そのための建築としての円形闘技場という新たな建築タイプを生み出した。円形闘技場は、楕円形平面のアレーナの周囲に同じく楕円形に客席が取り囲む平面をなし、放射状の階段通路によって客席は区分されている。この建築はエトルリア時代からの葬礼の際に闘技を催す伝統に由来するもので、ギリシア・ヘレニズム世界には存在しないものであった。したがって、円形闘技場は旧ユーゴスラヴィアから西側の地中海世界でおもに建設され、それよりも東側、すなわちギリシア以東地域ではあまり建設されず、むしろ劇場を剣闘士たちの闘いの見世物にも代用していた。

円形闘技場はもともと木造の仮設建築物であったが、次第に石造などの恒久的建築に取って替わった。現存する最古の例は紀元前2世紀末頃のクマエあるいはパエストゥムの円形闘技場であるが、最初期の頃の最も保存状態の良い例は紀元前70-65年頃建設のポンペイの円形闘技場（❹）で、代表例がローマに最初に石造で建設された

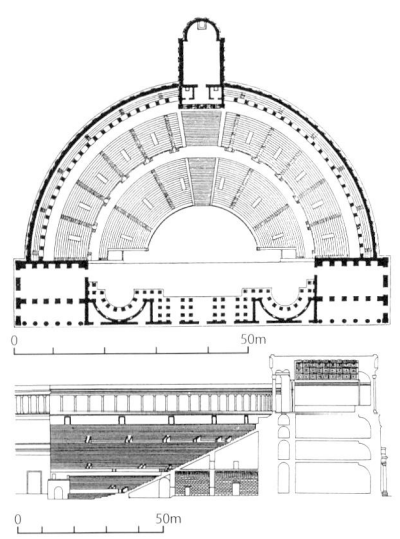

❶ポンペイウス劇場復元平断面図（ローマ、前55）

❷マルケルス劇場（ローマ、前13/11）

❸オランジュの劇場（フランス、1世紀）

❹ポンペイの円形闘技場（前70-65頃）

コロッセウム（80献堂、❺）である。その後の円形闘技場はコロッセウムに見られる建築的な特徴を踏襲したものといえよう。その特徴はコンクリートによるヴォールト構法で建設され、楕円形平面をなし、外観の意匠は下からドリス、イオニア、コリント式オーダーで枠取られた連続アーチでまとめられている。この意匠は、劇場の外観意匠とともに、後のルネッサンスのパラッツォ建築などにおいて参照されることとなった。さらに、観客席の上には日よけとなるテントが架けられる場合もあった。

●公共浴場

古代の浴場は現在のサウナにあたるもので、紀元前4世紀のギリシアにすでに見いだせる。ローマ世界でも紀元前3世紀頃から確認できるが、公共浴場として認められるような例は紀元前2世紀末頃からである。ローマ時代の公共浴場は単に入浴するためだけではなく、肉体的にも精神的にも健康を維持し、都市生活をより豊かにするための複合的な施設であった。つまり、付属するパラエストラ（運動場）で体を鍛錬し、入浴によって体を清潔に保ち、その後に読書や音楽あるいは庭園の散策を楽しむことで精神的な開放感に浸るのである。代表的なローマのカラカラ浴場（212-216、❻）やディオクレティアヌス浴場（298-305/6）は、こうした要求を満たすように、高い周壁に囲まれた中に静寂な庭園と散策路、そして図書室や音楽用の部屋が用意され、周壁内にパラエストラを備えた浴場本体がある。

浴場本体は室温がやや熱めの熱浴室、適度な室温の温浴室、冷たいプールを備えた冷浴室からなり、炉で暖めた熱気を床下から壁内の通気孔に通すことで室内の温度を調節した。したがって、これらの諸室は熱の流れに沿って最も効率よく一直線上に配置されている。カラカラ浴場などの大規模な公共浴場の全体配置計画は中心軸を強調した左右対称性を重視しており（❻）、こうした計画はローマのネロ浴場（62/64）が始まりとされる。それに対して最初期の頃の例としてあげられるポンペイのスタビア浴場（前2世紀頃）では、熱浴室、温浴室、冷浴室が東側に一列に並び、その西側には不整形なパラエストラが付いているのみで、軸線による平面計画ではない（❼）。さらに公共浴場は、コンクリートによるヴォールト構法を大胆に使用して巨大な内部空間をつくり出すとともに、大小さまざまな大きさと形態をした部屋が直交する軸線に従って組み合わされた群造形としての建築的な魅力をもっている。（渡邊道治）

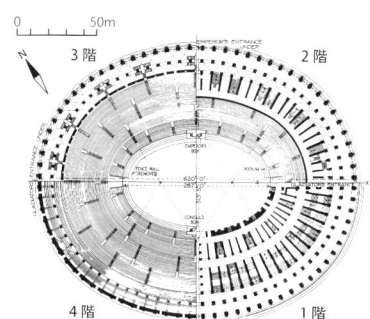  

❺ コロッセウム平面図、全景、復元模型写真（ローマ、80献堂）

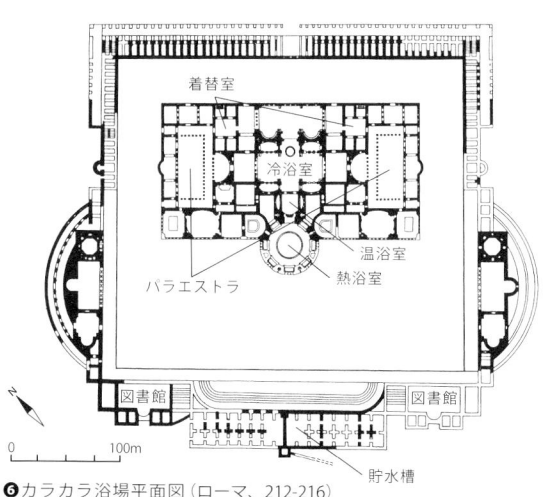

❻ カラカラ浴場平面図（ローマ、212-216）

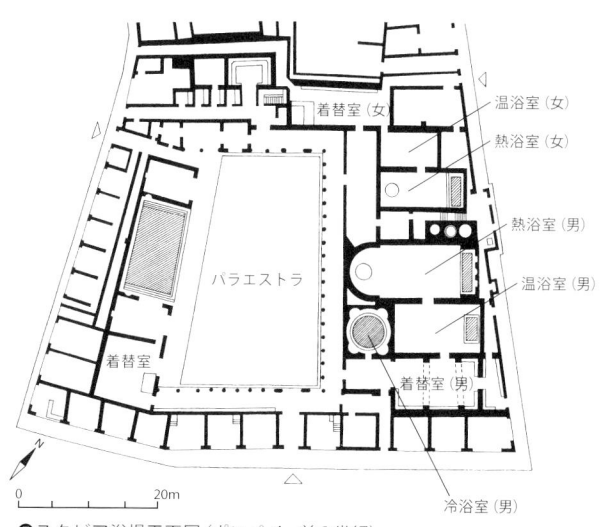

❼ スタビア浴場平面図（ポンペイ、前2世紀）

10 ローマ都市の都市住宅

ローマ都市の住宅形式には、戸建て住宅としてのドムス住宅と賃貸アパートメントとしてインスラ住宅があった。この二つの住宅形式は成り立ち、理念、平面、立面の意匠などすべての点において全く異質のものであるが、一方は中庭式住宅として、もう一つは集合住宅として、その後の地中海域における住宅形式と街並みの原形をつくり出した。

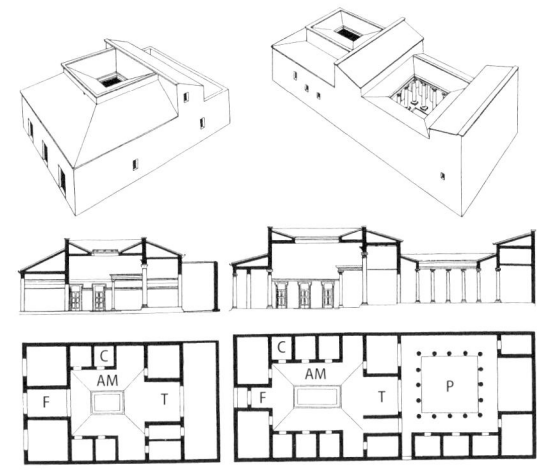

❶ アトリウムタイプとアトリウム・ペリステュリウムタイプの家の模式図（F 入口、AM アトリウム、T タブリヌム、C クビクルム、P ペリステュリウム）

●ドムス住宅

古いイタリアおよびエトルリア時代からの住宅の伝統を引き継いで、ローマ人は、アトリウム・タイプと称される都市住宅形式を生み出した（❶）。これは両側の部屋の間に開く入口（ファウケス）から入るとアトリウムと称される広間に入り、その正面に主室（タブリヌム）、左右に個室（クビクルム）が2、3室並び、入口から主室に軸線が通り、その軸線に対して左右対称に個室が配置された平面をなしている。また、アトリウムの中央に向かって四方から傾斜した屋根が架かり、その中央部は矩形の屋根のない部分となっている。屋根の架かってない部分の真下に浅い矩形平面の水盤が設けられ、その地下に雨水の貯水槽が設けられていた。タブリヌムの背後は庭となっていた。このタイプはポンペイの「外科医の家」（前4世紀、❷）に見られるように、紀元前4世紀頃には確立していたとみられる。このアトリウムの言葉は現在ではオフィスなどにおける共有の吹抜けの大空間を意味するものとして意味を変えて受け継がれている。

紀元前2世紀になるとギリシア・ヘレニズム世界の列柱廊を中心とした住宅形式の影響を受け、タブリヌムの背後の庭部分に列柱廊（ペリステュリウム）がつくられ、さらにトリクリニウムやオエクスといった食堂に相当する部屋が取り入れられた。トリクリニウムやオエクスはアトリウムおよびペリステュリウム周りに季節に応じて使い分けできるように複数用意された。その結果生まれたのがポンペイのファウノの家（前2世紀、❸）やヴェッティの家（1世紀中頃、❹）のようなアトリウム・ペリステュリウムタイプ（❶）である。ペリステュリウム内には庭園がつくられ、その周囲に最初は数室が、のちには数多くの部屋が並べられるようになった。それに伴いアトリウム周りの部屋は次第に少なくなり、極端な場合には全くなくなり、アトリウムはペリステュリウムの前にあるホールにすぎなくなることもあった。1世紀中頃になるとペリステュリウムのトリクリニウムやオエクスから庭園への眺望を意識した部屋の配置や庭園のデザインが強調されるようになった。この頃になると、住宅の壁はコンクリート造の漆喰仕上げで、壁画を描き、床にはモザイクを施し、木造の小屋組の上に瓦を葺いた。2-3世紀になるとオスティアのフォルトゥナ・アンノナリアの家（4世紀、❺）のごとく、アトリウムは消失してペリステュリウムのみとなり、軸線を生かした左右対称性もなくなった。その代わりに、主室あるいはトリクリニウムから庭園の眺望を重視した平面計画がなされ、床や壁は大理石板で仕上げられることが多くなった。

●高層化するインスラ住宅

ローマ市では、共和政末期から人口の急激な膨張と商取引きの活発化によって、高密に人々が住み、商業活動が都市全体に広がることになった。さらに紀元前3世紀以降のイタリアにおけるコンクリート建築の発展は、より強固で耐火性に富む建築を可能とした。こうした背景をもとに、1階に店舗、その上に複数階の賃貸住居を載せたインスラと称される建築物が建設されるようになった。住居そのものを複数階にすることは、文献史料などからアレキサンドリア、シリア、シチリアなどで古い時代につくられ、ローマでも少なくとも紀元前2世紀頃から存在したとみられる。現存する遺構からみると、1世紀にエフェソスでインスラ形式の建物が建設されており、オスティアではトラヤヌス時代に最も古い例を見いだせる。

インスラは、アウグストゥスの高さ制限などから判断して、ローマ市で1世紀初めには4、5階建てでつくられていたと推測できるが、遺構としてはローマ近郊のオスティアにおいて2-3世紀にかけて建設された事例を数多く見いだせる。その平面形式は大きく二つに分けられる。一つは、「壁

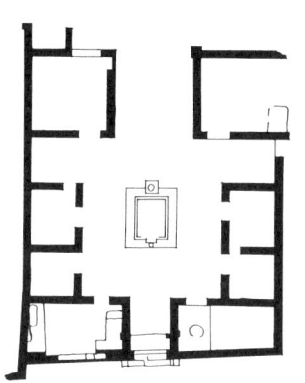
❷ ポンペイの「外科医の家」平面図（イタリア、前4世紀）

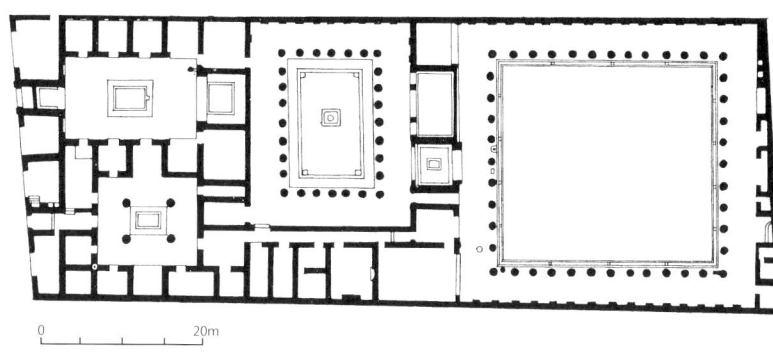
❸ ポンペイのファウノの家平面図（イタリア、前2世紀）

❹ ポンペイのヴェッティの家（イタリア、1世紀中頃）

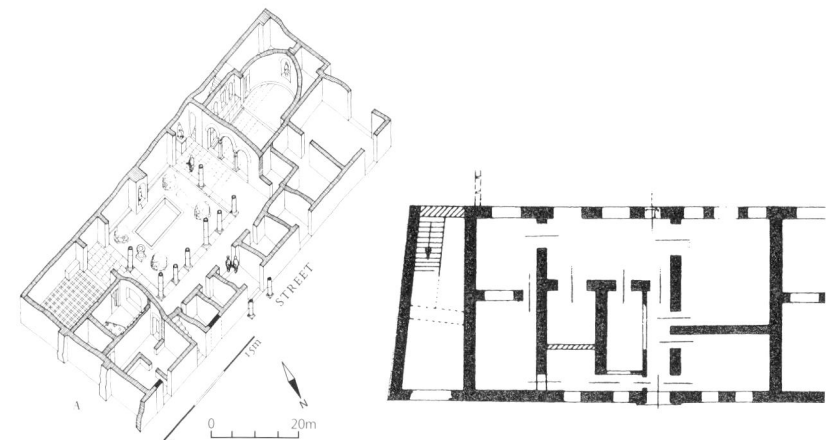
❺ オスティアのフォルトゥナ・アンノナリアの家平面図（イタリア、4世紀）

❻ オスティアの「壁画のある家」平面図（イタリア、2世紀）

画のある家」（2世紀）のように、街路沿いに店舗が一列に並び、その上に賃貸住居が載る形式である（❻）。もう一つは、ディアナの家（2世紀）のように、中庭あるいはペリステュリウムによる中庭を持ち、その周囲の1階が店舗、上階が賃貸住居となる形式である（❼）。店舗はほぼ全面開放の1室ないし奥にもう一部屋続く2室からなり、木造の梯子で上る中2階を備え、そこには矩形の小さな窓が開いている。その上の住居は、街路に面した階段あるいは中庭の階段から直接アプローチする。その平面の典型例は、トリクリニウムやオエクスのような食堂と、もうひとつ別のやや大きめの部屋が両端に置かれ、それらをつなぐ通路、その通路に面する個室からなる。室内は、2世紀以降、レンガもしくはコンクリート仕上げの床で、壁や天井は漆喰仕上げであった。窓は矩形で、二つないし三つが一組となって規則的に並ぶ。外壁はレンガ仕上げのまま、あるいは漆喰仕上げで、建物の主出入口にオーダーによる張り出し玄関が付くこともある。また、1階の店舗の前には街路に沿って列柱による歩廊が連続してつくられることが一般的であった。このようなインスラによる街並みはその後のイタリアのみならず西欧都市の街並みの原形をつくり出している。（渡邊道治）

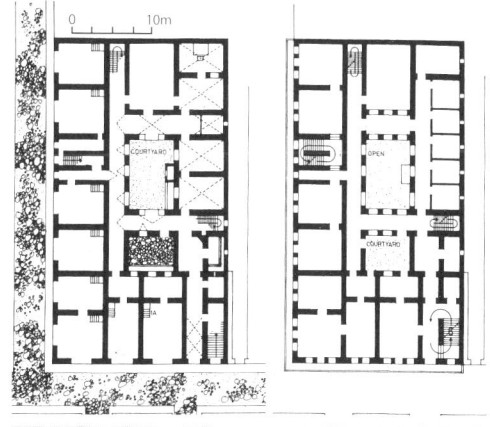

❼ オスティアのディアナの家平面図と復元模型、上段左1階、右2階（イタリア、2世紀）

11 地中海都市の基礎としての古代都市

都市文明の長い歴史を誇る地中海世界では、どの都市にも、さまざまな時代の層が重なっている。その基層に古代都市の構造が受け継がれている所も数多い。街路パターンや中心広場の位置に、また城壁や城門、神殿などのモニュメントの遺構に古代の記憶が受け継がれている。神殿がキリスト教の教会に転用された例も各地に見られる。

●南イタリアのギリシア植民都市

ナポリは、古代ギリシアの植民都市ネアポリス（新市の意）として形成され、その格子状に規則的に割られた都市構造を今なおよく受け継いでいる（❶）。市民が強い愛着を感じる旧市街の東西道路「スパッカ・ナポリ」は、古代のギリシア・ローマ都市を形づくった3本のデクマヌスの一本にあたる。西側の一画には、ギリシア時代の城壁の跡も残っている。近年、これまで眠っていたナポリの地下都市に光が当てられ、話題になっている。現在の道路面よりかなり下がった位置に、かつてのギリシア都市の広場、アゴラを受け継ぎ発展させたローマ時代の中心広場（フォルム）周辺の街路、公共建築、店舗などが姿を現わし、ポンペイの遺跡を歩くのに似たタイムスリップの体験をさせてくれる。

シチリアのシラクーザも、古代ギリシア都市の都市構造を下敷きに持つ。海に囲われたこの町について、「ギリシア都市の中で最も大きく、またすべての都市の中で最も美しい」と前1世紀にキケロが書き残している。本土側のギリシア劇場、ローマの円形闘技場などからなる遺跡ゾーンばかりが有名だが、実は、中世以後も都市活動を維持し続けたオルティージャ島こそ、古代都市の心臓部分であった。その中心、アクロポリスに面して建つアテナ神殿が、中世に、その構造をすべて活用して大聖堂（ドゥオモ）に転用された（❷、❸）。現在も、側面の外観にばかりか、教会内部にも、堂々たるドリス式の柱の列が残され、訪れる人々を驚かせる。この古い島には、他に神殿の跡が二つ残り、またギリシア神話とも深く結び付く聖なる水の湧く「アルトゥーザの泉」がある。さらに、平行に走る道路群などは、ギリシア時代の都市計画の名残と考えられる。

●生き続ける古代ローマ都市

イタリアには、都心部にローマ時代の町割りを受け継ぐ都市が多い。とりわけ、平野部には、フィレンツェ、ボローニャ、ヴェローナをはじめ、計画的な碁盤目状の街路網が明白に見られる。中世のフィレンツェは、古代の中心フォルムをマーケット広場として受け継ぐ一方、新たな宗教中心としての大聖堂を碁盤目状の古代市街地の北端に、政治権力の中心としての市庁舎を南端に置く独特の構造を生み出した。

だが、イタリアには、古代広場をそのま

❶ナポリ ギリシア・ローマ都市の復元図

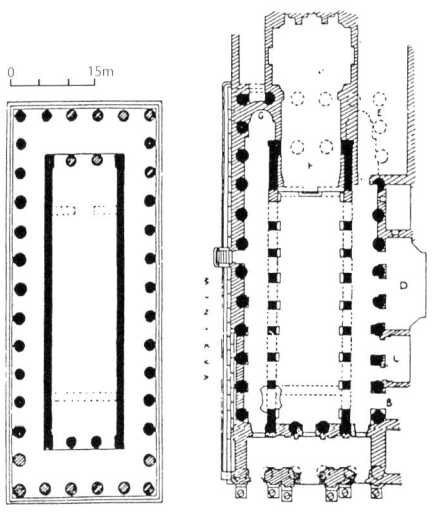

❷アテナ神殿（左）とドゥオモ（右）の平面図。内部に神殿の骨格が受け継がれている（DinsmoorとOrsiによる）

ま中世の市庁舎広場として受け継ぎ、市場も取り込んで、今も市民が集まる活気に満ちた象徴的広場であり続けている例が多い。中世に歪んだ長方形の面白い形態となったヴェローナのエルベ（野菜）広場もその典型である。古代の遺跡が随所に姿を見せるこの町だが、とくに円形闘技場（アレーナ）は夏の野外オペラの会場となり、世界中の音楽ファンを魅了している（❹）。ルッカでは、古代の円形闘技場が中世以後、要塞、監獄、そして住宅へと用途を変え、元々の骨格の上に増改築を重ねて興味深い複合体となっている。

中世以後も生き続け、発展したイタリアの都市の中に古代の建造物が転用され、また遺跡として存在し、風景の重要な要素となっていたことは、この国にルネサンスを生む背景となったし、今もなお、古代との対話が人々に大きな知的・文化的刺激を与えている。

●東方の古代起源の都市

今日、イスラム文化圏にある中東地域にも、古代都市を起源とするものが多い。チグリス川の上流にあり、古くからシルクロードの中継都市として栄えた南東トルコのディアルバクルは、古代の都市構造を受け継いでいる。東西、南北の道路が交差する中心に、古代広場のあとを受けて大モスクができ、その周りに大バザールが広がる。都市風景を印象付ける堅固な城壁も城（カレ）も、4/5世紀につくられたものであり、イスラム時代のトルコにあって、多くの都市が城壁の外に市域を自由に広げたのに対し、ディアルバクルは古代の城壁という枠組を守り続けた。

シリアのやはりシルクロードの拠点都市、ダマスクスとアレッポは、ヘレニズム都市の格子状の空間構造を基礎とし、中世イスラム時代にその規則性を必要に応じて崩しながら、全体として複雑な迷宮的都市を形づくった（❺）。都心の神殿を中心とする聖域に、一度、教会がつくられ、その後、大モスクが建設された。とくに、ダマスクスでは、古代の石積みが今も大モスクの周りを囲い、聖域への入口の柱やアーチが残る（❻、❼）。（陣内秀信）

❸ドゥオモ内部。ドリス式神殿の円柱が並ぶ

❹夏の夜のアレーナ（ヴェローナ、1世紀）

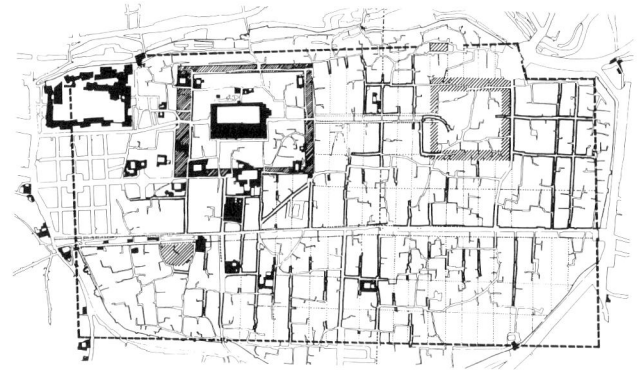

❺ダマスクス。現在の地図上に古代の都市構造が復元されている。古代の規則的空間が中世イスラム時代に変容し、迷宮化した

❻古代の聖域の上にできたウマイヤ・モスク（ダマスクス、714-715）

❼聖域への入口の遺構（1世紀）

12 ヴィラ建築のはじまり

農業生産を基盤とするローマ社会において農地経営の拠点として生まれたヴィラは、次第に肉体と精神を解き放つ場へと変貌を遂げ、ローマ時代に独自の建築タイプをつくり出し、そこでは、都市住宅の影響、ギリシア風生活への憧れ、自然環境との融合などが契機となって新たな建築空間を生み出すこととなった。

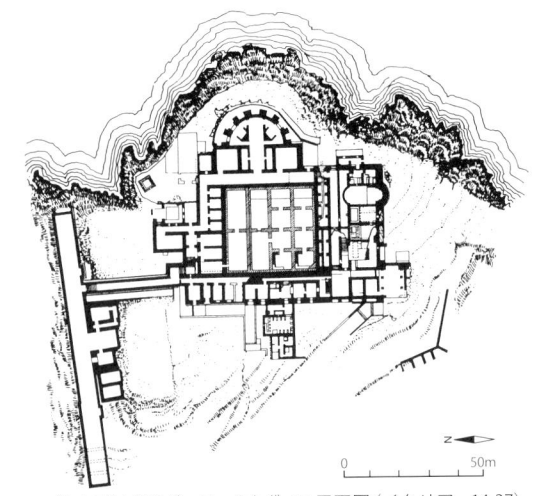

❸ カプリ島のヴィラ・イオヴィス平面図（イタリア、14-37）

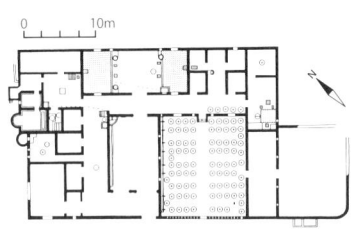

❶ ボスコレアーレのピザネッラの第13番ヴィラ平面図（イタリア、前1世紀初め）

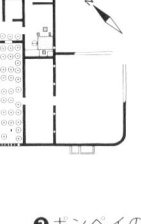

❷ ポンペイの秘儀荘 平面図（イタリア、前2世紀後半）

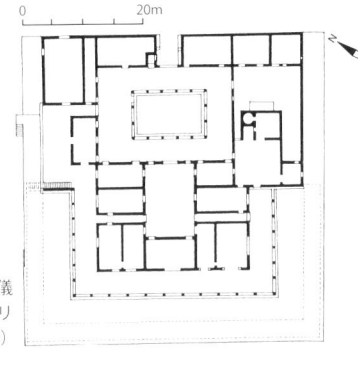

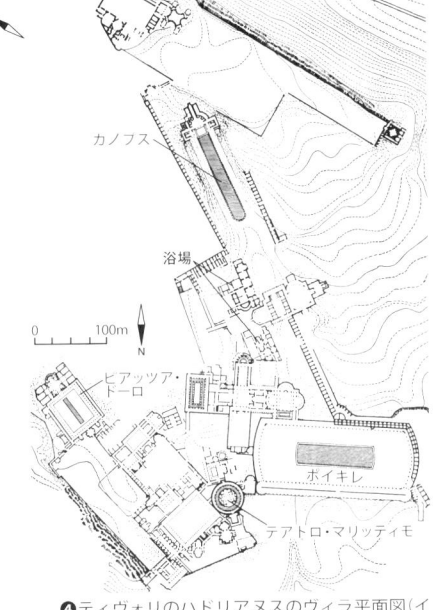

❹ ティヴォリのハドリアヌスのヴィラ平面図（イタリア、118-125）

❺ ハドリアヌスのヴィラのカノプス

●ヴィラの始まり

ローマが次第に領土を獲得していく中で、一部の貴族や元老院議員たちは大規模な農地経営を行うようになり、紀元前4-3世紀頃よりその経営のためにヴィラをつくった。最初は農作業用の小屋のようなものであり、そこに農夫用の一時的に使われる居室が付属する小規模な建物であった。紀元前2世紀になると、農作業用の建物の他に、農場経営を任された経営代理人（解放奴隷など）や奴隷が常時生活するための居住用の部屋が備わるようになった（❶）。この種のヴィラの代表例がポンペイの秘儀荘（❷）であり、北西側にオリーブ油絞り用の部屋などの作業部屋があるとともに、南東側列柱廊の背後には壁画やモザイクが施された居室が並んでいる。この頃よりヴィラはヘレニズム時代の宮殿や邸宅の影響を受けて、より快適で豪華な建物へと変化し、紀元前1世紀には農作業のためというよりも避暑避寒を主目的とする建物へと次第に変貌する例も見られるようになった。

●さまざまな平面をもつヴィラ

建築的な観点から見ると、ヴィラは特定の厳密な平面形式を確立していたわけではなく、都市住宅との密接なかかわりを保ちつつ、地形や景観などの立地条件を取り込みながら比較的自由にその平面計画がなされていた（❸）。イタリアの当初のヴィラの基本的平面はペリステュリウムを中心とし、その周囲に諸室が並ぶ形式で、ローマ時代全般を通じて帝国全土で見られる。共和政後期には、秘

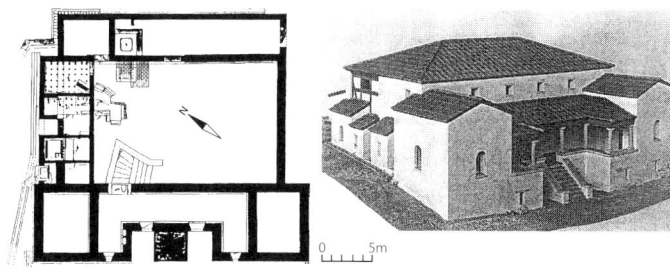

❻ ボーレンドルフのヴィラ平面図と復元模型（ドイツ、2-4世紀）

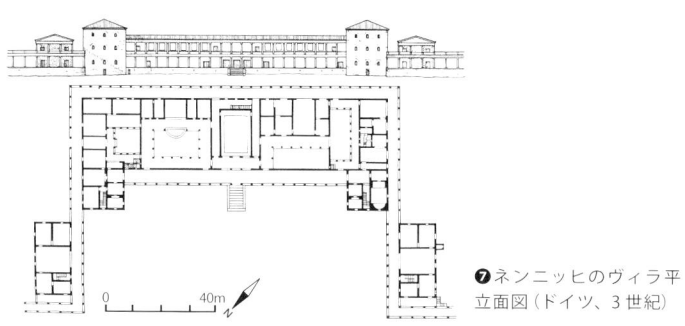

❼ ネンニッヒのヴィラ平立面図（ドイツ、3世紀）

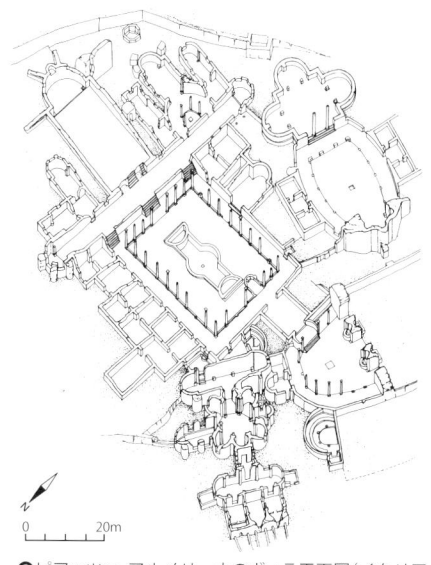

❽ ピアッツァ・アルメリーナのヴィラ平面図（イタリア、4世紀初期）

儀荘のようにペリステュリウムにアトリウムが付き、その周囲にも部屋が並べられることもある。その背景には明らかにドムス住宅からの影響があり、軸線や左右対称性が強調されていた。皇帝のヴィラなど規模が大きな場合には、ペリステュリウムそのものが巨大になったり、複数のペリステュリウムがつくられた。

ヴィラは都市住宅の影響を受けてさまざまな建築要素を取り込みつつも独自の建築モチーフを生み出し、他の建築にも影響を与えていった。その背景の一つに、共和政以降、とりわけ1世紀頃まではギリシア風、より正確にはギリシア・ヘレニズム風の生活を可能にする空間をヴィラに求めたことがあげられる。すなわち、ギリシア語の読み書き、ギリシア・ヘレニズムの彫刻収集、ギリシア神話世界のような風景、彼らのような食事を通して精神と肉体を都市生活より解放させることを求めた。そのため、ヴィラには図書館、美術品のギャラリーとしての列柱廊、トリクリニウム（食事室）、神話的風景の庭園、パラエストラやギムナジウムが重要な要素として取り込まれた。時にはエジプトのナイル川にたとえた池とそれにつながるトリクリニウムがひとまとまりのモチーフ（❺）として活用された。

一方、北部フランスやイギリスなど北方の属州では独自の平面形式を持つヴィラが生み出された。一つは中庭ではなくやや大きめの広間を中心にその周りに数室の小部屋を配置する比較的小規模なものであり（❻）、もう一つは二つから五つの部屋が一列になって並び、ところどころに正方形あるいは通路状の部屋が配される平面形式である。これら形式は気温が低く天候も荒れることが多い気候上の特徴、地域の経済や建築文化の後進性などに対応したものであり、家畜小屋や農作業用のスペースを確保するなど、きわめて農作業との関連性が強い特徴を備えている。

● 自然環境との融合

都市住宅から強い影響を受けつつも、地形や周囲の自然環境とのつながりを重視したヴィラもすでに紀元前1世紀頃よりみられる。とくにティレニア海などの海岸線沿いの風光明媚な場所に建つヴィラは、スタビアのヴィラに見られるように、海側に開け放たれた列柱が長く延び、その背後に諸室が並ぶ独特の平面形式を生み出し、時には列柱の背後にペリステュリウムが付くこともある。これをとくにヴィラ・マリッティマと称している。このような開放的な列柱の両端部に多層のやや大きめの部屋が付く独特の形式も生まれた。この形式はネンニッヒに見られるように内陸部に建てられることもあり（❼）、その意匠は後のスパラトの宮殿建築にも継承され、後のルネサンス時代のパラッツォ建築にも影響を与えている。

ヴィラの平面は、ドムス住宅の影響を受けて比較的厳格な左右対称性を保つ一方で、自然環境との密接な関連性を重視し、その配置や平面は地形や周囲の眺望などに対応してさまざまに変化した自由な形を取るようになった。したがって、軸線は折れ曲がり、左右対称性は弱まり、建物が群としてまとまりを保ちながらも緩やかな関係でつながることとなった。それとともに壁面は湾曲し、主要な部屋には半円形平面のアプスが付く、ドームの架かる部屋が浴室以外にも使われるなど、きわめて変化に富むようになった。そうした例としてティヴォリのハドリアヌスのヴィラ（118-125、❹）やシチリアのピアッツァ・アルメリーナのヴィラ（4世紀初期、❽）があげられる。（渡邊道治）

13 記憶の継承

ローマ人は特定の事績や人物を記念もしくは顕彰するため記念柱、墓、記念門あるいは凱旋門を用いた。記念柱や墓はギリシア・ヘレニズム建築の伝統の上に発展したが、記念門あるいは凱旋門はローマ独自のものである。これらは建築複合体の一部をなしたり、都市の中に組み込まれていること、より豊かな建築的装飾を持つ点で従来の類似する建築とは大きく異なる。

●記念柱

文献史料によれば紀元前439年にルキウス・ミヌキウスの記念柱がローマに建ったことからみて、共和政中期頃より記念柱を立てる伝統はすでにローマで始まっていた。記念柱の伝統は紀元前6世紀前半のデルフィのナクソス人の記念柱までさかのぼることができ、その伝統の上にローマ人は4タイプの記念柱をつくり出した。第1は共和政時代からの無装飾の円柱もしくは角柱、第2は柱身に浮き彫りを螺旋状に施した円柱、第3は舟嘴(ロストラ)を柱身に付けた円柱、第4はユピテル神に献じられた「ユピテルと巨人の円柱」である。

トラヤヌス(❶)とマルクス・アウレリウス記念柱は第2のタイプに属し、ドリス式の柱身に、それぞれダキア人に対してと、マルコマンニ人とサルマティア人に対する戦勝を表す浮彫りを螺旋状に配した円柱が高い台座の上にのる形式で、113年と193年に建てられた。いずれも浮彫りの幅が上部になるほど次第に幅広になり、柱の先細りも通常の円柱より小さいなど、下から見上げたときの視覚的効果が考慮されている。またトラヤヌス円柱はトラヤヌスのフォルムという建築複合体の中の一つの建築要素として全体の配置計画に組み込まれ、従来のような単体で独立した記念柱ではない。ロストラを付けた記念柱は海戦の勝利を示し、柱身には左右対称に等間隔にロストラが付き、すでに紀元前260年頃から見られ、フォルム・ロマヌムなどローマ市内の最も人目を引く場所に建てられた。「ユピテルと巨人の円柱」はライン川流域とガリア地方のみに建てられ、正方形平面と六角形もしくは八角形平面の2段の台座の上に載るコリント式柱身にマルスやメリクリウスなどの神々の浮彫りを多層に並べ、頂部にユピテル神の彫像が載る形式である(❷)。現存する最古の例はネロ時代の建設であるが、そのほとんどは3-4世紀に建てられた。

●墓

故人を埋葬する墓の建築には単純な「囲み」によるもの、家型、塔状、地下墓および麓崖墓、ピラミッド型(❸)、円錐体型、神殿風(❹)、壁龕(ニッチ)が多層に重ねられたもの(❺)、トゥムルス型(❻)の墓など多種多様な建築形態が見られる。そのほとんどはエトルリアやヘレニズム時代の墓の建築伝統を継承しているが、ローマの墓の特徴として建築空間化とそれに伴う建築的な装飾化があげられる。

「囲み」型の墓は紀元前2世紀後期より見られ、アウグストゥス時代以降、囲みの隅部に片蓋柱が、壁面には装飾が配され、正面は建築的外観を持つに至った。地下墓もほぼ同時期頃より内部と正面を装飾で飾ることが一般化した。基壇の上に矩形平面の墓室とオーダーによる柱廊を備えた神殿型の墓は1世紀後半頃より現れ、2世紀には帝国全土に広がった。さらに3世紀から4世紀になると、ローマのマクセンティウスの墓(309-312、❹)のように、パンテオンを模倣した形態が出現し、室内は大理石、モザイク、壁画で豊かに装飾され、時にはオーダーによる柱が内部に並んでいる。

一方で、サン・レミのジュリイイ家の墓(1世紀中頃、❺)のように、2、3層に重ねた基壇にオーダーによる付け柱を持ち、壁龕あるいは頂部に故人の浮彫りや彫像を納めた墓は、ヘレニズムに起原をもち、紀元前1世紀頃よりイタリアに、2世紀以降は属州でも数多く建設された。このタイプの墓でも壁面は建築的要素で飾られ、かつ壁龕内部も装飾されるようになった。トゥムルス型の墓はきわめて古い時代より存在したが、とくにイタリアで紀元前1世紀よりローマで広がり、皇帝一族の墓であるアウグストゥスの墓(おそらく前27まで)やハドリアヌスの墓(139、❻)のように巨大な規模に達している。後者の場合、一辺86mの正方形で高さが11.2mの基壇の上に、直径65mで高さ21mの円筒形部分が載り、さらにその上にハドリアヌスの彫像を置くソロス型の建物が載っていた。基壇や円筒形部分には片蓋柱によるオーダーが付き、外観は建築的な装飾でまとめられていた。この墓は5世紀には軍事的要塞として利用され、おそらく10世紀には城塞として使われていた。ローマ時代の墓が後の時代に他の用途に転用される例はしばしば見受けられ、4世紀中頃のコスタンティーナの墓は後にサンタ・コスタンツァ聖堂に転用されている。

●記念門

建築形態としては門の形をなし、扉はなく、特定の事績を表す銘文(通常は屋階(アティック)に置かれる)や浮彫り、彫刻などを備えており、その中でも戦勝を記念してローマ市に建てられたものをとくに凱旋門と称する。記念門はローマ帝国全土で見られ、一般的に門はアーチ形式で、

通路数が一つ、二つ、三つの場合と、四方に門を持つ四方門の平面形式があるが、一つの場合が圧倒的に多い（❼、❽）。文献史料では紀元前2世紀初めから見られるが、現存最古の例は紀元前27年建設のイタリアのリミニのアウグストゥス記念門である。記念門では、アーチとしての構造体に対し、オーダーという柱と梁を基本とする意匠が立面を比例的に整えることで、二つの異なる構法を原型とする要素が一体化した立面意匠が生み出されており、それは劇場や円形闘技場の立面意匠にも共通する。

記念門は、帝政初期からローマ以外の地にも建設されるようになったが、1世紀後期からアーチ構造とオーダーが融合した立面意匠を確立し、その代表例がローマのティトゥス記念門（81頃）である（❼）。2世紀以降アテネのハドリアヌス記念門（131/132）のように特異な立面が生み出され、立面の意匠は多種多様性を帯びるが、2世紀末以降になると新しい立面意匠がつくり出されることはほとんどなく、従来のものがパターンとして繰返し使われることとなった。

一方で、記念門は都市の出入口や主軸街路の折れ曲がる地点など都市内の重要な地点に立つことで、都市の景観をつくり出す上で重要な役割を果たしている。たとえば前述のリミニのアウグストゥス記念門は都市の入口に立ち、ローマのコンスタンティヌス記念門（315）はアッピア街道がローマ市内に入りフォルム・ロマヌムに曲がる地点に、セプティミウス・セウェルス記念門（203、❽）はフォルム・ロマヌムの最奥に位置している。(渡邊道治)

❸ ケスティウスの墓（ローマ、前18-12）

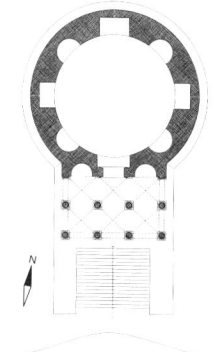

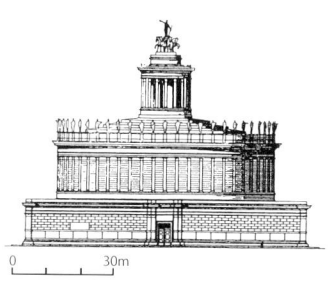

❹ マクセンティウスの墓の平面図と復元立面図（ローマ、309-312）

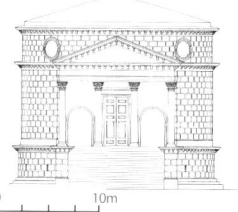

❻ ハドリアヌスのマウソレウム復元図と現状のサンタンジェロ城（ローマ、139）

❼ ティトゥス記念門（ローマ、81頃）

❶ トラヤヌス記念柱（ローマ、113）　❷ ユピテルと巨人の記念柱　❺ サン・レミのジュリイイ家の墓（フランス、1世紀中頃）　❽ セプティミウス・セウェルス記念門（ローマ、203）

14 帝都の建築 属州の建築

地中海世界の中で当初、文化的後進国であったローマはまずヘレニズム文化の影響のもとに、次第に独自の建築を確立していった。やがてローマがつくり出した建築の規範は帝国全土へと広がったが、つねに帝都から属州へという一方通行ではなく、属州から帝都へ、あるいは属州同士という相互影響の流れが同時に存在した建築の世界であった。

●ヘレニズム世界の中のローマ

共和政後期から帝政初期の時代においてイタリア半島はヘレニズム文化の強い影響のもとにあった。首都ローマも例外ではなく、イタリア固有の建築伝統にヘレニズム建築の伝統を取り入れ、自らの建築をつくり上げていった。たとえば神殿建築においてはエトルリア建築の伝統である正面性の強調や前面に階段を備えた高い基壇を持つ一方、ギリシア・ヘレニズム建築からドリス式、イオニア式、コリント式オーダーを取り入れ、また大理石で神殿をつくることを学んだ。あるいは住宅建築においてペリステュリウムを取り入れ、室内の床はモザイクで、壁は壁画で仕上げるようになった。こうしたヘレニズム建築の影響を受けながら、ローマ人は彼ら独自の理念と必要性から、円形闘技場、公衆浴場、記念門、バシリカなどの新しい建築タイプをつくり出し、それらはローマ帝国全域で建設された。

●ギリシア、小アジア

ギリシア・ヘレニズム建築の伝統がきわめて強いギリシア、小アジアの諸都市では、帝都ローマの建築の影響を受けながらも自らの建築伝統への強いこだわりが残された。たとえば劇場建築では、アスペンドスのように完全なローマ型劇場を建設する一方、シデのようにギリシア型平面の劇場も建てられ続けた。また円形闘技場はこれらの地域ではきわめてまれであり、ほとんどが劇場を代用している。オーダーの取扱いに慣れて親しんでいた結果、エフェソスのケルスス図書館やハドリアヌスの神殿に見られるように（❶、❷）、オーダーの各要素を自由自在に扱い、帝政期には櫛形破風やブロークンペディメント、持送りに載る円柱など古代のおけるバロックとも呼べるような意匠が見られる。小アジアの建築オーダーは帝都ローマにも影響を与えた。ハドリアヌス時代後期以降のローマにおいて、たとえばローマのハドリアネウムなどで、コリント式オーダーの持送りに矩形断面を使うなどペルガモンの建築の影響を見ることができる。またセプティミウス・セウェルス時代以降、ローマを中心としたイタリアに小アジア独自のコリント式柱頭である小アジアタイプが広がり、一般化した。

一方で、帝都ローマの建築がそのまま取り入れられた例も見られる。ペルガモンのアスクレピオス神殿（❸）はローマのパンテオンをそのまま模倣した建築であり、この地域はコンクリートの材料となる石灰（ポッツォラーナ）が手に入らないにもかかわらずコンクリートによる建築をつくり出している。またアスペンドスの劇場やペルガモンのセラピス神殿などのヴォールト構法に見られるように、コンクリート建築と同じような結果を求めてレンガを代用した。

●フランス、ドイツ、イギリス

これらの地域は地中海沿岸地域と内陸部地域では全く異なる様相を見せている。ギリシア植民都市を起源とするマルセイユなどの地中海沿岸都市は、ギリシア・ヘレニズム建築の伝統をもち、その上に帝都ローマの建築を受け入れた。したがって、ニームに建つメゾン・カレと称される神殿はヘレニズムの建築意匠を取り入れて、なおかつローマのアウグストゥスのフォルムのマルス・ウルトル神殿に匹敵する意匠を備え、円形闘技場はまさしくローマのコロッセウムの縮小版であり、いずれもローマ市の建築をモデルとしながらも、それに比肩しうる質の高さを保っている（❹、❺）。

一方で、内陸部の都市は紀元前1世紀よりローマの支配下に入ったこと、ヘレニズム文化に触れる機会が少なかったことからローマの建築文化がそのまま取り入れられることが多かった。たとえばトリーアの浴場やリヨンの劇場などはローマの例にひけを取らない規模と壮麗さを備えているが、一般にその受け入れは消化不十分であり、モデルとして帝都ローマの建築ほどの完成度に達していない場合が多い。

その一方で属州独自の建築も見られる。たとえばケルト・タイプとも称される神殿（❻）は、この地域に紀元後見られる独特のもので、正方形あるいは円形平面で高い壁からなる神室の周囲に低い片流れの屋根を架けた柱廊が巡っている。また住宅やヴィラの建築では、イタリア半島および地中海沿岸都市に見られるペリステュリウムを中心とした平面構成だけではない。地中海沿岸の諸都市と比較して、気温が低く雨も多いことから、中庭やホールを中心とし、その周囲に部屋を並べた平面が見られる。

●北アフリカ

北アフリカの諸都市の浴場や劇場、あるいは住宅のつくり方などは帝都ローマの建築スタイルがそのまま持ち込ま

れている場合が多い（❽）。しかしながら、地域の持つ歴史や特性からローマの建築に対する対応が若干異なる。

エジプトでは古代エジプト建築そしてアレクサンドリアを中心とするヘレニズム建築の伝統がきわめて根強く、たとえばフィラエの通称「トラヤヌスのキオスク」では古代エジプト神殿の柱の建築様式がそのまま用いられている。ギリシア植民都市を起源とするリビアのキレーネのような都市では建築の平面や立面の基本的な構成はローマでありながら、建築細部の意匠はギリシア・ヘレニズム建築の伝統に従っている。フェニキア人による都市を起原とするレプティス・マグナでは、アウグストゥス時代の劇場やセプティミウス・セウェルス時代のフォルムの建築はローマをモデルとしつつ、オーダーや細部の意匠は小アジアに属する。とりわけセプティミウス・セウェルスのフォルム（❼）では小アジア出身の職人たちが働いていたことが確認されている。こうした傾向は2世紀以降、北アフリカで仕上げ材として大理石が用いられるようになると顕著になる。つまり、帝都ローマの建築をモデルとして、地元産の、おもに砂岩を用いた建築であったが、ギリシアや小アジアからの仕上げ材用の大理石の輸入とともにそれを加工する職人もそれらの地域から移動し、彼らが建築細部の仕上げを担当したためである。（渡邊道治）

❶エフェソスのケルスス図書館（トルコ、117頃-120）

❷エフェソスのハドリアヌス神殿（トルコ、117-138）

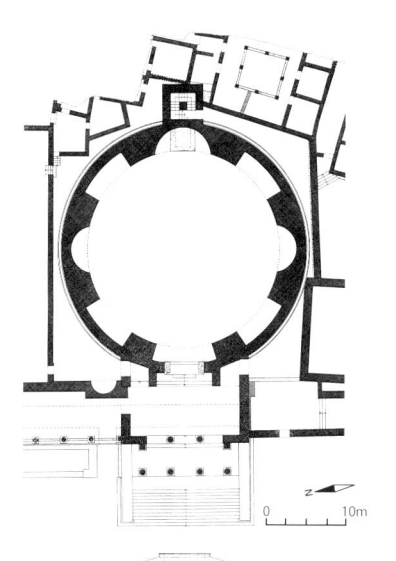

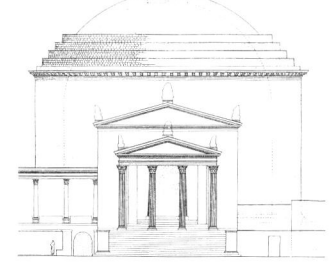

❸ペルガモンのアスクレピオス神殿の平面図と立面復元図（トルコ、150頃）

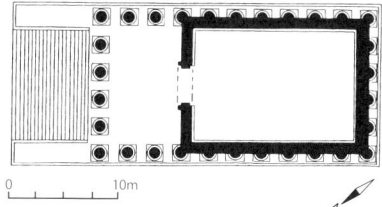

❹ニームの通称メゾン・カレ全景と平面図（フランス、前5/1-10頃）

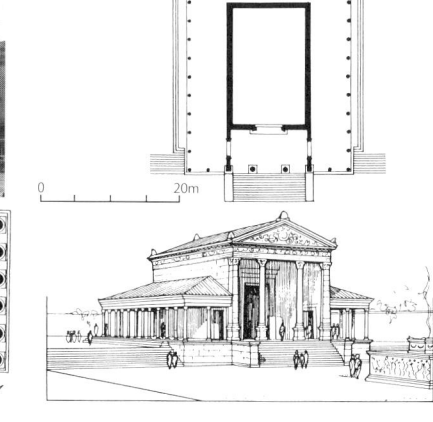

❻トリーアのケルト・タイプの神殿平面図と立面復元図（レヌス・マルス神殿、ドイツ、3世紀）

❺ニームの円形闘技場（フランス、1世紀後半）

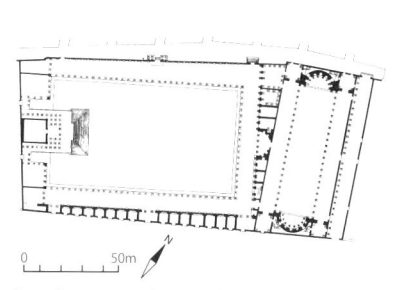

❼レプティス・マグナのセプティミウス・セウェルスのフォルム平面図（リビア、216献堂）

❽ドゥッガのカピトリヌス神殿（チュニジア、166-167）

15 古典建築を造るもの

日本は木の建築、西洋は石の建築。そんなふうによくいわれる。しかし実際に西洋建築に使われる材料は石だけではないし、その使い方もただ積むだけというわけではない。古代の地中海沿岸で使われた材料や技術はさまざまな変化に富んだものだった。

●材料

ヨーロッパは石の文化、そんな言い方を世間ではよくする。確かに西洋建築を石材なしで語ることは不可能だろう。実際、実に多様な石材がヨーロッパ建築では使用されている。しかしたとえば古代ギリシアなどは、大昔に木造が主流だった時代があったことがわかっている（❶）。このため古代ギリシア建築の意匠は、石造になった後も木造建築のディテールの名残があるといわれる。

石材の中でも有名なのは大理石で、光沢のある美しい表面は今でも石材の最高峰に位置する。しかし高価なため神殿などとくに重要な建物に使用され、重要度の落ちる建物では石灰岩や砂岩などが多用された。

西洋建築の材料といったら石材とともに、多くの人がレンガを連想するだろう。古代建築でレンガといった場合、日干しレンガと焼成レンガの二つが使われる。日干しレンガは現代日本ではまず見ることがない。焼成レンガよりも簡単で歴史も古く、粘土をこねて型に入れ、日光で乾燥させただけのものだ。ある意味で日本の土壁の変形ともいえるが、中近東の乾燥地帯では現在でも使用されている。焼成レンガは現代のレンガの先祖にあたる。粘土をこねて型にはめ、窯で焼き上げてつくる。

意外に聞こえるかもしれないが、古代ローマ建築を支えたのは、コンクリートの一種だった。これは現在のコンクリートと成分的には大変似ているが、石灰から工業的に生産されるのではなく、天然の素材を使用するため、ローマ式コンクリートと呼ばれる。

屋根は、というとこれもさまざまな材料が使われた。パルテノン神殿の屋根は大理石板で葺かれていた、という説があるがこれは例外的にぜいたくなものだ。ローマのパンテオンはレンガとコンクリートによる混構造だが、屋根は金箔張りの青銅板で葺かれていた。多くの場合、屋根自体を構造的に支えていたのは木材だった。梁、束、垂木といった日本建築の屋根と、基本的にはよく似た木骨の構造が石造の壁の上に使用された。

●壁のつくり方

人々は古代ギリシア芸術の単純明快な美しさを評価する。建築においても古代ギリシアの建築は大変に単純明快で、石塊を文字通りただ積んだだけだった（❷）。神殿は柱も壁も、モルタルなどの助けを借りずに積み上げられた。もっとも左右や上下の位置を確実にするために施工線をひき、かすがい、だぼ等を使用した（❸）。

パルテノン神殿の柱に代表されるように、古典建築の美しさの一つに柱に縦に彫られたフルーティングと呼ばれる溝がある。こういった仕上げは柱が積み上げられた後で行われた。

ちなみに古代ギリシアですでに現在の重機の先祖ともいえる、テコや滑車の原理を利用した機械が使われていたらしい。もっとも木製で人力で動くものだったらしいが、ウィ

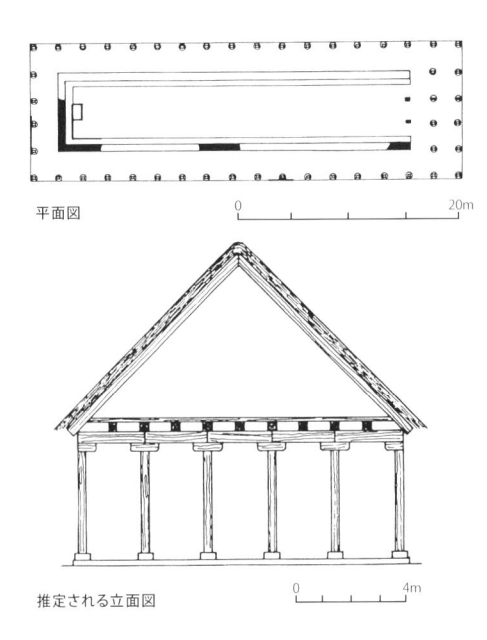

平面図　0　20m

推定される立面図　0　4m

❶木造の列柱を持つギリシア神殿（サモスのヘラ神殿（第2期）、前7世紀）

❷パルテノン神殿の石壁（コッレスによる）

トルウィウスもこういった機械に関する知識の重要性を述べている。

　古代ローマの壁体は古代ギリシアとは大きく異なる。イタリアを中心に多用されたのは、レンガや石で壁の外側をつくり、その間にローマ式コンクリートを充填する手法で、場合によっては仕上材にさらに石などを張ることもある（❹）。

　これとは別にレンガをモルタルで固めた、現代と同じレンガ壁も使われた。ただレンガの規格やモルタル目地とレンガの厚さのバランスなど、時代や地域によって大きな差があった。

　5世紀のコンスタンティヌポリス周辺で使用された特殊な構法として、石材を何層か積んだ上にレンガを何層か積み、さらにその上にまた石材、というふうに異なる材料を交互に帯状に使うやり方もある。白い石材と赤いレンガの対比が印象的だ（❺）。

　同じ頃のシリアでは、古代ギリシアを彷彿とさせるような大変美しい切石が使用され、場所によってもさまざまな異なる方法が根付いていたことがわかる。

　さて西洋建築というと円弧状に石材を積んで窓や入口を支えるアーチを連想する人も多いだろう。これはもともと中近東の起源で、古代ギリシアではあまり一般的ではなかった。アーチは古代ローマで一般的になるが、同時にアーチに奥行を持たせて天井を支えるヴォールト（❻）や、アーチを三次元的に発展させて半球状にしたドームもよく用いられた。こういったドームやヴォールトでは、しばしば重量を軽減するために、円筒形の中空になったレンガが使用された。

　さてこうしてつくられた壁は漆喰を塗って仕上げられることが多かった。漆喰の表面には壁画が描かれた。重要な建築では、仕上げに薄くそいだ大理石板が張られた。生き生きとしたフレスコによる壁画と床モザイクを持つポンペイの住宅などは、当時の建築の仕上げを現代に伝えている。（太記祐一）

❸神殿基壇の石組み（レトーン遺跡、トルコ、前4世紀頃）

❹古代ローマの壁体（ティベリウス帝の別荘「ヴィラ・イオヴィス」、カプリ島、14-37）

❺石とレンガの混合壁（テオドシウス2世の城壁、イスタンブル、5世紀初め頃）

❻古代ローマのヴォールト天井（トラヤヌスの市場、ローマ、100-110頃）

column

教会堂の種類

　元来、「教会」とはキリスト教を信仰する信徒の共同体のことを指していうのであり、彼らの礼拝のための建物のことは「教会堂」と呼ばれる。慣用では「教会」＝「教会堂」だが、本書では「教会堂」「聖堂」と表記する。

　一方、ある都市の中心となっている大きな教会のことを「大聖堂」と呼ぶ慣用がある。フランス語を用いて「カテドラル：cathédrale」ということも多い。しかし、カテドラルとは厳密には「司教座聖堂」のことであり、カトリック教会の位階と密接に結び付いた名称である。

　カトリック教会は、使徒ペテロの後継者たる教皇（法王）を頂点として、教皇に対する選挙権と被選挙権を有する枢機卿がまわりを固め、各地方は司教区に分けてその責任者として司教を置くというシステムになっている。とくに重要な司教区は大司教区を号し、大司教が管轄する。

　これら司教が座る椅子＝司教座のことをラテン語で肘掛椅子の意となるカテドラ：cathedraといい、ゆえに司教座が置かれた司教座聖堂のことをカテドラルと称するのである。ドイツ語ではドム：Dom、イタリア語でもカテドラーレ：cathedraleではなくドゥオモ：duomoということが多く、こちらのほうはラテン語で家を意味するドムス：domusからきている。教会は神の家だからである。ただし、これらの語は厳密に司教座聖堂のことではない。

　司教が司教区を統べる唯一人の高位聖職者であり、中世後期以降、司教区には司教座聖堂が原則として一つしかない以上、町々に存在する大聖堂がすべて厳密な意味でのカテドラルではありえない。その場合、大聖堂は、高位聖職者の集まりである参事会が管理する参事会聖堂：collégialeということになるだろうし、司教区の再編あるいは細分化に伴って参事会聖堂が司教座聖堂に昇格することもあった。

　その他、日本語で大聖堂といわれるものに「バシリカ聖堂：basilica」がある。この名は古代ローマの集会・市場のためのホール建築に由来し、司教区制とは関係なく教皇によって由緒ある教会に与えられる称号である。

　末期帝政以来のローマの四大教会、すなわち、サン・ピエトロ大聖堂、サン・ジョヴァンニ・イン・ラテラーノ大聖堂、サン・パオロ・フオーリ・レ・ムーラ大聖堂、サンタ・マリア・マッジョーレ大聖堂はすべてバシリカ聖堂である。なお、教皇はローマ司教でもあり、聖座、使徒座と呼ばれる教皇座はサン・ピエトロに、ローマ司教座はサン・ジョヴァンニ・イン・ラテラーノにある。（中島智章）

各国語の人名

　教会はある聖人に捧げられるものであり、それゆえ、その聖人の名で呼ばれる。いわく、ローマのサン・ピエトロ大聖堂、ケルンのザンクト・ペーター大司教座聖堂などである。実は両方とも聖ペテロのことで、それぞれイタリア語とドイツ語である。フランス語ではサン・ピエール、英語ではセント・ピーターといい、英語文献ではローマのセント・ピーター大聖堂などと書いてある。

　同じことは各国の国王の名前をはじめとするファースト・ネームにもいえる。19世紀のバイエルン国王ルートヴィヒ2世は絶対王政最盛期のフランス国王ルイ14世に憧れていたというが、フランス語のルイとドイツ語のルートヴィヒはラテン語ではともにルードウィクス、つまりは同じ名前である。したがって、ドイツ語文献ではルイ14世もルートヴィヒ14世ということになってしまう。

　しかし、わが国では教会名も人名も現地語の読みになるべく近いカタカナで表記するのが原則である。下におもな聖人名や個人名を各国ごとに列挙しておく。（中島智章）

カタリーナ（伊、独）、カトリーヌ（仏）、キャサリン（英）、エカチェリーナ（露）
カロルス（羅）、カルロ（伊）、カルロス（西）、シャルル（仏）、カール（独）、チャールズ（英）
フランチェスコ（伊）、フランシスコ（西）、フランソワ（仏）、フランツ（独）、フランシス（英）
フェデリーコ（伊）、フレデリク（仏、英）、フリードリヒ（独）
エンリコ（伊）、エンリケ（西、葡）、アンリ（仏）、ハインリヒ（独）、ヘンリー（英）
ヤコブ（日）、ジャコモ、ヤーコポ（伊）、ジャック（仏）、ジェイムズ（英）
ヨハネ（日）、ヨハネス（羅）、ジョヴァンニ（伊）、フアン（西）、ジャン（仏）、ハンス（独）、ジョン（英）、イヴァーン（露）
ユリウス・カエサル（羅）、ジュリオ・チェーザレ（伊）、ジュール・セザール（仏）、ジュリアス・シーザー（英）
ルードウィクス（羅）、ルイージ（伊）、ルイ（仏）、ルートヴィヒ（独）
マリア（羅、伊、西、独）、マリー（仏）、メアリー（英）
パウロ（日）、パウルス（羅）、パオロ（伊）、ポール（仏、英）、パーヴェル（露）
ペテロ（日）、ペトルス（羅）、ピエトロ（伊）、ピエール（仏）、ペーター（独）、ピーター（英）、ピョートル（露）
フィリッポス（希）、フィリッポ（伊）、フェリペ（西）、フィリップ（仏、英）、フィーリプ（独）
テレサ（日、西）、テレーズ（仏）、テレジア（独）
グリエルモ（伊）、ギョーム（仏）、ヴィルヘルム（独）、ウィレム（蘭）、ウィリアム（英）

凡例
日本＝日、ギリシア＝希、ラテン＝羅、イタリア＝伊、スペイン＝西、ポルトガル＝葡、フランス＝仏、ドイツ＝独、オランダ＝蘭、イングランド＝英、ロシア＝露

中世
Medieval

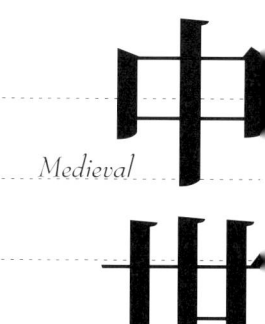

「神の家」の建設

死と再生の場

古代最後の輝き

ビザンツの煌めき

瞑想から生まれた帝国

ロマネスクの石

罪深き愚か者

異文化混淆の建築

ゴシックの光

教会堂の空間

遍歴する職人

都市の空気

小宇宙の秩序

聖と俗とのはざま

世俗権力の構築物

中世―天上の楽園を求めて

ヨーロッパの文化や歴史を語る際に絶対に避けて通れないものが二つある。一つは古代ギリシア、古代ローマのいわゆる古典古代の古典文化、もう一つはキリスト教を中心としたキリスト教文化である。キリスト教はいうまでもなく宗教である。しかし中世以降ヨーロッパでは、キリスト教との関連から哲学、文学、音楽、芸術そして建築などさまざまなものが生まれ、展開していった。それゆえ本章では、キリスト教がヨーロッパに広まり、社会の重要な要素と認識されるようになる4世紀前半をもって、一つの区切りとする。そしてルネサンスで古典文化が再び注目されるまでを中世として扱う。

　キリスト教文化がヨーロッパ建築に残した最大のものは、いうまでもなく教会建築であり、中世において建設活動の中心となったのも教会建築である。教会建築は、もちろん時代と場所によってさまざまに異なる。しかし中世を通して共通することは、教会建築が神を中心とした宇宙のありさまを、そのまま現実の地上に写し取ろうとした点である。そして絵画や彫刻などさまざまな装飾を、ひとつの建築物の中にまとめ上げようとしたのである。

　西洋でいう「建築」という言葉には、「建物」という言葉にはない意味がある。建物はただ建っているだけでよいが、建築には美的なあるいは芸術上の理念がなければならない、とされる。このように考えた際に、「神の館」と中世の人々が考えた教会建築こそ、まさに美の理想を追求した建築といえよう。

　しかし実際に一つひとつの作品を見ていくと、地域ごとの差が非常に大きく多様であることに気付く。たとえば同じゴシック建築と呼ばれるものが、フランスとイギリス、あるいはイタリアで全く異なるし、北海沿岸とアルプスの麓では全く別である。この理由の一つは封建的な社会にあって、当時は今日のような国ごとのまとまりという考えはほとんどなく、地域や町といった規模でのつながりが重視されたことも原因である。

　この地域ごとの差異は中世の特徴の一つであるが、大まかにアルプスの北と南で異なる特徴をもつといわれる。フランスやドイツといったアルプスの北では、高さを強調し緊張感のある作品が数多くつくられる。それに対してイタリアを中心とするアルプスの南では、かつてほどの力は失ったが古典古代以来のつりあいの美しさが重要視される。多くの人がこのように両者を対比して説明している。

　さて中世とは文字通りには、真ん中の時代という意味である。この言葉は昔のヨーロッパの歴史学者が使い始めたものだが、理想的な黄金時代である古代と輝ける現代との間の暗黒時代というニュアンスがある。建築の世界では古典建築というものを基準にして考えるとよくわかる。つまり古代ギリシャ、古代ローマといったオーダーなどを重視する古典古代の建築と、古代ローマを理想とするルネサンス以降の建築の間に、古典の規則を軽んじた中世の建築があるという見方である。

　このような中世を低くみなす歴史観は、中世建築を代表する様式名によく現れている。ロマネスクとはいってみれば「ローマ的」とか「ローマ風」という意味である。よく似ているけれど違うもの、という気持ちが感じられる。またゴシックとは「ゴート人（族）の」という意味である。ゴート人は5世紀にローマ帝国を滅ぼし東ゴート王国を建国したことで知られている。つまりローマ文明に対立するものという位置付けである。もちろん今日ではこのような見方、古典古代が絶対的な優れた時代であり、それと異質な中世は駄目な暗黒時代である、という乱暴な見解に賛成する専門家はいない。また、たとえばドイツ王が神聖ローマ皇帝を名乗ったことに象徴されるように、中世の人々にとってローマ帝国は一つの理想像でありつづけたのである。

　しかし現実には中世の人にとってローマ帝国は遠く隔たった存在になっていった。地中海を我らの海と呼んだローマ帝国が崩壊し、地中海沿岸のうちアフリカと中近東は新たに勃興したイスラームの勢力下に入った。ヨーロッパを中心に残されたキリスト教世界も徐々に東西に分裂し、東のビザンツ帝国と西のローマを中心とするカトリック圏とに別れていった。しかし経済活動や文化活動においては、あいかわらず地中海を舞台にさまざまな交流が、異なる文化圏を結んで活発に行われていた。

　これをふまえ本章では、まずローマ帝国末期キリスト教公認後の状況を説明する。これは通常、初期キリスト教と呼ばれる時代である。次いで東のビザンツ建築、そして西のロマネスク建築、ゴシック建築と建築様式の特色について解説を進めていく。そして同時に修道院、巡礼、工匠といった人的なネットワーク、都市と経済活動などさまざまな観点から中世の建築を検討し、考えていくことにする。（太記祐一）

1 「神の家」の建設

300年に及ぶ受難の時代の後、キリスト教が公認された。同時に建築の世界にも教会建築という新しい分野が誕生した。教会堂/聖堂は神の住む館、すなわち「神の家（ドムス・デイ）」とみなされ、以後のヨーロッパ建築の重要な課題となる。このためキリスト教公認直後の作品を「初期キリスト教建築」と呼ぶのである。

● キリスト教とは……

今から2000年ほど昔、ナザレのイエスという宗教家がパレスティナ地方を中心に活躍した。彼をキリスト、つまり救世主と認め敬うのでキリスト教という。それからの長い期間にイエスの教えは広い地域へと広がっていき、さまざまに変化していった。しかしキリスト教に共通する、他の宗教にはみられない特徴がいくつかある。イエスを崇敬すること、新約・旧約の両聖書を聖典とみなすこと、ミサをはじめとする信者たちの集会を重要視すること、などである。なかでも建築と深い関連をもつのが信者の集会を重要視する点である。ここから信者が集うための建築、教会堂が誕生することになる。

しかしローマ帝国の伝統的な多神教はキリスト教と相容れなかった。このため最初、キリスト教は禁止されキリスト教徒たちは迫害をうけたが、それにもかかわらず着実に信者を増やしていった。そうはいっても表向きは禁止されているので、信者たちは仲間の家などにひそかに集まっていたようだ。3世紀になると政府のたび重なる禁止令にもかかわらず、ローマ帝国内の一大勢力となっていった。この頃すでに地域の聖職者たちのリーダーとして司教を置く教会組織の原形ができ上がっていた。そして313年にミラノでコンスタンティヌスとリキニウスの二人の皇帝はキリスト教を公認する命令を連名で出した。これをミラノ勅令という。

この結果キリスト教徒たちは、自分たちが集まって宗教活動をするための施設を公式に持つことができるようになった。教会建築の誕生である。

● 長堂（バシリカ）式教会堂

それでは当時、ローマ帝国内で数多く建設された典型的な教会堂を訪れてみよう（❶）。これは長堂式教会堂とかバシリカ式教会堂といわれるもので、後のさまざまな教会の原形となった。

さてまず門を入る。そこは前庭だ。オープンスペースの周囲を列柱のある回廊が囲んでいる。ここをアトリウムという。中央には泉水がある。礼拝に来た人々が身を清めるためのものだ。アトリウムの反対側には教会堂の入口が並んでいる。この入口の先は左右に幅が広く奥行のあまりない廊下のような空間だ。ナルテクスという前室である。このナルテクスにも先へ続く扉がたくさん並んでいる。中央の扉はとくに大きく立派につくってある。

この扉を入ると教会堂の内部となる（❷、❸）。ふつう内部は三つの細長い空間で構成される。身廊という中央の空間と左右両脇の側廊という空間の三つである。身廊と側廊の間は列柱で区切られている。身廊は側廊よりも天井が高い。これを三廊式と呼ぶ。大きな教会堂では側廊が左右にそれぞれ二つずつ付いて五廊式となるものもある。もちろん小さい教会堂では身廊・側廊の区別はなく単一の空間、つまり単廊式である。

中央の空間、身廊の一番奥は半円形にくぼんでいる。ここをアプス（アプシス）と呼ぶ。アプスの手前には祭壇

❶ サンタポリナーレ・イン・クラッセ聖堂外観（ラヴェンナ近郊、549献堂）

❷ サンタポリナーレ・イン・クラッセ聖堂内観

がある。そしてその周囲は柵で区切ってある。柵の内側は聖職者など特別に許された人しか入ることができない。なぜなら祭壇の周囲の非常に神聖な所だからだ。ここを内陣（至聖所）という。

　天井は木造で、たいてい小屋組が剥出しになっている。アプスの内壁など堂内の重要な部分には、キリストやマリア、聖人や天使、聖書の場面など宗教上のテーマがモザイク画やフレスコ画で壮麗に描き出されている。とくに立派な教会ではモザイクに金箔を使っている。床は色の異なる石材で幾何学模様を描いたり、モザイク画で装飾したりとさまざまである。

　以上はいってみれば基本形で、地方によってさまざまなバリエーションがあった。たとえば身廊と側廊の間には、天井の高さの差を利用して高窓が設けられることが多かったが、ない作例もある。また側廊の部分を2層構成にして2階席を整備したものもあった（❹）。さらに堂内の一番奥に左右に細長い空間、交差廊を挿入した作例も数多く見られる（❺）。また側廊の奥、内陣の両脇を区切って小礼拝堂や祭具室にしたり、内陣の地下にクリプタという地下室を設けた例もある。

　教会堂は西側に入口、東側に祭壇を設けるのが普通である。これは4世紀後半に中近東で始まった規則である。ローマの旧サン・ピエトロ大聖堂（4世紀、❻）やイェルサレムの聖墳墓教会のバシリカ（4世紀）などはこの規則ができるよりも前の作品で、地形を重視して入口が東にあるのも面白い。

　さてこのタイプの教会堂は、古代ローマの公共建築バシリカが発達してできたとする説がある。しかし古代ローマのバシリカとは異なり空間の奥行が強調される。むしろ前庭を持ち、部屋の突当りに半円形の空間があるという点では、皇帝の宮殿の謁見ホールが置き換えられたとするほうが説得力があるかもしれない。もっともアトリウムやナルテクスの機能には不明な点が多い。信者に仲間入りしたい洗礼志願者が見学するための場所であるとか、教会堂に入場する儀式を行う場所であるとか、さまざまな説がある。中世になるとアトリウムが重要視されなくなることも、なにかのヒントかもしれない。

　なお材料や施工技術といった点からみると、最初の教会建築はそれまでの古代ローマ建築からあまり変化していない点は見落としてはならない。初期キリスト教建築は、ローマ建築から生まれたのである。（太記祐一）

❸サン・パオロ・フオーリ・レ・ムーラ大聖堂内観（ローマ、385、ピラネジによる1749年の版画）。この建築は1823年に火災で失われた

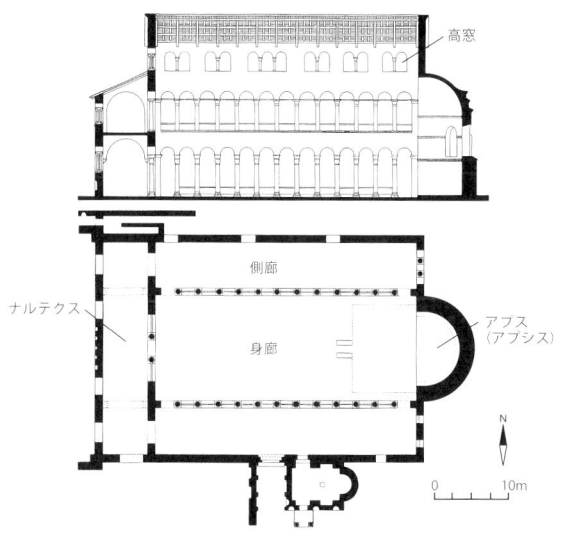

❹アヒロピエトス聖堂平面図と断面図（テッサロニキ、450頃）

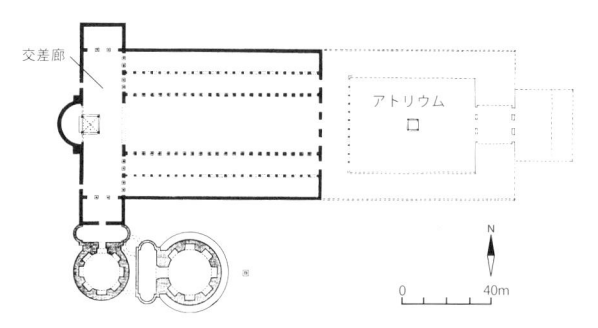

❺旧サン・ピエトロ大聖堂復元図（ローマ、4世紀後半）

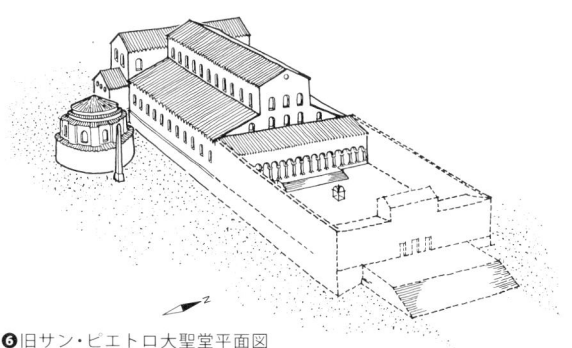

❻旧サン・ピエトロ大聖堂平面図

死と再生の場

2

初期キリスト教建築において長堂式教会堂とともに重要なのが集中式教会堂である。長堂式が後のロマネスク建築やゴシック建築において主流になったのに対して、ルネサンス以降の古典主義建築においては集中式が重要になる。集中式は数多くの人が集まるには不向きだが、幾何学的な明快さがあり、多くの建築家の創造力をかき立てた。

●集中式教会堂

集中式の建築とは、各要素が中心へと集中していく構成を持つ建築のことだ。このためふつう平面は円形や多角形、天井は石造ならばドーム、木造のときは円錐形となる。石造ドームの起源はメソポタミアなど中近東で、そこからローマをはじめヨーロッパへと伝播したとされる。

ドームはどことなく天を連想させる形をしている。また中心から放射状に均等に広がる集中式建築は幾何学的に完成度が高い。そのせいか中近東では古来、ドームを持つ集中式建築にさまざまな解釈があった。曰く「神聖な天蓋」「祖先の館」「宇宙の卵」などなど。つまりドーム天井が天ならば床面は大地、両方合わせて世界そのものというわけだ。

さて初期キリスト教建築は、その基礎をローマ建築においているが、古代ローマにおいて集中式の建築といえば霊廟である。このため、初期キリスト教建築でも集中式は人の死に関連する宗教施設に多く用いられた（❶、❷）。なかでも最も一般的なのは聖人の記念堂だ。これは、亡くなった聖人の遺骸や聖人ゆかりの遺品などを堂の中央に安置するものだ。こういった信仰の対象となる遺骸や遺品は聖遺物といわれ、キリスト教においては非常に重要なアイテムとみなされた。なお聖者の中でもキリスト教を護るために死んだ人物は殉教者としてとくに崇敬を集めた。

集中式の教会建築で一見、死と関連なさそうにみえるのが洗礼堂だ（❸）。キリスト教では新しく信者になる人は、聖水で身を清める洗礼という儀式を受けなければならない。洗礼堂はこの儀式のための建築で、堂の中央に聖水を入れる洗礼盤が設置される。しかしキリスト教では洗礼を、それまでの古い自分が死んでキリスト教徒として復活することを象徴する儀式、つまり死と再生の儀式と解釈するのが一般的で、洗礼堂も実は、死とつながりのある建物といえる。

●教会堂の発展

さて記念堂といってもさまざまなものがある。一番重要なのは福音書中の重要事件の舞台を記念したものだ。ちなみに福音書とは新約聖書の中でもとくにキリストの生涯を描いた部分のことで、マタイ、マルコ、ルカ、ヨハネの4人がそれぞれ書いたとされている。福音書の重大事件は当然、イェルサレムとその周辺に集中している。4世紀初めにキリスト教が公認されると、こういったイエスゆかりの土地にも次々と記念堂が建てられた。

イェルサレム南の町ベツレヘムにはイエスの誕生を記念する聖誕教会がある。現代の私たちは、イエスは馬小屋で生まれたと思いがちだが、昔の人は洞窟で生まれたと

❶サンタ・コスタンツァ聖堂断面図（ローマ、355）

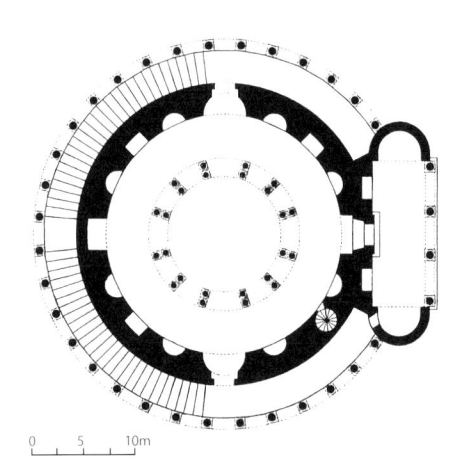

❷サンタ・コスタンツァ聖堂平面図

❸正教徒洗礼堂（ラヴェンナ、5世紀初め）

考えていた。このため聖誕教会は、4世紀頃の人たちがイエスが生まれたと信じていた洞窟の上に建設された。本体は長堂式教会だが、一番奥のアプスの代わりに集中式の八角堂が合体した形をしている。この八角堂の中央の地下に洞窟がくるように築かれたのだ（❹）。

さてイエスは十字架刑の後、岩に掘った墓所に埋葬され、そこで復活した。この事件は西暦30年とする説が濃厚だが異論もある。この墓所があったと4世紀の人々が信じた場所にも教会堂が建っている。聖墳墓教会だ。創建時の聖墳墓教会では、敷地の一番奥に「復活の円堂」（アナスタシア・ロトンダ）があった。この集中式建築の中心にキリストの墓所が置かれ、その手前に中庭を挟んで長堂式の大聖堂が配置された（❺）。

これらの例はどちらも集中式と長堂式を組み合わせて使用している。集中式の建築は施設の中心を際立たせるのに適しているが、大人数が礼拝を行うには不向きなため、大人数を収容するのに適した長堂式との融合を考えたのだろう。ただすべての記念堂が集中式かその発展形かというと、必ずしもそうではない。状況に応じて長堂式が使われた例もたくさんある。一例をあげれば、ローマの旧サン・ピエトロ大聖堂はイエスの一番弟子ペテロの殉教を記念したものだが、巨大な長堂式である。

このような試みの中でとくに面白いのは、シリアのカラハト・セマンにある聖シメオン聖堂（5世紀後半）だ。聖シメオンは5世紀の人物だが、巨大な柱の上で40年以上祈り続けたことで知られている。彼の死後、この柱が人々の信仰の対象となり、数多くの信者が巡礼に来るようになった。そこで柱を納める教会堂と周囲の施設（たとえば宿泊施設など）が整備された。まず中央に柱を入れる八角形の堂が置かれ、そこから東西南北四方に三廊式の四角い腕状の空間が延びるのだ。つまり教会堂全体は平面では十字形になり、その交差部に聖人ゆかりの土地を記念する八角堂が配置される、壮大な計画である（❻）。これは聖人ゆかりの重要な場所を四方から大人数が拝めるようにするためとも、また順に腕を巡りながら礼拝するためともいわれている。なお、このような形態は聖シメオン聖堂だけでなく、重要な聖人を記念する聖堂に少なからず用いられたようである。（太記祐一）

❹聖誕教会アクソメ（ベツレヘム、4世紀）

❺聖墳墓教会平面図（イェルサレム、4世紀）

❻聖シメオン聖堂配置図と平面図（カラハト・セマン、5世紀前半）

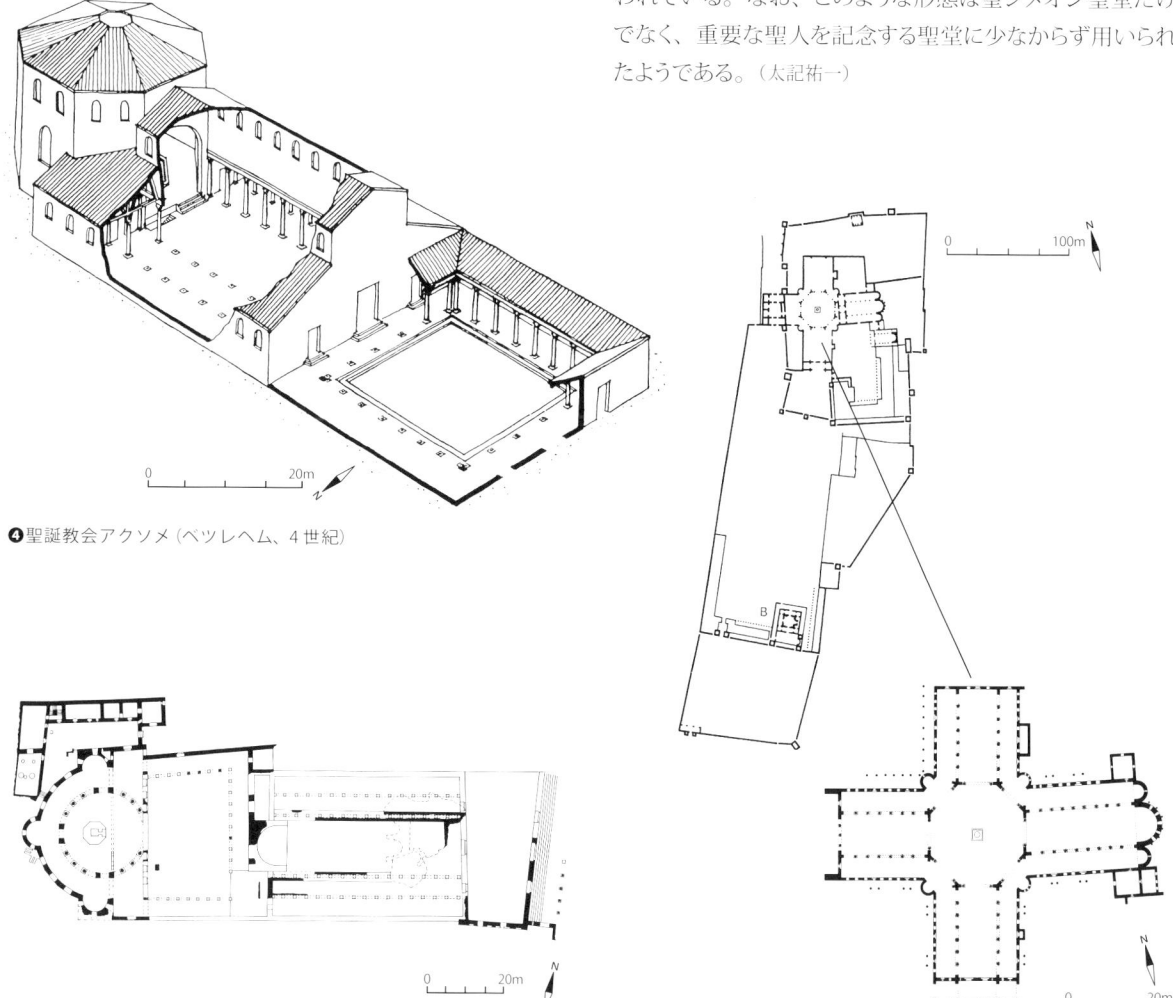

3 古代最後の輝き

4世紀末から5世紀初めにかけて、ローマ帝国は大きく変わった。それまでの地中海世界を統一する大帝国は、戦乱の続くイタリア半島を維持できなくなったのである。帝国の東半分は「第二のローマ」とうたわれた都コンスタンティヌポリスを首都に独自の発展を遂げていくことになる。そしてそれは栄光の6世紀を準備する下地となった。

● 「新しきローマ」

330年、コンスタンティヌス1世の命令で新しい都が誕生した。コンスタンティヌポリス、ギリシア語で「コンスタンティヌスの都」という意味である。英語ではコンスタンティノープルというが、現代ではトルコ語のイスタンブルという名が一般的である。

この新しい都はアジアとヨーロッパの接点に位置し、黒海とエーゲ海を結ぶ海路上の中継地でもあり、文字通り交易の十字路として急速に発展する。とくにローマ皇帝（3世紀以降ローマを離れ各地を転々としていた）が、4世紀末にここに住み着くと、事実上の首都として爆発的な発展を遂げる。まず半島の先端に位置するこの都に水を供給するため水道や貯水池が整備された。とくに地下貯水池は観光名所となって現在に残っている。また5世紀初めに建設された強固な城壁は難攻不落を誇り、以後、千年以上にわたってこの都を護り続けた。

しかしこの都の繁栄を決定的なものにしたのは、6世紀の皇帝ユスティニアノス1世だ。彼は東でササン朝ペルシアと戦争をし、西ではゴート人からイタリア半島を再占領した。彼自身はローマ帝国の栄光をつねに意識し、さまざまな改革を行ったが、実質的にはむしろローマ帝国がビザンツ帝国に変化していく基礎をつくったと考えられている。そんな彼が行った大事業の一つが、532年のニカの乱で荒廃した首都の整備だった。

● 神の知恵

ユスティニアノス1世は各地に数多くの建築を建てたが、一番有名なのはコンスタンティヌポリス総大主教座が置かれたアヤ・ソフィア（ハギア・ソフィア）大聖堂（現在は博物館）である（❶）。ハギア・ソフィアは古代ギリシア語で「神聖な知恵」、つまり「神の知恵」の意味だ。現代ギリシア語ではアヤ・ソフィアという。

伝説によると、この教会の献堂式、自分が命じた建築の出来栄えに感極まった皇帝は思わず叫んだという。
「ソロモン王よ、御身に勝てり!」
旧約聖書に登場するユダヤの王ソロモンは巨大な神殿を建設したが、アヤ・ソフィアはそれを越える傑作だというわけである。反乱で焼失した建物の代わりに537年に竣工したこの大聖堂は、確かに古代建築の集大成といってもいい大作だ。

中央には直径30mを超える巨大なドームが、三角形をしたペンデンティヴと呼ばれる曲面に支えられて、空中に浮かび上がる（❷）。金地モザイクによって黄金色に輝く曲面は、中央の大ドームから数多くのアーチやドームを経て、白大理石の床へと流れ落ちる。屋根の架構はドームを中心とした集中式、床の平面計画は奥行のある空間が三つ並ぶ長堂式、二つの異なる形式が見事に一つの建築にとけ合っている（❸）。

このような建築は他に例がなく、実験的で野心的なものである。さらに変形しやすいレンガ造を採用し、工期を短縮して完成を急いだため、工事途中からさまざまな問題が続出した。当時は構造計算などというものがなく、すべてが経験に頼ってつくられていた。だから新しく斬新なデザインの建築を建てようとすれば、当然いろいろな問題が生じてくる。加えて小アジアは地震が多い地域でもある。このためアヤ・ソフィアの歴史は、地震の被害と修理工事、そして構造補強工事の繰返しとなった。

しかしながらここで大々的に用いられたペンデンティヴという手法は、重大な意味をもっている。平面図で見たときにドームは円形になるが、円形の空間は設計するときに制約が多い。ペンデンティヴを使えば正方形の空間にドームを架けることが可能になる。アヤ・ソフィアの構想を可能にしたのはペンデンティヴの使用だったし、ペンデンティヴ・ドームはこの後ドームを使う際の基本形になっていくのである。

● 黄金時代

斬新で大胆なデザインの建築はアヤ・ソフィアだけではない。ユスティニアノス1世の私邸ホルミスダス宮に隣接する聖セルギオスと聖バッコスの聖堂（536以前、❹）は現在「小アヤ・ソフィア（キュチュック・アヤソフィア）」と呼ばれているが、正方形の外壁の中に八角形のドームを入れた、文字通りアヤ・ソフィアの縮小版のような形をしている。

聖使徒教会（アポストレイオン、550頃）はペンデンティヴ・ドームを載せたユニットを五つ、十字型に並べ構成される。この教会は歴代皇帝の墓所が置かれたが、残念ながら後に取り壊された。ヴェネツィアのサン・マルコ聖堂（11世紀後半）やエフェソスの聖ヨアンネス聖堂（6世紀

中頃)はこの建物を手本にし、その影響は遠く南フランス、ペリグーのサン・フロン大聖堂(12世紀)まで広がっている。

　都の郊外にあったヘブドモンの洗礼者ヨハネ聖堂やアナプルスの大天使ミカエル聖堂も現存しないが、八角形を基準とした形で、ラヴェンナのサン・ヴィターレ聖堂(547献堂、❺、❻)と関係があると考えられている。ラヴェンナはこの時代のイタリアの中心都市だ。ローマ帝国末期から6世紀にかけて、地元イタリアの文化と首都コンスタンティヌポリスの文化が融合し、多くの傑作が生まれた。とくに集中式のサン・ヴィターレ聖堂と長堂式のサンタポリナーレ・イン・クラッセ聖堂(549)は、形式は違うが、6世紀のこの町の繁栄ぶりを、そしてこの時代のモザイク装飾の美しさを、現代に伝える貴重な作品である。

　6世紀のモザイクの美しさを現代に伝えるもう一つの例は、アフリカとアジアの境、シナイ半島のアヤ・エカテリニ修道院(6世紀中頃)である。修道院附属聖堂は長堂式から発展しているが、その内部は6世紀美術の宝庫である。ちなみに現在も活動している修道院としては世界最古である。

　このユスティニアノス1世の時代は、多くの歴史書で初期ビザンツ建築として紹介されている。確かに古典的なオーダーが顧みられなくなることなど、次のビザンツ時代を予感させる部分も多い。しかし大規模で斬新な建築が多数つくられたことはむしろ古代世界の最後の輝きとみることもできる。6世紀はまさに黄金時代ともいうべき重要な時代だったのである。(太記祐一)

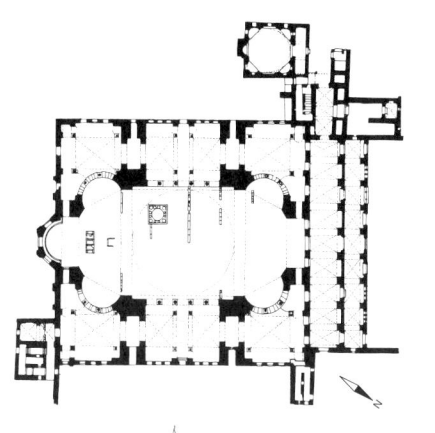

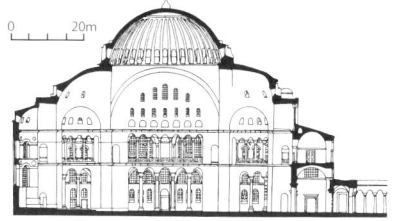

❶アヤ・ソフィア大聖堂南外観(コンスタンティヌポリス、現イスタンブル、537)

❷アヤ・ソフィア大聖堂内観

❸アヤ・ソフィア大聖堂平面図と断面図

❹聖セルギオスと聖バッコスの聖堂(キュチュック・アヤソフィア)(コンスタンティヌポリス、現イスタンブル、536以前)

❺サン・ヴィターレ聖堂(ラヴェンナ、547献堂)

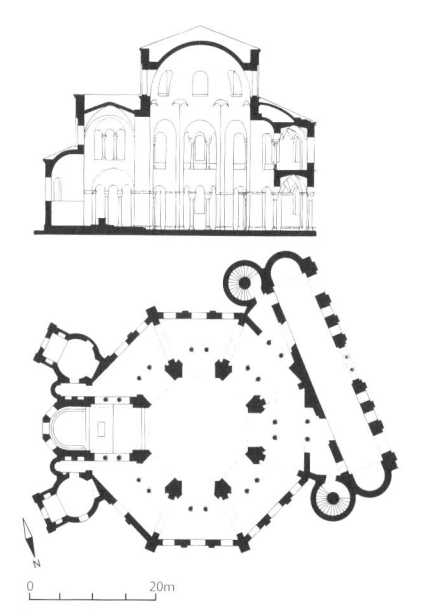

❻サン・ヴィターレ聖堂平面図と断面図

4 ビザンツの煌めき

7世紀、アラビア半島に誕生したイスラムは、ペルシア帝国やビザンツ帝国を圧倒し、古代世界の名残を地図上からぬぐい去っていった。地中海沿岸はその結果、古代ローマの後継者を自認するビザンツ帝国、北アフリカや中近東、スペインを支配するイスラム教諸国。そしてローマ・カトリックを拠所とする西欧諸国に三分割されることになった。

● 内接十字型聖堂

戦争、疫病、内戦が続いて大混乱となった7世紀の後、9世紀に聖像破壊運動が収まるまで、ビザンツ建築は文字通りの暗黒時代を耐え忍んだ。この後9世紀中頃からビザンツ建築は再び繁栄し始め、9世紀後半から12世紀にかけて新たな頂点を迎えるが、その有り様は以前の建築と大きく変化していた。

この中期ビザンツ帝国で、最も一般的な教会建築は内接十字型聖堂だ。これは正方形や長方形を縦横それぞれ三つずつ、全体では3×3で九つに4本の柱で分割し、中央にドーム、東西南北に延びる十字型の腕にはトンネル・ヴォールトを架け、天井の造作と高さを変化させて中央から四方へと広がる空間を表現したものである。

内接十字型の教会建築は、規模が大きくない。先行する6世紀の教会建築は、アヤ・ソフィアの中央ドームを頂点に、大胆な構造と大規模な内部空間を持つ大作が多かった。しかし中期以降のビザンツ建築は、言ってみれば文字通り、大建築の中に建てることができるぐらい小さいのだ。たとえばコンスタンティヌポリス市内ミレレオン修道院聖堂（現在のボドルム・ジャーミー、❶〜❸）は外法で全体が約17m×10m×12mである。この建築が10世紀初めに、まだ即位する前の皇帝ロマノス1世のために建設されたことを考えると、驚くほど小さな聖堂といえる。

しかしこういった教会建築は内部装飾との関連が非常に密接である。中央のドームの一番高い部分には「万物の支配者」キリストが、そして教会堂一番奥アプスの半ドームには幼いイエスを抱いた聖母マリアが描かれる。聖堂内部全体がこの二つを核に、多くの場合、黄金を用いた豪華なモザイクによって、上から下に天使、聖人、キリストの生涯などで秩序立って飾られるのである。

教会建築が小さくなったことについて、戦乱で大規模な建築物をつくる技術が失われた、国力が衰えて大規模な建築をつくる経済的な力がなくなった、といった説明が従来なされてきた。だが現実にはアヤ・ソフィアに代表され

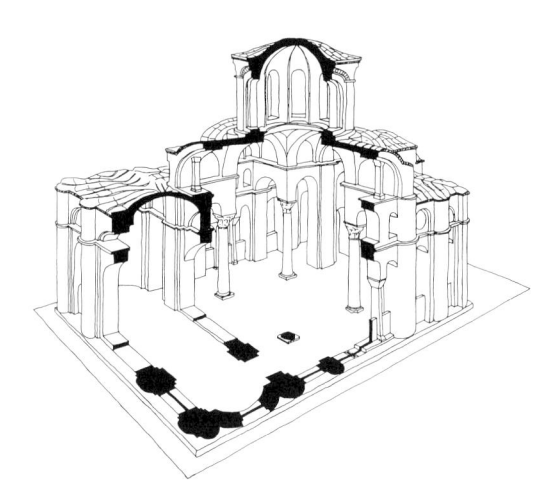

❷ ミレレオン修道院聖堂アクソメ

❶ ミレレオン修道院聖堂、現ボドルム・ジャーミー（コンスタンティヌポリス、現イスタンブル、922）

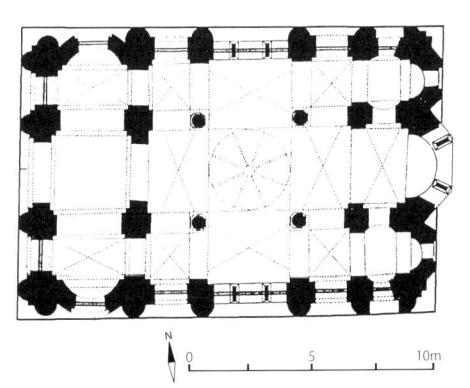

❸ ミレレオン修道院聖堂平面図

る巨大な建築は、この時代、繰返し修復工事を受けている。技術力や経済力は大規模な建築を修復する力を維持していたが、それ以上に社会全体の関心は、新しい大作の建設よりも栄光に満ちた過去の傑作の維持管理にあった、とみられないだろうか。言い換えれば、伝統ある偉大なモニュメントを維持することで伝統ある帝国の輝きが持続される、そうビザンツ人は考えていたのだ。

●修道院の繁栄

そのビザンツ人が自分たちのために力を注いだのが、修道院である。中期ビザンツ帝国において修道院は単なる宗教施設にとどまらず、経済活動の核としても重要な意味をもっていた。当時の有力者たちは自分の邸宅を中心として経済活動を行っていた。つまり田園地帯ならば周囲に広がる農場経営の中心となり、また都市部ならば周囲に商工業者を集め街区を整備した。彼らはある程度の成功を収めると、邸宅をもとに修道院を設立した。農場や商工業の経営は修道院に委託し、自分自身は修道院の設立者として尊敬を集めつつ引退する。そして死後は修道院に葬られ、毎日祈りを捧げてもらうのだ。

このような私設修道院の頂点に位置するのが、皇帝自らが建設した帝室修道院である。先のミレレオン修道院はそういった修道院の最初の例の一つだ。女人禁制などの厳しい戒律を、現代でも守っていることで有名なアトス山最初の大修道院、大ラヴラ修道院は10世紀後半に皇帝テオフィロス2世によって建設された（❹）。中期ビザンツ建築最大の作品の一つ、コンスタンティヌポリスのパントクラトール修道院は12世紀にコムネノス朝の皇族たちによってつくられた。

さてここで複合施設である修道院の配置をみてみよう。アトス山に代表されるビザンツの修道院は、周囲を城壁で囲み外敵から身を守る。中央には大きな空地を設け、その真ん中に聖堂（カトリコン）と食堂（トラペザ）が向かい合わせに置かれる。僧坊などの施設は、城壁に内接して配置される。修道院には宿房や病院、養老院などの施設が付属することが多かった。

修道院の聖堂はビザンツ帝国で最も重要な建築タイプの一つだ。先の内接十字型聖堂も修道院で発展したようだ。さらに地方や修道院によってさまざまなバリエーションが誕生した。アトス山では建物の南北に半円形の張出しが付いたものが多い。11世紀のキオス島の「新修道院」（ネア・モニ）では中央の空間が八角形の大空間に変わっている。ギリシア本土のオシオス・ルカス修道院は内接十字型の聖母（テオトコス）聖堂と八角形空間の中央聖堂の二つの聖堂を持つ（❺）。このように二つ以上の聖堂を併せ持つ例も少なくない。材料もレンガや石材など各地方でさまざまなものが使われたが、その中でも最も特徴的なのは、岩山を削って地中につくられたカッパドキアの修道院群だろう（❻）。（太記祐一）

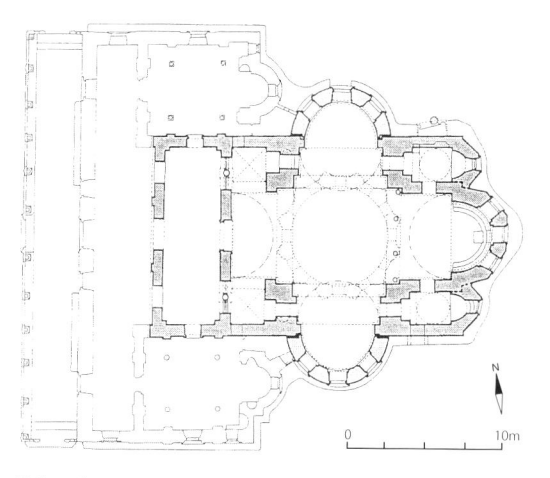

❹大ラヴラ修道院聖堂配置図（アトス山、10世紀後半）

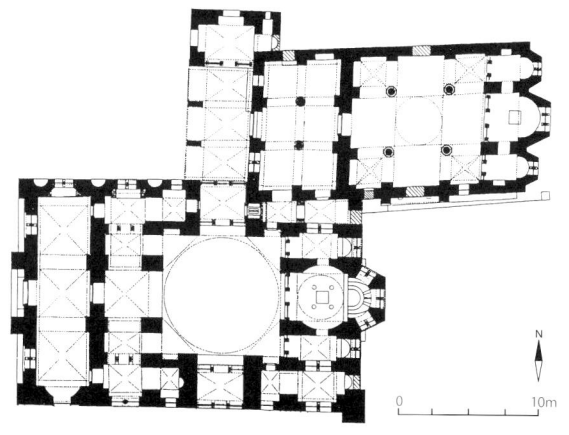

❺オシオス・ルカス修道院聖堂平面図（フォキス、10世紀中頃／11世紀初め）

❻カランルク・キリセ（カッパドキア、ギョレメ）

5 瞑想から生まれた帝国

自分自身に過酷な修業を課し、それに堪えることで精神を一段高いレベルへ押し上げようとする。宗教と人とのそんなかかわりは、仏教でもイスラム教でも世界中に広くみられるものである。その中でもとくに西ヨーロッパのキリスト教は、そのような修行僧が集まる修道院同士がネットワークを形成し、独自の文化を開花させていった。

●修道院の誕生

砂漠で一人修行に励む聖アントニウス。悪魔がやって来て美女・美酒・美食などで彼を誘惑をする。宗教画で御馴染のテーマだ。

彼のような、神にすべてを捧げようとする孤独な修行者は、そのうちリーダーのもとで共同生活を送るようになる。これが修道院の誕生で、4世紀初めエジプトでのことだ。4世紀後半にはカッパドキアの聖大バシレイオスが修道士のための規則をまとめた。東方の修道院は、これを基礎として各地で発達する。

西ヨーロッパの修道院の基礎をつくったのは、ヌルシアの聖ベネディクトゥス、6世紀に活躍した人だ。彼は各地で修行をした後、イタリアのモンテ・カシーノに修道院をつくり、バシレイオスの規則を参考に新しい修道院の規則を考えた。これが聖ベネディクトゥスの戒律で、修道院長と修道僧が守るべき規則がわかりやすく書いてある。修道士は清貧・貞潔・従順の誓いを立てる。全員が一緒に働いて一緒に祈り、修道院で文字通り寝食を共にする。他にも一年の行事から修道院の運営に至るまでさまざまなことが書いてあるが、残念ながら建築に関する規定はない。

この戒律は西ヨーロッパの修道院の基本となり、各修道会はこれをもとに独自の規則を定めた。修道院では自給自足が原則だったから、修道僧は読み書きをはじめ、さまざまな知識や技術を身に付けた。教育制度の整っていない中世では、修道院は最高の教育機関だったのだ。だから中世初期には修道院で修行した聖職者が政治や文化、法律など幅広い分野で活躍した。

●修道院建築の充実

ドイツとの国境に近いアルプスのふもと、スイスのザンクト・ガレン修道院には古い修道院の図面が伝わっている（❶）。これは9世紀前半に修道院を改築した際の物と考えられる。だが図面の建築は現実のものと形が異なるため、計画で終わった図面で当時の理想の修道院を示したものだと考えられている。最大の施設は大きな聖堂だ。長堂式なのだが、二重内陣といって長方形の建物の東端だけではなく西端にも祭壇と内陣がある。ドイツなどでときどき見る形式だ。その南側には方形の中庭とそれを囲む回廊が置かれる。回廊に面して食堂や寝室などの諸施設が配置される。そのさらに周囲に工房、病院、倉庫、家畜小屋などのさまざまな施設が展開する。まさに自給自足のひとつの都市のようだ。モンテ・カシーノから始まった修道院が建築としてどのように発展したのかを示す良い例である。この時期の有名な教会建築は、コルファイ（873-885）やトゥルニュ（1007-19）など、多くが修道院付属の聖堂だ。

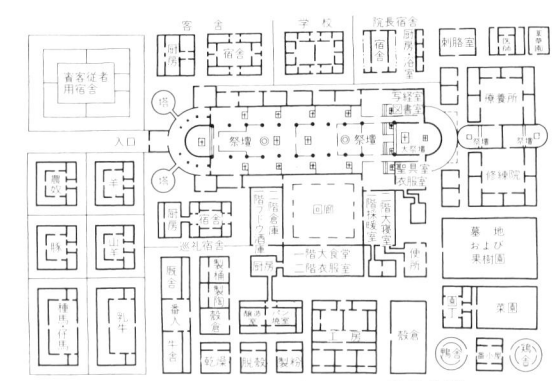

❶ザンクト・ガレン修道院計画図（スイス、9世紀前半）

❷クリュニー修道院復元図（第2期）（コナントによる、フランス、10世紀後半）

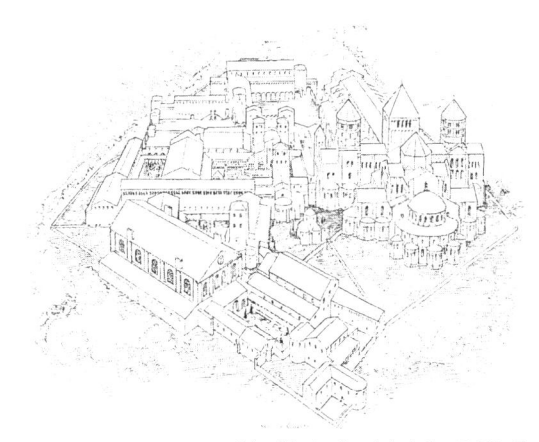

❸クリュニー修道院復元図（第3期）（コナントによる、フランス、11-12世紀）

●クリュニー、そしてシトー

フランス、ブルゴーニュ地方のクリュニーという所に修道僧がやって来たのは910年のことだ。この人里離れた土地で、彼らは政治や経済など他分野に活動を広げた修道院の在り方を反省し、修道生活の原点に返ろうと考えた。最初のクリュニー修道院は簡素な木造の建築だった。やがて彼らの活動は人々の共感を集め、仲間も増え、10世紀後半に立派な塔を持つ石造の聖堂（第2期）が建てられた（❷）。

その後も修道院の発展は続き、12世紀には1,400を超える子院を従え、3人のローマ法王を輩出し、さらに各国の王侯貴族にまで絶大な影響力をもって、「修道院帝国」との異名を取るほどに発展した。これに合わせるように11世紀から12世紀にかけて、さらに新しい聖堂（第3期）が建設された（❸、❹）。交差廊を二つも持つ五廊式の巨大な建築で、ロマネスク最大、ローマの旧サン・ピエトロ大聖堂をも凌駕した。横断アーチのついた高さ30mのトンネル・ヴォールトは圧巻で、当時の建築技術の頂点を示すものだ。また数多くの修道僧が礼拝を行えるように、数多くの礼拝所（小祭室）を持っているのも特徴で、二重の袖廊だけでなく、内陣の周囲にも放射状にたくさん並んで放射状祭室を形づくっている。なお古い第2期の聖堂は集会室に改築された。クリュニー修道院は、まさに神のためにできるかぎり壮麗なものを生み出そうとしたのである。しかし残念なことに、この大修道院もフランス革命で閉鎖され、教会堂も19世紀に取り壊されてしまう。

さてクリュニー修道院は宗教活動を通して政治に力を発揮し、加えて文化、経済などの分野でも権勢を振った。かつてクリュニーを設立した修道僧たちがそうだったように、こんな様子に不満をもつ改革派の修道会が再び登場する。シトー会だ。

シトー会の画期的な点は修道生活同様の質素なものを、修道院建築に求めたことだ。シトー派クレルヴォー修道院長聖ベルナルドゥス（神学者としても名高く、十字軍の推進でも有名）は、豊かな装飾を持つ巨大な教会建築は信仰を妨げる無意味なものとして批判した。彼の考えを受けた12世紀のシトー派修道院は、装飾を持たない簡素な聖堂と機能的な付属施設を特徴としている。今でもフォントネー（1139-47、❺）やル・トロネ（1160-75）（ル・コルビュジエがラ・トゥーレット修道院の参考にした）、そしてドイツ・ワインで有名なエバーバッハなどの各修道院で彼の理想を見ることができる（1135-78、❻）。（太記祐一）

❹クリュニー修道院1157年の様子（コナントによる）

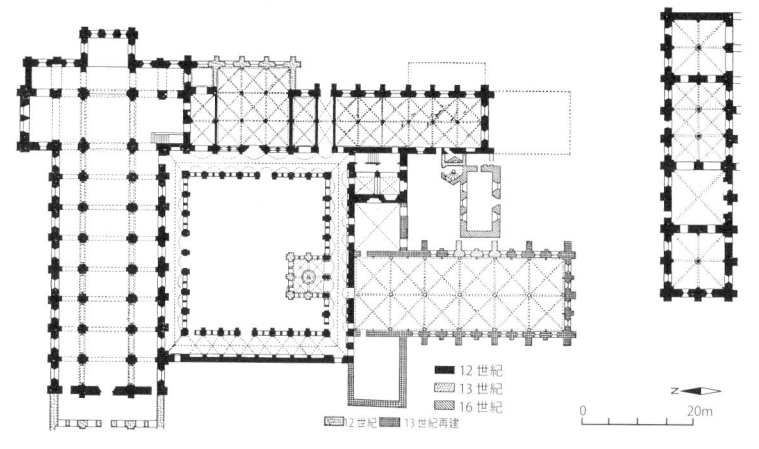

❺フォントネー修道院平面図（フランス、1139-47）

❻エバーバッハ修道院聖堂（ドイツ、1135-78）

ロマネスクの石

6

ローマ帝国崩壊後、ヨーロッパの建築文化は一度衰退するが、8世紀末のカール大帝の時代から独自の展開をみせ、11世紀にはロマネスク建築として大規模な教会建築を次々と生み出すことになる。天上の都を地上に写し取ろうとする壮大な試みは、ゴシックの飛翔に向けて石材を極めていくことになる。

●ロマネスクへの道

5世紀に西ローマ帝国が滅びると、ヨーロッパは政治・経済両面で混乱し、文化活動は停滞する。それゆえこの時代の建築作品は数が少ない。加えて多くが後の時代に建て直されてしまっている。このため現存する建築作品はほとんどない。

停滞気味の文化活動に活を入れたのはカール大帝(シャルルマーニュ)だ。彼は800年にフランク王から西ローマ皇帝になった(一度滅んだ西ローマ帝国を復活させた)。国中から文化人や学者を集め、さまざまな文化活動の活性化に努めた。建築ではアーヒェン宮廷礼拝堂(796-805)が有名だ(❶)。先祖代々のゲルマンの伝統、護るべきキリストの教え、古代ローマの世界帝国の理想、東の先進国ビザンツ、さまざまな文化への思いが錯綜した建築だ。八角形の背の高い中央の空間を十六角形の2層からなる外側の空間が包み込む。8本の太い支柱(ピア)の間は大きなアーチによって幾層にも分かれる(❷)。基本的な構成は6世紀ラヴェンナにつくられたサン・ヴィターレ聖堂が手本になったようだ。しかし内部空間はより縦長になり高さが強調され、力強い造形となった。地中海の親しみやすいバランスがアルプスの北の厳しさに取って代わり、西ヨーロッパの教会建築のもとになったといわれる。

続く時代、教会建築は今のドイツやベルギーで独自の発達を遂げる。まず西構(ヴェストヴェルク)。教会の西端部が発達して、まるで独立した建築のように、何層にも及ぶ重厚な形になったものをいう。これは皇帝が礼拝に使うためらしい。ドイツのコルファイ修道院の聖堂(873-885)がいい例だ。逆に二重内陣。これは従来の西側に入口、東側に祭壇、という構成ではなく、東西両端に祭壇を設えて、内陣を二つ用意するものである。さらに時代が下ると教会堂は沢山の塔を持つようになる。これは当時の人が考えた、あるべき教会建築の姿と関係がある。つまり、教会堂は天上の都(新しいイェルサレム)をこの世に写し取ったもの、それゆえ塔をたくさん使って都にふさわしい形をつくろうというわけだ。ドイツのヒルデスハイム、聖ミヒャ

❶アーヒェン宮廷礼拝堂(現在は大聖堂)(ドイツ、796-805)

❸聖ミヒャエル聖堂(ヒルデスハイム、1010-33)

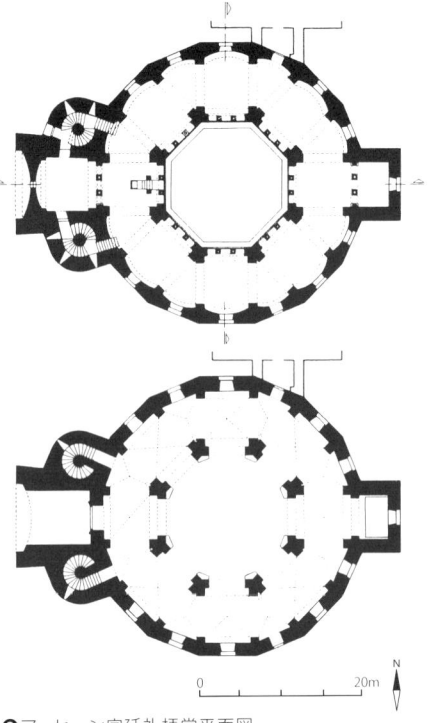

❷アーヒェン宮廷礼拝堂平面図

エル聖堂（1010-33）も、こういった特色をもっている（❸）。

●**地方の象徴**

11世紀頃から修道院の聖堂や、地域や都市の中心となる大聖堂など、ヨーロッパ中に大規模な教会建築が再びたくさんつくられるようになる。このロマネスクの教会建築で、デザイン上重要なポイントは内部だ。天井と壁を一つのものとして考えるようになったのだ。

石造天井はロマネスク建築の重要なポイントだ。だがロマネスクの教会堂がすべて石造天井なわけではなく、木造のものも数多くある。石造の場合は交差（クロス）ヴォールトが一般的だが、円筒（トンネル）ヴォールトも使われる。しかし重要なのは横断アーチが天井を支える点だ。そして石を積んだ太い支柱（ピア）が、この横断アーチを支える。そうすると支柱と横断アーチが立体的なフレームを形成し、このフレームが身廊を輪切りにするように縦長の区画（ベイ）に区分する。中世の教会のデザインはこの区画が基本ユニットだ（❹）。ロマネスクでは区画は平面図上、正方形になることが多い。正方形の四隅に太い支柱を立て、太い支柱の間に細い支柱を立てる。その結果、堂内の支柱は、たとえば太細太細太・・・というふうに独自のリズムをもって並ぶことになる。これを支柱交替と呼ぶ。

交差ヴォールトと正方形の区画、支柱交替は、とくにライン川流域の大聖堂に顕著である。シュパイヤー（1024頃-61および1082-1106、❺）、マインツ（12世紀）、ヴォルムス（12〜13世紀）など、当時ドイツを支配した神聖ローマ皇帝の命で建設されたため「皇帝の大聖堂」と呼ばれる。

しかし、すべてのロマネスク教会建築が区画を基本単位に構成されたわけではない。イギリスのイーリ大聖堂のように木造天井の教会もたくさんあったから、当然、横断アーチがないものも多かった。地域や宗教組織などによってものすごくたくさんのバリエーションがあるのがロマネスク教会建築の特色だ。

フランスだけみても、ブルゴーニュ地方はクリュニー修道院で有名だが、ヴェズレーのラ・マドレーヌ聖堂（12世紀）はやや扁平な交差ヴォールトが有名で、クリュニーの尖り気味の円筒ヴォールト（❻）とは異なる。北のノルマンディー地方にいくと、カンのサンテティエンヌ聖堂のように、天井は複雑なリブ・ヴォールトになって正面も塔が二つ並ぶ。全く異質なのはアキテーヌ地方で、ペリグーのサン・フロン大聖堂はドームを五つ十字形に並べている。

イタリアでは、ピサの大聖堂（1063-1118）が斜塔で有名だが、この時期の大作だ。また内部・外部ともに列柱を何層にも積み上げる構成で、より古典的なおおらかさが漂っており、天井は石造と木造が混用されている。またシチリアなどの南ではイスラムやビザンツの影響が濃厚で装飾が特徴的だ。（太記祐一）

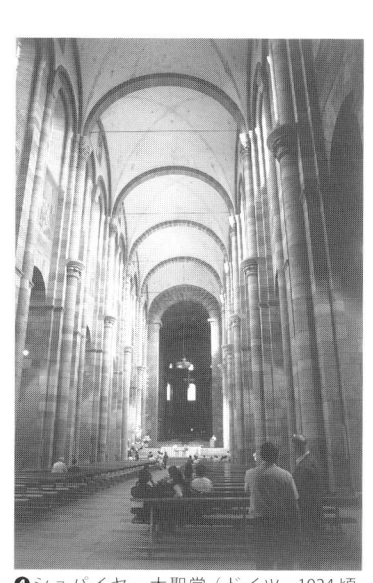

❹シュパイヤー大聖堂（ドイツ、1024頃-61および1082-1106）

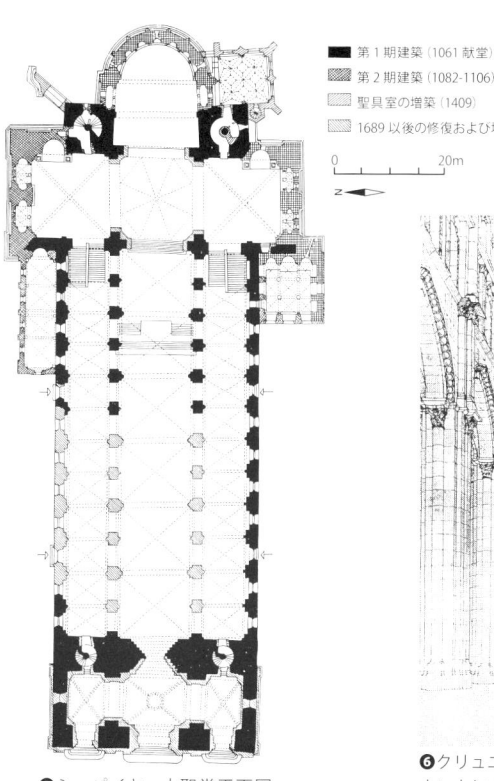

❺シュパイヤー大聖堂平面図

❻クリュニー修道院聖堂（第3期）内部復元図（コナントによる、フランス、1088-1130）

罪深き愚か者

7

徒歩で苦労して、文字通り命がけで旅をして聖地を訪れ、祈りを捧げる。そんな巡礼の姿は日本人にも馴染の深いものだ。彼らは出発に先立って世間との縁を切る。そして聖と俗の狭間に位置するものとして、人々の尊敬を集めつつ苦難の旅に出る。このような巡礼は世界中に広く見られるが、とくに中世ヨーロッパでは一大社会現象となった。

●いざ巡礼へ

キリスト教世界でも巡礼は、現在も広く行われている。ただ現在と中世の巡礼では違う点もある。イエスや聖人にゆかりのある場所を訪れたい、彼らの遺物を礼拝したい、そんな信仰上の欲求は今も昔も同じだ。しかし中世の人は、そういった物や場所には超自然的な奇跡を起こす力があると信じていたから、奇跡を求めて、たとえば難病の治療を願って、巡礼に参加する人も多かった。

中世の西ヨーロッパで人気の巡礼地は三つあった。まずイエスが活躍したパレスティナ地方、とくにイェルサレム（❶）。次いでローマ、カトリックの総本山が置かれローマ法王のいる街（❷）。3番目のサンティアゴ・デ・コンポステラは日本では馴染が薄いがスペインの西端、大西洋に望むヨーロッパの地の果てだ。

なお同じころ東の正教世界ではビザンツ帝国の首都コンスタンティヌポリス（❸）と、やはりイェルサレムが数多くの巡礼を集めていた。

●イェルサレム

この都市はもともとダヴィデやソロモンといったユダヤ王の都でユダヤ教徒の聖地でもあり、イスラム教徒にとってはマホメットが天界に旅立った所でやはり聖地だ。それでキリスト教徒だけでなくユダヤ教徒やイスラム教徒もこの街に巡礼に来る。

しかし実は西暦70年のユダヤの反乱の際に、イエスが活躍した町は破壊された。現代の都市は、その後ローマ人が再建したものが基礎となっている。そのためイエスの墓など彼の時代のさまざまな場所の正確な位置は実は不明で、ほとんどが4世紀の人々がそうだろうと信じていた場所である。

イエスを埋葬した墓所を記念する聖墳墓教会は旧市街の北西部、南北の大通りに面していた。4世紀には円堂と長堂式建築の組合せだった。その後何度も改築され、現在では円堂の東側に放射状の礼拝室がつながっている。これは12世紀に十字軍がロマネスク建築を応用して建てたものだ。ちなみに十字軍の侵略を武装した巡礼、と考える研究者もいる。イェルサレムの南隣の町ベツレヘム、イエス誕生を記念する聖誕教会、もともとは八角形の建築と長堂式建築が合体した形だったが、6世紀に改装され、半円形の張出しが三方に広がる三葉形（トリコンク）という形になった。この二つ以外にも、イエスが逮捕されたゲッセマネの庭園や裁判のあった大祭司カイアファの館、ローマ総督ピラトの館など、六つの場所がとくに巡礼地として

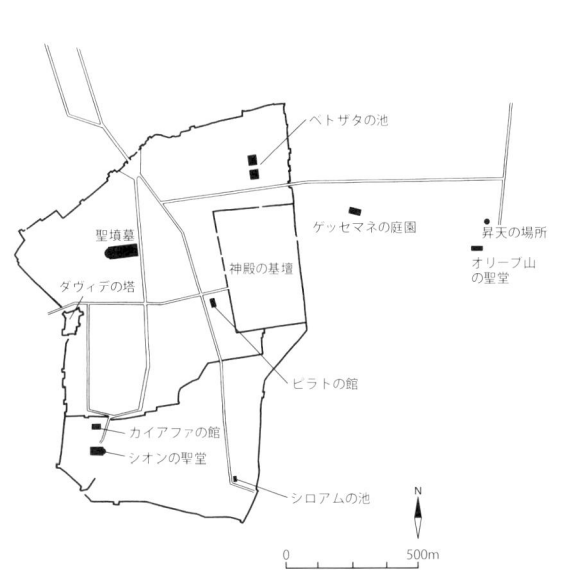

❶イェルサレム市街図

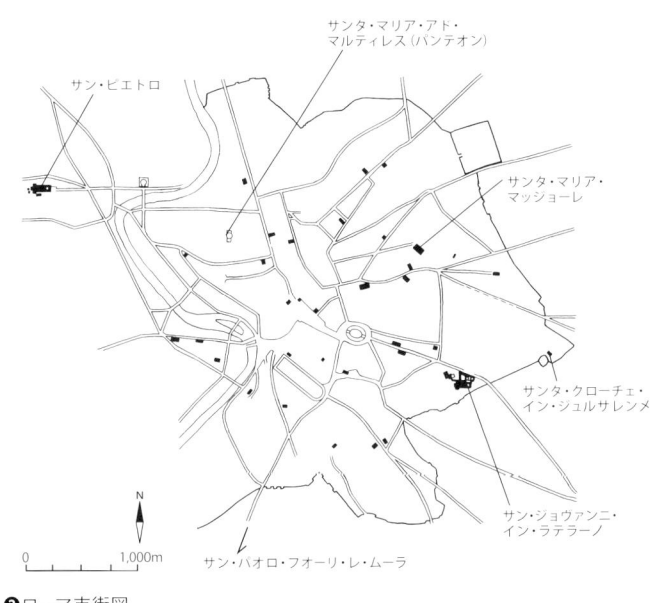

❷ローマ市街図

整備された。

● ローマ

　世界の都と謳われるローマ、いうまでもなくローマ帝国の首都だ。ここはまずイエスの一番弟子の聖ペテロと、新約聖書の書簡集を書いたとされる聖パウロが、殉教した都だ。それでローマには聖ペテロの墓所サン・ピエトロ大聖堂、聖パウロの墓所サン・パオロ・フオーリ・レ・ムーラ大聖堂をはじめ、数多くの由緒正しい教会がある。ただしコンスタンティヌス1世がキリスト教を公認した後、最初にローマの大聖堂として建設されたのは聖ヨハネに捧げられたサン・ジョヴァンニ・イン・ラテラーノ大聖堂だ。初めの頃の巡礼者たちは、こういった聖人たちゆかりの教会を訪れることを目的としていた。

　しかし何時のころからか、ローマに巡礼した者はそれまでの罪が許される、と信じられるようになった。つまり贖罪だ。法王庁も正式にこれを認め、教会ごとの違いや礼拝方法、さらに数十年に一度（時代によって異なる）巡ってくる聖年など、さまざまな基準を設けた。このためローマには年によっては人口の十倍もの巡礼者が訪れるようになったという。

● 聖ヤコブの墓

　スペインの西端、サンティアゴ・デ・コンポステラ。ここにはイエスの弟子、聖ヤコブの墓があると古くから信じられてきた。それを祀るのがロマネスク建築の最高傑作ともいわれる大聖堂だ。聖ヤコブは後にスペインの守護聖人となるが、彼の墓は中世以来、庶民の信仰と巡礼を集めてきた。サンティアゴ・デ・コンポステラは11世紀にクリュニー修道院が、フランス各地からここに至る巡礼路と合わせて整備したといわれている（❹）。だからこの建物はクリュニーの修道院聖堂（第3期）の影響がみられる。西正面の立面は18世紀に改められたが、トンネル・ヴォールトの石造天井と大規模な2階席を持つ内部、立派な交差廊や内陣の放射状祭室といった要素は当時のままで、クリュニーから受け継いだものである。同じくクリュニー修道院聖堂（第3期）の影響を受けた巡礼教会が、巡礼路上に次々と整備されていった（❺）。（太記祐一）

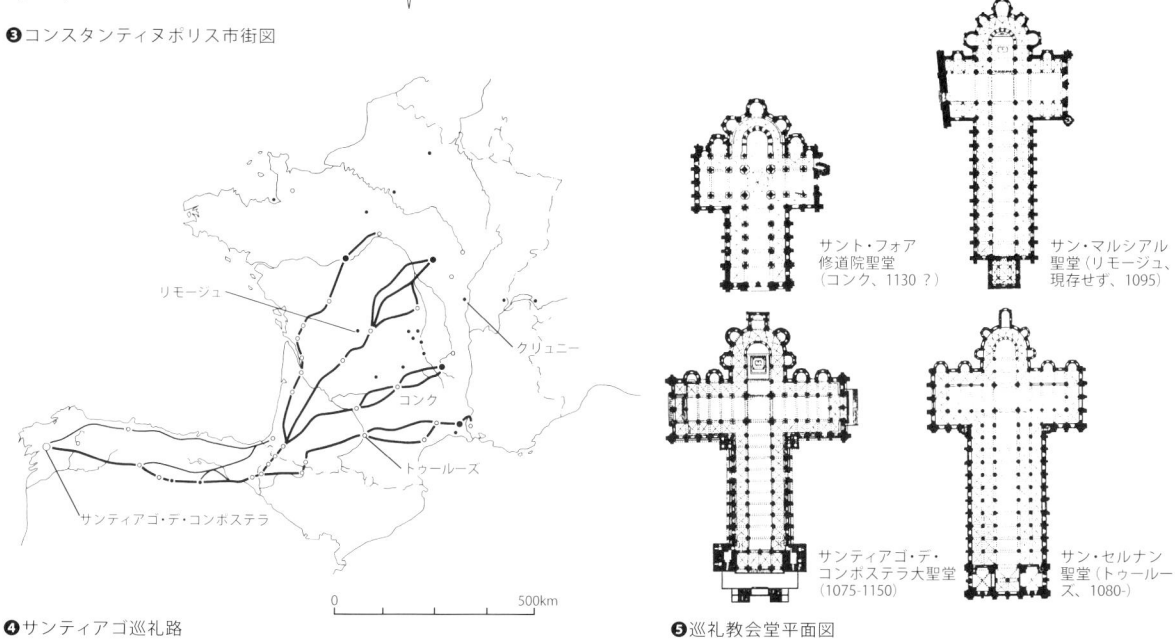

❸ コンスタンティヌポリス市街図

❹ サンティアゴ巡礼路

❺ 巡礼教会堂平面図

サント・フォア修道院聖堂（コンク、1130？）

サン・マルシアル聖堂（リモージュ、現存せず、1095）

サンティアゴ・デ・コンポステラ大聖堂（1075-1150）

サン・セルナン聖堂（トゥールーズ、1080-）

8 異文化混淆の建築

古来、さまざまな民族が行き交い、支配と交流を繰り返した地中海世界には、異文化が混淆した興味深い建築が見られる。東の世界にはビザンツとイスラムの高度な文化があり、それが西の世界に伝播し、知的・文化的な刺激をもたらした。シチリアのパレルモ、海洋都市のアマルフィ、ヴェネツィア、アンダルシア諸都市などがその舞台だった。

● ノルマン・シチリア王国の建築美

12世紀にシチリアを支配したノルマン人の王国の寛容な文化政策のもとで、その首都パレルモは、ギリシア人、西欧人、アラブ人が差別なく共存するコスモポリタンな都市文化をつくり上げた。ノルマンのキリスト教の王たちは、イスラム建築の素晴らしさに魅せられ、その様式、装飾を取り入れた教会建築や邸宅を数多くつくった。パレルモ旧市街の西端にあるノルマンの宮殿は特筆すべきものである（❶）。その礼拝堂（1140建設）の内部には、ビザンツとイスラムの文化の見事な融合が見られる。金色の地にさまざまな色で図像を描くモザイクや内陣の上に架かるドームに見られるビザンツ様式に対して、身廊と側廊を分ける位置には尖頭形で足の長いアラブ式のアーチ群が使われ、また木製の豪華な天井は、ペルシアで生まれ、スペインのアルハンブラでも多用されたスタラクタイト（鍾乳洞のような重層の装飾）が施されており、まさにイスラム芸術の粋を集めている。多彩な石を組み合わせた床のモザイクにも、幾何学的なその精巧な構成からアラブの職人の高度な技がうかがえる。

隣町モンレアーレに、グリエルモ2世によって実現した大聖堂でも、ファーティマ朝のアラブの建築空間的な構成と、その壁面を飾るビザンツの金色に輝くモザイク画との華麗なる共演が目を奪う（❷）。

アラブ支配下で緑あふれる豊かな田園をつくり上げたパレルモでは、都市周辺にノルマン王朝期の注目すべき建築が多い。王家の夏の邸宅としてつくられたジーザ（1165-67）は、湧水に恵まれた緑溢れる庭園の中に建っていた（❸〜❻）。玄関ポーチの奥の中央に、2層吹抜けの象徴性をもった公的空間としての「噴水の広間」があり、祝宴、コンサート、スペクタクルなどが行われた。広間の奥正面の壁には、地上の楽園を現わすモザイク画があり、その下の穴からは、水が床に流れ落ち、細い水路に導かれ、心地よい流れの音を奏でた。イスラム世界が求める地上の楽園のイメージを実現するものだった。

● 中世海洋都市の輝き

地中海に君臨し、ビザンツ、アラブ世界との交流で繁栄したイタリアの諸都市は、異文化の混淆した独特の建築を築き上げた。中世の早い時期に羅針盤を使った航海術を発達させ、海洋都市として名を馳せたアマルフィでは、その中心広場に面して、アラブ独特のアーチを工芸的に織り上げた美しいファサードをもつ大聖堂がそびえる。今のものは19世紀後半の再構成で実現したとはいえ、元々のア

❶ 王宮礼拝堂（パレルモ、1132-40）

❷ ドゥオモ後陣外観（モンレアーレ、12世紀後半）

❸ モザイクで飾られ、水で演出されたジーザ「噴水の広間」（パレルモ、1165-67）

ラブ風の外観を理想化して造形されたものである。その脇の鐘楼は、黄と緑のマヨルカ焼のタイルで飾られた頂部やアーチの造形にイスラムとの結び付きを表現している。聖堂の左手奥に潜む天国の中庭（1266-68）には、アラブ世界と共通する回廊の巡った居心地のよい中庭の小宇宙がある（❼）。

次いで海洋都市として繁栄したヴェネツィアは、12-13世紀に、ビザンツとイスラムが融合した開放的で華やかな建築様式の商館を大運河に面していくつも建設した。14-15世紀には、アルプスの北からもたらされたゴシックが、東方との結び付きの強いこの「水の都」の文化風土に適合し、より華麗で装飾的な表現の建築を生んだ。

● アラブと融合したアンダルシアの建築

中世に長期、アラブの支配下に置かれたアンダルシアには、イスラム文化の影響が強い。アラブの王の宮殿として建設されたグラナダのアルハンブラには、イスラム文化の粋を集めた繊細で華麗な建築が実現した（❽）。アリアドネの中庭、獅子の中庭（1354-77）を中心とする空間構成と環境演出、そして装飾性豊かな壁、アーチ、天井などのディテールの造形に、高度な文化を表現している。グラナダの街もイスラム時代の都市を下敷きとし、大モスクの跡に大聖堂が、イスラム学院（マドラサ）の跡に大学がつくられ、市場や隊商宿も今に受け継がれている。また、アンダルシア各地で、レコンキスタ後も、イスラム建築の影響を色濃く残すムデハル様式と呼ばれる独特の建築がつくられ続けた（14世紀、❾）。（陣内秀信）

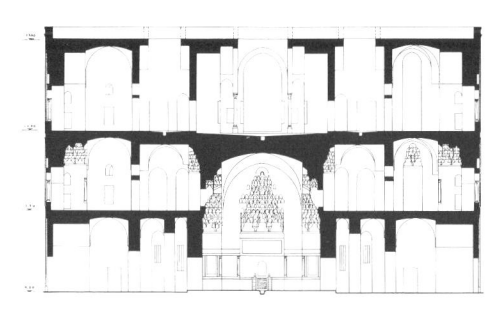

❻ジーザ外観（1165-67）

❼天国の中庭（アマルフィ、1266-68）

❽獅子の中庭（アルハンブラ、1354-77）

❹ジーザ断面図（パレルモ、1165-67）

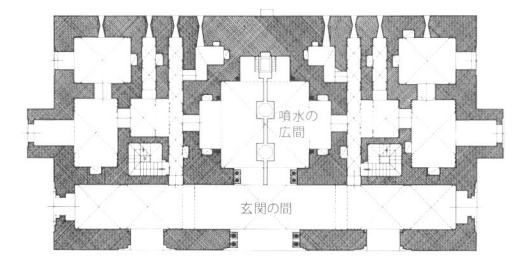

❺ジーザ平面図（1階）

❾ムデハル様式によるアルカサル（セビーリャ、14世紀）

ゴシックの光

9

12世紀になるとパリを中心に文化芸術は大きな動きをみせる。初期キリスト教以来変化を続けてきた教会建築の世界では、ついにゴシック建築が誕生する。都市の象徴として建設された大聖堂は、天上の理想都市めざして高く軽く姿を変えていく。

●ゴシックとは……

ゴシック建築は12世紀中頃にフランス王国の都、パリの近郊で生まれた。1144年に完成したサン・ドゥニ修道院の新しい聖堂を最初のゴシック建築とみなすのが通例で、当時の修道院長スゲリウス（シュジェ）がゴシック建築の生みの親とされる。当時の人々はこの新しいデザインの建築を「ゴシック」とは呼ばず、単純に「新しい建築」とか、あるいは地名から「フランスの建築」と呼んでいた。

さてゴシック建築に限らず組石造建築の難しいところは、天井にある。ドームやヴォールトといったアーチを応用した形は、アーチと同様、下端が外側に広がろうとする。この力を推力（スラスト）という。この処理を誤ると、アーチやヴォールトは壁の上に載っているのだから、壁の上端が外側に押されて壁が壊れてしまう。もちろん建物は崩壊する。そうならないためにロマネスクまでの建築では、壁を十分厚く頑丈につくって推力に対抗しようとした。

これに対してゴシック建築は少し違う方法を使った（❶、❷）。まずアーチはそれまで一般的だった半円ではなく、頂部のとがった尖頭アーチを使う。尖頭アーチは半円アーチと比べていくつかの特徴がある。まず構造的には荷重が分散され、推力が小さくなる。次に頂部が尖るため目線が集まりやすく、高さが強調される。また円弧を二つ組み合わせるために、半円アーチよりも開口部の高さと幅を自由に決めることもできる。そして天井はリブ（肋骨）といわれる細い棒材のついた交差ヴォールトで支える。この天井を支柱（ピア）と、堂外に張り出したフライング・バットレスと控壁が支持する。壁の厚さに頼るのではなくて、ヴォールト天井の推力をフライング・バットレス、そして控壁へ流すのだ。その結果、窓の面積を大きくすることが可能になり、綺麗で巨大なステンドグラスが映えるようになる。

これまでの建築史の教科書にはそんなことが書いてある。しかしここで、12世紀になってゴシック大聖堂が忽然と姿を表した、と考えるのは間違いである。尖頭アーチ、リブ・ヴォールト、フライング・バットレス、みなゴシック以前に別個にあった技術である。むしろ全体を考えたときに重要なことは、ゴシック大聖堂の内部を見ると（構造的に実際にどうなっているかは別にして）床面から支柱を経て天井へと細くしなやかな線材が上方へと延び、この線材のつくる枠が石造の天井や壁体、ステンドグラスのはまった窓、そういったものすべてを支えているかのようにみえることである。言い換えれば大地から天上をめざす精妙な枠組と、それに支えられた「軽さ」こそがゴシック建築の要点である。そしてこのような高さや軽さを実現するためにさまざまな技術が用いられたのであろう。

サン・ドゥニ修道院長スゲリウスは新しい教会建築を考

❶アミアン大聖堂外観（フランス、1220） 　❷アミアン大聖堂内観 　❸ラン大聖堂内観（フランス、1160頃-1230頃）

えるにあたって「光」をキーワードにした。「光」といっても今日の建築家が考える「横連窓からの採光」といった類の光ではない。彼は神学的な象徴としての「光」を考えていた。つまり神から発し、宇宙を輝かせる光である。もう一つ彼には別の光のイメージがあった。日光を受けてさまざまな色に輝くステンドグラスだ。ステンドグラスを窓に使用することで、窓自体まさに光り輝く極彩色の壁になるのである。この二つが結び付いたとき、新約聖書『黙示録』に登場する神の国、光り輝く「新しいイェルサレム」を現実の世界に写し取ることが可能になったのだ。

● **シャルトルの輝き**

ゴシックという様式は最初、ロマネスクの中の一地方様式（パリを中心とするイル・ド・フランス地方の）にしかすぎなかった。しかし12世紀の後半、50年を費やしてゴシックの教会堂のデザインはどんどん洗練されていく。サンス大聖堂（1135-68頃）、ラン大聖堂（1160頃-1230頃）、パリ大聖堂（1163-1250頃）といった初期ゴシックの名作をふまえ、13世紀になると盛期ゴシックの傑作が次々と建設されることになる。天井は複雑な6分ヴォールト（❸）から4分ヴォールトへと整理され、これと同時に平面計画も正方形ではなく長方形が基準となった。また2階席が廃止され、内部の立面構成も4層から3層に整理され、教会の天井は高くなり、窓の面積も広くなった。

盛期ゴシックの大聖堂が持つべき特色を、すべて兼ね備えた最初の傑作はシャルトル大聖堂（1194-1225頃、❹）である。西側正面には巨大な双塔がそびえ立ち、ほぼ中央には巨大な円形の薔薇窓がくる。入口は三つ並んでいる。その周囲をおびただしい数の彫刻が取り囲み、キリスト教の世界観を私たちに教えてくれる。中央の入口の上には「最後の審判」が置かれる。堂内は天をめざして細い材を束ね合わせたかのように見える石柱が立ち上がる。その柱の間に色とりどりのステンドグラスがはめ込まれ、一区画ごとに聖書の物語を説き明かしていく。この大聖堂は、キリストの教えを彫刻やステンドグラスを用いて立体的に表現した、建築の形にまとめ直された聖書そのもの、まさに現世に形を与えられた神の国である。この大聖堂は同時に町の住民全員を収容するのに十分な規模があった。つまり中世の町は現実の町の中に、町の人全員のための神聖な都市を築き上げたといえよう。

中世、大聖堂は大きさの点でも美しさの面でも、町の威信をかけ競い合うように建設された。それゆえ、このようなゴシックの大聖堂はシャルトルの後、ランス（1211-）やアミアン（1220-）へと受け継がれ、さらにヨーロッパ中に展開していくのである。イギリスは12世紀末にゴシックを取り入れた（❺）。水平性を強調した作風は、やがて15世紀には扇形ヴォールトを使用した華麗な「垂直式」と呼ばれる英国独自の様式へと発展する。

13世紀にドイツでもゴシックは一般的になる。身廊と側廊の天井高が同じハレンヒルヒェ（❻）、単塔式の立面、細目状ヴォールト、レンガの使用などさまざまなバリエーションが各地方で生み出された。

イタリアのゴシックはアルプスの北の国々と比べると独特である。尖頭アーチ、リブ・ヴォールトといった要素は用いるが、地中海的なおおらかなバランスのよさが作品に親しみやすい美しさを与えている。（太記祐一）

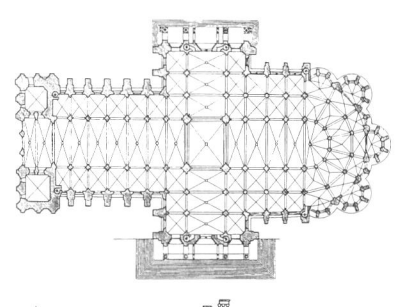

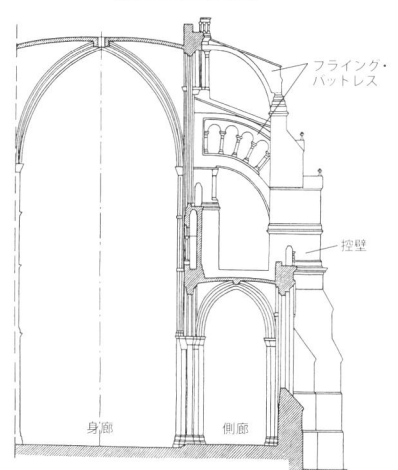

❹ シャルトル大聖堂平面図と断面図（1194-1225頃） 　❺ ウェルズ大聖堂内観（イギリス、1180頃-1345） 　❻ 聖ゲオルク聖堂内観（ネルトリンゲン）

教会堂の空間

10

建築とは、建物とは違う。機能性や耐久性だけなく、芸術性に代表される人間の存在の根幹にかかわる重要な何かが表現されていなければ、建築とはいえない。そんなふうに考えたときに中世の教会堂は、まさに建築の中の建築といえるだろう。当時の人々にとっても教会堂は唯一、建築としてとらえるのにふさわしい存在だったのだ。

●中世の建築

中世の人々が技術、知識、財力、など持っているもののすべてを注いでつくり上げたのは教会建築で、城塞などの実用性を重視した建築や日常的な庶民の家などとは、明らかに異なるものと位置付けられていた❶。個人住宅と大規模公共建築とが等しく専門誌で取り上げられる現代とは、全く異なる感覚だ。しかし中世の人々にとって、神のために建設される教会堂が特別な扱いを受けるのは当然のことだった。教会堂を美しく立派に豪華にすることは神の栄光を高めるためで、決して個人の見栄や贅沢ではない。サン・ドゥニ修道院長スゲリウスをはじめとする中世の多くの文化人が、この考え方を至極当然と受け止めていた。

神の館・天上の都・新しいイェルサレム、そんなふうに呼ばれる宗教上の理想を、大聖堂や修道院教会堂をはじめとする教会建築は追求した。現代建築では実用性や経済性、社会問題や環境問題など、建築の外側の問題との関連が重視されるが、中世の教会建築では建築そのものがテーマだった。祭壇を取り巻く空間、それを支える躯体、そして宗教的な意味を支える装飾、これらは一体となって全体として教会建築という芸術作品を形づくり、天上の神の国を、そして神の支配する宇宙の秩序を地上に表現した。それゆえに建築材料もできるかぎり最高のものが使われたし、装飾も最良のものが用意された。

教会堂は神学的にはイェルサレムにおけるキリストの受難と復活を象徴している。つまり祭壇はキリストが弟子たちと最後の晩餐を食べた食卓とみなされ、それゆえにミサの際に儀式の中心となるのである。同様に教会堂の各部にはそれぞれ神学的な解釈が加えられ、宗教的な意味が付与された。

他方、当時の人の教会堂の使い方は現代のように、厳密に宗教目的に特化していたわけではない。教会堂内部に椅子がなかったこともあって（→中1❸）、はるかに雑多な使い方をされたらしい。たとえば、重要な会合が行われたり、デートの待合せに教会堂を使うとか、そんな話も残っている。場合によっては城の代わりに要塞化された例もある。一番よく知られているのは、教会堂の中に人を埋葬する習慣で、現在でも多くの教会堂で床に名残をみることができる。

●装飾の技法

中世を通してヨーロッパでは文字を読めない人がほとんどだった。読書きができるのは聖職者や貴族、商人など限られた人だけだった。ましてや本を持っている人はもっと少なかった。聖書ですら教会で朗読を聴くだけで、それも庶民にはちんぷんかんぷんのラテン語の朗読である。

画像はもっと珍しく（日夜画像の氾濫にさらされている現代人からは想像もつかないが）中世の人にとっては教会堂の壁画しか、接することのできた画像はなかったのではな

❶マインツの町並みと大聖堂

❷天井画（聖ミヒャエル聖堂身廊、ヒルデスハイム、1010-1033）

いか（❷）。

　壁画はフレスコ画が普通である。フレスコとは新鮮という意味のイタリア語だ。壁の漆喰がまだ塗りたてで乾かないうちに素早く絵の具をしみ込ませて描く方法だ。だから通常の絵画よりも素早さが必要になる（❸）。

　地中海沿岸ではモザイクが好まれた。モザイクはテッセラといわれる四角い石材やガラスのかけらを漆喰に埋め込んでいくもので、近くで見ると色とりどりの四角いかけらがぎっしり並んでるように見えるだけだが、ちょっと離れてみると絵に見える。石のモザイクは素朴な味わいで耐久性がいい（❹）。ガラスのモザイクは壊れやすいが発色がよく、金箔などと合わせるときらびやかで大変豪華な装飾となる（❺）。

　西ヨーロッパでゴシック建築とともに大きく発展した画期的なものがステンドグラスである。色とりどりのガラスでさまざまな図像を巨大な窓に表現した。外が明るくなると、ステンドグラスで飾られた窓は、まさに光る壁、光る絵として見るものに強烈な印象を与える（❻）。彫刻も当時、西ヨーロッパの教会堂で重要な意味をもっていた。たとえば教会堂の西側中央の入口には、多くの場合、最後の審判の彫刻が扉の上に掲げられた。中央には威厳を正したキリストが座り、片側には天国へ行くことが決まった人々が喜びに満ちて集い、反対側には罪人たちが地獄へと落ちていく。

　しかしすべての装飾が宗教的なテーマを表しているとは限らない。むしろ教会とは関係なさそうなものも少なからずある。たとえば多くの教会堂では、雨樋は魔除の怪獣を型取り、ガーゴイルというおどろおどろしい名前で呼ばれていた。怪獣以外にも人物や動物や植物、人々の暮らしなど世俗のテーマも教会装飾のテーマに取り上げられている。（太記祐一）

❺壁のモザイク（サン・ヴィターレ聖堂内陣、ラヴェンナ、526-547）

❸フレスコ（コーラ修道院礼拝堂、コンスタンティヌポリス（現イスタンブール、1316-1321）

❹床のモザイク（ゲミレル島遺跡第三聖堂、トルコ、6世紀）

❻サント・シャペル　身廊（パリ、1241-48）

11 遍歴する職人

20世紀の建築やデザインに絶大な影響を及ぼした組織にバウハウスがある。名付け親のヴァルター・グロピウスは中世ドイツのバウヒュッテという組織を念頭においていたという。バウヒュッテでは職人の親方が現場の作業をしながら弟子たちの教育を行っていた。そんな中世的な生産と教育の結合にデザイン教育の理想をみたというわけである。

●中世の石工

アヤ・ソフィアを設計したアンテミオスとイシドロスは数学や物理学に秀で、さまざまな機械の設計を仕事にしていた工学技術者で、いわゆる叩き上げの職人ではなかった。こういった古代ギリシア以来の工学技術者の伝統は、アヤ・ソフィアが建設された6世紀を最後に途絶え、中世では石工の親方が建築の設計にあたった(❶)。

中世西ヨーロッパの職人は仕事の内容によって採石工、石切工、石工など細かく分かれていた。そして同じ職種の者同士で組合をつくっていた。こういった街ごとの組合とは別に、おそらくグロピウスにヒントを与えたであろう工事現場ごとの組織も発達した。なお実は中世ヨーロッパでは女性で力仕事に精を出していた人も結構いたようで、こういった組織の名簿に名前が残っている。

中世の職人は無名の匠たちの集団ではなく、広く名前を知られた石工親方もいた。イギリスのカンタベリー大聖堂の工事を担当したウィリアム（ギョーム）はフランスのサンスから呼ばれて来たし、フランス王に仕えたジャン・デシャンはクレルモン＝フェランやリモージュなど複数の現場を同時に手がけていた。彼らは、まさに今日の有名建築家のような、地域に縛られない活躍をみせていた。こういった親方たちの活動によって、デザインや技術などさまざまなことが、ある地方から他の地方へ伝わっていったと考えられている。また13世紀にヴィラール・ドゥ・オヌクールという人物が残した画帖には建築の図面だけでなく、装飾の図案や工事用機械のスケッチなどさまざまなものが載っていて、旺盛な好奇心がうかがえる(❷)。

もちろん最終的に建築をつくるのは、職人たちの手仕事である(❸)。石材は多くの場合、近くの採石場から切り出された。まれに遠くの高価な材料が運ばれることもあったが、流通が未発達な中世にあっては珍しいことだった。だから建物は各地方ごとに独特な石の素材感をもつことになる。各石切工は自分が加工した石材に、それぞれ誰が作業をしたかわかるよう独特な記号を刻んでいた(❹)。しかし古い建物から石材を転用することもあり、とくに古代遺跡の点在する地中海沿岸ではよくみられた。

中世の建築は石材による組積造だが、あまり技法的には地方差は大きくない。なお大聖堂のようにたとえ石造の天井があっても、その上に木造の屋根が架けられた。

●設計の技法

中世を通して、厳密な意味の二次元投影図ではないにしても、最低限フリーハンドの見取り図程度のものは常に

❶墓石に刻まれた石工親方ユーグ・リベルジェ（サン・ニケーズ聖堂の建築家1263年没）

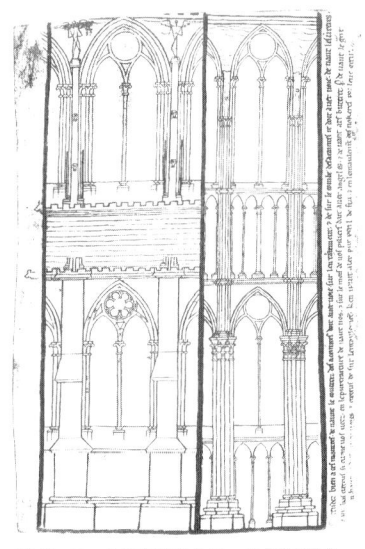

❷ヴィラールの画帖の1ページ（13世紀）

用いられていた。少なくともゴシックも後期になるとかなり精密な図面が描かれたと考えられている。ストラスブール大聖堂の立面図は大変有名で、現在のものとは全く異なる立面が提案されていたことが見てとれる。

　西ヨーロッパの中世教会建築が現代と決定的に異なる点に、財源と計画の関係がある。現代ではまず財源が確保され予算が決まってから、それに見合う規模の建築が計画される。中世は逆でまず計画が先で、その後、財源確保のための努力がなされた。そのため多くの教会堂では資金不足やその他の理由から工事が中断することがたびたびあった。ケルンやウルムの大聖堂は19世紀まで工事が中断し（❺）、ボーヴェの大聖堂（1247-72）は現代まで未完成のまま残されている（❻）。

　もう一つ現代の私たちの感覚からすると不思議なことがある。近代以降の芸術は「新しさ」や「独自性」に価値を置く。しかし中世ではむしろ由緒の正しさが重視された。それゆえ由緒正しい宗教建築を「写す」こと、つまりコピーをつくることは決して恥ずべきニセモノづくりではなく、しばしば行われた。

　たとえばドイツのケルンにあるザンクト・マリア・イム・カピトール聖堂（1045-65）は、周歩廊があるかないかという違いを除けば、少なくとも平面図上は三葉形のベツレヘムの聖誕教会のかなり正確なコピーである。イェルサレムの聖墳墓教会に関していえば、ボローニャのサント・ステファノ・ロトンダ（11-13世紀）など数多くの「写し」がつくられた。現存しないコンスタンティヌポリスの聖使徒教会（1036）は、ヴェネツィアのサン・マルコ聖堂やエフェソスの聖ヨアンネス聖堂といった「写し」から、往時の栄華を推し量ることができる。

　しかしなかには変なのもある。つまり記録上ある建築の写しといわれているのだが、作品自体は全然似ていないものもある。たとえばドイツのパーダーボーンで発掘されたブスドルフ聖堂（1036）は、記録によれば聖墳墓教会の円堂に似せてつくられたらしいが、八角形から四方に腕が十字形に伸びる形をしており、円形を基本とする聖墳墓教会とは似ても似つかず、研究者を困惑させている。（太記祐一）

❸踏車　中世の写本の挿絵とフライブルク大聖堂に現存するもの

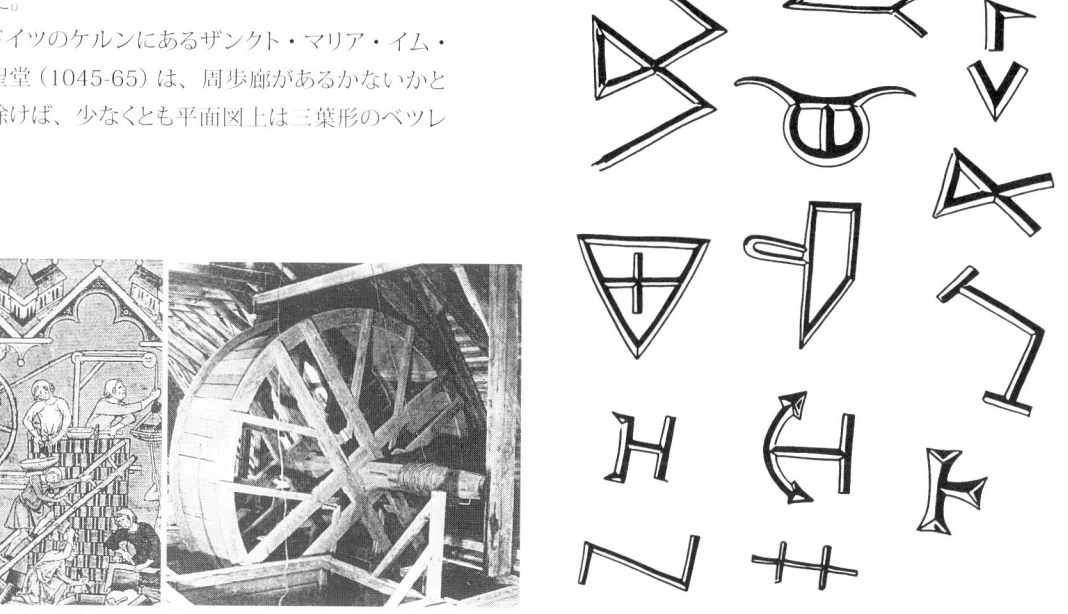

❹石に刻まれた職人を示す記号の例

❺ケルン大聖堂（ドイツ、1248起工、1842-80）9世紀初めと現在

❻ボーヴェ大聖堂（フランス、1247-72）

12 都市の空気

中世都市の興隆は、地中海世界の東方諸国との交易、北海・バルト海交易、アルプスの南北の交流等を背景とする遠隔地商業の発達によって起こった。イタリア、ドイツ、ベルギーにとりわけ商人、職人を主役とする中世都市の文化が栄え、市民自治の精神、市庁舎広場に象徴される公共空間を育み、今日のヨーロッパ都市の礎を築いた。

●海港都市ヴェネツィアの輝き

中世ヨーロッパでは、地形を生かし、個性ある風景をもつ魅力的な都市が各地につくられた。12-13世紀に東方貿易で富をなしたヴェネツィアは、ラグーンという特殊な自然条件の上に、美しい「水の都」を築き上げた。運河が網目状に巡り、教区にあたる島が寄木細工のように集まる有機的都市ができ、その中に、異なる役割をもつ二つの中心が中世の早い時期から登場した。

まず、アドリア海からラグーンに入った船がめざす南向きの表玄関の位置に、総督宮殿とサン・マルコ聖堂のあるサン・マルコ広場がつくられ、共和国の政治と宗教の中心となった（❶）。何期かに分けて拡大・再構成が行われ、回廊が巡るL型の広場ができた。海に開く小広場（ピアツェッタ）では2本の円柱が門構えをなし、その東側の水辺に、ゴシック様式の華麗な総督宮殿がある。西側には、中世の段階では宿屋やパン屋が並ぶ庶民的な雰囲気があったが、後のルネサンス期に古典的様式の図書館に置き換えられた。鐘楼のそびえる角を曲がると、回廊の巡る美しい広場（ピアッツァ）に躍り出る。国家の儀式、祭礼が行われる華やかな場であり続けた（❷）。

一方、逆S字型に街を貫く大運河の真ん中に、交易、商業の中心、リアルト市場ができた（❸）。オリエントとアルプスの北の国々を結ぶ世界経済の中心で、やはり回廊で囲われた広場に銀行、保険会社が軒を連ねた。高級品を商う小さな店舗がひしめく姿はバザール、スークとよく似た活気溢れる空間であった。リアルト周辺の大運河に面して、ドイツ人商館、ペルシア人商館等が並び、国際色豊かな都市の性格をもった。

●トスカーナが生んだ美しい共和国

中北部のイタリアでは、中世自治都市の各々が共和制の国家にあたり、都市国家をなした。その代表、内陸部のフィレンツェは、毛織物工業、銀行業等で財をなした。封建貴族から徐々にアルテ（組合）に結集する商工市民が政治的権力を奪い、共和制を実現した。この街では、宗教の中心ドゥオモが北に、市場が古代広場（フォルム）を引き継ぐ中心部に、市役所（パラッツォ・デイ・プリオリ、後のパラッツォ・ヴェッキオ）が南のシニョリーア広場に置かれる構造を生んだ（❹、❺）。その中世都市の蓄積の上にメディチ家の有力家が台頭し、ルネサンス文化が開花することになる。

フィレンツェと勢力を争ったのが、典型的な丘上都市として知られるシエナである。中世のイタリアでは、外敵と

❶サン・マルコ広場俯瞰（ヴェネツィア）

❷サン・マルコ広場の宗教行列（1610）

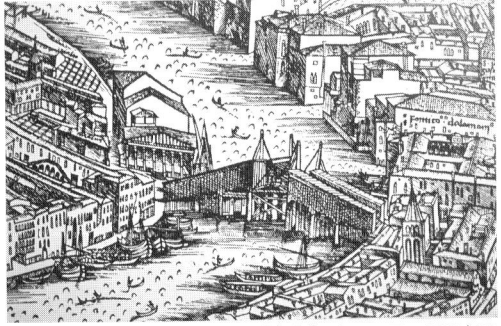

❸大運河とリアルト広場（画面左）（ヴェネツィア、1500年の鳥瞰図）

疫病から守るため、高台に高密な城壁都市が建設された。3本の尾根筋に沿って発達したシエナは、それらが集まる場所にすり鉢状の地形を生かし、貝殻のようなダイナミックな形態のカンポ広場をつくった（❻、❼）。その正面の舞台背景のような位置に、イタリアを代表する美しい市庁舎が建設された。そこにそびえるマンジャの塔が、都市景観を引き締める。

中部イタリアの多くの中世都市には、塔が数多くそびえる特徴ある風景が見られた。今も十数本の塔がそびえることで有名なサン・ジミニャーノばかりか、実はフィレンツェもシエナもピサも、中世には門閥間の争いを物語る塔状住宅を無数に建設したのである。フィレンツェでは共和制が実現すると、私人の塔を切り落とさせ、公権力の象徴である市庁舎の塔と大聖堂の鐘楼のみが高々とそびえるスカイラインを創出した。

● **商人が力をもった低地地方の中世都市**

イタリアと並び、中世都市の形成が早くから見られたのが、毛織物等の遠隔地商業の活発な低地地方（現在のベルギー、オランダ、北フランスの一部）だった。運河がいく筋も流れ、ヴェネツィアに似た「水の都」として名高いブリュージュ（ブルッヘ）は、その代表的都市である（❽）。ドイツでも低地地方でも、マルクト広場が中世都市の中心を占めるのが特徴で、市場（マルクト）が都市の成立にとっていかに重要だったかを物語る（❾）。ブリュージュのマルクト広場の南側には、市民にとって自治の象徴となった毛織物ホールがあり、その上に83mの高さの鐘楼がランドマークとしてそびえている。商工業で繁栄した低地地方の都市では、こうして商人の館が市庁舎より重要な役割を果たし、その代用をつとめることもあった。広場の周りを、鋸の歯のように切妻屋根の家々が連なる独特の壁面が囲むが、かつてはどれもギルドハウスなどの建物だった。この大きな広場の周りに、いくつもの広場があり、穀物や皮革や金融関係の市場としてそれぞれ機能していた。（陣内秀信）

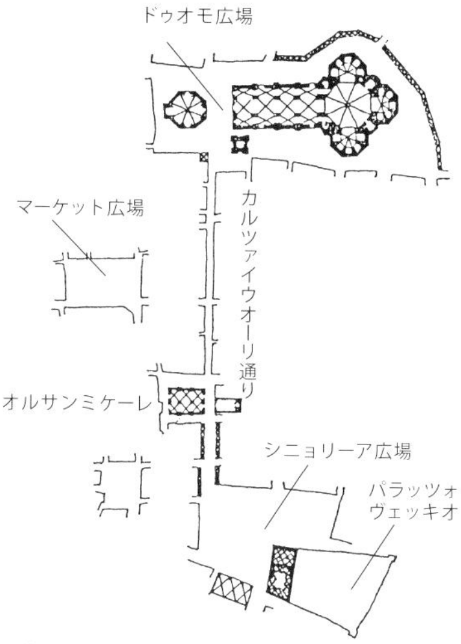

❹フィレンツェ中心部の都市改造。ドゥオモ広場とシニョリーア広場を結ぶ軸線が形成される

❺シニョリーア広場とパラッツォ・ヴェッキオ（フィレンツェ）

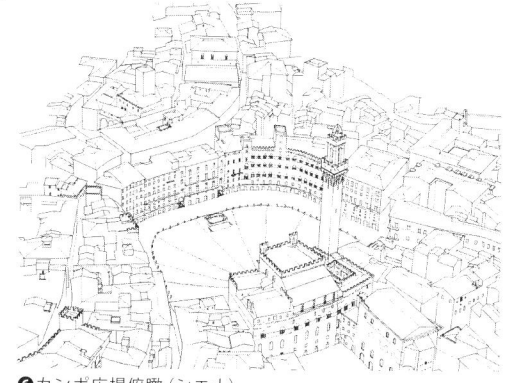

❻カンポ広場俯瞰（シエナ）

❼カンポ広場（シエナ）

❽ブリュージュ（ブルッヘ）中心部（1562年の鳥瞰図）

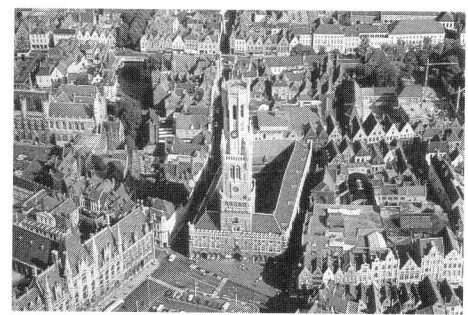

❾マルクト広場俯瞰（ブリュージュ）

13 小宇宙の秩序

ヨーロッパの現在につながる都市の原形は、中世にまずは形づくられたといえよう。その中に形成された家族の生活の場である住まいもまた、中世にルーツをさかのぼるものが多い。ここでは都市の復興がいち早く実現し、独自の住宅の形式をつくり上げた地中海世界のいくつかの地域を取り上げ、その建築空間の中に見られる固有の秩序に光を当てたい。

❷ 中庭を持つ貴族住宅（ヴェネツィア、15世紀）

❸ ピサの塔状住宅群アイソメ図（13-14世紀）
いくつかを統合してパラッツォを形づくる

● 水上都市ヴェネツィアの生活空間

ラグーン（浅い内海）に浮かぶ島群の限られた土地に、自然条件を生かし、高密な社会を形成したヴェネツィアは、独自の都市と住まいの形態を生み出した。運河と道路が複雑に織り成す市街地の中に、カンポと呼ばれる地区広場がぽかりととられ、教区教会を中心とするコミュニティの共有空間となっている（❶）。そこからカッレという名の小道が何本も分岐し、ヒューマンスケールの都市空間を構成している。

大運河沿いやこうしたカンポに面するゴシック様式（14-15世紀）の貴族の館は、そもそも中世に水辺から発達した住宅形式にふさわしく、連続アーチで大きく開口部をとり、華麗な外観を誇る。しかも、そこには高度な文化を誇ったビザンツ、イスラム世界の建築の繊細で彩色的な特徴を受け継いでいる。

同時に、内部のプランニングも優れている。歪んだ形の敷地が多い街だが、水と陸からのアプローチを巧みにとり、その一画にどこかアラブ世界とも通ずる、美しく居心地のよい柱廊の巡る中庭（コルテ）を実現している（❷）。都市の喧騒がうそのように落ち着いた空間である。そこから立ち上がる外階段を優雅に上って、生活の場である2階の華やかな大広間に入る。一方、庶民のためには、近隣住民の共有空間である小道に面して、やはりヴェネツィアらしい形式と装飾性を見せる連続住宅がゴシック時代から数多くつくられた。高密な迷宮のように見えながら、この水の都には、居心地のよい小宇宙を随所にちりばめ、巧みに構成された独自の秩序がある。

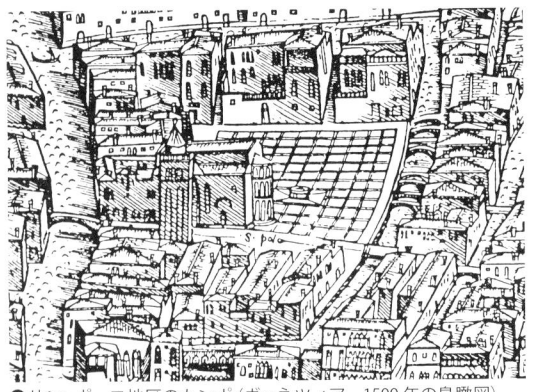

● ピサの塔状住宅

中部イタリアの都市には、垂直に高くそびえる塔状の住宅が数多く見られる。トスカーナのマンハッタンとも呼ばれるサン・ジミニャーノが有名だが、中世海洋都市として栄えたピサには、さらに面白い塔状住宅がたくさんある（❸、❹）。有力家あるいは門閥の間の抗争が激しかった中世の時代が生んだ独特の産物で、防御の目的と家の威信をかけた高さへの争いから、こうした高層建築の乱立がもたらされた。門閥が集まって住むため、塔状の住宅が街区を囲んで連続して建設されることも多く、独特の都市景観を生んだ。

ピサのそれは技術的にもとくに優れていた。まるで近代のラーメン構造による鉄筋コンクリートの建物のように、左右両側に堅固な石による太い柱を立て、上部を大きなアーチで結び、途中その間に木の梁で支えられる床面をいくつもつくり、間の壁面は開口部を残して軽い石やレンガ

❶ サン・ポーロ地区のカンポ（ヴェネツィア、1500年の鳥瞰図）

❹ピサの塔状住宅群

❺アトリウムを持つ邸宅（アマルフィ、12世紀）

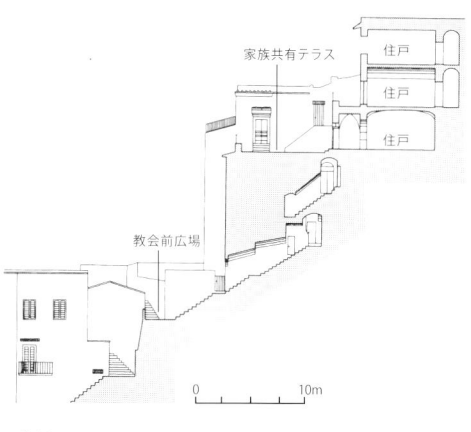

❻斜面につくられた中世の住宅群断面図（アマルフィ）

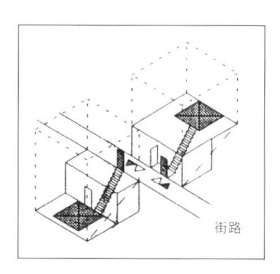

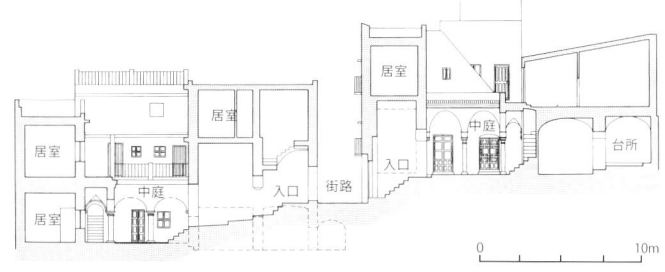

❼アンダルシアのパティオ型住宅 アルコス・デ・ラ・フロンテーラ断面図
街路を挟んで、斜面の上方と下方に中庭を囲む住宅が配されている

で埋めていく。そのため、枠組としての柱、アーチだけ白と灰のピサ独特の石積みでつくられる面白い構造体ができた。弱い地盤のこの都市に、富の蓄積を背景に、こうして中世の堂々たる高層建築群が実現したのである。

ルネサンス以後、美意識が変化し、中世の塔状住宅の特徴ある外観をスタッコを塗って隠す傾向にあったが、近年の修復再生では、建物がたどった歴史的な歩み、様式的な重なりをむしろ見せるようにデザインされ、中世のいかにもピサらしい、白と灰の縞模様の壁面がまた姿を現わしてきている。

● 斜面都市アマルフィの高密住宅群

ヴェネツィア、ピサに先んじて、東方貿易で繁栄を迎え、華やかに都市建設を実現した海洋都市がアマルフィである。ヴェネツィアと同様、古代都市の人々が異民族の侵入の危機にさらされた中世初期に、安全をもとめて逃げ込み、建設した都市である。ここでは、渓谷の斜面の安全な高台から、教会とその周りの居住地がつくられた。12-13世紀に建設された有力家の邸宅（ドムス）の遺構がいくつか残されている。いずれも地中海世界の古い建築文化を受け継ぎ、アトリウム（中庭）を囲む形態をとり、ビザンツ様式の小円柱や柱頭を見せている（❺）。

だが、その後の時代にはこうした中庭型の住宅は失われ、むしろ周囲に庭や空地をとる、斜面都市にふさわしい住宅の形式に変化した。続く時代にも、アマルフィの住宅は、どれも街路に面しては閉鎖的な表情をもったが、塀や壁の内部には庭園、菜園をとり、豊かな空間を見せる。また、斜面に建つ特徴を生かし、どの建物のバルコニーからも、美しいパノラマが開ける。この街の多くの住宅を観察すると、時代とともに上に増築され成長したプロセスが読み取れる。積層都市アマルフィはこうして、谷間の限られた斜面に、高密ながらも、質の高い生活空間と変化に富んだ迫力ある都市景観を生み出したのである（❻）。

● アンダルシアの迷宮都市とパティオ

アンダルシアには、イスラム支配下で骨格を形成した個性ある街が多い。丘の上に白く輝くアルコス・デ・ラ・フロンテーラもその典型で、迷宮状の市街地には、アラブ文化を継承する美しいパティオ（中庭）が無数に見られる（❼）。西欧原理でできたルネサンスのパラッツォ等とは異なり、入口も鍵型に折り曲げ、あるいは斜めに入れて中庭を見え隠れさせる手法をとる。アラブの住宅と相通ずる、「地上の楽園」のような居心地のよい小宇宙としての中庭が印象的である。パティオはまた、雨水を集め、飲料水や生活用水を供給するための貯水槽がつくられる空間でもあった。アラブ時代の血のつながった大家族が中庭を囲んで住まう形式はレコンキスタの後に変化し、集合住宅化する傾向を見せたが、今なお、中庭での戸外生活は活発に営まれている。（陣内秀信）

14 聖と俗とのはざま

イタリア中部の山岳都市アッシジと北イタリアの平地の都市パドヴァは一見無関係ながら、それぞれにゆかりの聖人、アッシジの聖フランチェスコとパドヴァの聖アントニオが師弟関係にあり、彼らの出現により13世紀に宗教都市としての発展の契機を得たという共通点をもつ。さらにパドヴァは同じ頃、大学都市としても発展を開始する。

❶サン・フランチェスコ修道院聖堂（アッシジ、13世紀）下の教会堂の入口へのアプローチから斜めに見上げた上の教会堂のファサード（スバシオ山の濃淡2種のピンク色の石を粗く小さめに割って積んでいるので、太陽光を乱反射して明るく輝く）

●「聖人」を取り込んだ町

中世キリスト教の世界に新しい風を吹き込んだのは、裕福な生家を捨てて「清貧」を実践し、神と自然への愛を説いたアッシジのフランチェスコ（1181/2-1226）であった。現世的な欲望を放棄し、イエスのように生きようとする彼のもとには共感する若者たちが多数押し寄せ、乞食しながらの托鉢集団はやがて教皇から修道会として認可され、フランチェスコは死の2年後に聖人に列せられた。同時に彼の墓の上に建設が開始されるのがサン・フランチェスコ修道院聖堂である（❶）。

この聖堂は町の西のはずれの斜面に、高低差を利用して上下2層の教会堂としてつくられている（❷）。先に建設された下の教会堂にはロマネスクの要素も残り、内部は天井が低くて暗いのに対し、上の教会堂は天井も高く、ゴシック様式のステンドグラスやバラ窓で明るく構成されている。堂内はジョット（1267頃-1337）によるフレスコ画「フランチェスコ伝」（13世紀末）などで壮麗に飾られているが、そうした豪華さは世俗の物欲を排したフランチェスコの考えには反するはずである。しかし単純な幾何学形からなる上の教会堂のファサードが青い空の下でピンク色に輝く姿はあまりにも清楚で美しく、そうした矛盾は忘れさせてしまう。こうしてアッシジは、聖フランチェスコの生地にして聖地という特質を確保し、美しい丘の上の聖なる都市という姿を今日まで保持し続けている。

一方、パドヴァの聖人として親しまれている聖アントニオ（1195-1231）は、実際にはパドヴァの生まれどころかイタリア人でもなく、リスボンの名家の出身であった。彼はポルトガルにまで届いたフランチェスコの評判に憧れ、アフリカとシチリアを経由してアッシジにたどり着き、弟子入りすると、語学の才と聖書の知識、説教の能力を買われて各地に伝道に出ることになった。1231年の復活祭前の四旬節にはパドヴァで40日間連続の説教を行ったが、集まった聴衆が多すぎて野外でせざるをえなかったといわれる。同年6月13日に彼は衰弱死するが、翌年には聖人に列せられ、パドヴァでは即座に彼に捧げる教会堂が着工された。

何世紀もかけてつくられた聖アントニオ聖堂（13-17世紀）は、ロマネスクやゴシックの要素があちこちに見られる他、ヴェネツィア経由のビザンツ様式の影響でドームが十字形に並ぶのが目立つ（❸）。さらに内部の主祭壇などはルネサンス様式、内陣の奥に17世紀に増築された円形平面の聖遺物室は豪華なバロック様式という具合に、他に類のない折衷様式の巨大な姿を現出させている。

生前から評判の高かった聖アントニオがたまたまパドヴァで死んだことは、この町の人々にとっては貴重な聖遺物（遺体）が手に入るというまたとない僥倖であった。聖人の墓と聖堂を立派に建設することは宗教的な情熱に支えられた崇高な行為であったとしても、巡礼が訪れることによる経済効果への期待や町の格をあげたいという世俗的な動機もなかったとは言い切れない。

●大学都市パドヴァ

一方では、聖アントニオがパドヴァにやって来る少し前の1222年に、現在も続く名門パドヴァ大学が創立された。これはイタリアで最古の歴史を誇るボローニャ大学（1158年創設）から内部抗争の末に逃げ出した一群の教授と学生たちをパドヴァが受け入れた結果のできごとであった。この時代のパドヴァは商人や職人の活動が活発で自由な空気にあふれた自治都市であった。その後、君主制の時代を経て1405年にパドヴァはヴェネツィア共和国の支配下に入るが、ヴェネツィア貴族の子弟の教育機関としてパドヴァ大学は優遇され、また当初は法学だけから始まった学問分野も神学や医学、自然科学などに広がり、パドヴァはヨーロッパ中に大学都市としてその名を馳せるようになる

❷アッシジ遠景：左手の緩斜面に要塞のように築かれたサン・フランチェスコ修道院聖堂と修道院。　右手に続くのはスバシオ山（標高1290m）。アッシジは周囲の自然環境も含め2000年に世界遺産に登録された。

❸聖アントニオ聖堂（パドヴァ、13-17世紀）右端に見えるのはドナテッロの「ガッタメラータ騎馬像」（15世紀半ば）

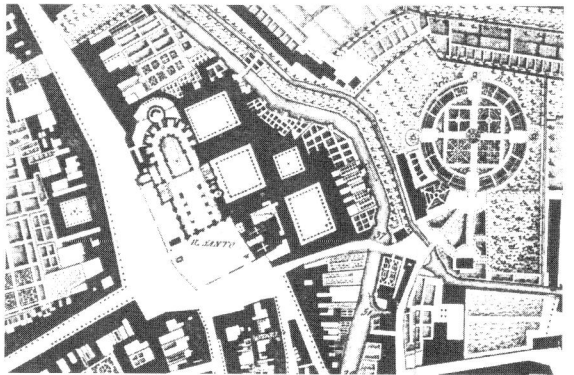

❹G.Valleによるパドヴァの地図（1784）より、聖アントニオ聖堂（通称イル・サント）と1545年創設のパドヴァ大学付属植物園（右手の円形部分）。

のである（❹）。

　パドヴァはまた、ボローニャとその周辺に多く見られるポルティコ（列柱歩廊）がどこよりも発達していることでも知られる（❺）。これは建物の街路に面した1階部分を吹き放しのアーケードとして歩行者を雨や夏の日差しから守る装置である。13世紀末頃から盛んにつくられるようになったというので、大学と同様ボローニャに由来するように見えるが、二つの町のポルティコは規模も雰囲気も違い、直接の影響関係はないとされる。しかし当時も今も町の中を行き来する学生たちが一番その恩恵に浴しており、大学町と全く無関係でもなさそうである。

　こうしてパドヴァは13世紀という自由な時代にいずれも外から迎えた大学と聖人を抱え込むことによって、いわば町興しの契機をつかみ大きく発展したが、逆にローマ起源の都市としての痕跡はほとんど失ってしまった。80km西のヴェローナには円形闘技場（アレーナ）をはじめいくつもの古代遺跡が残るのと対照的である。パドヴァのアレーナの跡に建てられたスクロヴェーニ礼拝堂（別名アレーナ礼拝堂）には14世紀の初めに、アッシジで仕事をした数年後のジョットがやって来て、有名なフレスコ画の連作を遺した。中世以来の大学都市というイメージの強いパドヴァと

❺パドヴァのポルティコのある街路。地図❹にも街路と建物の際に・・・でポルティコの存在が示されている

同様に、アッシジも中世山岳都市という言葉でよく語られるが、アッシジ中心広場には1世紀のミネルヴァ神殿の正面が遺されており、本当はやはり古代ローマ起源の都市であることがわかる。（渡辺真弓）

15 世俗権力の構築物

高い塔、跳ね橋と厚く閉ざされた城門の扉、矢狭間を備えたギザギザの城壁。「ヨーロッパのお城」ときいて一般に連想されるのはまさにこの時代の城塞建築である。もっとも、ノイシュヴァンシュタイン城（南独）やピエルフォン城（北仏）は19世紀の華麗な改築によるものであり、本来、軍事に徹した厳しい佇まいは、近世以降、牢獄に転用されるほどだった。

●お城の建築

古代末期以来の諸民族入り乱れての興亡の中で「戦う人」の建築である城塞は、支配・防衛拠点として都市に（❶）、あるいは軍事上の要衝となる山の上に築かれた。

ルーヴル城はパリの西の守りとして尊厳王フィリップ2世（1165-1223）治下に築かれ、バスティーユ城（1370-82）とヴァンセンヌ城は東の守りである。また、ヘントのフランドル伯居城は市中に伯領の支配拠点として1180年以降に築かれた（❷）。一方、第1回十字軍（1096-99）に参加したゴドフロワ・ドゥ・ブイヨンの居城ブイヨン城（ベルギー）やハイデルベルク城（ドイツ）は山城の範疇である。

城塞の中央には主塔（ドンジョン）がそびえ、胸壁（パラペット）に矢狭間を備えた高い城壁と堀が城郭を囲み、城壁の所々に塔が挿入されている（❸）。塔と塔の間の城壁のことを幕壁（カーテンウォール）という。城門は、ときに跳ね橋や側塔も装備し、そこだけで小城塞を形成する。

10世紀末から、木造や土を盛った構造ではなく切石を積んだ組積造の強固な城塞建築が多く築かれるようになる。これは聖堂建設が盛んになってきて質量ともに十分な石材が入手しやすくなったことと無関係ではない。

古代遺物が城塞に改造されることもあった。ローマが危機に瀕したときに教皇が籠ったサンタンジェロ（聖天使）城もハドリアヌス帝の墳墓だった（→古13❻）。古代ローマの頑丈なコンクリート構造物は軍事建築にもうってつけだった。

火器が攻城戦に効果的に用いられるようになる近世以降、これらの城塞は軍事的な意義を失うが、壁が厚く窓の小さい重厚な空間は牢獄に転用されることが多かった。また、ルーヴル城など一部は王侯の居館になり、塔の上に円錐形の屋根が建設されるなどの装飾が施された。小屋組は可燃材の山であり軍事的には有害だが、武骨な城の姿に居館にふさわしい華やかさを添えたのである。

一方、アヴィニョンの教皇宮殿（1334-42）は城郭そのものである。フィリップ4世らフランス王の野望の前に、アナーニ事件（教皇ボニファティウス8世の撲殺）、「教皇のバビロン捕囚」と、14世紀、教権は混迷を深めていた。

●都市の垂直防御

中世ヨーロッパでは、都市自体も高い城壁で囲われる場合が多い。中世の攻城術はウィトルウィウスの建築書第10書に示された古代のそれとあまり変わっておらず、弓矢と投石機、梯子や木製可動塔を主体としていた。ゆえに城壁を高くすることは有効な防御手段だった。

南仏カルカソンヌには、19世紀にヴィオレ＝ル＝デュクが手を加えたものの、このような都市の在り方がよくうかがえる。また、マーストリヒトでは中世に3次にわたって市壁が築かれており、それぞれ市南方にわりとまとまった形で残っている（❹）。これは発展に沿って城壁で囲まれた市域が徐々に拡大していった様子を直接確かめられる遺構である。中世以前に由来するヨーロッパのほとんどの都市では、程度の差はあれ、このような中世城壁、塔や市門

❶エステ城館（フェラーラ、1385着工、1450改築）

❷フランドル伯居城（ヘント、1180以降）

の遺構を何らかの形で目にすることができる。

　実は、垂直防御といわれるこの方式の都市防御システムの最大のものは、すでに古代後期に出現していた。集合住宅や水道橋などの廃墟を利用したとはいえ、270年からアウレリアヌス帝が建設させたローマの市壁（❺）は囲った面積としては最大級であり、412-413年に東ローマ皇帝テオドシウス2世が首都コンスタンティヌポリスに築かせた城壁も規模の上で「古代」の名に恥じない。

　テオドシウス2世の城壁は、447年以降、柵と水堀、そして二重の城壁からなる巨大な構築物だった。コンスタンティヌポリスは三方を海で囲まれた半島に位置しており、残った西方7kmをこの城壁で塞いだのである（❻、❼、→中7❸、→古15❺）。

　中世を通じ1000年以上も欧州最大と称えられ、首都を守り抜いてきたこの城壁も、1453年、マホメッド2世率いるオスマン・トルコ軍に破られ、帝国は滅亡、皇帝コンスタンティノス11世も混戦の中で討死したといわれる。さしもの二重城壁も、中世の兵器体系の下では難攻不落を誇ったが、新兵器の攻城砲によって大損害を受けた。彼我の国力の差は大きく、10万の大軍に対して7,000の守備兵では7kmの城壁を一重しか使用できない以上、大砲の登場を本質的敗因とすることはできないが、欧州諸国に大きな衝撃を与えた。

　栄華を誇るブルゴーニュ公国の3代目フィリップ善良公も、古代神話のアルゴー号東方遠征にちなむ金羊毛騎士団を創設、新たなる十字軍派遣の野望を燃やし、「雉の宴会」で気勢を上げたが、実現されない。帝国滅亡は「中世の秋」を画する大事件だったのである。（中島智章）

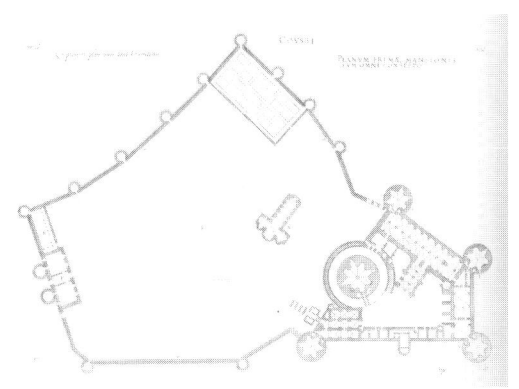

❸クーシー城塞平面図（ピカルディ地方、1220-42）

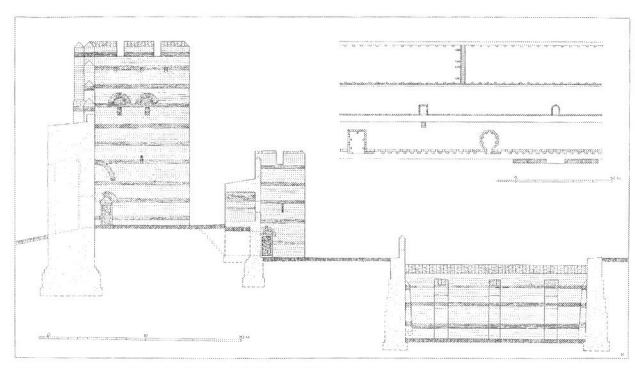

❻コンスタンティヌポリス市壁断面図

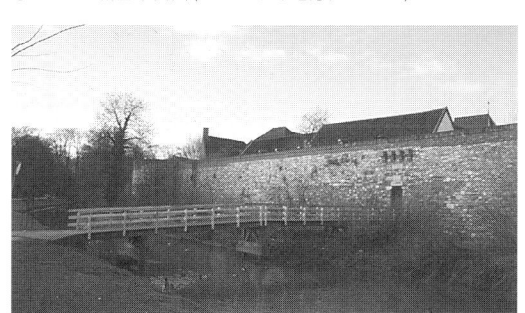

❹マーストリヒト第2市壁と堀（オランダ南部）

❺ローマの「アウレリアヌスの市壁」サン・パオロ門（270-275頃）

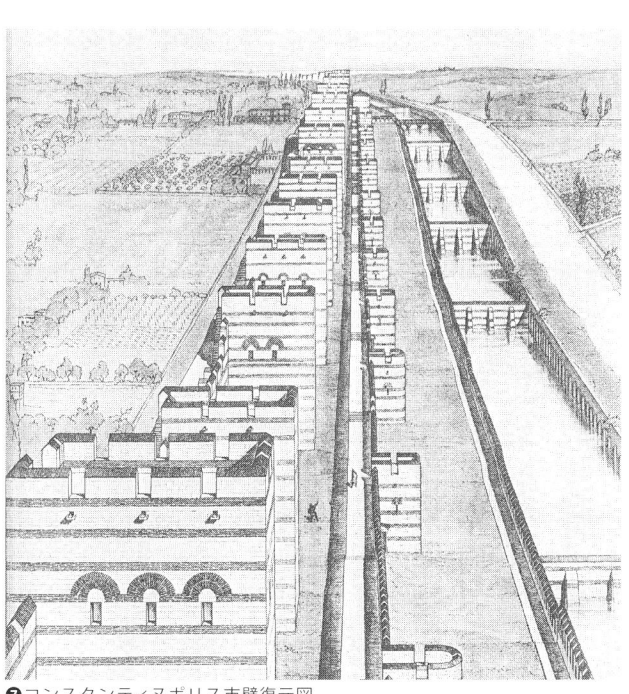

❼コンスタンティヌポリス市壁復元図

時をとどめ、時を刻む

　西洋建築の中で重要度の高いものを示す際に使われる「モニュメント」という言葉は、もともと「何かを思いおこすための物」のことである。だから、モニュメント自体は恒久的な存在として考えられ、後世にまで当初と変わらないその役割を求められる。だが、現実にはそうはいかない。形ある物は壊れもする。そこで、素朴な疑問。西洋建築史で教わる数々の建築作品、それらは本当に数千年、数百年もの間建てられた時から全く変わらずにいられたのか。多くの場合、答えはNOである。長い年月がたてば、どんなに頑丈な石造でも風化は避けられない。ある時代には勝手に改造もされたであろう。あるいは、天災によって倒壊したかもしれない。そのたびに、人間は建築に手を入れてきたのであり、現在私たちが見る姿はそのなれの果てにすぎない。とりわけ、20世紀にヨーロッパで起こった世界大戦は西洋建築に壊滅的なダメージを与えた。あまり語られることはないが、空襲によって倒壊し、戦後に何事もなかったかのように復元された西洋建築の傑作は多い。考えてみれば、ヨーロッパ全土が戦場となったのだから、歴史的・文化的に重要な建築であるというだけで無事でいられる保証はなかった。戦後になって、破壊された建築を完全なもとの姿に戻すことがヨーロッパの復興の証であり、その際、戦争という負の記憶は抹消するのが普通であった。もちろん、破壊されたままの姿を保存したモニュメントもあるが、きわめて稀なケースである。

　史上最悪の破壊のあとに、一転して手厚い保護の時代が訪れた。20世紀の後半にかけて西洋建築は多額の資金を投じて守られるようになったのである。そして、きれいな姿になったところで鑑賞されるようになった。観光の需要は増し、その収益は建築の修繕費にもまわされた。資本主義社会の中でも古いモニュメントは時にはその用途を変え、機能を更新しながら生きのびてゆかねばならないのである。近年日本でも、「世界遺産」という言葉がずいぶん定着してきた。むろん、西洋建築史の中で学ぶ多くの作品が世界遺産として登録されており、モニュメントに対する保護の意識を広く喚起するのにひと役買っている。このように過ぎゆく時の中でモニュメントはかろうじて生きながらえてきたのだという状況をふまえると、西洋建築の歴史とは、モニュメントが創建された時のデザインだけを見て、時代の流れを追ってゆくだけのものではないということがあらためて実感される。一つひとつの建築において、それが建てられてから現在に至るまでのすべての時が刻まれているのである。となると、モニュメントによって思い起こされる「何か」は、創建時かもしれないし、その後に行われた改変時かもしれない。あるいは、破壊された瞬間かもしれない。そうしたあらゆる時を思い起こすことができれば、西洋建築の楽しみはよりいっそう深まるのだと思う。（横手義洋）

様式のイメージ

　西洋建築史をてっとり早く説明するのに様式という概念は便利である。ある時代、ある地域に特有の建築形態や形式によって、膨大な数にのぼる過去の建築を整理分類することができるからだ。現代ではこうした様式による分類で十分だとは考えられていないけれども、理解の第一歩としてはやはり欠かせない。私たちにとってあらゆる様式名称は分類のためのラベルのようなものかもしれないが、いくつかの様式名称にはそのように呼ばれるようになる根拠があった。そのエピソードを少しばかり紹介しよう。

　たとえば、古典建築、古典様式という名称。これは基本的には古代ギリシアおよびローマの建築を指すが、それらに倣ってつくられたルネサンス時代以降の建築を指すこともある。後者の意味では、古典主義建築という名称もある。実際に言葉の歴史をさかのぼると、「古典classic」や「古典的classical」という言葉には、権威、階級区別のニュアンスが確認される。古代ローマ第6代の王セルウィウス・トゥリウスは、財産によってローマ市民を階級区分したとされる。そして、ラテン語のclassicusはそれぞれの階級ではなく、最上級、最も富裕な層を指すようになっていった。中世に一度その意味は失われてしまったが、16世紀にはイタリア人によって再び最上級、最高級という意味が回復され、フランス人やイギリス人もこれに従った。こうして、「classic＝ファースト・クラス」というイメージが定着した。「classic＝古いもの」という意味で使われ出すのが17世紀のことであるが、ここでいう古さは、絶対的な規則、疑いようのない手本というような意味であった。古代ローマ建築に倣ったルネサンス建築、バロック建築、あるいは、古典主義建築が全面的に支持されていた時代の話である。

　ゴシックという名称も以上のエピソードに関係がある。古典建築が最高級のものとされたまさに同じ時代に、中世建築を指すためのゴシックという言葉が軽蔑的に用いられ始めたからである。「ゴシックGothic」という名称はローマ帝国を滅ぼした「ゴート族Goth」に由来しており、野蛮な民族の文化として見なされたのであった。まさしく古典主義的な構図が維持されたのは、西洋建築がイタリアから発信されていた時代のことである。そして、この2世紀後に黄金時代を迎えるイギリスからゴシックの流行がもたらされることとなった。様式の評価は時代によって変わるのである。だが、名称は変わらない。そして、名称に込められた意味だけが忘れ去られていった。現代の私たちはゴシック建築への嫌悪はないし、古典主義建築が一番であるとも思っていない。それでも、身近なところに「古典＝高級」というイメージは生き延びていた！高級ブティックや高級レストラン、高級ホテルが古典建築の装飾で彩られているのは決して偶然の産物ではあるまい。（横手義洋）

ルネサンス

Renaissance

フィレンツェ花の都

再生という名の創造

音楽、数、建築の比例

ヒューマニズムと教会建築

書物の力

透視図法と新しい世界観

宮廷文化とパトロン

建築家像の変遷

偉大なるパラッツォ

美しき田園のヴィラ

ルネサンス都市の理想像

ルネサンスの祝祭性

マニエリスムの創造力

ルネサンス建築の伝播

北方での多様な展開

イタリア・ルネサンスは、西洋の歴史において最も光彩に満ちた時期のひとつにあげられるとともに、現代にまで及ぶ影響をもたらした時代といえる。ヨーロッパとは異なる文化的、社会的伝統をもつ日本人にとってさえ、ルネサンスが魅力的かつ刺激的であるのは、そのためであろう。ルネサンスの基本的な意味は、「再生」や「復興」にある。しかし単に再生という動きがあっただけでなく、再生される「何か」がなくてはならなかった。ルネサンスを理解するためには、現実の人間の活動とともに、その何かを知る必要がある。

　ルネサンスとは、14世紀から16世紀にかけてイタリアに生じた文化的現象と表現できる。文学から始まり、建築を含む美術に広がりをみせ、さらにその後の時代の世界観、もののとらえ方や考え方の変化と深くかかわりをもっている。古代ギリシア・ローマの文化の復興といわれるが、単純な復古ではなく、解決を求められた問題とその復興とのかかわりこそが重要であった。この現象は15世紀末を過ぎるとイタリアからその他の国々へと伝播し、17世紀に入るまで続いた。本書では、建築におけるルネサンスを、15、16世紀のイタリアをおもな舞台として取り上げ、加えて16世紀以降のヨーロッパ諸国に波及した影響にも触れている。ところで、ルネサンスがイタリア以外へ広がりをみせた16世紀、イタリアではすでにルネサンスから次のマニエリスムへと変容していた。そこでこの章では、マニエリスムの時期も含めてルネサンスと呼んでいる。

　ルネサンス建築の特色について、本書での視点や展開もふまえて考えてみよう。ルネサンスといえば、まず都市フィレンツェ、建築家ブルネレスキである。古代ローマ文化を支えたイタリアの諸都市は、中世には歴史の表面にあまり顔をださない。しかし13世紀以降、新興の都市貴族、商人階級の台頭とともにその活力は次第に回復していく。その変化が最も早く顕著に現れたフィレンツェには、13世紀末の起工以来未完の建物、サンタ・マリア・デル・フィオーレ大聖堂があった。その完成には、ひとりの建築家の存在が必要となる。ブルネレスキは、イタリアこそその遺産の恩恵に浴せた古代ローマ建築の検証から、完成へのアイデアを生み出すことになった。こうしてルネサンス建築は産声をあげた。

　ルネサンス建築の理念は調和にあり、それは比例を通して表現される。中世建築と異なるこうした特色を生み出した要因に、合理主義と人文主義があげられる。

ルネサンス—再生の創造力

人間は理性をもつ生き物である。その理性にもとづき、さまざまな現象をとらえ検討することから、自然や世界をつくり上げる原理や法則が明らかにできる。これが合理主義（理性主義）であり、科学的なアプローチの試みにもとづき建築理論が構築され、建築書の興隆が促された。また建築から都市へとその探求は広がり、ルネサンスを特色付ける理想都市論も生まれる。他方、人間や現世が神や来世よりも重視視されるようになった。「いま」に生きる人間への関心、つまり人間性への覚醒である。人文主義（ヒューマニズム）はここに起因する。ルネサンス以降、現代に至るまで建設に責任を負う芸術家で技術者の建築家の役割もここで明確になった。しかしこうした考え方も、ルネサンス人が人間性の豊かさが特徴ととらえた古代文化を基礎に展開されていた。ところで、この時期にブルネレスキが考案した透視図法は、対象を客観的にとらえる科学性と、自分が視点である中心性を併せ持つ点で、まさにルネサンスを象徴するものであった。

都市に再び活気を与えた新興の都市貴族の周りに宮廷文化が形成され、建築家はそこを活動の場とする。また、都市的生活と田園的生活をともに営む都市貴族は新たな建物を求め、ふたつの建物類型が実現した。パラッツォとヴィラである。こうした人々にとり都市も自己を表現する手だてとなり、都市の祝祭性などがこの時期から建築家のテーマとなった。こうして、建築家とパトロンの関係、新たな建築と生活や社会の関係、そしてルネサンスの都市像などが、ルネサンスを彩る多様な動きをもたらすことになった。

しかし建築的にみると、ルネサンスの頂点は必ずしも長くは続かなかった。16世紀の初め、ルネサンスの理念の達成と並行し、次の流れが急速に姿を現すことになったからである。そこには、15世紀から続いたイタリアの社会的安定が奪われつつあったこと、建築様式の完成のもつ意味、建築家の個性と創造性の関係などの問題が横たわっている。マニエリスムはこうした背景から生まれた。かつてはルネサンスの建築理念を歪めるものとしてみられていた流れは、むしろその時代があったからこそよりルネサンスの意味が明瞭になるとすら考えられている。そしてその建築の展開する16世紀の中頃以降、ルネサンスはヨーロッパ的なものとなっていく。こうしてルネサンス建築は、個性豊かでかつ普遍性をもつ流れとなったのである。（星　和彦）

1 フィレンツェ 花の都

ルネサンスはイタリア中部トスカーナ地方、アルノ川沿いの都市フィレンツェで始まった。14世紀から16世紀にかけて、この町からは驚くほど多彩な文人や芸術家たちが輩出するが、なかでもいち早く天才ぶりを発揮するのが建築家ブルネレスキである。彼が手がけた大聖堂のドームは、今もフィレンツェのシンボルとして街の上にそびえている。

● 中世からルネサンスへ

フィレンツェは紀元前1世紀半ばに建設されたローマ植民都市に起源をもつ。当初の呼び名はフローレンティア、ラテン語で「花」を意味する「フローラ」に由来し、英語名のフローレンスもそこから派生している。中世以降はフィオレンツァと呼ばれた時期が長いが、この名にもイタリア語の「フィオーレ=花」という言葉が含まれている。この街が「花の都」としての輝きを最も放った時代がクァトロチェント（1400年代）であるが、その下地を用意したのは中世末の毛織物加工業、商業、交易、金融業などによる繁栄であった。

三大詩聖といわれるダンテ、ペトラルカ、ボッカッチョはみなフィレンツェ出身であるが、なかでもボッカッチョの『デカメロン（十日物語）』からは中世末の活力が伝わってくる。1348年の夏、ヨーロッパ中を襲った黒死病（ペスト）の流行のさなかに、フィレンツェの裕福な若者10人（男3人女7人）が、感染と暑さを避けてしばらく郊外の別荘に滞在し、退屈を紛らすために毎日一人1話ずつの物語を10日間続けたというのがこの本の枠組である。語られた百話の多くは滑稽な艶笑話といってよいものだが、その大らかさや明るさと対比をなすのが、冒頭で克明に語られるペスト禍の悲惨さである。主人公たちはお祈りに行ったサンタ・マリア・ノヴェッラ聖堂の前で避難の相談をしたという設定になっている。内部がゴシック様式のこの教会堂のファサードは当時は未完であったが、1世紀後にアルベルティが完成させる（→ル3❶）。

トスカーナでフィレンツェと覇を争っていたシエナは、このペストの流行の後、力を失い、おかげで14世紀半ばで凍結したような美しい中世山岳都市の姿を現在まで遺すことになる。一方、フィレンツェはさらにルネサンス最初の舞台として発展することになるが、『デカメロン』にはその秘密が隠されている気がする。疫病にも負けない底力、愚かしさや欲深さも笑い飛ばす陽気な「人間中心主義（ヒューマニズム）」がすでに見てとれるからである。19世紀のイギリスでラファエル前派の画家たちが初期ルネサンスの芸術に憧れたように、クァトロチェントのフィレンツェにはヨーロッパ文明にとっての青春時代のような甘美な雰囲気がある。天才を讃え、無謀でも何かしでかしてくれる者に期待する風潮があればこそ、たくさんの才能の開花が可能となったと思われるが、建築の分野ではまず、フィリッポ・ブルネレスキ（1377-1446）が登場する。

● 花の聖母大聖堂のドーム（サンタ・マリア・デル・フィオーレ）

最初にブルネレスキが話題をまくのは、洗礼堂のブロンズ扉の制作者を決めるコンクールに彫刻家として参加した1401年のことである（❶）。最終選考に残ったギベルティと二人で共同制作を、という結果に不満のブルネレスキは自ら降板し、ローマに行ってしまったといわれる。その後、断続的に十数年をローマで過ごした彼が最終的にフィレンツェに戻り、今度は建築家として活躍を始めるきっかけとなるのが、大聖堂のドームに関する1418年のコンクールであった。

大聖堂はアルノルフォ・ディ・カンビオによって1296年に起工、15世紀初頭には八角形のドラムの部分まで完成していた（❹）。ところが、身廊の上にドラムの9mを加えた53mの高さから、内径42m、高さ36mのドームをど

❶ 1401年の彫刻コンクールの課題作品
左：ギベルティ、右：ブルネレスキ（各45×38cm）
テーマは旧約聖書の中の「イサクの犠牲」
神のお告げに従って、愛する息子イサクを今にも犠牲にしようとしたときに天使が上空から現れたところ（ギベルティ）と、天使がアブラハムの腕をつかんで止めた瞬間（ブルネレスキ）をそれぞれとらえている。作風の違いは優劣つけがたいとされたが、ブルネレスキ特有の躍動感は後の建築作品の中でも連続するアーチの軽快なリズムなどに見てとることができる。

のように建設するかで行き詰まっていた。そこで、1418年にコンクールが催されたのであるが、苦肉の策の珍案ばかりが披露される中、ブルネレスキはアイデアが盗まれることを恐れて詳細な説明を避け、「仮枠なしに建ち上げてみせる」と豪語したので、一笑に付され追い出されたという。しかし彼が事前にレンガの大模型をつくって綿密に研究していたことがわかり、工事は彼にゆだねられることになる。その経緯は、1世紀以上後にヴァザーリが『芸術家列伝』の中で見てきたように記述しているが、それだけ語り草となったわけである。大聖堂の名は少し前にサンタ・レパラータからサンタ・マリア・デル・フィオーレ（花の聖母）に変えられていた。

ブルネレスキが構想したのは8本の大リブと16本の小リブからなる骨組を内殻と外殻で覆う史上初の二重殻ドームであった（❷、❸）。二重殻にしたのは湿気を防ぎ荷重を軽減するためで、厚い内殻が薄い外殻を支え、間に通路や階段が設けられる。ドームの形状を尖頭アーチの回転体の組合せと考えると、アーチの曲面を工事中に支えるための仮枠が必要になるが、ブルネレスキは一段ずつ環状に積み、モルタルが固まったら次の段を積むというやり方によって「仮枠なし」を実現してみせた。彼はローマでパンテオンのドームを観察して、ドーナツ状の壁の内径を変化させながら積み上げていくという方法を思いついたといわれる。壁厚は最下部で内殻が2.1m、外殻が60cmくらいであるが、上に行くに従い厚みは減り、材料も石材からレンガに徐々に置き換わる。記録によれば細長い砂岩を鉄のクランプで鎖のようにつなげた抗張力環（カテーナ）が5カ所に取り付けられ、さらに木製の抗張力環も1本はめられているらしい。しかし、すべては石積みの中に埋め込まれており、1970年代に行われた調査でも確認はできなかったという。

工事は1420年の着工から16年間続くが、石材やレンガの調達、運搬、石工や職人の差配、足場の確保、施工管理など、想像に絶する苦労の連続であったに違いない。時計職人でもあったブルネレスキは歯車の仕組みにも精通し、起重機（巻揚機）などさまざまな機械も考案している。ドームが頂部に直径6mの穴を残して完成するとすぐ、その上に載せるランタン（明かり取りの頂塔）の設計コンクールが1436年夏に行われた。今度は木製模型を提出したブルネレスキの案があっさり通るが、その後、カッラーラの白大理石がなかなか届かず、ブルネレスキの死の1カ月前の1446年3月にようやく着工し、1461年に完成する（❺、❻）。頂部の十字架の先まで113m、今もランタンをとりまくテラスの上では15世紀の奇跡的な偉業に思いを馳せながらドームの二重殻の間を登ってきた人々が美しい歴史都市の眺望を楽しんでいる。（渡辺真弓）

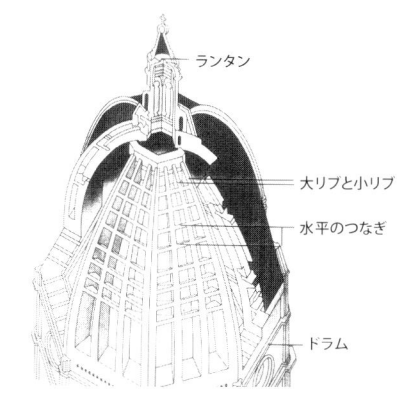

❷フィレンツェ大聖堂（サンタ・マリア・デル・フィオーレ）のドーム（ブルネレスキ、1418設計、1420-36）。ランタン（1436設計、1446-1461）

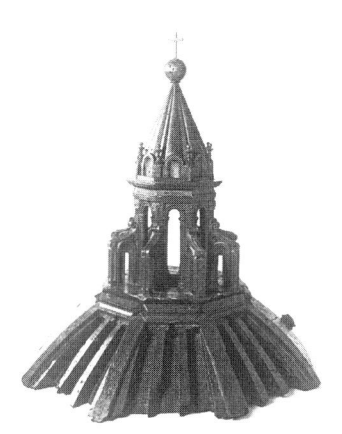

❸フィレンツェ大聖堂　ドームの構造模式図

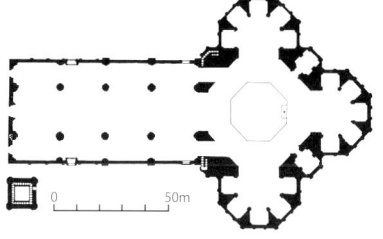

❹フィレンツェ大聖堂平面図（アルノルフォ・ディ・カンビオ他、1296起工）

❺ランタンの木製模型

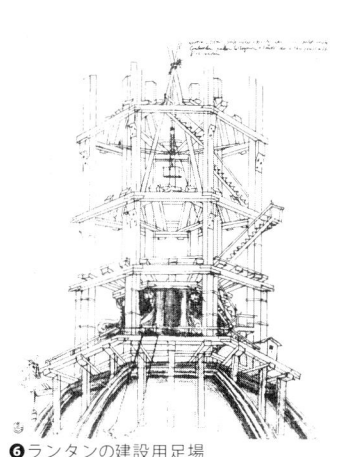

❻ランタンの建設用足場

2 再生という名の創造

ルネサンスは古代を理想化し、その再生を夢見た時代であるが、建築においてもブルネレスキが古代ローマの遺跡を研究し、古代建築の要素を取り入れて設計する動きを開始する。捨子保育院などの彼の作品は古代建築の再生というより独創性の強いものであったが、それが初期ルネサンス様式の基本となり、大きな影響力を及ぼすことになる。

●ブルネレスキによる革新

ブルネレスキが用意した大聖堂のドームの模型はすぐに評判になり、工事が始まる1年前の1419年には早くも他に四つの建物の設計依頼があった。そのうちの一つ、捨子保育院（オスペダーレ・デリ・インノチェンティ）は彼にとって独自のデザインを示す最初の作品となる（❶、❷）。大聖堂のほうは、リブを強調した八角形の縦長ドームという方向がすでに決められていたからである。

捨子保育院でブルネレスキが試みたのは、ローマの古代遺跡で見つけた種々の建築要素の導入であるが、その用い方はかなり自由である。一番の主役は正面全体に九つ並べた大きな半円アーチで、それを支えるコリント式オーダーの柱列は高さと径間寸法が等しく、細い柱は背後から鉄製のタイ・ロッドで補強されている。柱頭から離されたエンタブラチュアは帯状に単純化され、上下の階を分けるストリング・コースとして水平性を強調する役を担っている。古代神殿の正面からとった三角形のペディメントは上階の窓の上を小さく飾っている。

ブルネレスキの脳裏には古代建築再生の夢があったかもしれないが、結果は別である。尖頭アーチでなく半円アーチを用い、垂直性でなく水平性を強調することによってゴシックからの決別が表明され、のびやかなアーチと細い柱、単純な整数比例と幾何学形を用いた明るく軽快で合理的な新しい様式が生み出されたのである。

15世紀初頭のローマはまだ荒涼としており、遺跡は半分地中に埋まり草に覆われているような状態だった。ブルネレスキはフィレンツェから伴った少年、後の大彫刻家ドナテッロと夢中になって古代遺跡を探索したというが、古代建築やオーダーの体系的な研究が進むのはまだ半世紀以上後のことで、彼らが発見できたのは断片的な要素にすぎなかった。しかし、だからこそブルネレスキは自由にそれらを応用することができたのだろう。一世代後のアルベルティは凱旋門や神殿正面のモチーフ、後にコロッセウ

❶捨子保育院（ブルネレスキ、フィレンツェ、1419設計、1421-45）

❷サンティッシマ・アヌンツィアータ広場（1684年の版画より）
後世の建築家たちが捨子保育院（右）のアーケードを二つの建物で繰り返したので、1600年代には統一感のある広場となった。

❸サント・スピリト聖堂（ブルネレスキ、フィレンツェ、1445-82）

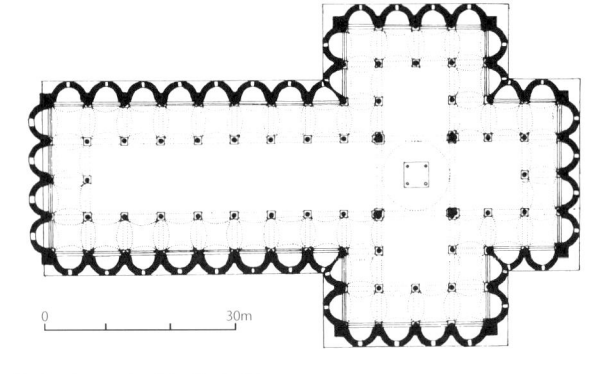

❹サント・スピリト聖堂平面図

ムのテーマと呼ばれる三種のオーダーの上下の重ね合わせなどを応用したデザインを試みるが、ブルネレスキはそのような知識先行型ではなかった。彼が好んだのは、半円アーチを並べたアーケード、コリント式の柱、正方形による空間分節などである。捨子保育院では正面の他に中庭にも同様のアーケードが取り巻いている。さらに、メディチ家の菩提寺サン・ロレンツォ聖堂と、川向こうのサント・スピリト聖堂でも、堂内の身廊の両側面に同じ形式のアーケードが使われている(❸、❹)。

ブルネレスキのインテリアは白い壁に灰色のピエトラ・セレーナという石で縁取りをしたモノトーンの配色で、どことなく近代的である。サン・ロレンツォの旧聖具室やサンタ・クローチェ付属のパッツィ家礼拝堂ではそれに、ルカ・デッラ・ロッビアの工房で制作された彩色陶板の装飾がアクセントを与えている(❺)。

● **新しいスタイルの流行と伝播**

クァトロチェントの清新な空気を示す軽快なブルネレスキのスタイルは、一種の流行現象を引き起こす。建築家ミケロッツォは1430年代後半からメディチ家の出資で増改築されたフィレンツェのサン・マルコ修道院の中庭回廊と、図書館の内部を三廊に仕切る部分にブルネレスキ風のアーケードを取り入れている。この修道院はフラ・アンジェリコ(1395頃-1455)がたくさんのフレスコ壁画を描いたことで知られるが、その中で最も有名な「受胎告知」にもブルネレスキ風のロッジア(開廊)でマリアと天使が対峙する場面が描かれている(❻)。ミケロッツォはさらに1440年代から建設のパラッツォ・メディチの中庭にも同様のアーケードを用いている。

フィレンツェ外では宮廷都市ウルビーノのパラッツォ・ドゥカーレ(1470年頃)の中庭の回廊や室内のモノトーンの構成にもブルネレスキの影響を見てとることができる(❼)。ミラノでは1460年頃にスフォルツァ家に仕えた建築家フィラレーテ(1400頃-69)が古代への夢想を表明した『建築論』を書き、その中でスフォルツィンダと呼ぶ理想都市の図や1階にブルネレスキ風のアーケードを配した縦長の奇妙な建物などを描いている(❽)。同じ頃、彼はオスペダーレ・マッジョーレ(大病院/現在は大学施設)の設計にあたり、ブルネレスキ風のアーケードを多用しようと試みたが、途中から他の建築家にとってかわられ、一部だけ実現した半円アーチの内側も、壁と尖頭アーチの窓で埋められてしまった(❾)。これは北イタリアではまだ保守的な空気が強かったことの証左としてあげられるが、アルプスの北に開放的なルネサンス様式が浸透するにはさらに1世紀以上を要することとなる。しかしそれ以後は19世紀のゴシック・リヴァイヴァルの時代まで尖頭アーチは脇に退き、半円アーチとオーダーによる古典主義様式を基調とする時代が続くのである。(渡辺真弓)

❺パッツィ家礼拝堂の内部見上げ(ブルネレスキ、フィレンツェ、1430頃設計)

❻フラ・アンジェリコ画「受胎告知」(1440年代)

❽スフォルツィンダの建物(フィラレーテ『建築論』(1461-65)より)

❼パラッツォ・ドゥカーレ中庭(L.ラウラーナ、ウルビーノ、1470頃)

❾オスペダーレ・マッジョーレ(フィラレーテ他、ミラノ、1456-61)

3 音楽、数、建築の比例

音楽の奏でる美しい音色や和音が建築の美しさまでも保証するとしたらどうであろうか。こんなことをルネサンスの建築家たちは大真面目に探求していた。彼らは美しい和音に特定の比例を見いだし、数学的な整合性を認め、そこに視覚的な美をも認めようとした。設計法として建築の比例が重要視されたのは当然の帰結であった。

●数と音楽

古代より建築は美の問題に関して、音楽や数学と関係をもってきた。遠くピタゴラスの時代から、絃や笛の長さが簡単な整数比となるような音を組み合わせると、耳に心地よい和音が生じることが知られていた。その際、和音の振動数比は簡単な整数比となっているのである。たとえば、1オクターブはなれた八度の和音の振動数比は1：2である。このほか、2：3（五度）、3：4（四度）、4：5（長三度）が知られていた。ピタゴラスに始まるこうした音楽の理論は、和音を生み出す特定の数を神聖視し、それらが万物を支配する調和美の原則であると定めていた。こうした伝統は、ウィトルウィウスの建築書にも紹介されている。ウィトルウィウスはとくに劇場の設計において調和音の原則を重視し、観客席に美しい和音を響かせるような壺の配置を指定したのだった。

神聖視された数は、和音を奏でる整数比以外にもあった。たとえば$\sqrt{2}$はウィトルウィウスも持ち出している数で、おそらくは幾何学的に導かれた数字である。ルネサンス時代になると、もっと複雑な数字が登場する。托鉢修道僧のルーカ・パチオリ（1450頃-1520頃）は、『神聖比例』、『算数大全』といった著作において数学を説いた。彼が唱えた「神聖比例」とはa：b=b：(a+b)となるような黄金比のことだが、これは簡単な整数比ではなく非常に複雑な無理数となる。ただし、古代以来の建築論において神聖視されてきたのは主として簡単な整数比であった。たしかに$\sqrt{2}$が採用されることはあったが、建築に黄金比のような数値が採用されるのはまれであった。

●建築の比例論

古代のピタゴラスやウィトルウィウスの理論を踏まえ、ルネサンスの建築家たちも同じ伝統に従って、独自の建築論をつくり上げた。レオン・バッティスタ・アルベルティ（1404-72）は古代の音楽理論に同調し、耳に心地よさを与える数の分配が視覚的にも心地よいはずであると主張し、耳と目の両方を悦ばす比例として、2：3（五度の和音）、3：4（四度）、1：2（八度）、1：3（十二度）、1：4（十五度）、8：9（全音）を指摘した。ウィトルウィウスが音の調和を直接必要とする劇場の効果を説いていたのに対し、アルベルティは、音の調和を生み出す比例が建築形態の美や調和をも生み出すという考え方を提示したのである。アルベルティが設計したサンタ・マリア・ノヴェッラ聖堂のファサード（1456-70）には、比例の理論がよく示されている（❶、❷）。さらに、『建築論』（1452）では、部屋のボリュームを決定する幅・長さ・高さの関係に、音楽理論から導かれた比例の適用を主張してもいる。

アンドレア・パラーディオ（1508-80）も『建築四書』（1570）の中で同様のことを記している。パラーディオの

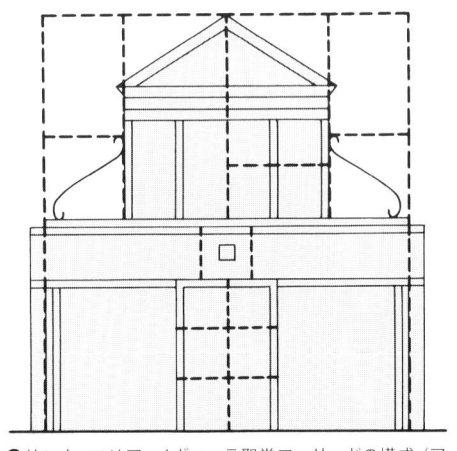

❶ サンタ・マリア・ノヴェッラ聖堂ファサードの構成（アルベルティ、フィレンツェ、1456-70）

❷ サンタ・マリア・ノヴェッラ聖堂

提示する建築比例はウィトルウィウス以来の建築書を踏襲しているが、アルベルティほど理論的には語られない。だが、パラーディオの書には自身の設計した作品の図面が数多く載せられており、そうした図面のほとんどに比例を示した数字が書き込まれているのである（❸、❹）。もちろん、書き込まれた数字のすべてが理論的に説明のつくものではないが、その多くに調和音に相当するような幅・長さ・高さの比例が認められる。したがって、パラーディオの比例論には、建築比例の理論的整合性よりは実践的成果を見るべきであろう。なかでもラ・ロトンダ（1566）は数的調和の美が具体化された傑作の一つである（❹、❺）。中央にドーム屋根を戴く正方形平面は対称性と求心性を両立させ、また、外観の四面すべてに柱廊玄関が付けられた。神殿正面のモチーフを住宅に大々的に使用し、後世に大きな影響を与えたのもパラーディオの功績といえよう。

フランスの建築家もイタリアの動きに追随した。フィリベール・ドゥロルム（1510頃-1570）は建築の基本となるオーダーや円柱の比例として、2・3・6・7、さらに、それらの積や二乗を用いることを推奨した。そして、これらを旧約聖書から導かれた「神の比例」であると説明している。また、ジャック・フランソワ・ブロンデル（1705-74）もイタリアの建築家と同じように、特定の数で規定される円柱の比例を重視した。さらに、円柱の柱基の寸法を調和音にもとづく比例によって導き出そうともした（❻）。ブロンデルはアルベルティに同調して音楽理論から導かれる比例を支持するとともに、建築における数的な美の体系を信じたのである。ルネサンス時代から18世紀半ばまでに至る建築の比例論は、音楽や数学の導く数を神聖視してきた。当時の建築家は、そのような神聖な数を取り扱うことを理にかなった手続きだと考え、それが宇宙や万物が示す美しき調和の根源だと信じて疑わなかったのである。（横手義洋）

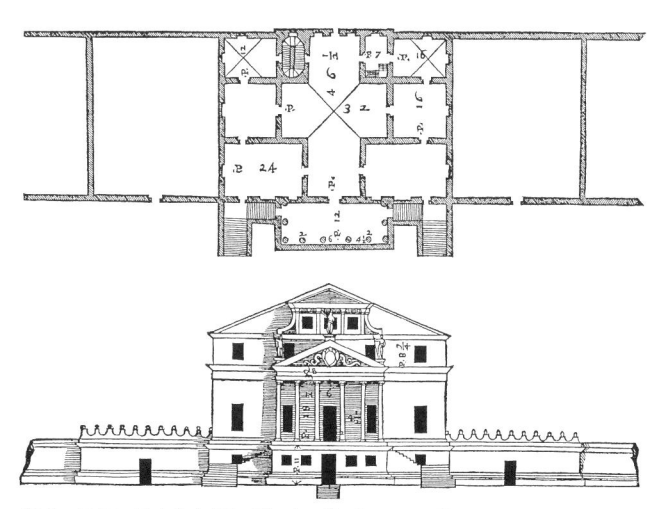

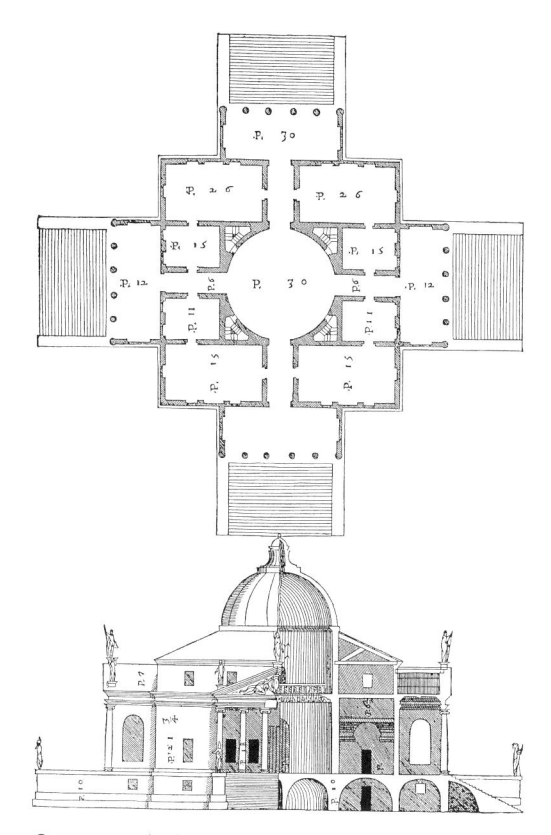

❹ラ・ロトンダ（パラーディオ、ヴィチェンツァ、1566）

❺ラ・ロトンダ

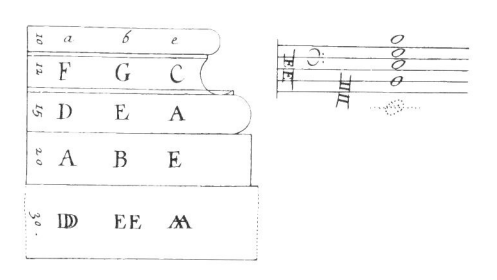

❸ヴィラ・フォスカリ（パラーディオ、ヴェネツィア近郊、1559-60、→ル10❻）

❻円柱の柱基寸法と調和音

4 ヒューマニズムと教会建築

教会堂には長堂式と集中式という二つの形式がある。ルネサンス期にも継承されたこれらの平面形は、中世をさかのぼり、その起源が古代に求められる。人文主義（ヒューマニズム）と合理主義の息吹を感じながら、この二つのプロトタイプを、ルネサンスの建築家はどのようにとらえ、そして自らの理念を実現しようとしたのだろうか。

●初期ルネサンスの教会建築

ルネサンスの幕開けを告げたのは、ブルネレスキによるフィレンツェのサンタ・マリア・デル・フィオーレ大聖堂のドーム建造（1420-36）である。しかし教会堂自体の起工は13世紀、ゴシック期にさかのぼる。設計から建設まですべての点でルネサンス最初といえるのは、同じブルネレスキがメディチ家の依頼で設計したサン・ロレンツォ聖堂（フィレンツェ、1421起工）と旧聖具室（1421-34）である（❶）。身廊と側廊を分けるコリント式オーダーの柱列、身廊部分の格天井、縦長の高窓など、サン・ロレンツォの意匠と構成は初期キリスト教の聖堂、さらには古代ローマのバシリカさえ想起させる（❷、❸）。平面を見ると柱4本に囲まれたベイが側廊は方形で、一方、身廊部分では側廊の方形二つ分が1ベイ分にあたり、さらに交差部と内陣の方形は側廊の方形四つ分、交差部周囲の祭室は側廊の方形と等しく、のちに加えられた側壁の祭壇はその半分の矩形となる。つまり、側廊の方形を規準にすると、その2倍、4倍の方形と、2分の1の矩形が使われている。聖堂平面は、このように自然数のなす単純な比例にもとづき構想されていた。また高さも身廊幅のほぼ2倍が天井高とみなせる。こうした広がりが自然と目に入るのもこの聖堂の特色といえる。さらに、旧聖具室も平面は聖堂の交差部とほぼ等しい正方形を基本とし、三次元的には立方体に直径がその一辺に等しい半球形のドームが載り、祭壇部分が突出しているものの、集中式というにふさわしい構成を持つ（❹、❺）。集中式の源泉も古代ローマ建築に求められ、さらに古代世界の理念でもあった。長堂式にしても、集中式でも、表現から原理までその理想は古代に、すなわちキリスト教が広がる以前の古代世界に見いだせるものであった。

この古典的理念の深化は、アルベルティの作品に見られる。一方でそれは、集中式という形でサン・セバスティアーノ聖堂（マントヴァ、1460以降、→ル8❻）に展開された。他方、ルネサンスの人文主義的指向は、テンピオ・マラテスティアーノ（現サン・フランチェスコ聖堂、リミニ、1447-68、未完）に見られる。教会堂ではなく、人間を主人公に祀るため、アルベルティが正面に採用した記念門の構成と、中心部を覆うはずであった、建立記念メダル（❻）にあるドームには、ルネサンスの理念がよく示されている。

●盛期ルネサンスの教会建築

こうしたルネサンスの教会堂建築の理想をきわめて端的に表現した建物が、ドナト・ブラマンテ（1444-1514）によるサン・ピエトロ・イン・モントリオ聖堂内のテンピエット（ローマ、1502起工）である。もともとの計画（❼）によれば、円形の平面を持つ聖堂が同じく円形の列柱廊に囲まれ、その列柱を含む円形の中庭がその聖堂の建てられることになっていた修道院の正方形の建物の一角に配置されていた（実際には、円形の列柱廊は実現せず、建物が矩形の中庭に置かれている）。また、立面の基本的な構想は、正方形の積み重ね、あるいは等しい比を持つ矩形の組合せなどと分析されている。すなわち、平面的には方形と円形をもとにしており、高さ方向についても比例の組立てにもとづき形成されている。集中式という発想や、細部の古典的意匠は古代ローマ建築にその源を置くものの、2層でドームの架かる円形神殿は古代ローマには見いだせないし、巧みに比例が使用されまとめられた立面にはルネサンスに追究された比例理論が反映されていた（❽、❾）。すでに16世紀には当時を代表すると評価されていたことにも、テンピエットの重要性が示されている。

そのブラマンテが設計したサン・ピエトロ大聖堂（ローマ、1506起工）は、彼の案の持つ設計上の欠陥や、社会の変化、さらにカトリック教会側の意志などにより、現状のものに変えられていく（❿-⓭、→バ❶、❷）。しかし当初案は、さまざまな意味でルネサンス的理想の集成であった。設計の基本はバシリカ式と集中式の結合にある。この場合、バシリカ式は二つの軸が長さの異なるラテン十字形ではなく、等しい長さの軸を持つギリシア十字形であった。したがって、構成の基礎は点対称で線対称の形態である。中央はドームを戴く円形であり、同心円状に内部空間は広がりを持っていた。中心が神である点は、中世の教会堂とも共通する。しかし、中世社会との相違は、円の中心にはもちろん神があったが、それはまた人間でもありえたことである。人間中心というヒューマニズム、その視覚像がサン・ピエトロ大聖堂の基本であったといえる。正面性は与えられたものの、ミケランジェロ（1475-1564）の案にも維持された中心性こそ、ルネサンスの理想であった。（星　和彦）

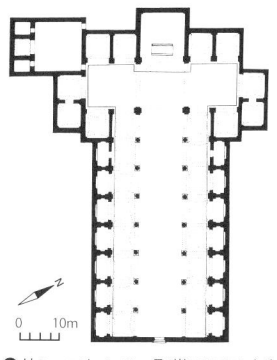

❶サン・ロレンツォ聖堂平面図（ブルネレスキ、フィレンツェ、1421起工）

❷サン・ロレンツォ聖堂の身廊部

❸身廊部のコリント式柱列

❹旧聖具室断面図（ブルネレスキ、フィレンツェ、1421-34）

❺旧聖具室ドーム見上げ

❻テンピオ・マラテスティアーノの建立記念メダル（アルベルティ、リミニ、1450頃）

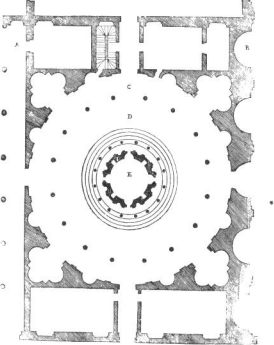

❼テンピエット（ブラマンテ、ローマ、1502起工）セルリオの建築書の図版

❽テンピエットの正面

❾テンピエットのトスカナ式オーダー

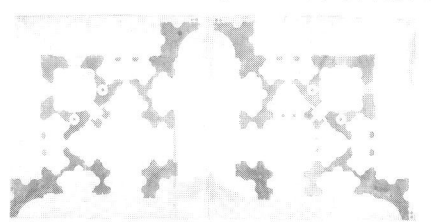

❿ブラマンテによるサン・ピエトロ大聖堂の平面図（ブラマンテ、ローマ、1506）

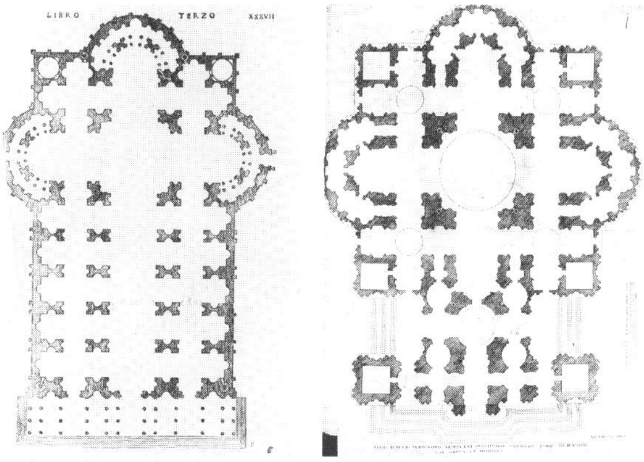

⓫サン・ピエトロ大聖堂の平面計画の変遷（左ラファエッロ、右アントニオ・ダ・サンガッロ）

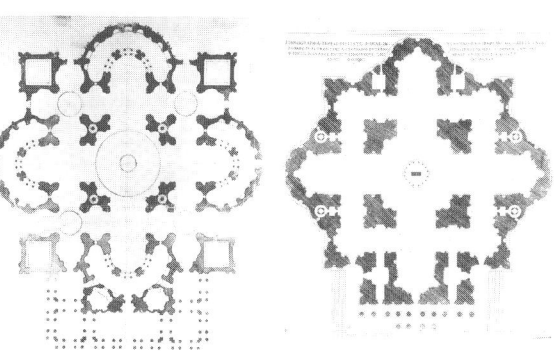

⓬サン・ピエトロ大聖堂の平面計画の変遷（左ペルッツィ、右ミケランジェロ）

⓭現状のサン・ピエトロ大聖堂正面

85

5 書物の力

ウィトルウィウスの著した建築書だけが、古代の建築書だったわけではない。またそこに記述されたことにも限度があった。にもかかわらず、この建築書は古代から伝えられた唯一の書物であり、15世紀に再び日の目をみると、解釈の対象として、古代のみならず建築術を考える基礎とされてきた。書物は実際の建物にも劣らぬ力を宿してきた。

●建築書に込められた理性と情念

古代ギリシア時代から、建築家は自らが携わった建物や打ち立てた理論について、書物として著していたことが知られている。作品を残すだけでなく、文字として表現していくことは、古くから建築家の願望であったことがわかる。古代から現在に伝わる唯一の建築書を著したマルクス・ウィトルウィウス・ポリオは、古代ローマ帝国の初代皇帝、アウグストゥス時代の人物で、紀元前後を生きた。彼の建築書の内容は、直接建築とかかわることからむしろ教養というべき分野まで、また美術から技術まで、きわめて広範にわたっており、建築家の素養の在り方を表しているだけでなく、知識の披瀝が建築家の自己喧伝として有力な方法であったことも示している。古代から中世の間、この建築書は書写されて伝えられたが、その過程で挿絵や図などが失われてしまった。15世紀初めに写本がザンクト・ガレン修道院に残されていたことが公にされて以来、ラテン語版やイタリア語訳版、注釈書の刊行また各国語への翻訳とともに、ルネサンス以降の建築書の著述という双方で、その後の建築出版の刺激となっていったのである。ウィトルウィウスの建築書についてみると、ラテン語版は1486年にサルピィツィオにより出版され、図版付きの版はフラ・ジョコンドにより1511年に出版された。注釈のついたイタリア語訳はチェザリアーノが1521年に初めて世に出し（❶）、その後もさまざまな形式と言語で出版が繰り返され、それは現代にまで及ぶことになる。

●ルネサンス以降の建築書、その多様な展開

ウィトルウィウスを受け著述された建築書の嚆矢は、1452年にローマ教皇、ニコラウス5世に献呈されたアルベルティによる『建築論』である（❷）。ウィトルウィウスに倣い、全10書からなり、ラテン語で著されているが、イタリア・ルネサンスの建築観を理解するためだけでなく、壁体からなる三次元空間としての建築物という、19世紀後半以降の近代建築の展開によりようやく打破されえた空間概念を提示したことでも重要な著作といえる。アルベルティに続く建築書としては、セバスティアーノ・セルリオ（1475-1554）による建築書があげられる。この本は出版の経緯が複雑だが、初めて世に出たオーダーなどを扱った第4巻は1537年に刊行された（❸）。セルリオの本の重要な点は、オーダーから建築のさまざまな細部まで、古代遺構から各種建物の設計案までの図版を挿入することにより、建築を視覚的にも理解させる工夫にあったといえるだろう（❹）。単に理論ばかりでなく、建てようと思う人が参考にできる、いわば雛型集（パターン・ブック）としても利用できたからである。17世紀初めには各国語に翻訳されたことが、そのことを裏付けている。オーダー（イタリア語でオルディネ）という術語を初めて用い、そこに建

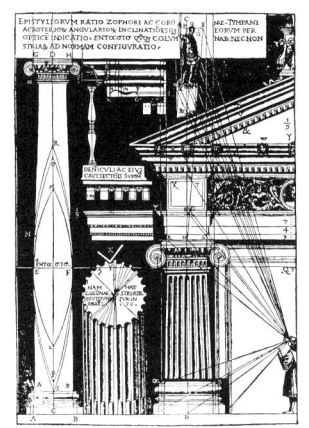

❶チェザリアーノ訳註、ウィトルウィウスの建築書、イオニア式オーダーのリファインメントの図、1532

❷アルベルティ『建築論』の序文部分のコピー、15世紀

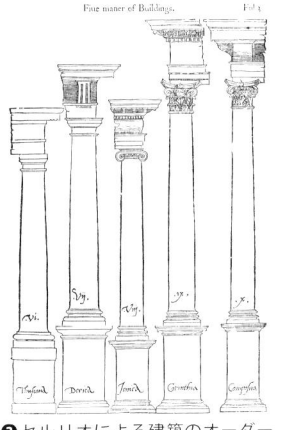

❸セルリオによる建築のオーダーの図（第4巻、1537）

❹セルリオによる建物の図（第4巻）

築の本質を見いだし伝えようとした著作が、ジャコモ・バロッツィ・ダ・ヴィニョーラ（1507-73）の『建築の5つのオーダーの規則』（1562）であった。トスカナ式からコンポジット式までの、いわゆる5種のオーダーの各々が、単純な数値と明確な線で示されている（❺、❻）。一方、各オーダーが形づくる全体の体系性も提示されており、オーダーが建築に果たす意味と役割が感じ取れる内容で、本書の意義はル・コルビュジエが批判の的としたことにも表れていた。アンドレア・パラーディオの『建築四書』（1570）は、オーダーの理論や古代遺構の解説できわめて充実した内容をもっていただけでなく、パラーディオ自身の設計案がまとめられている点で、建築書の持つことになる別の方向性が示されていた（❼、❽、→ル8❿）。建築家が自らの作品を語り始め、実現されていなくても彼の意図を伝えることで、強い影響を与えることができたからである。17世紀初めに著されたヴィンチェンツォ・スカモッツィ（1548-1616）の『普遍的建築の理念』（1615）は、アルベルティ以降のイタリア・ルネサンス、マニエリスム期の最後の建築書にあたる（❾）。全10書で予定されていたが、著者の死により、6書がまとめて出版された。詳細な議論が、理解しやすさや有益さと必ずしも結び付かないことを示す本ではあるが、17世紀のイギリスではこの本に載せられた例を参照したとみなせる作品も見いだせる（❿）。

こうしたイタリアの建築書出版は、16世紀以降のヨーロッパのほかの国々にも影響を及ぼした。フランスではドゥロルムの『建築術第一巻』（1567、⓫）、ドイツではヴェンデル・ディーテルリン（1500頃-99）による『建築術』（1598）、あるいはイギリスのジョン・シュート（1563没）の『第一で主要な建築術の基礎』（1563、⓬）などがあげられる。ドゥロルムがイタリアに赴き建物を実測した結果から著作を著していたのに対して、シュートはセルリオの建築書を参考にしながらまとめていた。このような建築へのアプローチの差異が、つづく17世紀から18世紀初めの各国の古典主義建築の展開に反映されるのは興味深いといえる。（星　和彦）

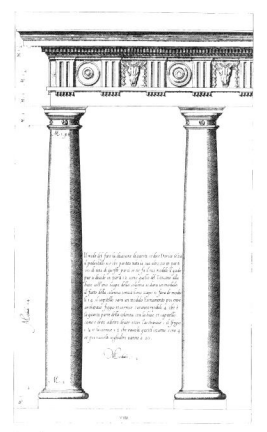

❺ヴィニョーラ『建築の5つのオーダーの規則』（1562）、ドリス式オーダーの全体図

❻ヴィニョーラによるコリント式オーダーの詳細図

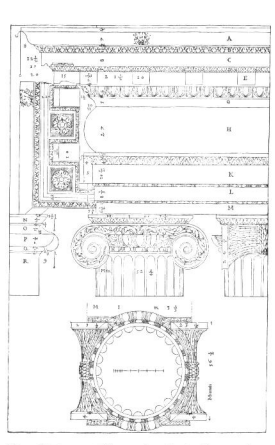

❼パラーディオ『建築四書』（1570）、イオニア式オーダーの図

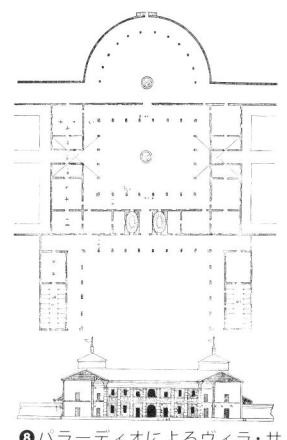

❽パラーディオによるヴィラ・サレーゴの図

❾スカモッツィ『普遍的建築の理念』（1615）の表紙

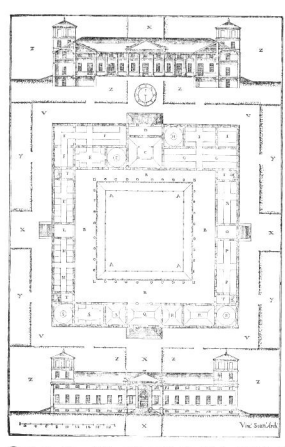

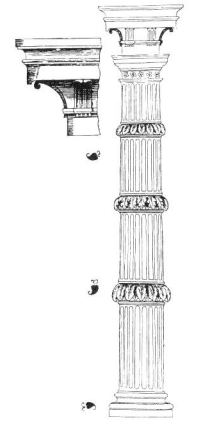

❿スカモッツィによる古代人の住宅の図

⓫ドゥロルム『建築術第一巻』（1567）、フランス式オーダーの図

⓬シュート『第一で主要な建築術の基礎』（1563）、コリント式オーダーの図

⑥ 透視図法と新しい世界観

現実肯定的な人間中心主義の時代を反映してルネサンス美術では写実性の追求が見られ、透視図法が誕生する。これはそれ以後の絵画の在り方や物の見方を規定する大発明であったが、建築家も透視図法をさまざまに応用してだまし絵的空間をつくり出すことに熱中する。15世紀末からは大航海時代が始まり、世界観はさらに大きく変化していく。

●透視図法の確立とその建築への応用

　三次元の空間を二次元の平面に描き出すための透視図法は、それまでの素朴な遠近法に対して科学的線遠近法とも呼ばれるが、その方法を発見したのは建築家になる前のブルネレスキであった。彼は大聖堂の前に建つ八角形の洗礼堂を小さな板絵に描き、そこで用いた透視図法の効果を証明するために公開実験を行ったとされる（❶、❷）。それは板絵の消失点にあたる位置に穴を開け、裏側からその穴を通して鏡に映した画像を眺めると、目の前の本物の洗礼堂とそっくりに見えるというもので、板絵の背景には銀箔が張られていたため、空を流れる雲がそこに映り込んで一層の迫真性をもたらしたという。実験の時期は1413年頃らしいが、ローマからときどきフィレンツェに戻ったブルネレスキが町中の話題をさらうのはこれが初めてではなく、1409年にはグラッソ（太っちょ）とあだ名された好人物をだまして別人と人格が入れ替わってしまったと思いこませる、まさに『デカメロン』的な大がかりないたずらを企ててもいる。どちらも彼の伝記を書いたマネッティが詳しく報告している。

　自らは何も書き残さなかったブルネレスキに対し、アルベルティは『絵画論』の中で透視図法を数学的に理論化し、方法も示した。1435年にラテン語で書いたこの書を、アルベルティはブルネレスキのために翌年には俗語で書き直し、彼への賛辞を序文に記している。

　透視図法はたちまち画家たちを魅了し、広まっていった。マザッチョはおそらくブルネレスキに指導されてサンタ・マリア・ノヴェッラ聖堂内部の壁に下から見上げた形のトンネル・ヴォールトの空間を描き（「三位一体」の背景、1427-28）、パオロ・ウッチェッロは透視図法の研究に熱中しすぎた人物としてヴァザーリに語られている。透視図法は同じ頃フランドルで開発された油絵の技法とあいまって絵画の写実性を一気に飛躍させ、その重要性は19世紀に写真が発明されるまで続いた。

　透視図法にとらわれたのは画家だけでなく、建築家も科学的な空間表現の一助として透視図を設計に取り入れるようになる。しかし合理的な視点とは別に、透視図法を応用しただまし絵的な建築空間も数多く出現する。

　有名なのはブラマンテが1480年代にミラノのサンタ・マリア・プレッソ・サン・サティロ聖堂の内部につくり出した見せかけのトンネル・ヴォールトの架かる内陣空間である（❹、❺）。これは透視図法を応用した立体的な浮彫りを祭壇奥の壁に施したもので、想定された立脚点近くからまっすぐ見れば、堂内のほの暗さも手伝って本物と見まごうほどである。敷地の奥行が足りなくて十字形平面の教会にできなかったためという合理的な理屈付けはなされるが、それよりも画家出身のブラマンテは透視図法の威力を試してみたかったのではないだろうか。

　16世紀初頭にローマのテヴェレ川西岸に建てられたヴィラ・ファルネジーナはラファエッロと弟子たちのフレスコ画のある1階が有名だが、2階には設計にあたった建築家で画家でもあったバルダッサーレ・ペルッツィ（1481-1536）自身が手がけた「透視図の広間」がある（❻）。この広間の東西の壁には巨大なドリス式の柱が並ぶロッジアが描かれ、西側には郊外の田園緑地、東側にはテヴェレ川対岸のローマ市街の光景が描かれている。こうしただまし絵は空間を広げ、幻想的な気分を誘うものと

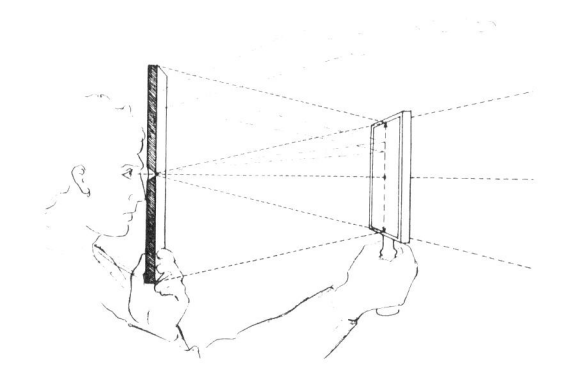

❶ブルネレスキの実験（1413年以前）の図解
板絵に描いた洗礼堂を鏡に映し、消失点にあけた穴を通して裏から眺めさせるという実験。鏡像というフィルターをかけることでより真実らしく見せる試みだが、洗礼堂が左右対称であるため可能であった。彼はこの他に二点透視図法で❸のようにシニョリーア広場を描いたと言われるが、いずれも実物は残っていない

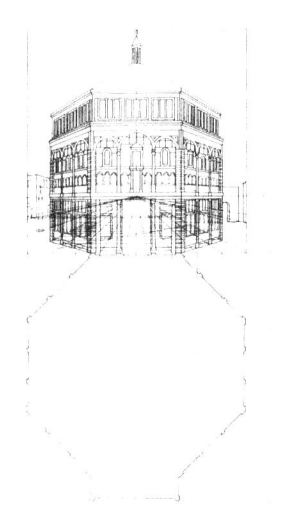

❷一点透視図法による洗礼堂の作図

して、その後大流行する。

ペルッツィは透視図法で都市空間を描いた舞台装置の図も残しているが、この頃から背景の布に透視図で街並みを描く他に、その手前両側に立体的な書割りの建物を斜めに並べた舞台装置がよくつくられるようになる。パラーディオの死後1585年に完成したテアトロ・オリンピコでは、舞台正面の開口部の奥に木造の書割りの街並みがスカモッツィによって加えられ、その趣向の奇抜さで人目を引く(❼)。この部分は奥に行くほど幅は狭く床は高く、パースを誇張させたつくりになっている。

このように透視図法を立体的に応用して実際以上に奥行があるように見せかける手法はバロック期にも流行するが、ボッロミーニが1653年にパラッツォ・スパーダの中庭の一角につくった柱廊もそうした遊びを取り入れた試みの一つである(❽、❾)。ベルニーニは10年後に同じ仕掛けをさらに大がかりに展開させたスカラ・レジアと呼ぶ大階段をヴァティカン宮への入口として設計している(→バ1❸)。

●クアトロチェントからチンクェチェントへ

透視図法の出現に続いて世界観を変えるような事件としては、15世紀半ばの印刷術の発明があるが、以後、建築書の出版の流行、オーダーの体系化とその知識の伝播等によって建築もさらなる展開を示すようになる。

ルネサンス発祥の地フィレンツェの明るさに陰りが出てきたことを象徴するのは、1478年のパッツィ家の陰謀と呼ばれる事件である。共和国の実質的支配者であったメディチ家の当主ロレンツォは刺客の手を逃れるが、弟ジュリアーノを殺されてしまう。その後、レオナルド・ダ・ヴィンチはフィレンツェに見切りをつけて1482年からミラノの宮廷で活動し、ブラマンテと出会い、建築史の主要舞台もミラノ、そしてローマへと移動する。1492年にアメリカ大陸、1498年に喜望峰回りのインド航路が発見され、大航海時代が始まる。牧歌的な雰囲気もあったクアトロチェント(1400年代)からより複雑なチンクェチェント(1500年代)へと時代は大きく動き、建築もまた変化していくのである。(渡辺真弓)

❸シニョーリア広場の構図

❹サンタ・マリア・プレッソ・サン・サティロ聖堂内部(ブラマンテ、ミラノ、1482-86頃)

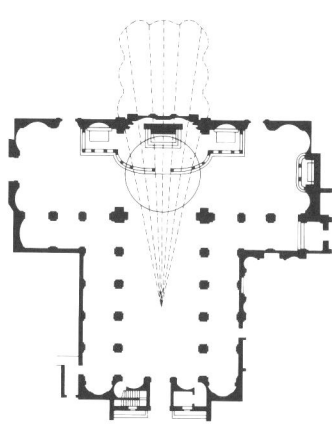

❺写真❹の見せかけの内陣空間の図解

❻ヴィラ・ファルネジーナの「透視図の広間」(ペルッツィ、ローマ、1508-11) 右側の開いた扉から東隣の部屋が見えている

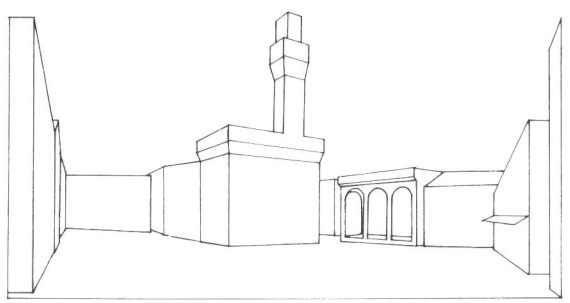

❼テアトロ・オリンピコ(パラーディオとスカモッツィ、ヴィチェンツァ、1580-85)

❽パラッツォ・スパーダの柱廊(ボッロミーニ、ローマ、1653)

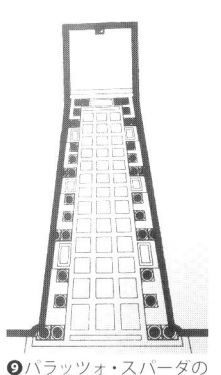

❾パラッツォ・スパーダの柱廊平面図

7 宮廷文化とパトロン

芸術家、とりわけ建築家が作品の構想や実現させるアイデアや手法は持っていても、現実とはならない。実際のものにさせる存在が必要である。それは形を変え現代にまで続くといえる。ルネサンスでは、パトロンは金とともに口も出した。他方、芸術家も必ずしも唯々諾々とはしていない。そこにより個性的な芸術が生まれる可能性が見いだせる。

●パトロンと芸術家

いつの時代でも、建築家にとってその構想を作品として実現するために何らかの後ろ楯が必要であることは否定できない。それは時期、地域や社会体制を反映し、国王、皇帝、あるいは教会ないし都市や社会そのものなどがあげられる。ルネサンス期のイタリアでは、その支持者、後援者は、都市とそれを支配する宮廷あるいは新興の都市貴族であった。そして、そのパトロンたちは、建築家に対する要求が甘いものではなかったものの、与えた判断の幅も広かったように思われる。それは、都市の歴史が長いということと、パトロンたちの教養が高かったことを示している。またお抱えとなる建築家も一人と限定されているわけでもなかった。建築家からいえば、都市や宮廷を選ぶことも可能であった。このことが、建築家とパトロンの間に緊張感を生んだように感じられ、それはつくり出された作品が個性的であるだけでなく、普遍性も有していたことから理解できる。ルネサンス期、すなわちヨーロッパ全体でいえば15世紀から17世紀、イタリア以外でもこうしたことは確認できるものの、イタリアほど鮮明に作品に反映されているところもなかったといえるだろう。

●諸都市の宮廷と建築家

フィレンツェではブルネレスキにしても、のちにはミケランジェロ・ブオナロッティ（1475-1564）も、この都市を実質的に長く支配していたメディチ家との関係なしには彼らの活動を語れない。サン・ロレンツォ聖堂の一連の建物、すなわち聖堂（1421起工）、旧聖具室（1421-34）、新聖具室（1521-34）、ラウレンティアーナ図書館（1524以降）に両者の関係がよく示されている（❶、❷、→ル4❷、❺）。メディチ家の中でも、コジモ・デ・メディチは、芸術家を後援するだけでなく、プラトン・アカデミーの創設など、ルネサンス全体に果たした役割も大きかった。この都市に作品を残した建築家には、必ずしもメディチ家とのかかわりが強くない場合もあるが、都市のもつイメージからしても、メディチ家は重要な存在であった。

一方、ミラノ公国の君主であったスフォルツァ家（❸）ではロドヴィーコが著名な存在で、15世紀後半、レオナルド・ダ・ヴィンチ（1452-1519）とブラマンテという二人の著名な芸術家をほぼ同時に庇護していた。レオナルドがミラノに残した絵画が著名なのに比べると、建築に関しては集中形式の設計案のスケッチが主で、実作品はないも

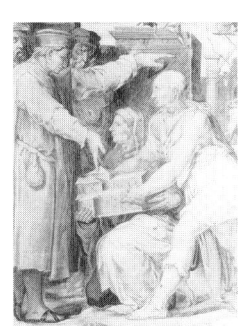

❶ ヴァザーリ画、コジモ・デ・メディチとブルネレスキ

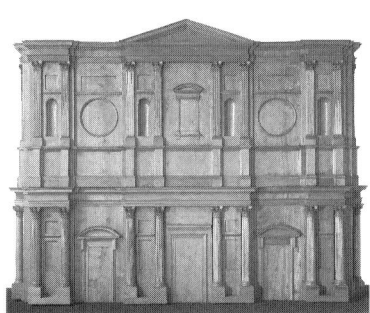

❷ サン・ロレンツォ聖堂正面案（ミケランジェロ、フィレンツェ、1517）

❸ スフォルツァ城（ミラノ、円形の塔は1455-57）

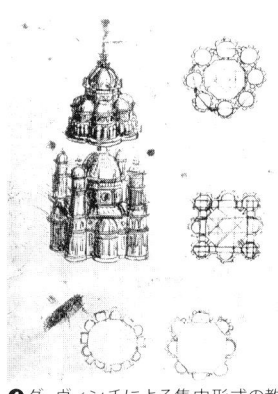

❹ ダ・ヴィンチによる集中形式の教会堂のスケッチ

❺ サンタ・マリア・デッレ・グラツィエ聖堂のトリビューン（ブラマンテ、ミラノ、1493起工）

❻ ピエロ・デッラ・フランチェスカ画、フェデリコ・デ・モンテフェルトロ

のの彼の建築的な構想を温める時期としてミラノ滞在の意義があった（❹）。他方、ブラマンテはサンタ・マリア・プレッソ・サン・サティロ聖堂の再建（1476起工、→ル6❹、❺）やサンタ・マリア・デッレ・グラツィエ聖堂のトリビューン（1493起工、❺）などを残している。彼はこの時期から建築家として活動し始め、15世紀末ミラノを去るとローマでより重要な作品に携わるようになることからも、ミラノが活動全般にもたらした影響は大きい。この他に、フィラレーテも活動途中で支持を失ってしまうが、ミラノの宮廷を舞台に活動した建築家にあげられる。

他方、宮廷の規模は小さいながら、ルネサンス文化の高揚をみたのが、ウルビーノである。モンテフェルトロ家の支配を受け、とくに15世紀後半、フェデリコ・デ・モンテフェルトロ（❻）の時期にはヨーロッパで随一の洗練さをもつ宮廷文化の地として知られており、アルベルティなども、その宮廷で寵愛を受けたひとりである。パラッツォ・ドゥカーレ（1450以降ならびに1465以降）は、ルチアーノ・ラウラーナ（1420/25-79）が主任建築家を務め、装飾に関してはフランチェスコ・ディ・ジョルジョ・マルティーニ（1439-1501）もかかわっており、この時期を代表するパラッツォ建築となっている（❼-❾、→ル2❼）。

こうした建築家とパトロンの関係は、法王庁が主要な役割を演じるようになり、建築などの動きの中心がローマへと移る15世紀末からはまた変わることになった。ブラマンテも、ミケランジェロにしてもローマへと呼ばれ、法王をパトロンに活動を始めるからである（❿-⓬）。したがって、建築の構想や規模は、キリスト教社会をも背景とするだけに大きく壮麗とはなるが、絶大な権力をもつパトロンのもと、建築家の意図が影響を受けたことも確かである。教皇ピウス2世から彼の出身地ピエンツァをルネサンスの理想都市へと変える都市計画を任されたベルナルド・ロッセリーノ（1409-64、⓭、→ル11❹）は、見積りをかなり超える出費を施主に強いたが、ピウスは気前よく出費していた。こうしたおおらかともいえるパトロンと芸術家の関係は、16世紀になれば成立しがたくなる。しかし、この構図はイタリア以外の国々ではむしろ一般的といえるであろう。芸術家、建築家の立場が弱かったというよりも、ルネサンス的指向の生み出される素地の相違であり、芸術を庇護する側の許容力の差のように思われる。（星　和彦）

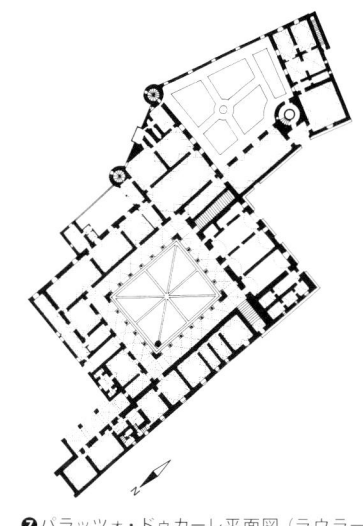

❼ パラッツォ・ドゥカーレ平面図（ラウラーナ他、ウルビーノ、1450以降、1465以降）

❽ パラッツォ・ドゥカーレ、西側正面

❾ パラッツォ・ドゥカーレ、王の間内部

❿ ベルヴェデーレの中庭（ブラマンテ、ヴァティカン、1505以降）

⓫ ミケランジェロによるユリウス2世の霊廟案（1505/1506以降）

⓬ パッショニャーノ画、教皇パウロ4世とミケランジェロ

⓭ 大聖堂、パラッツォ・ピッコローミニと広場（ロッセリーノ、ピエンツァ、1459-62）

8 建築家像の変遷

いかなる国でも、またどの時代にも個性的な建築家を見いだすことはできる。しかし、イタリアの15、16世紀の建築家たちをみると、どのひとりをとっても独特の存在感を感じさせる。造形的に一人ひとりが表情豊かであるだけでなく、建築家としての自覚と果たすべき役割への認識が、そう感じさせる背景にはあるのではないだろうか。

● 建築家という存在

ルネサンス期の建築家は、アルベルティによれば、方法に確固たる理論性をもち、作品を実現する理性を兼ね備え、建築に自分を投入できる存在ということになるだろう。この建築家像、その位置付けを、彼は古代ローマ時代のウィトルウィウスの建築書に描かれていた建築家像に負っていた。ウィトルウィウスは、建築家がまず実践と論究に通じておくべきだとしている。ルネサンスにおいては、建築家を含め芸術家はさまざまな権力から独立した立場を築きつつあった。とはいえ、建設の後ろ楯は新興の都市貴族、宮廷、そしてローマ教皇であり、その力から影響を受けずにすませるのは難しいのも事実である。芸術家、科学者と世俗の存在の間のさまざまな葛藤があり、それゆえ建築家という存在が人間としても興味深いといえるのかもしれない。こうした建築家をみながら、ルネサンスの社会における建築家像を考えてみよう。

● 初期ルネサンスの建築家

ルネサンスが産声をあげたのはブルネレスキが金属細工師への道を諦めたときという言い方もできる。もちろんサンタ・マリア・デル・フィオーレ大聖堂のドーム建設工事を念頭に置いてはいたが（❶）、自分の将来に対するブルネレスキの発想の転換は、過去の建築の見方にも現れていた。そのとき直面している問題の解決を過去の蓄積の中に探ろうとしたからで、この過程を通して過去に新たな息吹が与えられた。古代遺構を構築した仕組みを解明することは、建てようとしている建物の可能性を裏付ける。ドームの建設工事についてもさまざまなアイデアを出していた（❷）。ブルネレスキは、工学技術という視点をもって、ロマンティックな過去から現実を導き出したのであった。

初期ルネサンスを代表するもう一人、アルベルティは、

❶サンタ・マリア・デル・フィオーレ大聖堂周辺の景観（フィレンツェ）

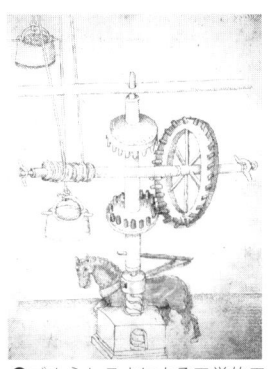

❷ブルネレスキによる工学的工夫のスケッチ

❸テンピオ・マラテスティアーノ（現サン・フランチェスコ聖堂）（アルベルティ、リミニ、1467以降）

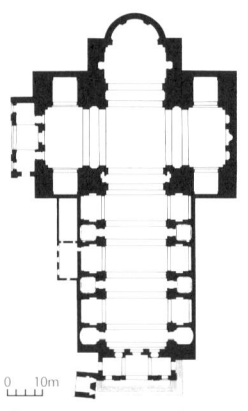

❹サンタンドレア聖堂平面図（アルベルティ、マントヴァ、1470以降）

❺サンタンドレア聖堂正面

❻サン・セバスティアーノ聖堂（アルベルティ、マントヴァ、1460以降）

❼サン・ロレンツォ聖堂新聖具室断面図（ミケランジェロ、フィレンツェ、1519以降）

しばしばルネサンス的万能人の典型にもあげられる。アルベルティにとって、建築が彼の活動領域の一部でしかなかったように、現在も存在すべての一部分をなしていたにすぎない。つまり、古典古代と彼の時代は時間を超えて彼の中ではひとつの世界を形成していたように思われる。構築され残ってきた建物を見て、また建物の設計を通して、あるいは古代建築の修復にも携わって、建築術の本質とは何かをアルベルティは自問していたに違いない。こうした志向は彼がルネサンスで最初の建築書を著したことにも現れている。古代建築の理念的な解釈をもとに、アルベルティは実現しようとする建物に、過去から現在に通ずる彼のとらえた古典の核心に形を与えようと試みたといえるかもしれない（❸-❻、→ル3❶、❷、ル9❷）。

● 16世紀の建築家

ルネサンスからマニエリスムへの転換点を生きたミケランジェロは、詩人で彫刻家、画家ではあるが、建築家であると自認してはいなかった。しかしサン・ピエトロ大聖堂の工事を任されたことからわかるように、まぎれもなく建築家であった。古代とルネサンス、双方の建築を見た中で、彼が到達したのは同時代の建築の流れをはるかに超えた、のちに実現されるはずの造形であった。ミケランジェロの個性的な表現を生み出した要因には、もちろん感性もあるが、設計すべき建物の有していた彼を制約する条件も見逃せない。建築的には一見矛盾する表現も、構造的には理にかなっていることが多いのはそのためだからである。感覚は彫刻家や画家的な側面がつくり上げたのに対して、人体解剖なども実行していたように、科学者としての才覚が彼の建築の重要な要素であったことがうかがえる（❼-❾）。

最後に、パラーディオについてみてみよう。人文学者トリッシノにより、古典に関するさまざまな素養を与えられた彼にとって、建築は他の教養と同様に学ぶ対象であった。古代にしろ同時代にしろ、建築を客観的にみつめたことが、アルベルティとは別に、彼を建築の本質へとたどり着かせたといえるであろう。柱と壁のもつ建築的な意味を、パラーディオは的確にとらえ表現し得た。それゆえ、20世紀に至るまで彼の建築が学ばれる対象となっていったのである（❿、⓫、→ル3❸-❺）。

ところで、こうしたイタリア・ルネサンスの建築家を考えるときいつも思い浮かべるのが、ヤコポ・サンソヴィーノ（1486-1570、⓬）である。学識もあり穏健な作風ということではなく、欠陥建築を設計したという罪から監獄に入れられたからである。彼の釈放のためには、パラーディオも含め当時の著名な芸術家が動いたといわれる。建築家は単に作品を残せばよいというだけでなく、建築を通して社会の責任の一端を確実に負える存在であるべきだという、本来の意味での個人主義の重さを伝える出来事であるといえる。

知識と判断力を身に付け、数学など科学的な視野をもち、建築することにさまざまな工夫を編み出す人。こうした仕事の領域をもち、その行為から生ずる責任を負うことのできる、倫理を備えた人。しかし、悪い意味でなく野心も持ち合わせている、ルネサンスの建築家は、このように表現できるであろう。（星　和彦）

❽新聖具室内部　ドーム見上げ
❾新聖具室　コリント式オーダー 
❿パラーディオ『建築四書』(1570)の古代ローマ神殿「フォルトゥーナ・ヴィリリス神殿の図」 
⓫パラッツォ・キエリカーティ（パラーディオ、ヴィチェンツァ、1551以降） 
⓬サン・マルコ図書館（サンソヴィーノ、ヴェネツィア、1537起工）

9 偉大なるパラッツォ

中世は教会建築が中心であったが、ルネサンスでは世俗建築も大きな関心の対象となる。なかでもこの時期に確立されたパラッツォと呼ばれる邸館建築の形式は、都市型の大邸宅や公共建築の祖型として何世紀も踏襲される。一見地味なパラッツォはその堅固で基本的な性格ゆえに、転用性にすぐれた建築類型であることを今も証明している。

●都市建築としてのパラッツォ

中世末から発達した都市の文化が円熟期に入り、ルネサンスになるとパラッツォと呼ばれる都市建築が多数出現する。これは英語のパレスやフランス語のパレと同じく、ラテン語のパラティウムに由来する言葉である。パラティウムとは「パラティヌスの丘の建物」の意で、ローマ皇帝たちの住居を指し、そこから宮殿のような建物をパラッツォと呼ぶようになった。さらにもっと広く都市の中の立派な建物もパラッツォと呼ぶようになる。

最初の重要な例はパラッツォ・メディチである（❶）。外壁は堅固で、下の階ほど荒く上の階にいくほど滑らかに変化をつけたルスティカ仕上げ（粗石積み）が施され、階を仕切るストリング・コースと深い軒の出をつくるコーニスによって水平性が強調されている。内部には中庭がとられ、裏庭もあるが、外観は閉鎖的で、政争や暴動の危険に備えた防御の姿勢がはっきり見える。人の嫉妬を買ってはいけないという家訓も反映して、外観は地味に徹し、内部の豪華さと対比的なつくりとなった。これが以後のフィレンツェのパラッツォの基本となる。

一方、パラッツォ・ルチェッライはその典型からはずれ、アルベルティの創意による外観を示す（❷）。コロッセウムに倣って3種のオーダーを重層的に用いているが、狭い通りに面した建物であるため薄い付け柱とし、壁面も浅く上品な目地のルスティカ仕上げにしている。

フィレンツェは16世紀に入ると共和制から君主制に移行する。かつてのメディチ家の傍系にあたる新しい君主は14世紀の市庁舎の内部を豪華に改装し宮廷に変えた。外観は中世のままのこの建物はパラッツォ・ヴェッキオ（古い館）と呼ばれるようになり、役所の機能は隣に新しく建てたパラッツォ・デリ・ウフィツィ（オフィスの館）に移された（❸、❹）。この一連の計画に携わったのが、『芸術家列伝』の著者であり、マニエリスムの画家で建築家でもあったジョルジョ・ヴァザーリ（1511-74）である。彼は透視図

❶ パラッツォ・メディチ（ミケロッツォ、フィレンツェ、1444-59）

❷ パラッツォ・ルチェッライ（アルベルティ、フィレンツェ、1453-60頃）

❸ パラッツォ・デリ・ウフィツィ（ヴァザーリ、フィレンツェ、1550-80）18世紀の版画より。遠景の塔のある建物はパラッツォ・ヴェッキオ

❺ パラッツォ・ファルネーゼ（A.ダ・サンガッロとミケランジェロ、ローマ、1517-89）

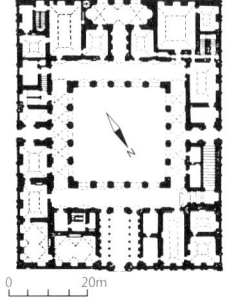

❻ パラッツォ・ファルネーゼ平面図

❹ 図❸の反対側から見た眺め（20世紀初頭の写真）

的な街路景観を意識して、ヘアピン状に道路をはさむ長い建物を設計した。ウフィツィの最上階はメディチ家の美術収集品を展示するギャラリーとして16世紀末から公開され、現在に至っている。

ローマのパラッツォの代表例は、途中からミケランジェロが設計を引き継いだパラッツォ・ファルネーゼである（❺、❻）。水平線を強調した堂々たる建物で大きな中庭があり、外観では規則的に並ぶ窓の上を、2階は三角形と櫛形、3階は下端のないペディメントが飾っている。

ブラマンテが設計し、一時期ラファエッロが住んだ家として知られるパラッツォは、その影響力によって重要である（❼）。パラーディオはこれに倣い、ヴィチェンツァのパラッツォ・ポルトの1階は基壇のようにルスティカ仕上げに、2階は主要階（ピアノ・ノビレ）としてペディメントとバルコニー付きの縦長窓とオーダーで構成、さらに丈の低い屋階を加えて3層構成の基本を確立した（❽）。これはとくに18世紀のイギリスで踏襲され、広く普及する。

ヴィチェンツァの市庁舎（パラッツォ・デッラ・ラジオーネ）は中世の建物の外周部分のみをパラーディオが改修し、古代ローマのバシリカを念頭に設計したことからバシリカと呼ばれている（❾）。柱間が不均等で広すぎる問題を、彼はセルリオの建築書から学んだヴェネツィア窓とオーダーの組合せを採用することで解決する（→ル5❹）。この組合せはイタリアではラ・セルリアーナ、英語圏ではパラディアン・モチーフと呼ばれるようになる。

ヴェネツィアでは海が自然の砦となり、平和も長く続いたため、独特の開放的なパラッツォが発達する。大運河に面して建つ大邸宅は1階が船着き場と倉庫、2階以上の平面は中央に正面から奥行いっぱいまでの広間、両脇にいくつかの脇部屋が並ぶという3列構成である。アーチは半円に替わってもヴェネツィアン・ゴシックの華やかな窓間格子の伝統を残すヴェンドラミン邸も、陰影の深い古典主義様式のグリマーニ邸も基本構成は同じで、中央の柱間三つ分が広間、両脇の対柱ではさまれた窓間が脇部屋に対応することが外観に示されている（❿、⓫）。

●堅固さと永続性

ローマのパラッツォ・ファルネーゼが現在はフランス大使館になっているように、歴史的なパラッツォの多くは美術館や博物館、官邸や役所、事務所、学校、ホテルとさまざまな形で活用されている。転用が可能なのは、厚い壁と高い天井を持つ堅固なつくりのために配線配管工事を伴う現代的な設備の取入れにもほとんど問題がなく、ある程度の間取り変更などもできるからである。何より、現代の建物にはない風格があることが使い続けられる一番の理由である。構造的に堅固で、平面的にはベーシックであることの強みを発揮し続けるパラッツォは究極のサステイナブル建築といえよう。（渡辺真弓）

❼ラファエッロの家（ブラマンテ、ローマ、1510-12頃、1936年取り壊し）

❾バシリカ・パラディアーナ（パラーディオ、ヴィチェンツァ、1549-1617）

❽パラッツォ・ポルト（パラーディオ、ヴィチェンツァ、1549頃-）

❿パラッツォ・ヴェンドラミン（M.コドゥッチ、ヴェネツィア、1481-）

⓫パラッツォ・グリマーニ（M.サンミケーリ、ヴェネツィア、1550-61）

10 美しき田園のヴィラ

都市のパラッツォと並んでルネサンス建築の主要なジャンルとなるものに、田園のヴィラがある。ローマやフィレンツェ周辺のヴィラでは幾何学的で構築的な庭園が16世紀に発展し、イタリア式庭園と称されるようになる。別荘でもあり荘館としての機能も備えたヴィラはとくにヴェネト地方で発達し、パラーディオの設計したものが有名である。

●ヴィラとイタリア式庭園

ローマ時代のヴィラの発掘例はまだ少ないが、ローマ人がヴィラを重視していたことは、小プリニウスら文人たちの記述からうかがえる。彼らはとくに余暇（オティウム）に価値を置き、仕事とはそれを否定するもの（ネゴティウム）ととらえていた。余暇を知的に楽しむための理想的な場所が、田園の別荘あるいは農園の館としてのヴィラである。古代に憧れたルネサンスの人々はヴィラの意味を再発見し、フィレンツェではメディチ家のカレッジのヴィラを中心に人文主義者の集まりが催された。

フィレンツェ周辺の丘陵地帯には数多くのヴィラがあるが、眺望を取り入れ、斜面を利用した庭園に重点を置いたものが主で、建物自体はさほど特徴のないものが多い。その中で、古代復興をめざしたルネサンス的な特徴を顕著に示しているのが、神殿正面の形を初めて住宅に取り入れたポッジョ・ア・カイアーノのヴィラ・メディチである（❶）。これはその後、16世紀半ばにパラーディオが違う形で大々的に展開していくモチーフである。

16世紀に入るとローマの周辺にも続々とヴィラが建てられるが、教皇や枢機卿を出した有力貴族のヴィラなどはどれも規模が大きく豪華である。ローマから東に約30km、アペニン山脈の中腹にあるティヴォリのヴィラ・デステは、館も大きく立派だが、それよりも幾何学的に整えた庭園にさまざまな趣向の大がかりな噴水を散りばめていることで有名である（❷）。現在は木立が大きく成長して当初の姿とは変わってしまったが、変化に富んだ噴水の見事さ、眺望の素晴らしさは変わらない。ローマの北方、約60kmに位置するバニャーイアのヴィラ・ランテも、幾何学的整形庭園と各種の仕掛けを持つ噴水のおもしろさで知られる（❸）。整形庭園の周囲を縁取るのは、ボスコ（森）と呼ばれる自然のままのような庭である。

16世紀にフィレンツェやローマの周辺で発達したヴィラの庭園は、イタリア式庭園として知られるようになる。一口で言えば地形の高低差を利用した露段式庭園で、数段のテラスを階段でつなぎ、刈り込んだ柘植などの生け垣＝緑の壁を幾何学的に配し、人工の洞窟（グロッタ）や噴水を設けて夏季の涼を演出し、彫像や壺などを要所に置く、きわめて構築的な要素の強い庭園である。

ヴィラ・ジュリアは教皇ユリウス3世がローマの北のはずれ、ヴァティカン宮から遠くない場所につくったヴィラ・スブルバーナ（郊外のヴィラ）で、夏の暑い午後を過ごすための別荘である（❹、❺）。ヴィラは丘の中腹という通念に反して谷間に配置された細長い建物の中に、半円形と正方形からなる中庭や、地下2階のレベルにあるグロッタ

❶ポッジョ・ア・カイアーノのヴィラ・メディチ（ジュリアーノ・ダ・サンガッロ、1480年代初め〜）

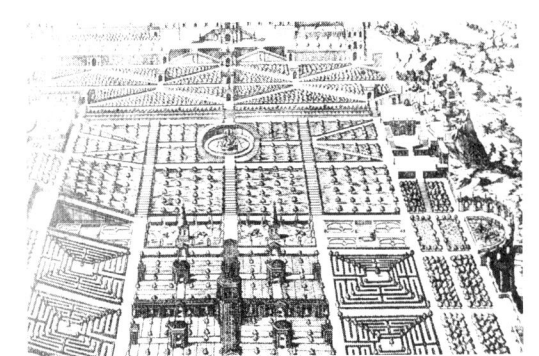

❷ヴィラ・デステ（P.リゴーリオ、ティヴォリ、1551-72）

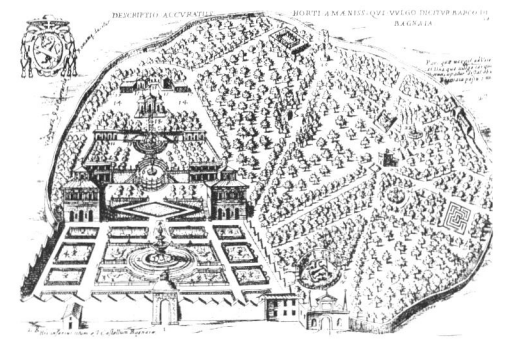

❸ヴィラ・ランテ（ヴィニョーラ他、バニャーイア、16世紀後半）

を上から覗く秘密の庭などが取り込まれている。知的遊びに満ちたマニエリスム的な人工空間である。

◉田園のヴィラの楽しみ

フィレンツェ周辺、ローマ周辺と並んでヴィラの発達した地域として知られるのが、現在のヴェネト地方で、15世紀初頭からヴェネツィア共和国の支配下に入った「本土側」の領域である。ヴェネツィアでは16世紀になるとそれまでの海洋貿易主体の活動から農園経営に主力を移す貴族たちが増え、ヴィラの建設ブームが起こる。その時期に最も活躍した建築家がアンドレア・パラーディオであった。

ヴェネト地方はなだらかな地形が多く、16世紀には干拓や運河の掘削などが盛んに行われたが、大小の川や運河を通って船でヴェネツィアから所領地のヴィラまで行ける場合も多かった。ヴィラ・フォスカリはブレンタ運河沿いに古代神殿風のポルティコのある正面を見せて建っている(❻)。これはヴェネツィアから船で気軽に往復できる距離にあり、郊外の別荘としてのヴィラに分類される。

一方、農園管理の拠点も兼ねたヴィラ・バルバロでは、瀟洒な主屋の両側に、方言でバルケッサと呼ぶ長く伸びるアーケード付きの納屋を設けている(❼)。収穫時などにはヴィラは作業空間ともなるが、それ以外は優雅な貴族の住まいである。邸内はだまし絵的に人物等を描いた、ヴェロネーゼのフレスコ画の素晴らしさで知られる。

ヴィラ・カルドーニョはヴェネツィアのパラッツォと同じ3列構成の平面を持つが、中央の広間の壁には等身大の人々がダンスやカード遊びを楽しむ姿(反対側の壁には合奏と宴会の場面)が描かれている(❽)。他にもヴェネツィア派の絵画では優雅な日常のテーマが多く、18世紀末まで続く平和の中、ヴェネトでは他のどこよりヴィラの楽しみが享受されたように見える(❾)。(渡辺真弓)

❹ヴィラ・ジュリア(ヴィニョーラとアンマナーティ他、ローマ、1552-53)

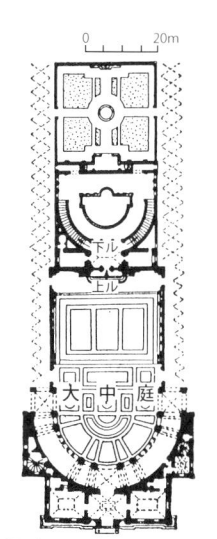

❺ヴィラ・ジュリア平面図

❻ヴィラ・フォスカリ(通称ラ・マルコンテンタ)(パラーディオ、ヴェネツィア近郊、1559-60)

❼ヴィラ・バルバロ(パラーディオ、マゼール、1557-8)

❽ヴィラ・カルドーニョ(パラーディオまたはその周辺の者、ヴィチェンツァ郊外、1548-9)フレスコ画はG・A・ファゾロによる

❾B.カリアーリ画「ヴィラの庭」(16世紀後半)
舟遊び、釣り、パーゴラの下の食卓など、ヴィラでの楽しみを示すものが、パースをきかせた舞台装置のような画面に描かれている

11 ルネサンス都市の理想像

空間にルネサンスの新たな美的秩序を与える発想は都市全体に及んだ。人文主義者としての君主や建築家たちは、人間にとっての理想的な都市に憧れた。円形、多角形の幾何学的形態をもち、透視図法によって構想される理想都市の像が次々に提案された。純粋に実現された例は限られるが、既存都市を改造し、輝く秩序を獲得した都市空間が各地に見られる。

●理想都市のアイデア

中世のイタリアには、その土地の条件を生かした美しい景観を誇る都市が多く存在した。だが、それらは技術・知識の経験則にもとづき建設されたもので、形は歪み全体像もとらえにくかった。ルネサンスには、建築の設計に用いられた幾何学的手法や透視図法が都市空間にまで応用され、その理論のもとに造形された空間秩序を持つ広場や街路、そして都市全体の形態が実現した。

ルネサンスの理想都市も、ウィトルウィウスの『建築書』にその源をもつ。建築家たちは、文章しかないその記述を想像力逞しく解釈し、理想的な都市の形態を図として示した。早い時期に活躍したアルベルティは、ウィトルウィウスの書から出発しながらも、中世都市の曲がった街路などを評価しつつ、既存の都市を改造しながら徐々に理想に近付ける現実的な発想をとっていた。

幾何学的な形態の理想都市が初めて図に描かれたのは、フィラレーテが1460年代に、ミラノ公フランチェスコ・スフォルツァのために構想したスフォルツィンダという名のユートピア的都市だった（❶）。八つの角を持つ星形の都市の中央に、柱廊の巡る長方形の広場があり、市庁舎と聖堂がそびえる。以後も、円形や多角形の城壁で囲まれ、中央に広場を持ち、放射状あるいは碁盤目状の街路網を持つ理想都市プランが、多くの人々によって提案された。だが、本来人間のために構想された理想都市も、大砲の使用が普及した16世紀後半には、その性格を軍事的なものへと大きく変化させ、要塞化した。

理想都市は平面パターンとして提案されただけではない。同時に、実際の広場や街路が、透視図法にもとづく新時代の輝く秩序のある空間として追求された。それは、絵画の中のバーチャルな理想都市空間の表現に登場した。ウルビーノ美術館所蔵の「理想都市」の絵（15世紀後半）は、透視図法にもとづき、先端的デザインの邸宅がほぼ同じ高さで連なる美しい造形の広場を描いている（❷）。中央奥には、理想的な円形の神殿が置かれる。こうして謳い上げられた理想都市の空間像は、現実の都市の中にも実現することになる。

一方、レオナルド・ダ・ヴィンチは機能に注目し、スフォルツァ家のために理想都市のアイデアを詳細なスケッチで提案した（❸）。衛生上の目的で、都市の街路空間を2層に分け、上の街路が上流階級の生活の場である邸宅の主

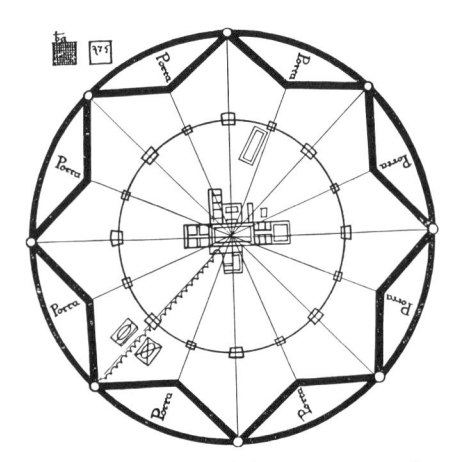

❶フィラレーテの理想都市　スフォルツィンダ

❷絵画に描かれた「理想都市」

要階を結ぶのに対し、下の街路は庶民が働く台所や倉庫などサービス部分を結び、ゴミ処理も受け持つ。彼はまた、運河を引き込んで地上の道と二重構造にし、物資の輸送と排泄物の搬出を水路に委ねる卓抜なアイデアも提案した。

● **実現された理想都市の空間**

初期ルネサンスの理想都市の輝きを体感するには、トスカーナの丘上の小都市、ピエンツァを訪ねるのがよい（❹）。この地が生んだ教皇ピウス2世は、自分の故郷の町を理想都市につくり変えることを構想し、1460年代前半その建設が進んだ。緩やかに蛇行する2本の中世の道が合流する地点に広場を設け、その奥正面に聖堂、右手に支配者ピッコローミニ家の邸宅、左手に司教館をシンメトリーに配した。奥へ行くほど広場の幅が広がる逆台形状に造形され、教会を堂々と見せる工夫がなされている。右手の邸宅の背後には、幾何学庭園が配され、その向こうは起伏のある丘陵の美しい田園風景が広がる。理想都市として実現されたのは中央部分だけだが、中世の絵画的かつ有機的な都市の中にルネサンスの輝きを見事に放っている。

ポー川流域の平野にあるフェラーラは、また異なる方法でルネサンスの理想都市を取り入れた（❺）。元々舟運と結び付き、川に沿って中世の高密で変化に富んだ商業都市として発達していたこの町は、エステ家の支配のもと、15世紀に、その北側の広大な農地を城壁内に取り込み、直線的に伸びる南北、東西の街路を十文字に直交させ、それらを軸に計画的な都市空間を開発した。街路に沿って、外観に水平線を強調する中庭型の貴族の邸宅が連なり、透視図法的な効果を持つ都市空間が誕生した。ここでは、既存の中世都市とルネサンスの理想都市の空間的コントラストが興味深い。

軍事的役割を担い要塞化した後期ルネサンスの理想都市の代表は、理論に忠実に幾何学的な形態で実現したパルマノーヴァである（❻）。ヴェネツィア共和国の東を固める目的で、16世紀末に建設されたこの都市は、九角形の城壁に対し六角形の中央広場を持ち、街中を通る18本の放射状街路のうちの6本のみが広場まで延び（その3本が城門と結ぶ）、他は途中で行き止まる複雑な構成だが、軍隊の移動、城壁・稜堡・城門へのアクセスをよく考えて計画された。（陣内秀信）

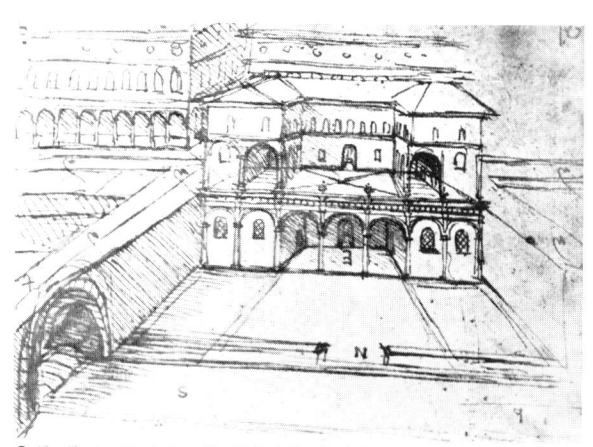

❸ ダ・ヴィンチによる二重の動線を持つ都市空間の提案

❺ ルネサンス期の都市拡張（フェラーラ）

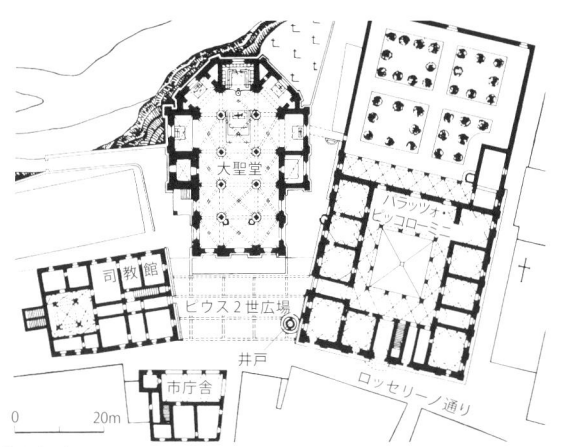

❹ ルネサンス期に造形された都市中心部（ピエンツァ）

❻ パルマノーヴァの都市図

12 ルネサンスの祝祭性

宗教的な祭礼は中世にもあったが、宮廷文化が発達したルネサンス期には、君主の栄光を称え、結婚や戴冠を祝い、華やかさを演出するためのさまざまな祝祭が活発に催された。古代文化が復興し、演劇やスペクタクルが活発になったこともその背景にある。祝祭の舞台は、宮殿や邸宅の大広間、中庭、庭園ばかりか、広場や街路などの都市空間に広がった。

●宮廷文化と祝祭

商工市民が主役の都市共同体を基礎にした中世に対し、ルネサンス社会では有力貴族や国王などが権力を握り、宮廷を中心に都市文化を開花させた。フィレンツェのメディチ家やフェラーラのエステ家、ローマの教皇、ヴェネツィアの貴族階級、パリの国王。こうした支配者たちが都市の祝祭性を生む主役だった（❶、❷）。華麗な祝祭は、社会の統合のための政治的、イデオロギー的な意味を同時にもった。彼らが祝祭のパトロンとなり、建築家、芸術家たちも祝祭の企画演出、デザインの仕事に従事した。

都市空間と結び付いた大がかりな祝祭は、他国の元首、国賓の入城などの際に、（都市）国家をあげて催される行列行進であった。沿道を熱狂的に埋める市民にとっては、行列の中の重要人物たちの並び方、序列を通して、普段は見えていない都市や国家の支配構造を知る機会でもあった。行進のルートは、宮廷や都市の壮麗さを誇示する目的で選ばれ、それに沿って仮設の装置、装飾が色々と施された。また、その重要な空間軸に沿って、有力家が壮麗な邸宅を構えるようになった。路上に張り出す庇や外階段なども撤去され、ルネサンスらしい透視図法的な効果をもつ街路景観の美を生んでいった。

●演劇の復活と舞台空間

キリスト教社会の中世には抑圧され衰退していた演劇やスペクタクルも、ルネサンスに復活してきた。広場で民衆を相手に行われた聖史劇や見世物とは別に、宮廷の知的サークルの中で、一種のエリート文化としての演劇や祝祭、スペクタクルが盛んになったのである。ルネサンスにおける古代文化の再発見の中で、人文主義者たちによって、まずは古代の劇作家の作品に光が当てられ、それらが上演されるようになった（❸）。ついで、演劇が行われる場所、空間への関心が生まれた。古代ローマのウィトルウィウスの建築書に書かれた劇場に関する内容が、アルベルティをはじめとするルネサンスの建築家たちを大いに刺激した。劇場の配置、舞台背景など、それをいかに解釈し、実際の演劇空間を実現させるかが、ルネサンスの人々の大きなテーマになった。

といっても、専用の劇場がすぐにできたわけではない。ルネサンス期には、広場などの戸外の都市空間が、コンメディア・デラルテの芝居や壮麗な祝祭、スペクタクルが行われる場所だった（❹、❺）。一方、宮廷の広間や中庭、庭園でも、祝祭や演劇が行われた。常設の劇場はなくとも、むしろこうした場所が演劇的な空間にふさわしく、多彩に使われた。

中庭のある邸宅の形式は、演劇空間にもってこいであった（❻）。一辺に舞台をつくり、残りの三辺に特設の観客席が設けられた。また、上階をめぐるギャラリーやバルコニーに観客席を置き、中庭を自由な空間として演劇や各種のパーフォマンスを行うことができた。

❶ ウフィツィ内部のメディチ家の劇場、1586年にブオンタレンティが実現、19世紀に取壊し（1617年の版画より）

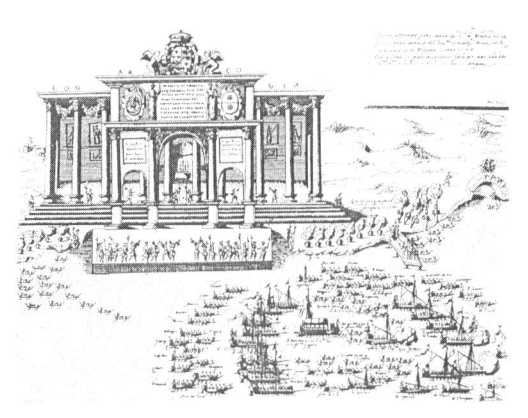

❷ リドにおけるアンリ3世歓待の儀式（1574）パラーディオ設計の仮設の凱旋門、ロッジアがつくられ、水上パレードが行われた

❸『テレンティウス喜劇集』（ヴェネツィア、1497）に初めて示された人文主義者による古代劇場のイメージ

イタリア・ルネサンスの演劇の中心は、宮廷文化の栄えたフィレンツェ、フェラーラ、マントヴァ、ウルビーノ、そして教皇のいるローマだった。また、共和制をしくヴェネツィアでは、若い貴族たちがコンパニアと呼ばれる文化活動を担う組織をつくり、都市のいろいろな空間を利用して多種多彩な祝祭、スペクタクル、演劇などの興行を展開した（❼）。ここでは、特権的なエリートの文化と民衆の文化の分離はなく、まさに町全体が祝祭空間の様相を示したのである。

　ルネサンスの演劇空間は、透視図法にもとづく舞台背景の考え方と結び付いて発展した。16世紀初め、フェラーラやウルビーノの宮廷で、透視図法による舞台背景が用いられたことが知られる。やがて建築家セルリオがウィトルウィウスの記述にもとづき、古代演劇の基本である悲劇、喜劇、風刺劇のそれぞれにふさわしい舞台背景を透視図法の手法で提示した（❽）。たとえば、悲劇の背景には、壮麗な邸宅、記念門、オベリスク（記念碑）からなる都市風景が描かれた。

　こうしたセルリオの発想を発展させる形で、パラーディオが、ヴィチェンツァの貴族たちの知的文化的サークルのために1580年からテアトロ・オリンピコをつくった（❾、❿）。古代ローマの屋外劇場を室内に実現したような構成で、舞台後壁の構成も古代を解釈したパラーディオの特徴がよく表れている。彼の死後、スカモッツィの手によって、舞台後壁に延びる立体書割りの空間が加えられ、この劇場は完成した（→ル6❼）。（陣内秀信）

❹ルーヴェンの広場につくられた「ソロモンの裁判」のための仮設の劇場（1594）

❺サンタ・クローチェ広場での馬上槍試合（フィレンツェ、1561頃）

❻パラッツォ・ピッティ中庭での「模擬海戦」のスペクタクル（フェルディナンド1世の結婚の祝典、1589）

❼ヴェネツィアのサン・マルコ小広場と水上の祝祭空間（1564年）小広場では牛追の見世物が行われ、水上には移動する「世界劇場」と総督の御召船が描かれている

❽悲劇の舞台背景（セルリオ『建築書』より、1545）

❾テアトロ・オリンピコ内部（パラーディオおよびスカモッツィ、ヴィチェンツア、1580-85） 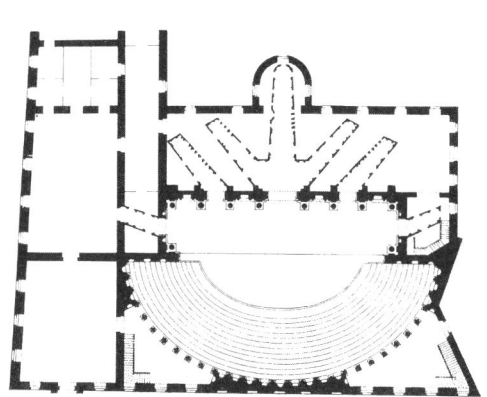　❿テアトロ・オリンピコ平面図

13 マニエリスムの創造力

15世紀末から16世紀初頭にかけルネサンスはひとつの完成をみる。しかしその時期は短く、1520年代に入る頃からルネサンスとは異なる表現への志向が顕れる。ルネサンスの古典主義を変容させるもの、という視点からでは、しかしこの表現は説明しきれない。それだけの創造性と普遍性をマニエリスムはもつのではないだろうか。

●マニエリスムということ

ルネサンスの理念は、ブラマンテの設計したテンピエット（ローマ、1502起工、→ル4の❸）の均斉がとれ静的な安定感を持った構成に実現される。ほぼ同時期に、彼はサン・ピエトロ大聖堂の設計にも着手しており、フィレンツェで15世紀前半に花開いたルネサンスは、こうして16世紀初めのローマで完成をみる。古代に比肩する達成は、本来「手法」を意味するマニエラという言葉で表現された。しかしブラマンテは、最晩年の作品とみられる通称ラファエッロの家（ローマ、1510-12頃）で、対にした円柱や縦長の窓など、ルネサンスを特徴付ける調和や落着きだけに納まらない表現を取り入れる。こうした傾向は1520年代から一挙に顕著となった（❶）。マニエリスムは、はじめ16世紀前半からのルネサンスの古典主義の模倣、あるいはルネサンスの完成が逆にもたらした衰退や頽廃ととらえられていた。ルネサンスとバロックの間にあり、どちらにも属さない流れをもつ創造性がマニエリスムとして認識されるのは、20世紀に入ってからのことである。

●マニエリスムの建築家たち

ジュリオ・ロマーノ（1499頃-1546）はローマ生まれの画家、建築家で、代表作にはパラッツォ・デル・テ（マントヴァ、1524-34）があるが、この作品はまたマニエリスム的表現の典型にもあげられている。たとえば、主要正面から入ると庭園を含む建物全体は直角をなす軸上に配置されている（❷）。その正面を見ると、片蓋柱の間隔は一定でなく中央、中間部、端部で変えられており、また柱という垂直の要素と平縁のような水平の要素がほぼ同一の面で納められている（❸）。またその内側の中庭側立面では、エンタブラチュアのトリグリフが半円柱をはずれたところで下にずらされている（❹）。また室内では、壁と天井が連続するように描かれた部屋などのように、絵画が空間構成に独特の役割を果たしている（❺、壁面は描かれている）。このように、建築的構成も意匠的手法でもルネサンスの古典主義の平明さと異なり、複雑で個性的といえる。しかしそれは単に自分を目立たせたいというだけで説明されるのではない。ジュリオの基礎には確固としたルネサンスや古代ローマへの理解があったのである。

ミケランジェロは、マニエリスムというだけでなく、16世紀を代表する彫刻家、画家、そして建築家である。彼がフィレンツェに設計したサン・ロレンツォ聖堂に付属するラウレンティアーナ図書館（1524以降、❻）の前室（❼、❽）は、縦長の比例と壁に埋め込まれた柱などの、やはり独特の構成や意匠を持っている。それは、ルネサンスの合理性とは同列には置くことのできない表現とみられるかもしれない。しかしこの建物の設計は、既存の食堂であっ

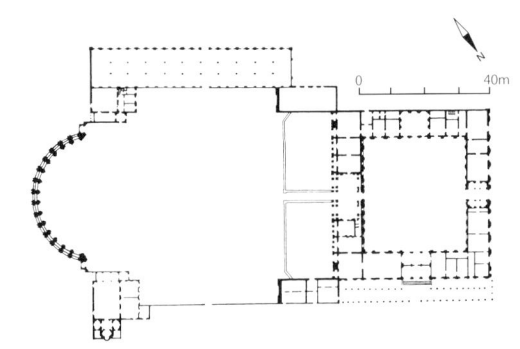

❷ パラッツォ・デル・テ平面図（ロマーノ、マントヴァ、1524-34）

❸ パラッツォ・デル・テ正面

❶ パラッツォ・ピッティ中庭側正面（アンマナーティ、フィレンツェ、1558頃起工）

❹ パラッツォ・デル・テ中庭

た部分の基礎を生かすことや、採光について施主のメディチ家から出された要求などを解決するため、ミケランジェロが考案したことが知られている。壁に円柱を埋め込むという表現は構築的に意味がないようにも思えるが、薄い壁で上部の梁を支えようとするとき、柱がこの位置にくるのは不自然とはいえない。既存の建物や課せられた条件を考え合わせた、最も建築的な解決がそこにはある。また、16世紀以降の古典主義的な表現で欠くことのできない、多層にわたる大オーダーを効果的に適用したのもミケランジェロであった（❾）。

パラーディオは、16世紀で最も知られた建築家の一人といえる。彼もやはり古代ローマ遺構の学習から始めた。そして、古典建築にみられる要素を再構成することにより、古代にはなかった表現を実現した。たとえば、ラ・ロトンダ（→ル3❹、❺）のような住宅建築の正面に、古代ではもっぱら神殿に用いられたペディメントを採用する手法を考案した。またバシリカ・パラディアーナ（→ル9❾）では、オーダーとアーチの組合せを、柱間間隔に対して柔軟に寸法を調整することができるよう工夫し、パラディアン・モチーフとして確立する。さらに、比例の異なるオーダーをペディメントとともに重ね合わせてまとめた正面と、内部の空間の分節化と流動感を表現する柱のスクリーンを特色として、イル・レデントーレ聖堂（ヴェネツィア、1577-92、❿、⓫）を設計した。こうした表現は、パラーディオの時代以降、広く使われることになる。

● マニエリスムの意義

マニエリスムの表現は、直前のルネサンスの完成に対する、単なる気まぐれや反発に起因するものではなかった。また、16世紀初めに起きる宗教改革からイタリア半島が不安定になり、事実1527年には「ローマ劫略」もあったが、こうした社会的な原因だけで説明されるわけでもない。フランスやイギリスにルネサンス建築が広まっていったとき、マニエリスムの表現が取り入れられたことは、時期的な条件もあったにせよ、その表現に新奇性とともに普遍性があったからといえる。実際のところ、この世紀に進んだ古代研究はパラーディオをはじめ優れた建築書の出版という成果をもたらした。理念と実践の間で、普遍性と個性の結実がマニエリスムであるととらえることができる。（星　和彦）

❺ パラッツォ・デル・テ馬の間

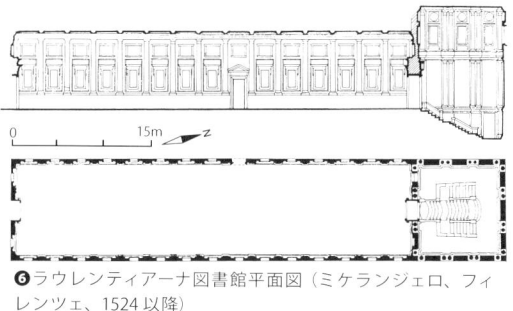

❻ ラウレンティアーナ図書館平面図（ミケランジェロ、フィレンツェ、1524以降）

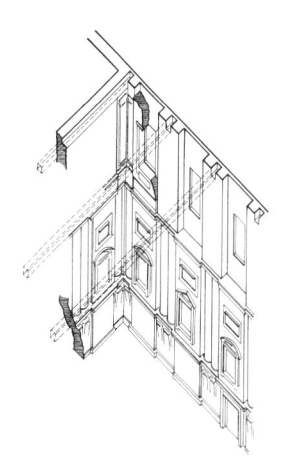

❼ ラウレンティアーナ図書館前室の構造

❽ ラウレンティアーナ図書館前室

❾ カンピドリオ広場のパラッツォ・デイ・コンセルヴァトーリ（ミケランジェロ、ローマ、1561-84）

❿ イル・レデントーレ聖堂（パラーディオ、ヴェネツィア、1577-92）

⓫ イル・レデントーレ聖堂内部

14 ルネサンス建築の伝播
（フランスとスペイン）

ルネサンス芸術はフランスも魅了した。王たちはイタリアから建築家や芸術家を招き、フランス人工匠たちも山を越えてやってきたこの新芸術に無関心ではなかった。今もロワール川流域にたたずむ華やかな城館群が、その清新な息吹を伝えてくれる。一方、アルハンブラの前に建つカール5世宮殿はイスラムへの勝利宣言として重厚な姿を現している。

●シャルル8世のイタリア遠征

1494年、フランス国王シャルル8世は18,000の軍勢と攻城砲列40門余を擁してイタリアに侵入した。この攻城砲列の迫力は半島の人々に衝撃を与え、稜堡を備えた「イタリア式築城術」の案出へとつながっていくが、衝撃を受けたことではフランス人も負けていなかった。

直接目にしたミラノなど北イタリアのルネサンス建築の印象は帰国後も大きくこだまする。次代の王ルイ12世の側近アンボワーズ枢機卿は居城ガイヨン城館の中庭にルネサンスの息吹を感じさせる装飾を持ったファサードを建設させたし、王自身もアンボワーズ城館やブロワ城館（1515-24）の増改築に新様式を採用した。跡を継いだフランソワ1世の時代にはシャンボール（1519-）、シュノンソー（1515-22）、アゼ・ル・リドー（1518-25）などの城館ができ、ロワール川流域に美しい姿を今も映している（❶、❷）。

16世紀には王権の伸張と大領主貴族の地盤沈下がみられるが、フロンドの乱（1648-53）まで常に内乱の危険と隣り合わせであり、城塞建築の必要性が減じたのでは決してない。だが、稜堡式築城術の発展により従来の城塞建築の軍事的意義が失われてきたのも事実で、それらの一部は王侯貴族の居館としての性質を強めていく。以上の城館建築はその流れに連なるものである。

城館（シャトー）の平面の定型も確立した。主棟（コール・ドゥ・ロジ）の両端から翼棟（エール）が前方に延びて前庭（クール・ドヌール）を挟むコの字型の平面である。後方に庭園（ジャルダン）を整備する場合もある。最も早い例はビュリー城館（1511-24）であり、都市内の大規模住宅である邸館（オテル）の平面にも適用された。

パリ郊外でもルネサンス様式の実験場ともいえる場所が出現する。フォンテーヌブロー城館では、フランス人石工のジル・ル＝ブルトンらも活躍する一方で、フランチェスコ・プリマティッチョ、イル・ロッソらイタリア人芸術家も招聘され、フォンテーヌブロー派を形成していた（❸、❹）。

16世紀半ばになるとフランス人建築家も成長する。ピエール・レスコ（1500/15-78）はルーヴル宮殿クール・カレ（1546-）の一辺をコリント式、コンポジット式からなる2層の上にアティックという低い3層目を足した端正な古典主義ファサードで変身させた（❺）。イタリア留学経験はないがオーダー理解は正確で、彫刻家ジャン・グージョンの浅浮彫りで華麗に装飾もされて優品の名に恥じない。

フィリベール・ドゥロルムは、レスコと違い、ローマで5年ほど修業した。ルーヴル宮殿西の、アンリ2世妃カトリーヌ・ドゥ・メディシス（カタリーナ・デ・メディチ）によるテュイルリー宮殿が代表作だが、パリ・コミューンの動乱（1871）で焼失してしまった。現存するアネ城館（1547-）の門には、イタリアにもない大胆な造形感覚もみられる。

フランスに大オーダーを初めて導入したのはジャン・ビュラン（1520頃-78）のエクーアン城館（1555頃）といわれる。イタリアでも16世紀にはミケランジェロとパラーディオが用いたくらいだが、ローマで3年修業した成果をパンテオンのディテール再現で示したこととあわせ、フランスの古典主義建築理解の到達度を明示している。

●「太陽の沈まぬ帝国」

フランスのイタリア侵攻はフランソワ1世時代、ハプスブルク家のシャルル、すなわち、神聖ローマ皇帝カール5世の勢力伸長の前に挫折を余儀なくされた。彼の生地へ

❶シュノンソー城館（橋などはドゥロルムとビュランが16世紀後半に増築、フランス）

❷シャンボール城館正面（フランス、1519起工）

ントは、15世紀に中世文化最後の華を咲かせたブルゴーニュ公国が支配し（自身もその子孫）、北イタリアと並ぶ都市化地域である低地地方に属している。ここにもルネサンス建築は移入され、ブリュージュ（ブルッヘ）記録保管所（1535-37）やアントワープ（アントウェルペン）市庁舎（1561-65）などがある（❻）。

一方、スペイン王家の血縁でもある彼はその王冠も戴くことになり、スペイン国王としてはカルロス1世を名乗る。中世にはイスラム勢力の許にあったスペインでは、元々、イスラム建築、あるいはムデハル様式と呼ばれるイスラムと欧州の折衷様式建築が栄えた。

しかし、レコンキスタが1492年に終了し、かつ、王位がハプスブルク家に渡ると、折衷的なプラテレスコ（銀細工）様式を経て、本格的なルネサンス建築の影響が現れる。グラナダのカール5世宮殿（1527-92）がその例であり、ドリス式、イオニア式の2層の柱廊を備えた円形中庭を持つ壮大な建築である（❼）。カルロス1世はこの宮殿を、イスラム宮殿建築の粋であるアルハンブラ宮殿を覆い隠すように建てさせ（→中8❽）、「カトリック王」の称号をもつキリスト教国の王としてイスラムに対する勝利を誇った。

また、息子のフェリペ2世はマドリード郊外に、宮殿だけでなく修道院、神学校、教会堂をも含む大複合建築エル・エスコリアル宮殿（1562-82、❽）を営んだ。（中島智章）

❺ルーヴル宮殿レスコ棟（レスコ、右は17世紀に増築された「時計のパヴィリオン」、パリ）

❻アントワープ市庁舎（コルネリス・フロリス（1514-75）、ベルギー、1560設計、1561-65）

❸フォンテーヌブロー城館外観（フランス、1528-40）

❹フォンテーヌブロー城館、フランソワ1世のギャラリー（ミケランジェロの弟子イル・ロッソが手がけたマニエリスム的室内装飾、1530年代）

❼カール5世宮殿円形中庭（ペドロ・マチュカ（1527-92）、グラナダ、1527-92）アンダルシアの強烈な日光が立体感を際立たせる

❽エル・エスコリアル宮殿（バウティスタおよびエレーラ、マドリード近郊、1562-82）

15 北方での多様な展開
（ドイツ、ベルギー・オランダ、イギリス）

イタリアのルネサンス建築からの影響がドイツなど北方の国々の建築に現れ始めるのは、16世紀以降のことであった。また、本格的にルネサンスを受け入れるのは、自国の建築家がイタリアを訪れてからとされる。しかし、その時期、もはやイタリアではルネサンス後へと移行していた。北方の建築家たちが学んだルネサンスとは何であったのだろう。

●北方へのルネサンス建築の波及

イタリアから、ベルギーやオランダなどネーデルラント、ドイツそしてイギリスへとルネサンス建築が伝播していったのは、16世紀以降のことになる。それは、イタリアではすでに盛期ルネサンスを過ぎつつある時期にあたった。また情報は、各地に招かれたイタリア人からもたらされたり、16世紀にとくに出版が盛んとなった建築書が媒体となったり、あるいはイタリアを訪れた自国の建築家が持ち帰った場合もあった。そうした建築家がイタリアで見たのは、同時代の建築であっただろう。したがって、北方へ伝えられることになったのは、正確にはマニエリスム期の建築というべきかもしれない。イタリアではルネサンスが自立した都市を基盤にし、商業的な発展を担った新興の都市貴族に支えられた。それに対して、これらの国では建築の育まれていく社会環境も異なり、背景としての古典的な伝統にも違いがあり、ルネサンス建築といっても土壌も意匠も各国で相異が見られる。

●ドイツとネーデルラント

ドイツでは16世紀前半、1530年代頃からルネサンスの影響が見られるようになる。この初期の作品としてハイデルベルク城のオットハインリヒスバウ（1556起工、❶）があげられる。現在残されている正面はオーダーが3層に積層された構成をとるが、「古典的」という用語ではまとめきれない多様さをもっている。オーダーの比例や細部の表現が、古典的な精確さを欠くというよりも奔放であるのに加え、あり

とあらゆる部分に装飾が施され、水平方向への分節感も弱い。古典主義、それもマニエリスムが、建物の全体構成としてではなく、細部や要素として理解されていたことが、そこに示されている。ドイツではルネサンスが市民のものとしてではなく、宮廷文化として受け入れられた。また宗教改革以降、国内的な安定が得られなかったことも、ルネサンス建築の広がりに影響したといえる。しかし17世紀になると、たとえばエリアス・ホル（1573-1646）のように直接イタリアを見聞した建築家が出るようになり、彼の設計したアウグスブルク市庁舎（1615-20、❷）は垂直性が目立つものの、全体に端正で均斉のとれた都市建築となっている。

一方、ベルギーはやはり16世紀前半から、またオランダも世紀中頃を過ぎてルネサンス建築の影響を受けることとなった。ベルギーでは、ローマを訪れたこともあるコルネリス・フロリス（1514-75）によるアントワープ市庁舎（1561-66、→ル14❻）があげられる。屋階を含めた壁面の4層構成はイタリアのパラッツォ形式が基礎とされており、これに中央部分の対にされた円柱と印象的な破風による装飾が独自性を与えている。

オランダでは、マウリッツハイス（ハーグ、1633-35、❸）で知られるヤコプ・ファン・カンペン（1595-1657）などが活動した。カンペンもまたイタリアで学んでおり、この建物は中央にペディメントを配置し大オーダーを取り入れ、簡潔でまとまった構成をとっている。ところでアントワープは16世紀、建築書の出版で注目される位置を占めている。イタリアから入った建築の情報がその都市を経てとくに英国などに及んだからで、ネーデルラントの建築にはそうした論理性の反映も認められる。また王権に対して市民の力が強かったことから、ルネサンスと地方性が融合された世

❶オットハインリヒスバウ（ハイデルベルク、1556起工）　❷アウグスブルク市庁舎（ホル、ドイツ、1615-20）

俗建築も特徴の一つとなっている。

●イギリス

　イギリスは、ルネサンス建築が最も遅れて、17世紀になって初めて取り入れられたといわれる。実際には、16世紀後半からマニエリスムの影響がカントリーハウスなどで見られ始め、ロバート・スミスソン（1535頃-1614）によるロングリート（ウィルトシャー、1568起工、❹）などの例があげられる。ただし古典的な意匠は採用されていても、この時期はイタリアからの影響がネーデルラントなどを経由し、書物などで入ってきたものであった。イギリス人で初めて直接イタリアの建築を研究し設計に取り組んだのはイニゴー・ジョーンズ（1573-1652）である。クイーンズ・ハウス（グリニッジ、1616-18と1629-38、❺-❼）やバンケティング・ハウス（ロンドン、1619-22、❽、❾）などで、正統的といわれる古典性に到達した。それは単にオーダーなど意匠的な面だけでなく、立方体あるいは立方体二つ分の部屋などの構成にも見られ、ルネサンスの理想が率直に取り入れられ実現されたのは、先に述べた後進性の結果ともいえる。ジョーンズが参照したのはもっぱらセルリオやパラーディオなどマニエリスムの建築家であった。とくにパラーディオへの着目は、17世紀から18世紀にイギリスでパラーディオが評価される素地を築いた。また、エルタム・ロッジ（ケント、1663-64、❿）で知られるヒュー・メイ（1621-84）はオランダ建築に通じていた。王室が建築で果たした役割は大きかったものの、ロンドンのコヴェント・ガーデンの広場を囲む連続住宅にジョーンズがイタリア風を取り入れたように、世俗建築にもイタリアからの影響が次第に現れ始めたのも17世紀建築の特色である。
（星　和彦）

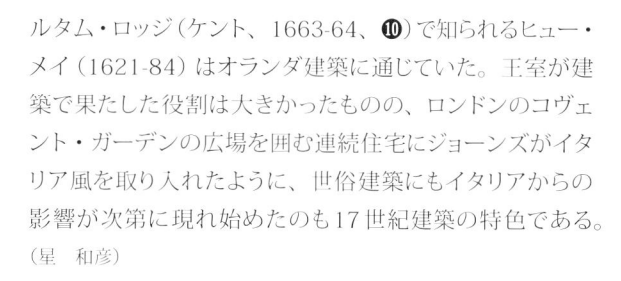

❼クイーンズ・ハウス内部

❺クイーンズ・ハウス外観（ジョーンズ、グリニッジ、1616-18、1629-38）

❽バンケティング・ハウス外観（ジョーンズ、ロンドン、1619-22）

❸マウリッツハイス（カンペン、ハーグ、1633-35）

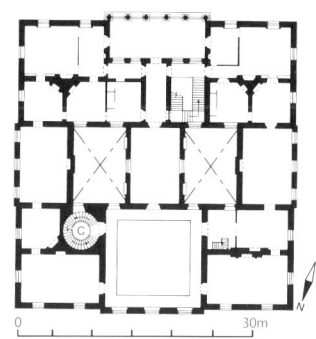

❻クイーンズ・ハウス、現状の主要階（2階）平面図

❾バンケティング・ハウス内部

❹ロングリート（スミスソン、ウィルトシャー、1568起工）

❿エルタム・ロッジ、（メイ、ケント、1663-64）

column

戦利品としての建築

建物を新しくつくる際に、別の古い建築の部材を利用することがある。現代でも居酒屋の内装に古い民家の木材を使って日本的な空間を演出した例などよく見受けられる。そんなときに利用された部材のことを転用材という。転用材は欧米ではスポリアと呼ばれることが多い。これにはもともと戦利品という意味がある。建築に戦利品とは何かそぐわない気もするが、たとえばキリスト教以前の多神教の神殿部材が教会に転用されたことなどを考えると、勝者・敗者という見方も的外れとはいえないだろう。とくに時の権力者との関係が密接な建物の場合、このことは顕著に現れる。わが国では江戸時代に豊国廟や方広寺大仏殿など豊臣秀吉ゆかりの建物が酷い扱いを受けたことは有名だが、ヨーロッパでも同様な例をみることはできる。

1204年に十字軍と称してヴェネツィアを中心とする西欧諸国の連合軍がコンスタンティヌポリスを占領した際、多くのものが文字通り戦利品として持ち去られた。サン・マルコ広場の青銅の4匹の馬や抱擁し合う4人の皇帝の紫大理石の像は有名だが、これ以外にも貴重な石材でできた柱などの建築部材も持ち去られている。まさに文字通りの戦利品だ。

ただしヨーロッパ建築史の重要な柱の一つ、教会建築は政治的な権力者とは距離があることが多いので、影響を受けることは結構少ない。むしろ興味深いのは、古代の多神教からキリスト教へという変化や、キリスト教とイスラム教の対立であろう。

トルコ西南部にあるクサントスの遺跡では、古代神殿の軒を飾っていた豪華な石材が教会堂の戸口の枠に転用されており、異様な迫力をもっている。もっとも中世になって石材の流通が古代ほど盛んでなくなると、貴重な石材を再利用するのは非常に重要なことになる。とくにエジプト産の紫の大理石は貴重で、何度も何度も削り直して再利用された。

しかし転用されるのは別に部材だけとは限らない。かのパルテノン神殿もまずはキリスト教の教会、そしてついでにイスラム教のモスクに転用された。さらにその後、トルコ軍の武器庫として使われていたときに砲撃を受けて大爆発を起こしたことは有名である。パンテオンやディオクレティアヌス帝の浴場といった古代ローマの傑作が、廃墟にならずに現代に継承されたのも、これらがそれぞれサンタ・マリア・アド・マルティレスとサンタ・マリア・デリ・アンジェリと、どちらも教会に転用されたからだと考えることもできる。

1453年にオスマン・トルコがビザンツ帝国を滅ぼしたとき、帝都コンスタンティヌポリスはイスタンブルとなり、オスマン帝国の首都になった。その際にコンスタンティヌポリス総大主教座があったアヤ・ソフィア（ハギア・ソフィア）は残り、歴代ビザンツ皇帝の墓所があった聖使徒は壊された。アヤ・ソフィアはトルコ皇帝が使用するモスクに改装された。その名残ーたとえば教会の四隅に立つミナレットーは現代すでに重要な歴史遺産の一部となっている。聖使徒教会はこの街でも一番目立つ丘の頂きに建っていたが、その跡地にはビザンツを滅ぼしたファティヒ（征服者）、スルタン（皇帝）・メフメト2世を記念するモスクが建設された。もしかしたら歴代ビザンツ皇帝の墓所が置かれた聖使徒教会は、新たな支配者オスマン・トルコの皇帝にとって容認できない存在だっただろうか。見方を変えると同時に部材、建築、のみならず敷地も戦利品になるということなのかもしれない。（太記祐一）

鮮やかに彩られていた建築

京都府宇治市平等院阿弥陀堂、通称鳳凰堂。日本建築史上最重要なモニュメントの一つで、藤原頼通の命により造営された平安仏教建築の最高傑作である。多くの観光客は、この建物のくすんだ木肌の色合いに歴史の重みを感じるのではないだろうか。この鳳凰堂の裏手にある宝物館は、現代建築の一つの到達点を示すものだが、その展示内容に驚く人は少なくないだろう。創建当初の鳳凰堂の姿がCGの映像で再現されているのだが、極彩色の極楽浄土を映した絢爛豪華な建築がそこにはある。

過去の多くの傑作を、現代人は彩色がないのが当たり前と思っている。鳳凰堂のみならずミロのヴィーナスもパルテノン神殿も。しかし鳳凰堂と同様に、ミロのヴィーナスもパルテノンもかつて極彩色だったことが研究の結果わかっている。

同じことは中世の大聖堂にもいえる。ゴシック大聖堂の入口を飾る数多くの彫刻は、どれも今は石の肌が剥出しになっている。多くの見学者はこの石の肌に、えもいわれぬ素朴な風情を感じ、歴史の流れを味わうのだが、この彫刻は竣工当時は色が付いていた。もちろん彩色されていたのは入口の彫刻に限らない。ル・コルビュジエは「伽藍が白かった時」と書いたが、竣工当時の伽藍＝大聖堂は白くはなかったようである。もっともシャルトル大聖堂のステンドグラスが「シャルトルの青」と呼ばれ称賛を集めたことを思えば、中世の人たちが色彩にこだわりをもっていたことは明らかだろう。ちなみに大ざっぱにいって中世初期からロマネスクでは赤が、ゴシック以降は青が主流となったとされている。これは好みの問題もあるが、染料などの技術的な問題もあったようだ。

染料と色で有名なのは紫色だろう。紫色の染料・顔料は自然からは手に入れにくい。このため古代では紫色は高貴な色として珍重された。とくにビザンツ帝国では金糸の縁取りのある紫のマントは皇族のみが許された礼服だった。歴代皇帝は紫色の大理石の石棺に埋葬されることを望んだが、紫色の大理石はエジプト産で、7世紀以降輸入が途絶えたため、以後、バルカンから出る緑色の大理石が石棺に多用された。

こういった色大理石そのものの色彩を楽しむやり方は、古代ローマやビザンツ建築において多用された。ビザンツ建築はモザイク装飾が有名だが、それ以外の部分では大理石の化粧材が用いられることが多い。大理石の魅力の一つは表面の繊細な模様にあるが、薄く割った大理石板を切り口の模様が左右対称になるように並べ、構造体の上に張り付けるのだ。

これに対して西ヨーロッパの多くの教会などでは漆喰や石灰乳で色が付けられていた。つまり石材の肌が剥出しで素材の美しさが生かされていた可能性は低い。しかしそういったかつての仕上げは失われてしまっていて、それが壁画なのか模様なのか、それとも建築部材ごとの着色なのもふくめて、まだわからないことは多い。（太記祐一）

バロック
Baroque

反宗教改革の建築

教皇の都市ローマ

装いに真実を求めて

ドームの幾何学

王権の建築

王権とパリの勃興

野外祝典とフランス式庭園

機械の幻惑

建築と新旧論争

百花繚乱のロココ

啓蒙絶対主義と後期バロック

市民の建築

都市と国家戦略

劇場建築の発展

図面の力

バロック―教権と王権が支えた総合芸術

ネサンス様式が円や正方形といった単純幾何学図形を用い、均整がとれて静的であるのに対して、バロック様式は楕円を好む動的な様式として認識されている。しかし、彫刻、絵画、音楽などの他の諸芸術とも渾然一体となり、諸芸術を統合した総合芸術を指向したことこそが大きな特徴である。

のような建築を支えるには膨大な知と富の集積を要した。それを支えられたのは教会と王権であり、ローマのサン・ピエトロとヴェルサイユは、バロックのみならず、西洋を代表する聖俗の大建築だといえよう。中世以来の三身分制に則るなら、第1身分=聖職者と第2身分=王侯貴族がバロック建築をリードしたのである。本章でも、教会建築、宮殿建築、そして、当時勃興しつつあった市民層、すなわち、第3身分の建築を含む都市建築の順に記述した。

ロック建築を語るには、ルネサンスからの様式的変遷に力点を置いた様式論や、巨匠建築家に焦点を当てた作家論の観点だけでは十分ではない。少なくともバロック建築を推進した教会と王権の背景となった「反宗教改革」と「絶対王政」については多少の説明の必要がある。

皇の権威を否定し、聖ヒエロニムス伝来のウルガータ訳ラテン語聖書ではなく自ら訳したドイツ語訳新約聖書で説教しようというルターら「プロテスタント(抗議する人)」の「宗教改革」に対し、危機感を抱いた教皇パウルス3世は、1545年、トレント公会議を開催、1545-48、1551-52、1562-63年に25度の総会が開かれ、ピウス4世が1564年に「大勅書」にまとめた。教会再統一を図る皇帝カール5世の望みとは裏腹に、プロテスタント諸派との決裂は決定的となったが、カトリック教会刷新の出発点となる。教皇庁の行政改革も進み、各聖省組織が徐々に整備された。巡礼地としての「永遠の都」ローマの整備も歴代教皇によって推進された。また、1534年にイエズス会が設立され、南ドイツやポーランドを再宣教してカトリック陣営に立ち戻らせ、南北アメリカ大陸やアジアでも宣教活動を展開した。

これらの動きを「反宗教改革」という。建築はその重要な要素だった。信仰を個人的水準に還元し、教会堂の地位を相対的に低下させたプロテスタント諸派に対し、カトリック陣営は教会堂を世にも美しく彩り信者たちの恍惚感を誘ったのである。人の感覚に訴えるバロック建築は、彫刻、絵画、音楽などの他の諸芸術とも渾然一体となり反宗教改革の先兵となった。一般にバロック様式の形態的特徴といわれる楕円やうねる壁、複雑な幾何学形態を駆使したクーポラなどの目に直接訴えかける形態を使用した建築はこうして生まれた。

16世紀末頃から始まるバロック時代には、古代に源をもつ人文主義的知の体系が新たな科学の勃興によって崩壊し、天動説的世界から地動説的世界への「パラダイム(認識・思考の枠組)変換」の真っ最中だった。人々は五感で直接感じられる事象のみを重視し、そして、それすらも現実ではなく仮象のイメージではないかと危惧した。彼らにとって人生は演劇、この世は劇場だった。場面が突然転換し、神々が空を舞う派手な演出と、せりふをすべて歌うことを特徴とするオペラは、まさにバロック精神の産物である。そして、オペラをはじめとするバロック演劇が上演された野外祝典や常設劇場建築の発展、「機械」のイメージも当時の劇場的世界観と密接にかかわっている。

現世をはかなきものとするこのような人生観には、うち続く戦争とそれによる荒廃も影を落としている。17世紀は兵員数が飛躍的に増大し、戦争の主眼が「野戦」ではなく「攻囲戦」に置かれるようになった時代である。ゆえに、16世紀半ばに確立した「稜堡式築城術」とそれによる都市防御システムがさらなる発展を遂げたが、このような大がかりな体系を維持しえたのは一握りの大国だけだった。

16世紀以降、欧州政治の軸はハプスブルク家とフランス王家の抗争にあった。ハプスブルク家はシャルル(1500-58)の時代に、オーストリア、低地地方などの旧ブルゴーニュ公領、スペインなど欧州最大の版図を誇った。神聖ローマ皇帝としてカール5世、スペイン王としてはカルロス1世という。1556年に引退後、帝位は弟フェルディナント、スペインは息子フィリップ(フェリペ)が継ぐ。スペインはフェリペ2世時代まで「太陽の沈まぬ帝国」として栄えたが、17世紀には衰退した。

17世紀以降の世俗建築を導いたのは一方の雄フランスである。16世紀後半はカトリックとプロテスタントの宗教戦争に翻弄されたが、ブルボン王朝(1589-1791)のアンリ4世、ルイ13世は、シュリ、リシュリュー枢機卿、マザラン枢機卿を歴代宰相に登用、王権強化に努めた。

そして、貴族や市民によるフロンドの乱(1648-53)を経つつも、太陽王ルイ14世(1638-1715)の「偉大な世紀(グラン・シエークル)」を迎えた。財務総監コルベールが財政経済政策、陸軍卿ルーヴォワが軍事革命を推進、17世紀末には、政治的に欧州覇権の一歩手前、文化的には先進地イタリアを凌駕せんとしていた。18世紀のルイ15世、ルイ16世時代もその余光は続き、今日のブランド文化にまで反響している。

こうして確立された強力な王権による体制を「絶対王政」といい、それを象徴する建造物が、彫刻、絵画、庭園、音楽、スペクタクルをも統合したヴェルサイユ宮殿である。ここにはイタリア・バロック建築に顕著な楕円や曲線はない。しかし、五感に直接訴える外観に表現努力を集中したという意味で、無限に延びる軸線が貫くフランス式庭園や施主の権威を表現する整然たるファサードもまた、バロックであり、従来、「フランス古典主義」と分類されてきた建築も独自のフランス・バロック建築と称してよい。

同時にヴェルサイユは、古典古代に絶対の価値を置いた近世とそれを相対化した近代の結節点でもある。フランスでは、デカルトが「我思う、ゆえに我有り」という、確固たる根拠のある事象のみを信じる合理精神を唱え、世紀末には神聖不可侵の「古典古代」が揺らぎ始めて、18世紀に啓蒙思想が芽生えた。早くも産業革命を迎えたイギリスでも新しい動きがあった。こうして近代への道筋が用意されたのである。(中島智章)

1 反宗教改革の建築

1517年、マルティン・ルターは95カ条の論題で教皇レオ10世の贖宥状政策に抗議、教皇に公然と反旗を翻した。これを契機に北方の国々で宗教改革の嵐が吹き荒れカトリック存亡の危機に陥ったが、トレント公会議（1545-63）以降、教皇庁に行政機関としての聖省組織を整え、イエズス会などによる宣教、再宣教も進み、新たなカトリック信仰の炎が燃え上がった。

●サン・ピエトロ大聖堂の膨張

カトリック教会の総本山は、元々、救世主大聖堂だったが、この聖堂が896年にサン・ジョヴァンニ・イン・ラテラーノ大聖堂に改称されると、聖ペテロ殉教の地と伝えられる場所に建つサン・ピエトロ大聖堂に置かれるようになった（❶、❷）。15世紀末からはブラマンテやミケランジェロの指揮の許、コンスタンティヌス帝時代からの大聖堂に代わってルネサンス様式の大建造物が建設されていき、シクストゥス5世のときに完成した。

しかし、反宗教改革を推進する教皇庁は事業を終了させたりはしなかった。ルネサンスの建築家たちが構想したギリシア十字形の静的な集中式聖堂に、カルロ・マデルノ（1556-1629）が身廊・側廊・ファサード（1614-24）を増築してラテン十字形となる。ここに全長211.5m、幅156m、面積49,737m²のカトリック世界最大の聖堂が出現した。

さらに跡を継いだジャンロレンツォ・ベルニーニ（1598-1680）はマデルノのファサードの前に台形と楕円形を組み合わせた広場（1656-67）をデザインし、その周りを高さ18.3mの円柱284本、角柱88本を擁する4列の列柱廊で囲う（→バ2❼）。楕円の長径200m、短径165mという広大な広場は、教皇の許に参集する人々を迎え入れている。

ベルニーニは大聖堂とヴァティカン宮殿の間にスカラ・レジア（1663-66）と呼ばれる階段も建設している。上に行くにつれて幅が狭くなっていく階段で、下に立ったとき実際よりも長くみせるという効果を狙っている（❸）。

●イル・ジェズ形からバロック教会建築へ

カトリックのバロック建築を主導したのは教皇だけではない。聖イグナチオス・デ・ロヨラらによってパリで1534年に創設されたイエズス会は、新教の勢力下に入りつつあった南ドイツやポーランドを取り戻したのみならず、新大陸やアジアの布教にも力を入れていた。そのイエズス会のローマにおける拠点がイル・ジェズ聖堂（1568-84、❹、❺）である。

イル・ジェズ聖堂のように単廊式で左右に祭室群を設けた形式、あるいは伝統的な三廊形式の側廊＋身廊＋側廊からなる教会堂断面を古典主義建築のやり方で覆うのには工夫がいる。ここでは全体を横断して第1層目オーダーを施し、身廊上方のみを第2層目オーダーで覆って、身廊とその左右の部分の高さの違いは渦巻状装飾（スクロール、ヴォリュート）で隠す方法をとっている。

ヴィニョーラの設計を元にデッラ・ポルタ（1537頃-1602）が完成させたこのファサードはイル・ジェズ形と呼ばれ、以後、教会堂のファサードの典型として全ヨーロッパさらにはアメリカ大陸にまで広まった。同じローマ市内にもマデルノによるサンタ・スザンナ聖堂（1597-1603、❻）が後に続いた。

フランスでも、3種の古典主義オーダーを積み重ねたサロモン・ドゥ・ブロス（1571-1626）設計サン・ジェルヴェ聖堂のファサード（1616-21）を経て、ジャック・ル・メルシエ（1585-1654）設計ソルボンヌ礼拝堂（1635-42）、それに、フランソワ・マンサール（1598-1666）とル・メルシエ

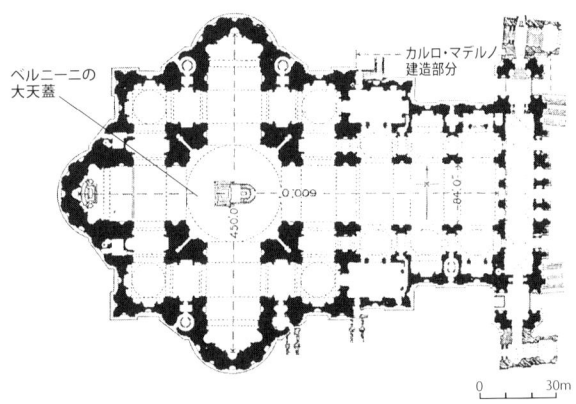

❶サン・ピエトロ大聖堂平面図

❷サン・ピエトロ大聖堂ファサード（マデルノ、ヴァティカン、1606-24）中央に行くほど立体感が高まる

のヴァル・ドゥ・グラース聖堂（1645頃）では完全なイル・ジェズ形が実現された（❼）。

低地地方では新教を奉じた北部7州がスペインから独立したが（現オランダ）、南部10州は「カトリック王」のスペインに残った（現ベルギー）。画家ルーベンスもかかわったアントワープのシント・カロルス・ボロメウス教会堂やルーヴェンのシント・ミヒール教会堂（1650-71）、ナミュールのサン・ルー教会堂などが豊穣な装飾美で魅せている。

皇帝カール5世の後、スペインと低地地方は息子のフェリペ2世が継いだが、皇位は弟フェルディナントの手に帰し、以後、その子孫が現オーストリアを中心に皇帝領を支配した。カール以来、皇帝はカトリックの強力な護り手であり、メルクのベネディクト会修道院（1702-）など、イタリア風の教会バロック建築が盛んだった。

ウィーンにもヨーハン・ベルンハルト・フィッシャー＝フォン＝エルラッハ設計カールスキルヒェ（1716-25）のような、楕円形クーポラや記念柱などのモチーフを自由に駆使してローマ留学の成果を存分に生かした例がある。

また、南ドイツではミュンヘンに、イル・ジェズ形ファサード両脇に鐘楼を建てたデザインのテアティーネ修道院聖堂（1663-90）があり、イタリア人バレッリとツッカッリ設計で、スタッコ装飾も豊かだ。そして、コスマス・ダミアン・アザム（1686-1739）とエギッド・クヴィリン・アザム（1692-1750）の兄弟が自費で設計建立したザンクト・ヨーハン・ネポムーク聖堂（1733-46）は小品ながら華麗なるドイツ・バロックの極致である（❽、❾）。（中島智章）

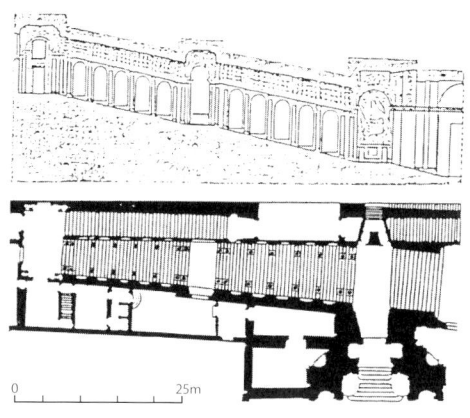

❸ スカラ・レジア平面図（ベルニーニ、ヴァティカン、1663-66）

❺ イル・ジェズ聖堂内観

❻ サンタ・スザンナ聖堂（マデルノ、ローマ、1597-1603）

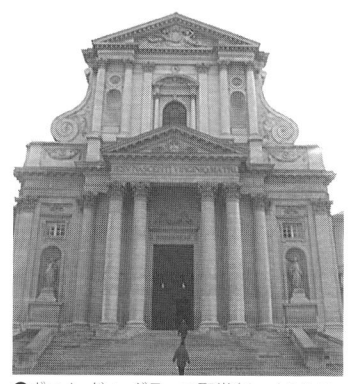

❹ イル・ジェズ聖堂（ヴィニョーラ、ローマ、1568-84）

❼ ヴァル・ドゥ・グラース聖堂（ル・メルシエ、パリ、1645頃）

❽ ザンクト・ヨーハン・ネポムーク聖堂ファサード（アザム兄弟、ミュンヘン、1733-46）

❾ ザンクト・ヨーハン・ネポムーク聖堂内観

2 教皇の都市 ローマ

カトリック世界の中心地、ローマは、バロックの造形表現によって、「永遠の都」にふさわしいダイナミックな都市風景をつくり上げた。噴水やオベリスクで象徴的に飾られ、モニュメンタルな聖堂が舞台装置として堂々とそびえる開放感に満ちた広場は各地から集まる巡礼者を圧倒し続けてきた。

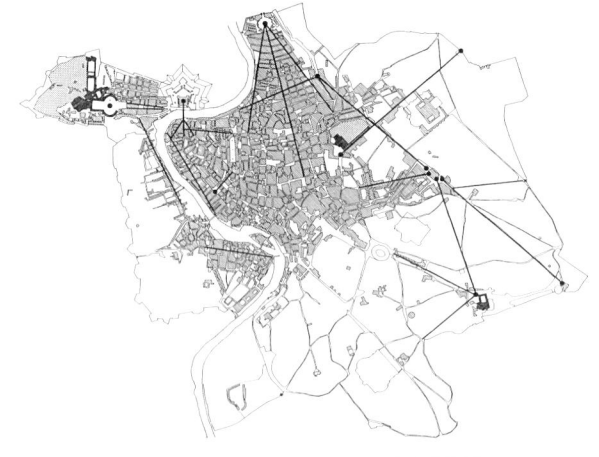

❶ 15、16世紀の教皇たちによって実現された直線道路群

❷ ポポロ広場俯瞰（ローマ）

❸ サン・カルロ・アッレ・クアットロ・フォンターネ聖堂外観（ボッロミーニ、ローマ、1665-68）

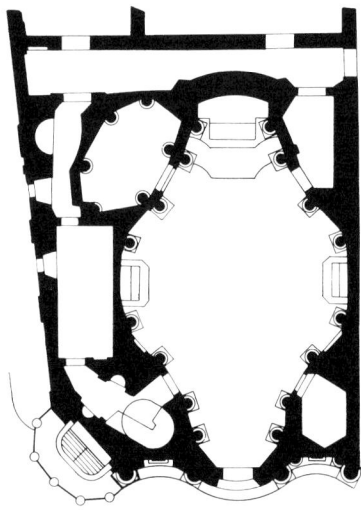

❹ 平面図

●巡礼のための都市空間の創出

16世紀末から始まるバロック・ローマの都市づくりの最大の立役者はシクストゥス5世（1585-90）だった。中世以来、脈絡なく存在していた七つのバシリカを見通しのきく直線道路で結び、広場に古代の記憶と結び付くオベリスクを立て、明快な秩序をもつ巡礼路として整備する大事業を成し遂げたのが、この教皇だった。その構想は建築家ドメニコ・フォンターナ（1543-1607）によって実現された。中世初期以来の重要なバシリカ、サンタ・マリア・マッジョーレ大聖堂を起点に、聖堂と聖堂を結ぶ直線的な道路軸が建設された（❶）。こうして、巡礼者たちは、前方に次々に現れるオベリスクを目印としながら、いくつものバシリカを訪ね歩くことのできるようになった（❷）。この一連の開発事業は、まだ田園の広がっていた東側の高台ゾーンを中心に展開した。17世紀には、ベルニーニ、ボッロミーニをはじめとするバロックの建築家が登場し、壮大なスケールで誕生した都市の骨格の上に、舞台美術的な人々を魅きつける造形を施し、躍動感にあふれるバロック都市ローマを完成させていった。

東の高台に登場した建築の中で最も注目されるのが、フランチェスコ・ボッロミーニ（1599-1667）の傑作、サン・カルロ・アッレ・クアットロ・フォンターネ聖堂である（❸、❹、→バ4❶）。交差点の角の狭い敷地という制約の中で彼は、建築全体が内も外もダイナミックに波打つ独創的な造形の小品をつくり上げた（1665-68）。2層からなる湾曲したファサードは、下層と上層でエンタブラチュアのそれぞれ異なる鋭いうねりを示し、揺さぶるような壁面の動きで眼前に迫ってくる。聖堂の内部に入ると、幻想的な雰囲気に満ちた空間全体の統一性に心を打たれる。縦長の楕円平面を基本とし、動きのある独特のラインを描く壁面に、

❺ナヴォナ広場

❻サンタ・マリア・デッラ・パーチェ聖堂（コルトーナ、ローマ、1656-57）

❼サン・ピエトロ広場俯瞰（ベルニーニ、ローマ、1656-67）

エンタブラチュアがダイナミックに波打ちながら巡る。上に架かる楕円のドームは、頂部からの象徴的な採光によって、軽やかに浮上する幻想的な効果を生み、天井の聖なる空間へと人々を誘う。

●迷宮的な旧市街のバロック

ローマ・バロックを特徴付けるさらに劇的な空間は、むしろ低地のカンポ・マルツィオ地区に展開した。その中心、古代競技場の跡を受け継ぐナヴォナ広場は、中世以後、市場の建つ広場となっていたが、17世紀にバロックの華麗な造形が加えられ、催し物、祝祭の華やかな舞台になった（❺）。目を奪うのは、中央の堂々たるドームと両翼の塔を持つサンタニェーゼ聖堂（ボッロミーニが完成）と、広場の中央に置かれた噴水である。ローマが世界の中心であることを謳う、オベリスクのそびえる「四つの河の噴水」は、ボッロミーニの宿敵ベルニーニによってつくられた。迷宮の中にぽっかりあいた開放感あふれる祝祭広場の存在は、いかにもローマの下町らしい。

ナヴォナ広場のすぐ西の裏手に、稠密に建て込んだ市街地の中にバロックの精神で生み出されたサンタ・マリア・デッラ・パーチェ聖堂前の広場がある（❻）。この舞台装置的な都市空間の設計者ピエトロ・ダ・コルトーナ（1596-1669）は、古い聖堂の前面に半円形のポルティコを付けると同時に、既存の建物の一部を削り取りながら、周りに左右対称の広場をつくり、それに面する壁面を統一感のあるデザインとした。

●サン・ピエトロ大聖堂とその広場

テヴェレ川の西側に、カトリックの総本山ヴァティカンのサン・ピエトロ大聖堂が置かれている（❼）。ミケランジェロ設計の大ドーム（1587-89）は、のちに建築家マデルノによって長い身廊部と壮大なファサードが加わったため、その前面の小さな広場からは見えにくい状態になっていた。そこに17世紀後半、ジャンロレンツォ・ベルニーニが登場し、力強いバロックの空間造形で、堂々たる楕円形の広場を建設したことによって、ドームを戴く大聖堂と広場が一体となった壮大で象徴的な都市空間が成立した。

広場の建設にあたりベルニーニは、1586年に近くの古代競技場から運ばれ、聖堂の軸の上に立てられていたオベリスクを中心とし、楕円状に囲う壮大なコロネードを実現した。それはちょうど母なる教会の2本の腕が広場に集まる人々を抱きかかえるような形態をとり、信仰のもとでの教会への一体感を象徴的に表現している。普段は人間の尺度をはずれるかに思われがちな巨大空間だが、いったん儀式が行われ、コロネードや広場を群衆がぎっしり埋めるならば、その壮大な舞台装置の持つ意味がよくわかる。　　　　　　　　　　　　　　　　　　（陣内秀信）

3 装いに真実を求めて

バロックとは「歪んだ真珠」を意味するポルトガル語BARROCOからきているといわれている。当時、様式名として用いられたことはなく、19世紀には均整のとれた古典主義あるいはルネサンス様式との対比で蔑称として用いられていたが、20世紀になって再評価され、現在では価値判断を離れた、17世紀から18世紀前半の建築と芸術の様式名として定着した。

●歪んだ真珠の美学

バロック建築家の双璧としてあげられるのは、ベルニーニとボッロミーニである。ベルニーニはサン・ピエトロ大聖堂で活躍した押しも押されもせぬローマのスター建築家で、楕円形のサン・ピエトロ広場や、大聖堂内ペテロの墓の上の、捩り柱が特徴的な大天蓋（バルダッキーノ）、大聖堂と教皇宮殿をつなぐ遠近法を効果的に強調したスカラ・レジア、また、サンタンドレア・アル・クィリナーレ聖堂（1658-70、❶、❷）などの作がある。彫刻家としても著名で、古代の競技場跡であるナヴォナ広場中央にオベリスクとともに配置された四大河像、サンタンジェロ城前の古代橋の欄干に置かれた大理石彫像群も彼の作である（実際に置かれているのはコピー）。

ローマのパラッツォ・バルベリーニ（1628-33）でマデルノ、ベルニーニと協力したボッロミーニは大きな仕事には恵まれなかったが、サン・カルロ・アッレ・クアットロ・フォンターネ聖堂（1638-46、ファサード1665-68）は、彼のみならずバロック建築の代表作である（→バ2❸、❹）。ファサードは中央が丸みを帯びて突き出し、両脇が逆に凹んでうねる壁となっている。1層目にコリント式、2層目にコンポジット式を重ね、さらに小さなスケールのオーダーを開口部回りに施すという、ミケランジェロがパラッツォ・デイ・コンセルヴァトーリ（→ル13❾）で用いた手法がみられる。内部でも楕円と円弧を組み合わせた平面に複雑形態のクーポラが載る。

バロック建築の特徴として一般的にいわれているのは、彼ら二人の作品にも顕著な楕円やうねる壁など不規則で歪んだ感じを人々に感じさせる形態への嗜好であり、ルネサンス時代に円や美しい比例で細部を割り付けられた平面が好まれたのと対比されることが多い。「歪んだ真珠」語源説が有力な所以である。ただし、全体構成で奇抜さを

❶サンタンドレア・アル・クィリナーレ聖堂正面（ベルニーニ、ローマ、1658-70）設計者も、自らの最高傑作と認めていた

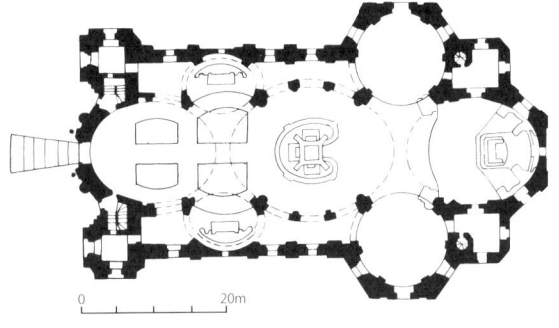

❷サンタンドレア・アル・クィリナーレ聖堂の楕円形クーポラ

❹フィーアツェーンハイリゲン巡礼聖堂平面図（ノイマン、ミュンヘン、1743-72）

狙っているとしても、細部比例ではルネサンス様式と同様の規範を守っていることは指摘しておく必要がある。

この二人の他、コルトーナのサンタ・マリア・デッラ・パーチェ聖堂（1656-59）と曲線を描く周辺建築のファサードによって形成された広場、イル・ジェズ形を基本としながらも、中心になるにしたがって前方に迫り出すようなデザインによる小マルティーノ・ロンギ設計サンティ・ヴィンチェンツォ・エ・アナスタジオ聖堂（1646-50）、ヴェネツィアにはバルダッサーレ・ロンゲーナ設計サンタ・マリア・デッラ・サルーテ聖堂（1631-1687）のような例がイタリアには事欠かない。

そして、17世紀末になるとサヴォイア家のトリノがバロック建築の中心地に躍り出た。グァリーノ・グァリーニ（1624-83）が代表的建築家で、トリノ司教座聖堂内サンティッシマ・シンドネ（聖骸布）礼拝堂（1667-94）、サン・ロレンツォ聖堂（1668-87）、ベルニーニのルーヴル宮殿第1案に影響されたパラッツォ・カリニャーノ（1679-85）のような建築作品がある。彼の後にはフィリッポ・ユヴァッラが続き、ストゥピニージ宮殿（1719-33）の後、実現されることのなかった壮大なマドリード王宮案を残す。

このような指向は16世紀後半から巻き起こったカトリック教会主導の反宗教改革と呼ばれる宗教運動と結び付けられている。実際、イタリア以外では、カトリックを擁護した皇帝の所領（現オーストリア）や、プロテスタント陣営から再奪還された南ドイツで、ローマ風の教会バロック建築が18世紀中頃に至るまで盛んに建設され続けた（❸）。ウィーンのカールスキルヒェやミュンヘンのザンクト・ヨーハン・ネポムーク聖堂などの例がある。そして、ヨーハン・バルタザール・ノイマンはフィーアツェーンハイリゲン巡礼聖堂（1743-72）で、内部をロココ式で豊かに装飾し、ラテン十字平面を基調としつつも楕円をいくつか組み合わせた複雑な内部空間を創造した（❹）。

逆に、フランスには例が少ない。その中で最もローマ・バロックに接近したのはル・ヴォーで、楕円形大広間を中心に据えたヴォー・ル・ヴィコント城館や大きく両翼が湾曲する四国学院を設計した。

● **バロックの劇場性**

営々と尊重されてきた人文主義的教養体系が、新たな科学の勃興によって崩壊し、天動説的世界が揺らいでいた当時、五感で直接感じられる事象のみを重視する態度、そして、それすらも現実ではなく仮象のイメージではないかと危惧する態度が生じた。人生は演劇、この世は劇場であるというのである。楕円やうねる壁など、目に直接訴えかける形態の使用もここからきていると同時に、それはバロックの劇場性の発露の一つにすぎない。

五感に直接訴える外観に表現努力を集中したという意味では、楕円や曲線はなくとも、広場と直線道路とファサードを整える都市計画手法、下から見上げた内殻と外から見た外殻が一致しない、アルドゥアン＝マンサールの廃兵院サン・ルイ礼拝堂（1677-1707）（❺）やサー・クリストファー・レンのセント・ポール大聖堂（1675-1710）の三重殻クーポラ、さらにはファサードだけを先に建ててしまったルーヴル宮東側ファサード列柱廊、前庭と邸館背後の庭園の中心軸がずれているにもかかわらず、各々の側からみると左右対称ファサードを保っているマティニョン邸館も「バロック」なのである。（中島智章）

❸聖ミクローシュ教会堂（ディーツェーンホーファー、プラハ、1703-59）

❺廃兵院サン・ルイ礼拝堂断面図（アルドゥアン＝マンサール、パリ、1677-1707）

4 ドームの幾何学

16世紀の後半から楕円形が新しいデザインとして使われるようになり、17世紀になると多くの建築家が大々的に楕円形を用いた。さらに、単純形態を複雑で多様に組み合わせる幾何学操作も試みられるのである。建築の平面やドーム天井に駆使された精巧な幾何学の手法もバロック的造形の原動力であった。

●魅せる幾何学

ミケランジェロがカンピドリオ広場に楕円形を使用してから、楕円形が建築デザインの主流になるのにそれほど時間はかからなかった。17世紀になると多くの建築家が楕円形に興味を示すようになった。ローマを代表するバロックの建築家ベルニーニは、サンタンドレア・アル・クィリナーレ聖堂(1658-70、→バ3❶、❷)の平面およびドームの形態に楕円形を用いた。また、ボッロミーニも、サン・カルロ・アッレ・クアットロ・フォンターネ聖堂(1638-67)の基本形態として楕円形を用いた。教会の平面やドーム天井に見られる楕円形は、たしかにバロック建築のわかりやすい特徴の一つである。

しかし、ボッロミーニによるこの聖堂の平面形状は楕円形にはなってはおらず、伝統的な聖堂平面である十字形と天井の楕円形を融合させた複合形態になっている(❶、→バ2❸、❹)。そして、聖堂の内部空間は凹凸のある曲面壁によってうねるように取り囲まれている。すなわち、ボッロミーニの独創は楕円形の使用にとどまらず、多様な幾何学形態を駆使するところにあった。実際に彼が残した図面には、楕円を基調としたこの教会に菱形(背中合わせに配置された二つの正三角形)、それに内接する二つの円が描き込まれている。また、ボッロミーニによるサンティーヴォ・アッラ・サピエンツァ聖堂(1642-60)にも、幾何学形態の独特な操作がうかがえ、平面およびドーム形状がさらに複雑なものとなっている(❷)。一見すると不思議な花弁状のパターンに見えるが、よくよく見るとその形状は上下に向きの違う正三角形を二つ重ねた六角星形を基本としながら、その六つの角を円弧状に切り取られた三角形と半円形によって交互に取り囲んでいる(❸)。そして驚くべきことに、この複雑な平面形状がそのままドームとして立体的に立ち上がり、ドームの側壁にも凸面と凹面のリズムが繰り返されるのである。ルネサンス以来、ドームの形状は規模の違いこそあれ、基本的に半球面であった。しかし、バロックの時代に至り、ドームは楕円形や複雑な幾何学平面の上に立ち上がるようになり、時には、うねるような曲面の効果が試みられたのであった。

❷サンティーヴォ・アッラ・サピエンツァ聖堂(ボッロミーニ、ローマ、1642-60)ドーム見上げ

❶サン・カルロ・アッレ・クアットロ・フォンターネ聖堂(ボッロミーニ、ローマ、1665-68)ドーム見上げ

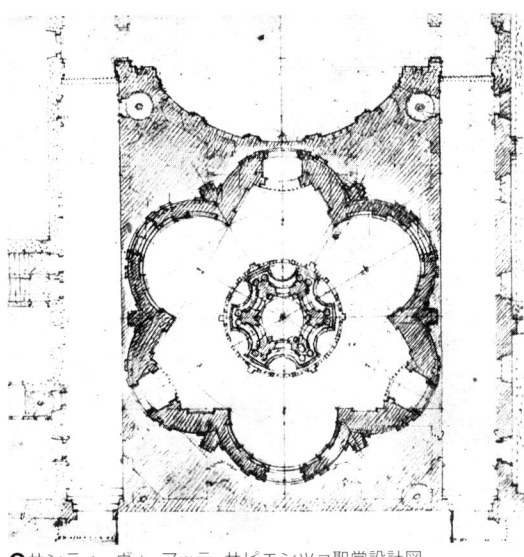

❸サンティーヴォ・アッラ・サピエンツァ聖堂設計図

●ドーム天井のコスモロジー

　バロック建築の天井にも幾何学的操作を見いだすことができる。ボッロミーニは、オラトリオ・ディ・フィリッピーニ（1638-50）やプロパガンダ・ディ・フィーデの礼拝堂（1647-64）のヴォールト天井において、対角線状にリブを交差させた網目模様を実現している。この手法は、トリノの建築家グァリーニによって教会堂のドーム天井に用いられた。グァリーニが設計したサン・ロレンツォ聖堂（1668-87）のドーム天井には、八つのリブが交差させられている。この八つのリブは、井桁状に組まれた4本のリブが45度ずれて重ねられている（❹）。こうしたリブの間に、楕円やハート形や五角形の開口部がとられ、教会内部を採光している。ドーム天井を見上げると、実にさまざまな幾何学模様がちりばめられていることがわかる。こうしたリブ模様によるドームの装飾は、ゴシック建築に見られる交差リブの表現を思わせるが、実際にゴシック建築やスペインのイスラム建築から着想が得られたものである。

　また、グァリーニはサンティッシマ・シンドネ礼拝堂（1667-94）のドームでも、一風異なった幾何学的デザインを試みている。ドームを支えるドラムの部分には六つのアーチ型開口部があるが、さらに各アーチの頂点から上層にリブが延びて、扁平な円弧状の模様を形づくっている。さらに、この円弧状リブは上層へと延びて6層にわたって繰り返され、この一連のリブの曲線模様がドームの内壁を形づくるのである（❺）。正確に言えば、円弧状のリブは上層にまで途切れることなく連続的につながっており、ドーム空間にダイナミックな上昇感を与えている。また、下からドームを見上げると、円弧状リブを一辺とする正六角形が互い違いに幾重にも重なり合って見える（❻）。すべての円弧状リブの間には小さな開口部が設けられており、これら無数の隙間からふりそそぐ光がドーム内部に幻想的な雰囲気をもたらしている。グァリーニはドーム天井に幾何学模様を描くと同時に、交差する放物線リブや集積されたアーチ状リブを用いて、ドーム空間に上昇感を与えることにも成功したのである。（横手義洋）

❹サン・ロレンツォ聖堂（グァリーニ、トリノ、1668-87）ドーム見上げ

❻サンティッシマ・シンドネ礼拝堂　ドーム見上げ

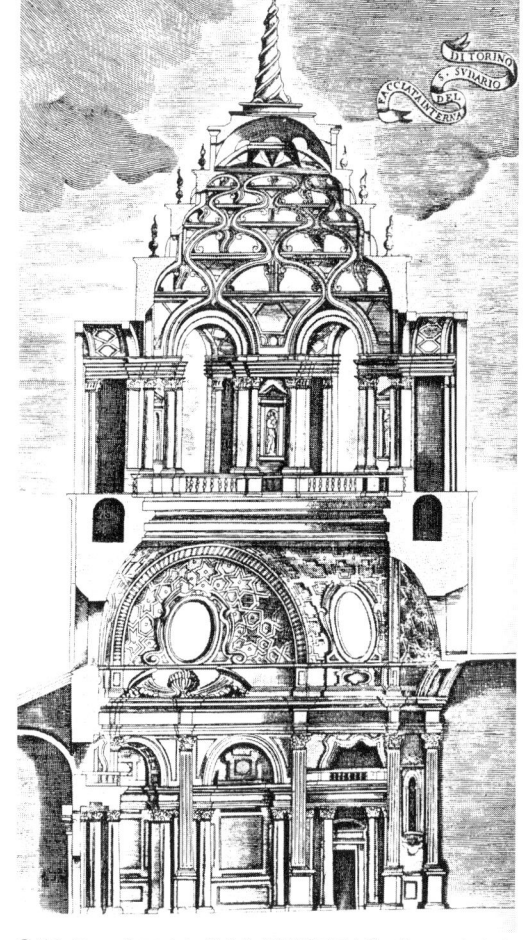

❺サンティッシマ・シンドネ礼拝堂断面図（グァリーニ、トリノ、1667-94）

5 王権の建築

ルーヴルとヴェルサイユ。太陽王の見た夢は壮麗だった。そして、皇帝のシェーンブルン（美しい泉）。それに続く大小の「某のヴェルサイユ」…。建築としてのヴェルサイユから建築様式・平面計画などで直接の影響を受けたものは案外多くないが、これらは「ヴェルサイユ宮廷」という概念が各国の王侯を虜にした証である。列王の野望がそこにうかがえる。

●「ルイ14世の世紀」とヴェルサイユ宮殿

　17世紀は絶対王政の時代、フランス革命後にアンシアン・レジーム（旧体制）と名付けられた時代だった。ゆえに王権もバロック建築を支えた主体として、教権と並び、あるいはそれ以上に重要だったのはいうまでもない。

　絶対王政はフランス王国のアンリ4世、ルイ13世を経てルイ14世の許で最盛期を迎えた。彼は、外に向けてはフランスの現在の国境線をほぼ確定し、内には建築絵画彫刻文学、さらには音楽の各分野でフランス様式を推進して、欧州での政治的また文化的覇権の確立をめざした王様で、後世、太陽王（ロワ・ソレイユ）とも称せられた。

　彼が祖父王や父王から受け継いだのは政治や軍事上の方針だけではない。1661年に親政開始を宣言すると、パリ南西にルイ13世が築いた小さな狩猟館ヴェルサイユ宮殿（1623-24、1631-34）の増改築を指示する。1668-70年にはルイ13世様式の赤レンガを基調とする小城館（❶）を三方から囲いつつ、ルイ・ル・ヴォー（1612-70）の設計により、手摺壁で低勾配の屋根を隠したイタリア風の白亜の宮殿が建設された（❷）。この新宮殿を「包囲建築」という（❸）。以来、ここは太陽王の権勢の象徴となっていく。

　1682年5月、政府ごとパリから移されて「遷都」が敢行されたが、必要な増改築工事はすでに始まっていた。2棟の閣僚の翼棟（-1680）、南の翼棟（1678-82）、大厩舎と小厩舎（1679-82）はほぼ完成しており、さらに、大付属棟（1682-84）、北の翼棟（1685-89）、礼拝堂（-1710）が建設される。これらは、今や亡きル・ヴォーの後継者ジュール・アルドゥアン＝マンサール（1646-1708）の手になる。

　全長73mに及ぶギャラリー「鏡の間」（1678-84）が造営されたのもこのときである。財務総監で建設局長官のジャン・バティスト・コルベールの努力で鏡の国産化が達成された成果でもあり、窓からの光を反射して煌めく数百枚の鏡板は、財務総監の殖産興業政策の象徴といえた。

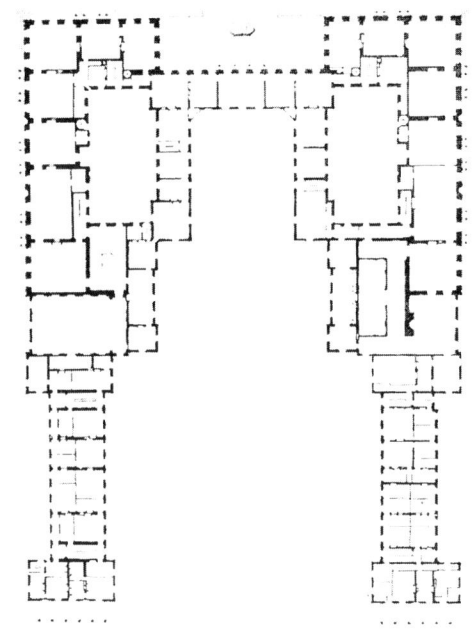

❸ ヴェルサイユ宮殿中央部2階平面図（1670-78年の様子）

❶ ヴェルサイユ宮殿前庭側ファサード（ル・ロワ、フランス、1631-34）

❷ ヴェルサイユ宮殿庭園側ファサード（ル・ヴォー、フランス、1668-70）

鏡の間に至るにはいくつもの広間を通り抜けなければならない。廊下がないからである。これが近世の宮殿建築の大きな特徴であり、広間の連なる様子を「アンフィラード」、機能上、あるいは、その他のつながりを持つ一連なりの広間群のことを「アパルトマン」と称する。

●列国に乱立する小ヴェルサイユ

　ヴェルサイユは全欧州の宮廷の憧れとなり、17世紀末から半世紀にわたって宮殿建築の大建設時代が続いた。

　スウェーデンのカール12世は、早くも建設中のヴェルサイユに小ニコデムス・テッシンを送った。ただ、彼のストックホルム王宮（1697-）はルーヴルの影響が濃い。

　スペインではカルロス2世の死でハプスブルク家（兄系）の血筋が絶え、1701年に太陽王の孫がフェリペ5世として即位すると、グランハ宮殿の庭園にヴェルサイユにもある女神ラトーヌの噴水ができた。正方形中庭と巨大な階段室を持つマドリード王宮（1736-64、❹）やナポリのカゼルタ王宮（1752-74、❺、❻）にもブルボン家の想いが溢れるが、コの字形ではなく独自の方形平面を持つ。

　フランス王家最大の宿敵ハプスブルク家（弟系）の皇帝レオポルト1世も当然ながらヴェルサイユを凌駕せんと欲したが、17世紀、皇帝領を含むドイツ語圏諸国の状況は過酷だった。三十年戦争（1618-48）の荒廃の後、帝都ヴィーン（ウィーン）も1683年にオスマン・トルコ軍の攻囲を受けなければならなかったのである。皇帝がシェーンブルン（美しい泉）宮殿を計画したのも1695年からだった（❼）。

　その後、フランスの新たな室内装飾様式であるロココ様式を取り入れつつ、ドイツ語圏諸侯国にも大小の宮殿建築が出現した。ヴュルツブルク司教宮殿、プロイセン国王（1701年までブランデンブルク選帝侯）のベルリン王宮やサン・スーシ宮殿（無憂宮）、バイエルン選帝侯のアマーリエンブルク離宮などである。これは、エノー（現ベルギー）でスカウトし、パリのロベール・ドゥ・コットの許に留学させたフランソワ・ドゥ・キュヴィエの作品である。

　また、ザクセン選帝侯フリードリヒ・アウグスト1世強健公はドレスデンにツヴィンガー宮殿（1711-22）を築く。マテウス・ダニエル・ペッペルマン（1662-1736）は、祝典空間でもある中庭を囲んで、王冠の門（❽）、男像柱装飾を施されたパルパヴィヨンを含む翼棟4棟を設計した。

　遠くロシアの女帝エカテリーナ2世もサンクト・ペテルブルク冬宮（エルミタージュ）を営んだ。イギリス・バロックの代表はサー・ジョン・ヴァンブラ（1664-1726）のブレニム宮殿（1705-）で、ブレンハイムの戦勝（1704）を記念し、将軍マールバラ公爵に捧げられている。（中島智章）

❹マドリード王宮ファサード（ユヴァッラとサッケッティ、スペイン、1738-64）

❺カゼルタ王宮外観（ヴァンヴィテッリ、ナポリ、1752-74）

❻カゼルタ王宮内観。マドリード王宮の主階段室と同じ構成

❼シェーンブルン宮殿庭園側ファサード（フィッシャー＝フォン＝エルラッハ、ウィーン、1696-1749）

❽ツヴィンガー宮殿　王冠の門（ペッペルマン、ドレスデン、1711-22）

6 王権とパリの勃興

中世のパリは幅員の狭い小路が迷宮のごとく錯綜する都市だった。そこにイタリアから空のひらけた「広場」という都市的装置を持ち込んだのはブルボン家初代の王アンリ4世である。もともと新教徒（プロテスタント）だったアンリは即位に際してカトリックに改宗するとともに、ナントの勅令（1598）を発して信教の自由を保証し、宗教上の対立を沈静化することに成功した。

●首都の非武装化

アンリ4世がパリ「近代化」に果した役割は大きい。柱廊がめぐる国王広場（現ヴォージュ広場、1604-12）は市内初の広場であり、シテ島の西端にも王太子広場（1607）が整備された（❶）。これらの広場を囲う建築は、赤レンガを基調として隅部に白い切石（コーナーストーン）を鎖状に縦に積んだツートンカラーであり、次代のルイ13世治世下までのフランス建築の特徴の一つともなる。ルイ13世様式の名で知られ、初期のヴェルサイユのデザインもそうである。

また、シテ島西端を経由してセーヌ川両岸は275mの石造橋ポン・ヌフ（1607、新しい橋）によって連絡された。フィレンツェのポンテ・ヴェッキオ（古い橋）やヴェネツィアのリアルト橋などと違って、橋の上に店舗などの建造物が建てられなかった点に新しさがあった。

アンリの孫ルイ14世はさらに重要な変化をもたらした。パリの市壁は、ルイ13世時代の改修を経てもなお時代遅れのままであり、軍事的意義をほとんど失っていた。そして、ヴォーバンの国土防衛戦略が実施に移されると、1670年に市壁は完全撤去されたのである。当時、国境防衛の自信を深めてセルウィウスの市壁を取り壊した古代ローマの英雄ユリウス・カエサルの偉業に並ぶものとして讃えられた。

市壁跡はブールヴァールとして整備され、古くからの南北軸であるサン・ドゥニ通り、サン・マルタン通りと交わる交差点にそれぞれ通りの名と同名の凱旋門が建設された。とくにサン・ドゥニ門（1671）は王立建築アカデミー総裁ニコラ・フランソワ・ブロンデル（1618-86）の代表作であり、ル・コルビュジエも称賛した整った比例で知られる。

アルドゥアン＝マンサールによって広場も引き続き建設された。ヴィクトワール（勝利）広場とルイ14世広場（現ヴァンドーム広場、1685-1720、❷）である。中央にはルイ14世像が設置され、このような広場のことを「国王広場」という。フランス各都市に建設されて全土の臣民に王のイメージを伝達した。アンジュ・ジャック・ガブリエル設計のルイ15世広場（現コンコルド広場、1757-）、正式にフランス領ではなかったがナンシーの国王広場（現スタニスラス広場、1752-56）もその系譜に属する。

王宮も整備される。ルイ13世の母で摂政マリー・ドゥ・メディシスのためにサロモン・ドゥ・ブロスはリュクサンブール宮殿（1613-）を設計した。ルーヴル宮殿は、ジャック・ル・メルシエの「時計のパヴィリオン」（1624/25-）などで拡張された。その後、東側ファサード建設問題が生じ（❸、❹）、結局、ベルニーニ案が退けられて、ル・ヴォー、ル・ブラン、クロード・ペローの列柱廊（1667-）が建設される（❺）。フランスでイタリア・バロック建築が否定された瞬間である。その他、ル・ヴォーの四国学院（1662-）、ガブリエルの士官学校（1751-68）などの学校建築も出現した。

●宮廷社会と貴族住宅

このように、1682年5月のヴェルサイユ遷都後もルイはパリの整備を怠らず、見えないところでも衛生面や治安維持組織の改善を実施している。このパリを舞台に、ル・ヴォーのランベール邸館（1640-60頃）、フランソワ・マンサールのメゾン・ラフィット城館（西郊、1642-50）、アントワーヌ・ル・ポートル（1621-79）のボーヴェ邸館（1654-60）、ドゥ・コットのブールヴァレ邸館（1717）、ジャン・クールトンヌ（1671-1739）のマティニョン邸館（1722-24）などの貴族住宅が現れた。なお、屋根面を途中で折り曲げて天井裏空間を有効活用するマンサード屋根はマンサールの名に由来するが、彼が発案したのではない。

郊外などの広壮な敷地に建つ邸宅を城館（シャトー）というのに対し、都市の限られた敷地の邸宅は邸館（オテル）と呼ばれる。城館の「コの字型」プランは邸館にも踏襲された。邸館の定型は18世紀半ばに『百科全書』の図版の形でジャック・フランソワ・ブロンデルにより図示された（❻）。それによると、アンシアン・レジーム期の貴族住宅では接待や社交のための場のほうが重視され、個人のアパルトマンは端のほうに小さく設けられていた。

主人と妻のアパルトマンは、両翼に前庭を挟んで対称形に配置されている。特徴は、「寝室」の前に「控えの間」が存在すること、二つのアパルトマンが互いに遠く隔てられて配置され、かつ、同様の平面を持つことである。

控えの間とは何か。貴族の身分にふさわしくないが、人間が生きていく上で不可欠な雑用をさせるために、召使いを主人の近くに常に伺候させる必要があった。しかし、貴族と彼らの間の越えられぬ社会的隔りのために主人と同じ場にいることが許されない。この矛盾する条件を満たすべく、控えの間が寝室の近くに置かれた。

ヴェルサイユ宮殿の国王のアパルトマンにもなると、衛

兵の間→第1の控えの間→第2の控えの間（牛眼の間）→寝室という拡大された構成になる。さらに、控えの間に控えるのは、召使いではなく貴族や貴婦人だった。貴族と召使いの関係を国王と彼に仕える貴族の関係に引き写したのである。ここでの控えの間の存在は、国王の貴族支配の様子が宮殿の平面に具現化したものといえる。

一方、主人と夫人のアパルトマンが遠く隔てられていたことには、当時の貴族の夫婦関係の有様が反映している。彼らはそれぞれ独立した交際範囲を持って日々を暮らしており、夫妻が一緒にいる時間はかなり少なかったのである。彼らにとって結婚とは自らの名誉ある家（メゾン）の地位の上昇に役立てるためのものだった。ゆえに、家門の体面保持のため以上のつきあいをする必要はなく、各々独立生活を営んでいたのである。（中島智章）

❶国王広場（現ヴォージュ広場、パリ、1604-12）

❷ルイ14世広場（現ヴァンドーム広場、アルドゥアン＝マンサール、パリ、1685-1720）

❸ベルニーニのルーヴル宮殿東側ファサード第1案。中央の楕円形広間と湾曲する翼棟が特徴

❹ベルニーニのルーヴル宮殿東側ファサード第3案。さまざまな柱間で配置された大オーダーと基壇の自然石風の仕上げが特徴

❺ルーヴル宮殿東側ファサード列柱廊（ル・ヴォー、ル・ブラン、ペロー兄、パリ、1667-74）鉄筋で構造補強してある

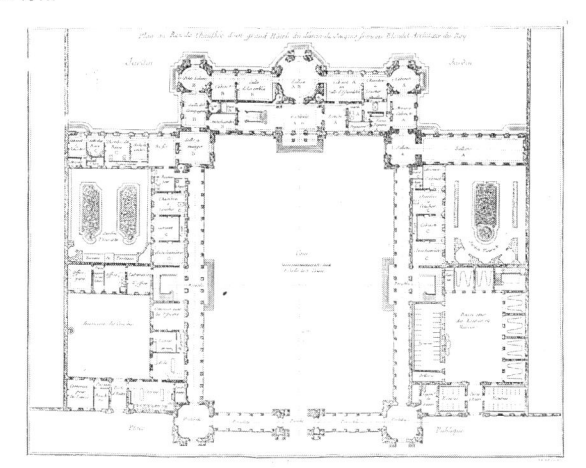

❻ジャック・フランソワ・ブロンデルの理想の邸館（18世紀半ば）

7 野外祝典とフランス式庭園

「花咲ける芸術」。M.-A. シャルパンティエ作曲の牧歌劇のタイトルである。この名は、1660年代半ばから10年間、建設途上にあり、諸芸術の協働体制の実験場だった時期のヴェルサイユ宮殿にこそふさわしい。そこではフランス式庭園を舞台にして、建築、絵画、彫刻そして劇場芸術と音楽が互いに協力しあい、「太陽王」の栄光が燦然と輝いた。

●城館と庭園の一体化

野外祝典は、ルネサンス時代以来、王侯の結婚式や戦勝などの機会に宮殿の付属庭園などで行われたもので、都市への入場式もその一種である。1589年にメディチ家のトスカーナ大公フェルディナンド1世とクリスティーヌ・ドゥ・ロレーヌの結婚の際にはピッティ宮殿（中庭に水を張っての模擬海戦）やウフィツィ宮殿で催されたし、1600年のフランス王アンリ4世（代理）とマリア・デ・メディチの結婚式はバロック芸術の華=オペラの誕生の場となった（ヤーコポ・ペーリ作曲「エウリディーチェ」）。

バロック時代には野外祝典の開催を前提としたかのように、城館と庭園が一体となった宮殿建築が構想された。パリ南東の小都市ムランにほど近いヴォー・ル・ヴィコント城館・庭園（1657-61）が先駆けとなった（❶）。財務卿ニコラ・フーケの許、城館設計はル・ヴォー、天井画などの内装はシャルル・ル・ブラン（1619-90）、庭園はアンドレ・ル・ノートル（1613-1700）という3人の「ル」が集結した。

城館は楕円形のドームを中央に頂くイタリア風バロック建築であり、それに対する庭園は中央軸線が強調され、ほぼ左右対称を旨とするフランス式庭園と呼ばれるものだった。敷地の起伏を生かして人工の滝や洞窟装飾（グロット）も設けられた。これらは城館から観ることはできないが、中央軸に沿って歩いていくと眼下に現れてくることになり、視覚の驚きが巧みに演出されている。

1661年8月17日、ここでルイ14世を招いての野外祝典が開かれ、大喜劇作家モリエール、名舞踏手ボーシャン、カリスマ料理人フランソワ・ヴァテルが舞台や花火、豪勢な食卓で盛り上げた。しかし、同年3月9日に宰相マザラン枢機卿が没して、親政を宣言した王は、マザラン後を狙っていたフーケを近い将来の側近リストから早々に外していて、ヴォー・ル・ヴィコントの豪勢な居城と祝典は王にフーケ粛正の口実を与えてしまった。彼は王命を受けたダルタニャンにより逮捕され、ピニュロル牢獄に投ぜられた。

直後、3人の「ル」はルイ14世の許でいっそう大きな仕事を任せられる。父王ルイ13世から受け継いだ小さな狩猟館（1623-24建設、1631-34増築）の拡張工事である。これが後の大宮殿ヴェルサイユの出発点となった。

●ヴェルサイユの野外祝典とその石化

以後、約30年にわたってヴェルサイユは大建設現場たり続けた。その間、大規模なものだけでも1664年、1668年、1674年の3度、庭園で祝典が行われている（❷）。庭園のボスケ（生垣）や泉水に木製の仮設建築が建てられ、演劇の上演や舞踏会、晩餐会、花火大会などが行われた。

ヴォーの祝典で活躍した芸術家たちに加え、当時、君寵を確かなものとしていた王の音楽監督ジャン・バティスト・リュリやイタリア人舞台演出家カルロ・ヴィガラーニも参加、「アルセスト」など華麗な機械仕掛けを伴う音楽悲劇（オペラ）も上演された（❸）。建築、文学、ガストロノミーから音楽まで、諸芸術が協働したのである。

とくに1674年の祝典は2ヵ月の間に6日に分けて行われるという大規模なものだった。これは、同年、フランス軍がスペイン領フランシュ・コンテ（現在はフランス領）を占領したことを祝うためのもので、上演された喜劇やオペラのプロローグでもルイの武勲や偉業が頌えられた。最終日の8月31日には夜の大運河をろうそくなどの照明で彩り、船で逍遙するという「静」の催しもあった。

もっとも、野外祝典をいかに長く続けようと、一過性のはかない存在にすぎない。王の栄光を代々に伝えるためには別の手段をもってせねばならないのである。その要求に応えるかのように、ヴェルサイユ宮はその完成形に近付いていき、祝典のある一瞬の姿がとどめられた。

城館の中ではル・ブランによる国王のアパルトマンと王妃のアパルトマンの天井画（❹）で、太陽神アポロンをはじめとする七惑星（月、水星、金星、太陽、火星、木星、土星）を象徴する神々が王の徳と広間の機能を示し、庭園でも噴

❶ヴォー・ル・ヴィコント城館と付属庭園（ル・ヴォー、ル・ブラン、ル・ノートル、1657-61）

水の中央にアポロンの戦車、彼の母神ラトーヌと双子のアポロン、ディアーヌなどの彫刻が置かれた。また、ファサードの3層目にも黄道12宮の擬人像とアポロン、ディアーヌ2神の計14体の彫像が配置され、城館の天井画主題と庭園彫刻の主題を密接に結び付けている。七惑星主題はピッティ宮の五つの広間の天井画（コルトーナ、1641-47）の影響を受けたものであり、ルネサンス以来受け継がれてきた古典教養体系がここに壮大な形で結実した。

これらはアポロン神話にもとづいており、ルイは1653年に宮廷バレエ「夜のバレエ」で初めて踊ったときに「昇る太陽」を演じて以来、自らを太陽神に装えてきたのである。これが後世、太陽王と呼ばれる所以の一つである。

しかし、ここに首都機能が形成されていった1680年代以降、王権顕示の場ではあるが娯楽でもある野外祝典はあまり催されなくなる。また、同時期、ル・ブランによる鏡の間の天井画主題は、予定されていたアポロン神話ではなく、ルイ自らの武勲と偉業となる（❺）。国王のアパルトマンも大理石の前庭を囲むルイ13世の城館に移され、1701年以降、その中心に寝室が置かれて国王崇拝が極まった。庭園にも太陽神神話に関する彫刻より、古代彫刻かその模刻など、芸術作品として価値ある彫刻が置かれていった。

これは、古典古代の神聖不可侵の権威が揺ぎ、諸芸術を統合する野外祝典のようなバロック芸術の美学が崩れてきたことを示す。近代は、音楽は音楽、舞踏は舞踏、文学は文学、絵画は絵画、彫刻は彫刻、建築は建築として評価する時代となろう。ヴェルサイユ芸術の真価がどの芸術分野でも認められてこなかった理由はここにある。

そして、スペクタクルが去り、政治と儀式の殿堂となったヴェルサイユの荘重さから逃れるべく、アルドゥアン＝マンサールとロベール・ドゥ・コット（1656-1735）のグラン・トリアノン（大トリアノン）（1678-89、❻）、マルリー宮殿、ガブリエルのプティ・トリアノン（小トリアノン）（1761-68）が営まれた。（中島智章）

❸「アルセスト」。1674年7月4日（祝典第1日目）夜に城館前庭で上演

❹国王のアパルトマンの閣議の間（ジュピテールの間）の天井画。ジュピテールの間は1680年代に戦争の間へと改築され、天井画などの装飾は王妃のアパルトマンの新衛兵の間へと移された

❺鏡の間。当時は銀製調度品に満ちていたが、戦費調達のために溶かされた。今はマリー・アントワネット輿入時の状態に復元

❷王自ら編んだ『ヴェルサイユ庭園案内法』第2段でお奨めの眺望点より望む

❻大トリアノン（アルドゥアン＝マンサール、ヴェルサイユ、1678-89）

8 機械の幻惑

近代以降、科学技術の産物として工業と強く結び付いて考えられている「機械」。しかし、バロック時代の人々にとって最も身近な機械とは、登場人物を空に舞わせたり一瞬の場面転換をしたりする劇場のカラクリであり、誰の目にも見える形で「驚異」の念を惹起する（じゃっき）というバロック美学を体現するものだった。いわば、科学と美学の交差するところに存在していたのである。

● ヴェルサイユの給水問題とお雇い外国人

セーヌ川左岸、パリから少し下流の地点に、直径11.6mの水車14輪と200余のポンプ群からなる巨大で複雑な機械が存在した。「マルリーの機械」あるいは単に「機械」と呼ばれるそれは川の水を約150m上の丘頂まで揚げる揚水装置であり、そこから水道橋でマルリーやヴェルサイユの宮殿へ導水する大がかりな施設の一部だった（❷）。

実は、ヴェルサイユの地はもともと沼がちな不毛の地であり、多くの噴水を営むにたる水量は確保できなかった。ルイ14世自ら編纂した『ヴェルサイユ庭園案内法』でも強調された噴水の美を実現するためには、広範な人的物的知的資源の投入が必要だったのである。多くの試みの中で、唯一、王の望みを満足させたのが「マルリーの機械」だった。1680年に着工し、1684年に揚水機自体の機構は概ね完成、1688年、水道橋も含めた全体が竣工した。

この機械はさまざまな意味でフランス製とはいえない。王はリエージュ司教国（現ベルギー南部）からアルノルド・ドゥ＝ヴィルとレヌカン・スアレム率いる職人集団を招聘し、部品や材料まで同国から取り寄せなければならなかった。この地方は当時のヨーロッパの中でも鉱工業が進んでおり、炭坑の排水にも水力を用いた揚水機が用いられることもあった。この技術を応用し、おそらく1667年か1668年には、水車1輪でポンプ8基を動かして川から50m上に位置する噴水に水を押し上げる装置が、アルデンヌ高原の古城の一つ、モダーヴ城に築かれていた（伝レヌカン作）。

マルリーの機械は、モダーヴの機械の規模を水車14輪にまで拡大し、ポンプを水面の64基の他、丘の中腹50mと100mの高さのところにも各々78基、79基配置して150mの高さを50mずつに分けて揚水するという仕組みになっている（❶）。50mの揚水は十分可能だとすでに実証されていたからである。発想としては単純なようだが、丘の中腹のポンプをどうやって動かすのかという点で技術的には大きな飛躍がある。その解決のためにもリエージュ地方の炭坑排水技術が用いられた。水車の動力を長大な鉄鎖を用いて遠方に伝達するという方法である。

● 機械に求められた「機能」とは？

竣工当初、「機械」は概ね1日当たり3,200m³の水量を揚げていたらしいが、これはヴェルサイユの噴水すべてにとって十分な量ではない。ゆえに、鑑賞者たちの動きに従って順々に噴水を作動させるという技が必要だった。

遠隔伝達装置を通じる間に動力が徐々に逃げていってエネルギー効率が下がることや、複雑な機構の中で14輪の水車の各クランクにかかる力が不均衡なことも技術的に大きな欠点である。また、水に浸かる木製の機械なるがゆえに維持管理の手間と費用も馬鹿にならなかった。

そのようなわけで「機械」は1713年にはほとんど見捨てられた状態にあり、1715年8月25日の聖ルイの日（ルイ14世が没する直前）、もうヴェルサイユの噴水を作動させなくなっていた。ドゥ＝ヴィルが機械廃棄の動きに反論して保存要望書を出さねばならないほどだったのである（それでも革命後まで120

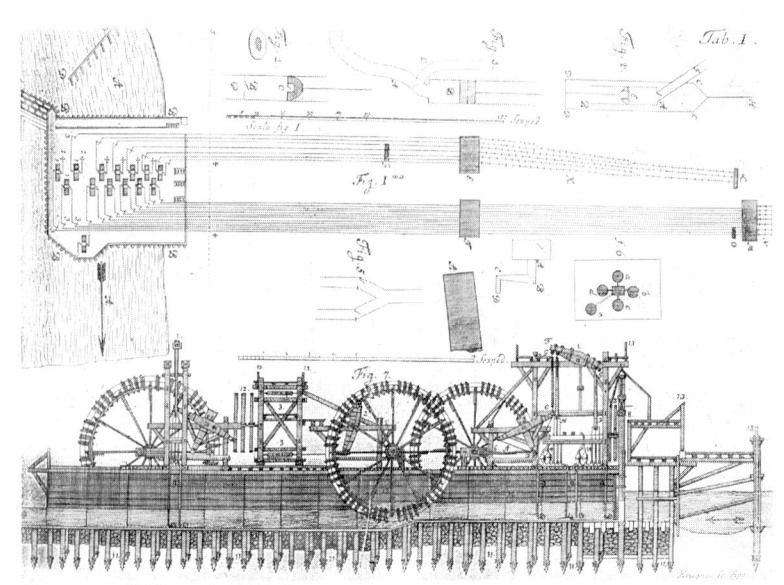

❶ マルリーの機械の平面図と断面図

年にわたって存続した)。

しかし、技術的には欠点も多く、能力でも耐久性でも不十分な性能だったにもかかわらず、マルリーの機械は「世界第8の驚異」とも称され、内外の人々を瞠目せしめた。これは上記で説明した仕組みの複雑さと、それがレヌカンらの腕の冴えによって木造の精緻な構築物として顕れたことによるという。この複雑怪奇な機構をドゥ＝ヴィルの一通りの説明だけで理解したのは、築城と攻城に長けた軍事技師ヴォーバン(1703年に元帥)だけだった。

実は、当時の人々にとって最も身近な機械とは、劇場やスペクタクルで場面転換をし、古典古代の神々を舞台上に降臨させるためのカラクリだった。これを称して「機械仕掛けの神(デウス・エクス・マーキナ)」。当時の文化的先進地イタリアからフランスに導入されたのはイタリア出身の宰相マザラン枢機卿によってオペラが上演されたときだった。1647年のロッシ作曲「オルフェーオ」と1662年のカヴァッリ作曲「恋するエルコレ」などである。

イタリア語が観衆に理解できなかったこともあり、全編を歌うという劇場芸術の形式はフランス人になじまず、これらの試みは失敗に終わるものの、「魔術師」トレッリの機械仕掛けは大いに受けた。やがて、楽才と権謀術数を兼ね備えた音楽家リュリが、フランス人好みのバレエの要素も駆使しつつ機械仕掛けを取り入れた形で、新たなフランス・オペラを1670年代初頭に創造するだろう。

とりわけ、1683年初演の「ファエトン」は「観衆のオペラ」と呼ばれ、太陽神の息子ファエトンが太陽の戦車を御しえずして墜落するところを機械仕掛けで再現した最終場はかなり受けたらしい(❸、❹)。また、1686年の「貴婦人のオペラ」と呼ばれる「アルミード」最終場も、魔女アルミードの宮殿が炎上する華やかな機械仕掛けの場面だった。

マルリーの機械が建設されたのは、まさにこれらリュリのオペラ群が制作されていた時期である。セーヌ川の巨大な機構も、規模が大きいがゆえに機械が複雑に動くさまそのものが一種のスペクタクルとなりえた。そして、技術的には欠点ともいえる騒音がふさわしい音楽を添えたのである。かなり遠くにまで響きわたっていた機械の作動音に近隣住民が苦情を言わなかったわけではないが、その「スペクタクル」の名声は騒音よりも遙かに遠く轟きわたり、観光産業のようなものも成り立っていたという。

たしかに、ヴェルサイユやマルリーの庭園に十分な水を供給するという、水利技術上の課題を解決する点では、当初の目的を果たしたとはいえない。しかし、この巨大なマルリーの機械は、劇場性演劇性を特徴とするバロック時代の「機械」の美学に適うものであり、その巨大な機構が動くさまは当時の人々の目に直接訴えかけて「驚異」の念を抱かせることに成功した。また、自然をも従わせようとしたルイ14世の美学をもよく象徴していたのである。(中島智章)

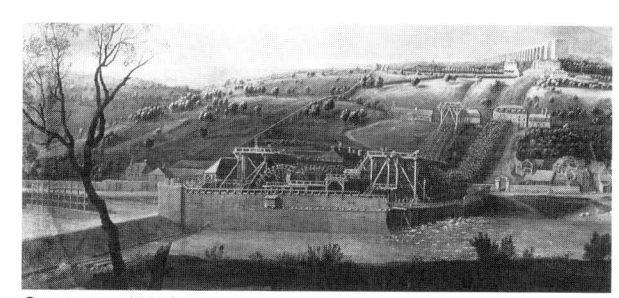

❷ マルリーの機械全景

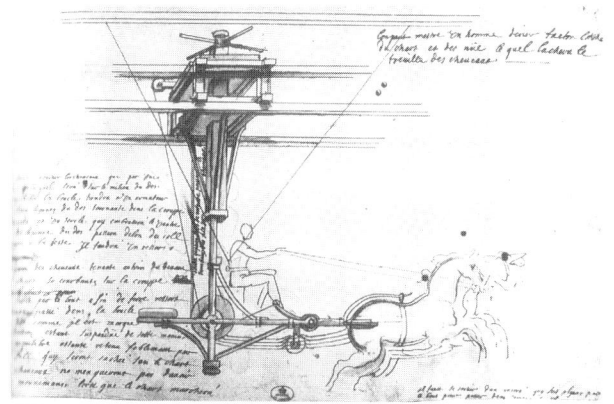

❸「ファエトン」。第5幕最終場の太陽神の馬車の機械仕掛け

❹「ファエトン」。第5幕最終場のファエトン墜落の場面。

9 建築と新旧論争

18世紀フランスの文人ヴォルテールことフランソワ・マリー・アルエは、『ルイ14世の世紀』の中で人類史には四つの頂点があると述べた。ペリクレスからアレクサンドロス大王までの古代ギリシア、ユリウス・カエサルとアウグストゥスの古代ローマ、メディチ家のルネサンス・フィレンツェ、そしてルイ14世のフランスが、その中でも最高だという。

●古典古代とルイ大王の大御代

古典主義とは、古代、とくに、パクス・ローマーナ(ローマの平和)といわれるローマ帝国の最盛期を理想とし、その美化された「古典古代」の概念に絶対の価値を認めつつ仰ぎみる態度のことである。ゆえに、この態度をとる限り「現代人」ができる努力といえば、どこまで古典古代の高みに近付くことができるのかということのみである。

しかし、フランス絶対王政最盛期の王ルイ14世の治世、「ルイ大王」の御代は政治、経済、文化、宗教など多様な分野で古代を超えたのではないかと主張されるようになった。古典古代の絶対的権威が揺らぎ始めたのである。こうして彼ら「現代派(モデルヌ)」は、引き続き古代を崇めていた「古代派(アンシアン)」の人々と論を戦わせるのである。

文人では、「長靴を履いた猫」、「赤頭巾ちゃん」や「灰かぶり姫」などの『童話集』の編纂で知られるシャルル・ペローが現代派の急先鋒であり、古代派としては理論家として名高いボワロー・デプレオーや大悲劇作家ジャン・ラシーヌが代表的論客である。この論争を「新旧論争」という。

王権は当然ながら現代派の陣営につく。1674年のヴェルサイユの野外祝典では、シャルル・ペローが推すリュリ作曲フィリップ・キノー台本の音楽悲劇「アルセスト」とラシーヌの悲劇「イフィジェニー」がともに上演されたが、以後、宮廷芸術の主力となったのは前者だった。

また、1678年に構想されたヴェルサイユ宮殿鏡の間の天井画主題も、当初は古代神話の太陽神アポロンを中心としたものだったが、やはり古代神話の英雄エルキュール(ヘラクレス)の主題を経て、ルイ14世自らが登場し、その偉業や武勲を誇るものとなった。そして、王の事績をプレートで解説する言語も、古典古代の言葉であるラテン語ではなく現代語たるフランス語になったのである。

●絶対的な美と恣意的な美

新旧論争は建築(理論)の世界ではオーダーの美の性質をめぐって展開した。王立建築アカデミー(1671年設立)総裁ニコラ・フランソワ・ブロンデルは、古代に定められたオーダー比例は変えることのできない普遍不朽の美の体系だと考えていた。それに対し、シャルル・ペローの兄で、医学や科学にも通じ、ルーヴル宮殿東側ファサード列柱

❶『古代建築と現代建築の比較』ローマのフォルトゥーナ・ウィリーリス神殿 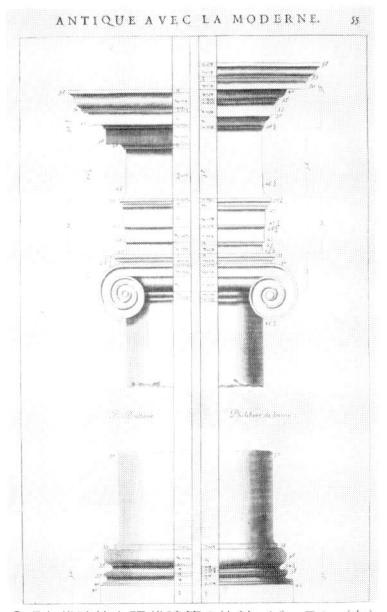　❷『古代建築と現代建築の比較』ビュラン(左)とドゥロルム(右)のイオニア式円柱 　❸『古代建築と現代建築の比較』コリント式柱頭の起源のエピソード

廊の設計参加とウィトルウィウス建築書の仏訳（1673、❹-❻）でも知られるクロード・ペロー（1613-88）は、オーダー比例の美は服装や髪型と同じく流行に左右される「恣意的な美（根拠なき美）」で、材料の豪華さなど、時代を超えて普遍的な「絶対的な美（根拠ある美）」とは違うと主張した。

実際、ルネサンス以来、営々と行われてきた古代ローマ建築の実測調査により、現存する古代唯一の建築書たるウィトルウィウスの書物に記されたオーダー比例の通りに実際の古代建築が建てられていないことはよく知られていた。17世紀のフランスでも、ロラン・フレアール＝ドゥ＝シャンブレが『古代建築と現代建築の比較』（1650）を著して古今のオーダーの多様な比例に注意を促し（❶-❸）、アントワーヌ・デゴデは財務総監コルベールの命によりローマで古代遺跡の実測に取り組んで（1676-78）、帰国後にその成果『ローマの古代建造物』（1682）を出版した。

ペロー兄の「恣意的な美」という概念もこの文脈でとらえることができるだろう。この考えに則り、直径の3分の1（通常は2分の1）を基準単位とするオーダーの比例体系を『古代人の方法による5種類の円柱の配列』（1683）で提示している（❼）。そして、美の基準が古代に定められた絶対的なものではなく恣意的なものだとすれば、同時にそれは「制度的な美」でもあるだろう。美の基準を定めるのは古代人ではなく王権であり、この意味においてペロー兄の「恣意的な美」は現代派に属する意見といえる。

古代派ブロンデルの建築アカデミーは王権の肝煎で設立され、建築教育やパリの都市整備、土木工事には多くかかわったが、王権の牙城ヴェルサイユの造営を主導することはなかった。天井画や庭園彫刻も含むヴェルサイユ宮殿の建設など王権の知的芸術活動全般を取り仕切ったのは、ペロー弟など現代派が深く関与していた小アカデミー（後の碑文・賞牌アカデミー）だったのである。

いずれにせよ、絶対的権威を誇っていた古典古代が揺らいだことによって、ロジエの『建築試論』（第二版、1755、→新2❶）のように建築の本質を理知的に起源にさかのぼりつつ考察する態度や、理想化された古典古代ではなく、実際の古代遺物から古代の姿を考古学的に明らかにしようという態度が生まれ、ここに近代への扉が開かれた。（中島智章）

❹『ウィトルウィウス建築十書註解』表紙挿絵（パリ天文台、ルーヴル列柱廊、サンタントワーヌ門などペロー兄の建築作品がパラフレイズされている）

❺『ウィトルウィウス建築十書註解』コリント式柱頭の起源のエピソード

❻『ウィトルウィウス建築十書註解』イオニア式オーダーの比例図解

❼『古代人の方法による5種類の円柱の配列』左からコンポジット式、コリント式、イオニア式、ドリス式、トスカナ式

10 百花繚乱のロココ

18世紀前半のフランスは、ロココ様式の室内で催されるサロン文化が栄え、歴史上かつてなく女性原理の支配した時代であった。室内での愉楽の追求から始まったロココは家具や室内装飾を中心とした様式で、その明るく繊細優美な意匠はヨーロッパ各地に伝播し、室内をロココ風に改装したり、外観まで瀟洒な邸館を建設することが流行した。

●快適さの追求から生まれたロココ様式

太陽王ルイ14世が1715年に世を去り、曾孫のルイ15世が5歳で即位すると、オルレアン公フィリップが8年の間、摂政をつとめた。この摂政時代に彼の館パレ・ロワイヤルを中心に社交的な雰囲気がパリ中に広まり、サロンがあちこちで開催されるようになる。ルイ14世時代にヴェルサイユで展開された豪華絢爛で重厚なバロック様式に代わって、この頃から広まっていくのが後にロココと呼ばれるスタイルである。宮廷の堅苦しさから離れて自由なパリで開花した新しい様式は、何よりも室内の快適さ、居心地のよさを追求するものであった。親密で暖房効率もよい大きすぎない部屋、採光を重視した縦長の大きな窓（床まで開く窓はフランス窓と呼ばれるようになる）、シャンデリア、鏡、寄せ木細工の床、石の壁を覆う壁布あるいは木製パネルといったものが快適さを確保するための要素となる。

ロココの最大の特徴は、白い木製パネルに金色の縁取りを施した壁面の意匠にある。これは貝殻、タツノオトシゴ、波、藻、植物のツタなどを連想させながら具象とは違う曲線装飾を漆喰細工で浮彫り状につくり、金メッキを施したもので、人工の洞窟（グロット）の岩飾りから派生したとされ、ロカイユと呼ばれる。このロカイユ（rocaille）とバロコ（barroco：ポルトガル語でバロックの意）から合成されたあだ名がロココ（rococo）という説があるが、軽妙な語感はこの様式にぴったりである。鏡の間の流行はもちろんヴェルサイユ宮殿に由来するものであり、また彫刻による装飾や天井画などバロックから継承した要素も多いが、バロックの仰々しさを換骨奪胎して、明るく軽快なものに変えたのがロココである。

当時の邸館建築はオテルと呼ばれ、門を入ると大きな中庭（前庭）があり、両側には厩や馬車庫や台所などのある建物、正面には瀟洒な館本体の玄関が見えるというのが典型的な形式であった。館の中心はサロンと呼ぶ広間で、裏手の庭園に面している。そうしたオテル建築の代表例には、1720年代にジャン・クールトンヌ（1671-1739）の設計で建てられたオテル・ドゥ・マティニョン（❶）や、ジェルマン・ボフラン（1667-1754）が1730年代に手がけたオテル・ドゥ・スービーズがあり、前者は現在、首相官邸になっ

❷オテル・ドゥ・スービーズ　スービーズ公の楕円形サロン（1階）（ボフラン、パリ、増改築 1735-40）

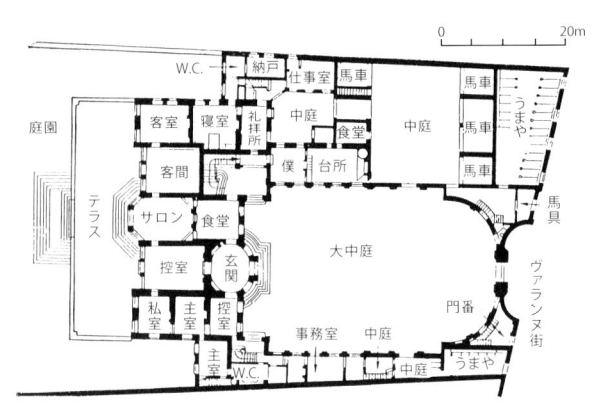

❶オテル・ドゥ・マティニョン平面図（クールトンヌ、パリ、1722-24）

❸オテル・ドゥ・スービーズ　公妃の楕円形サロン（2階）

ているが、後者は国立古文書館の中にあり一般公開されている（❶）。ボフランがスービーズ邸増築部の上下階につくった二つの楕円形のサロンは、上部がアーチ形に統一された鏡、窓、入口などの壁面単位で囲まれ、華麗なロココの特徴をよく示している（❷、❸）。

ロココの室内はランブイエ、シャンティイといったフランス国内の城館はもちろん、ウィーン市内のホーフブルク宮や郊外のシェーンブルン宮など欧州各地の主だった宮殿や城館を訪れれば大抵いくつか見ることができる。ポツダム近郊のサン・スーシ（無憂）宮はプロイセンの啓蒙君主、フリードリヒ大王の離宮として有名だが、同様に庭園の中の小館としてつくられロココの最高傑作とされる建物がミュンヘン郊外にある。それはバイエルン選定侯がパリで学ばせたベルギー出身の建築家フランソワ・ドゥ・キュヴィィエ（1698-1768）に命じてニュンフェンブルク宮の広大な庭園の中に建てさせた休憩用の小館である。選定侯の妻アマーリアの名をとってアマーリエンブルクと名付けられたこの建物は、外観も小粋で愛らしく、内部は鏡の間を中心に計5室、優美なロココ様式（ここでは白と金ではなく、淡いブルーグレーや黄色の地に銀色のロカイユの配色）の部屋が並び、背後には白地に青のデルフト焼きのタイルで覆われた清潔な台所などがある（❹-❻）。

●サロン文化と家具の変遷

ロココの家具も室内にあわせて劇的な変化を遂げる。座り心地を追求した椅子は、座面や背もたれに詰め物をし、絹地やゴブラン織りの布で覆い、「猫脚」の曲線的で軽いものになった。さまざまな種類の安楽椅子が考案され、書き物机やタンスも女性好みの優雅なものが発達する。ロココ様式は別名ルイ15世様式とも呼ぶが、実際にはロココを象徴する人物となるのは、王の公式愛妾ポンパドゥール夫人であった。彼女を描いた肖像画はどれもロココの優美な雰囲気を伝えているが、なかでも夫人お気に入りの画家であったフランソワ・ブーシェは、他にも日常的な女性の姿や中国趣味（シノワズリー）の題材などを絵画作品やゴブラン織りの壁掛けの下絵にたくさん残している。

女主人が主催するサロンには知識人や芸術家が集まり、啓蒙主義の温床となって「百科全書」派のような人々も輩出した。ロココの女性的で繊細優美な傾向はやがて軽薄で軟弱と批判され、反動として男性的で厳格、端正なものが求められると、新古典主義が台頭してくる。

建築の趣味は変わるが、一度獲得された室内の快適さは棄てきれず、椅子はロココの猫脚がすたれて新古典主義様式では下細りの直線的な脚が主流となり、背もたれも楕円などの幾何学形に変わるが、詰め物などは継承された。為政者の交替は趣味の変化も促すが、フランスの場合、ルイ14世のバロック、ルイ15世のロココ、ルイ16世の新古典主義という区分がほぼ可能でわかりやすい。装飾過多で重すぎるバロックは現代には不向きだが、ロココ様式風やルイ16世様式調の家具やインテリアなどは現代でもクラシック系のホテルなどで目にすることがあり、フランス革命以前の優雅な貴族文化を偲ばせてくれる。（渡辺真弓）

❹アマーリエンブルク（ドゥ・キュヴィィエ、ニュンフェンブルク（ミュンヘン郊外）、1734-39）

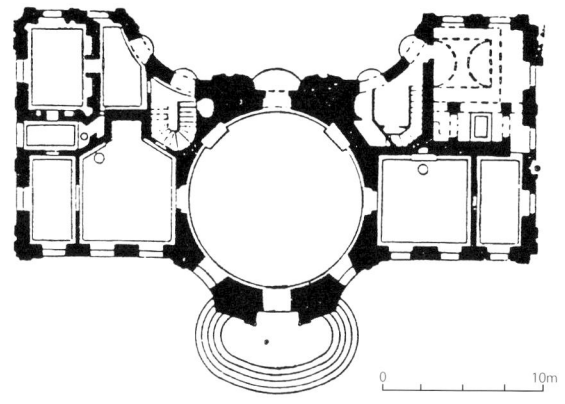

❺アマーリエンブルク平面図

❻アマーリエンブルク　鏡の間

11 啓蒙絶対主義と後期バロック

ドイツ、オーストリアに遅れて訪れた絶対君主制は、フランス王権による芸術に追随し、壮大なバロック宮殿を生み出した。こうした後期バロック建築は、18世紀の啓蒙思想と相まって幾何学的合理化や複雑な形態操作に進展が見られる。歴史的建築や世界の建築への関心が芽生えてくるのもこの時代からである。

●国家芸術の創出

絶対君主制が生み出したバロックの壮大な景観は18世紀においても健在であった。この時代に力を持ったフランス以外のヨーロッパの王権は、ルイ14世が求めた象徴的計画を模倣しようとしたのであった。オーストリアでは、17世紀末より壮大な宮殿建築が数多くつくられるようになった。オスマン・トルコの軍事的脅威がなくなったことで、いよいよ国力を対外に誇示するための準備が整ったのである。国家芸術の創出においては、とくにフランス芸術がライバル視され、レオポルト1世のためにシェーンブルン宮殿（1696）が計画された。まさしく「オーストリアのヴェルサイユ」がつくられたのである。当初の計画では、皇帝が国全体を見わたすことのできるように、宮殿が人工テラスで構成される広大な丘陵地の頂上に建つものだったが、最終的に実現されたものは、平地に宮殿を配置し、背後に庭園が広がるヴェルサイユに類似した計画になった（→バ5❼）。設計の任にあたったのはフィッシャー＝フォン＝エルラッハである。彼はイタリアのバロック建築を学び、オーストリアに数多くの作品を残した建築家である。また、ヨハン・ルーカス・フォン・ヒルデブラント（1668-1745）もイタリアで学び、その成果を宮殿建築に発揮した。シュヴァルツェンベルク宮殿（1697）は、中央にドームを戴くサロンが配置され、左右に両翼が延びる（❶）。ピラスターが規則的に並ぶ両翼のファサードはイタリア的であるが、平面構成はル・ヴォーによるヴォー・ル・ヴィコント城館（→バ7❶）と同様である。ヒルデブラントの代表作は、オイゲン公のためにウィーンに建てられたベルヴェデーレ宮殿（上宮）（1721-23、❷）である。宮殿は庭園とともに設計され、上宮は敷地を見下ろすことのできる最頂部に配置された。宮殿の立面は左右対称に構成され、中央に巨大な破風（ペディメント）を戴く玄関廊（ポルティコ）、その両側に3層の居室群が展開し、両隅には八角形のパヴィリオンが配置される。そして、この配置に屋根形状が対応し、中央部分、その両側に高低のある屋根の並びをつくり出し、効果的に変化がつけられている。内部の階段室や諸サロンの装飾も見事で、後期バロックの秀作である。

ドイツでは、ヨハン・バルタザール・ノイマン（1687-1753）がイタリア、フランス、オーストリアの伝統を利用して独自の方法を展開した。ヴュルツブルク司教宮殿（1719-44）は、

❶ シュヴァルツェンベルク宮殿（ヒルデブラント、ウィーン、1697）

❷ ベルヴェデーレ宮殿（上宮）（ヒルデブラント、ウィーン、1721-23）

❸ ヴュルツブルク司教宮殿（ノイマン、1719-44）

前庭を取り囲むコの字型の平面構成と中庭を取り囲むロの字型の平面構成が融合したものである（❸、❹）。部分的にはオーストリアのヒルデブラントも参加したプロジェクトであった。また、内部には、イタリア人ジャン・バッティスタ・ティエポロによるフレスコ天井画、アントニオ・ボッシによる漆喰細工があり、まさに建築と彫刻と絵画が統一された総合芸術となっている。

イタリアではフィリッポ・ユヴァッラ（1678-1736）がサヴォイア家のためのストゥピニージ宮殿（1719-33）を建てた。中央のロトンダからは対角線状に翼廊が延び、ちょうど六角形の前庭を抱え込むように展開している（❺）。複雑に翼廊が延びる幾何学的平面構成は、外部空間、庭園との関係をより積極的で密接なものにしている。

● **古代、そして世界へのまなざし**

イタリアで学んだフィッシャー＝フォン＝エルラッハには建築家ボッロミーニの影響が見られる。とくに宗教建築であるカールスキルヒェ（1716-25）や宮廷図書館（1722）において楕円形の使用が顕著にうかがえる。カールスキルヒェの身廊は楕円形平面となっている。外観は、腰高のドラム上に楕円形窓を持つドームが乗り、正面玄関はローマ神殿風に構成される（❻）。さらに　その両端には古代ローマの記念円柱を模した塔が建ち、バロック装飾の付いた角塔が並んでいる。記念柱や破風飾りには16世紀の聖人カルロ・ボッロメオの功績が描かれている。こうした歴史上の多様な要素を集める手法は、建築家の幅広い学識を反映するものであった。事実、フィッシャー＝フォン＝エルラッハが出版した『歴史的建築の構想』（1721）は、史上初の建築史図集ともいうべきもので、その内容は世界の七不思議に始まり、古代ギリシア神殿の復元図から中国の宮殿まで、さらには自作の紹介を含め、世界の建築を包括的に扱うものだった（❼）。こうした歴史やヨーロッパ以外の世界に対するまなざしは、その後の建築家に大きな刺激をもたらすことになる。古代建築への本格的な興味、異国趣味がしだいに芽生えつつあった。（横手義洋）

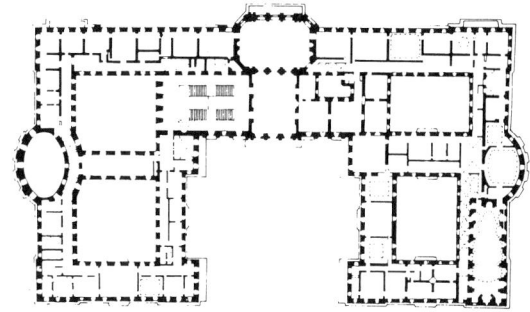

❹ヴュルツブルク司教宮殿平面図

❺ストゥピニージ宮殿（ユヴァッラ、トリノ、1719-33）

❻カールスキルヒェ（フィッシャー＝フォン＝エルラッハ、ウィーン 1716-25）

❼『歴史的建築の構想』の中の図版

12 市民の建築

バロックの巨匠画家ルーベンス、そして、スター音楽家ヴィヴァルディの活動を支えたのは、ともに17世紀には斜陽の時期を迎えていたとはいえ活気を失ってはいなかった商業都市（前者はアントワープ、後者はヴェネツィア）の市民たちだった。彼らは芸術の担い手として教会と宮廷に肩を並べつつあったのだが建築ではどうだったのだろうか。

や王権に比べると相対的に弱体であり、この時期に建てられた市庁舎建築などの市民の建築の様式は、基本的に教会堂や宮殿の建築様式を資金が許す限りにおいて踏襲したものだった。バロック建築は、建築だけでなく絵画、彫刻、庭園などを包含する総合芸術で、当時の知と富をできる限り集積せねばならなかったゆえに、莫大な財力を必要とした。他の芸術分野では教会と宮廷に並ぶパトロン層だった市民たちにも荷が重いものだったのである。

それでも、市庁舎と中心広場の建築は中世以来の自治権の象徴の名に恥じぬものではあった。低地地方ではフランス語でグラン・プラス、オランダ語でフローテ・マルクト

●市庁舎と広場の建築

ヨーロッパで最も都市が発達した地域といえば、古代ローマの植民都市あるいは軍事都市以来の伝統を誇る北イタリアと、中世になって毛織物産業が栄えた低地地方（現在のベルギー、オランダ、北フランスの一部）だった。これらの都市では中世以来、市当局が強力な自治権をもっていた。

とはいえ、絶対王政時代とも重なるバロック期には教権

❸リール（フランス北部）の旧市場ファサード（デストレ、1652-53）

❶ブリュッセルのグラン・プラス（フローテ・マルクト）南西側

❹リールの旧市場 中庭

❷ブリュッセルのグラン・プラス（フローテ・マルクト）北東側

❺ボン市庁舎（ドイツ、1737-38）

と呼ばれるものの中で最も有名なのは、文豪ヴィクトル・ユーゴーが「世界で最も美しい広場」と讃えたブリュッセルのグラン・プラスである（❶、❷）。1695年にフランス軍の砲撃を受けて市庁舎以外は灰燼に帰したが、すぐに再建されている。グラン・プラスにはさまざまな職種の同業組合（ギルド）の建物が軒を連ねており、各々がデザインの独自性を主張していて賑やかで面白い。

ルイ14世が1668年に編入して以来フランス領となっている同国北部の都市リールも、グラン・プラスに面して立派な市場建築を持っている。ジュリアン・デストレ設計の旧市場（1652-53）である（❸、❹）。彼は建築家というよりは木彫刻師であり、白い切石と赤レンガからなるファサードはさまざまな彫刻や浮彫りに満たされていて、たしかに家具職人が製作した、建築スケールの家具のようだといえないこともない。市場は柱廊付きの中庭で開かれていた。

市庁舎の建築そのものは、中世のゴシック様式や近世初期のルネサンス様式のまま現在にまで伝えられているものも少なくないが、リエージュやボン（❺）の例のように18世紀にバロック様式などで建て直されたものも多い。

●海洋国家オランダの建築

17世紀にはスペインが衰退し、新たな海上覇権をめぐって英蘭仏の3カ国が入り乱れて争った。17世紀末には三国の海軍力は均衡を保っていたのである。この中で、スペイン領低地地方から分離する形で17世紀初頭に事実上の独立を勝ち取った新興国オランダは、陸上に勢力の基盤を持たず、海上貿易立国として他の二国に肩を並べていた。オランジュ（オラニエ）公ウィレム（英語名オレンジ公ウィリアム、同名の独立の英雄の子孫）は、絶対王政の最盛期にあったフランスによく対抗し、後にイングランド王ウィリアム3世として、国は違えど最後までルイ14世のヨーロッパ覇権への野望を阻止し続ける。

ともかく、条約によってスペインにアントワープ港の閉鎖を認めさせたことが、首都アムステルダムの発展を後押しし、遠く東方の文物が集積する活気あふれる港町が出現することになった。この地はデカルトなど何らかの理由で母国を追われた知識人の亡命先でもあって、母国で出版できない書物の出版地として出版業も盛ん、また、ヴェネツィアと並ぶ楽譜出版の二大中心地の一つともなった。

17世紀オランダ建築を代表するのはハーグ（デン・ハーフ）のマウリッツハイス（1633-35、❻）。ファン・カンペン設計といわれる。大オーダーによるイオニア式ピラスターが四面に施され、正面中央にペディメントを戴いた典型的なパラーディオ主義建築だが、軒先付近で反った形状の屋根やレンガ壁の使用は北方独特のものである。

その他、オランダの港町の町屋の特徴として、妻入でその妻の部分に荷揚げ用のクレーンがあり、外壁が外に向かって若干傾けられていて（❼）、これはクレーンで荷揚げするときに荷物が壁面に当たるのを防ぐためだといわれる。

また、スペインやフランスの陸上兵力の脅威をもろに受けており、首都をはじめ各都市は稜堡を備えた市壁で防御されていた。国土の4分の1が海面より低い干拓地であり、水堀や土塁を豊かに生かした点に独自性がある。メンノ・ファン・クーホールン（1641-1704）が代表的な築城・攻城技術者で、国境沿いの都市を強力に要塞化し、それらをつないで一種の「長城」を形成する防衛戦略も立案、フランスのヴォーバンに対抗した（❽）。　　　（中島智章）

❻ハーグ（デン・ハーフ）のマウリッツハイス（カンペン、1633-35）

❼オランダの町屋（長崎ハウステンボスにて）

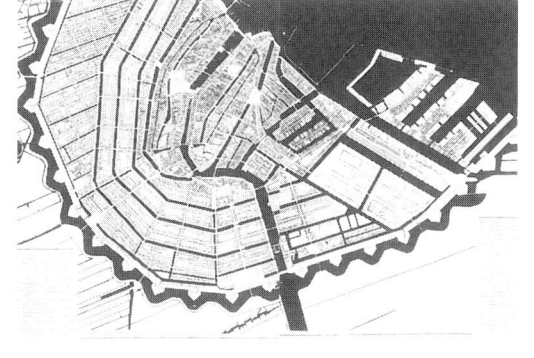

❽アムステルダム地図

13 都市と国家戦略

戦乱のバロック時代、後方支援体制の整備により兵員数は飛躍的に増加する。火砲の発展に対応した都市防御システムと兵站線確保への配慮が、一日で片の付く野戦ではなく、時間と人海戦術を要する攻囲戦を将官たちに強いたからである。一方、都市にはさまざまな権力機構が混在し、包囲された場合、必ずしも皆が一蓮托生というわけではなかった。

●都市と三権の場

当時の社会はさまざまな利益団体や職能団体が複雑に入乱れて利害関係の網を張り巡らした「社団社会」といわれており、単純明快な「身分社会」や近代的な意味での「階級社会」では決してない。しかし、「祈る人、戦う人、働く人」、つまり、聖職者、貴族、第三身分（平民）という中世以来の三身分制度は、都市の中に大聖堂、城塞、市庁舎という明確に自身を象徴する建築装置を持っていた。

北イタリアと並ぶ都市密集地域であり、ハプスブルク家とフランス王家の抗争絶えない低地地方（現在のベルギー、オランダ、北フランスの一部）では、各都市に自治の伝統があると同時に、攻囲戦への備えも殊に充実していたため、上記の建築装置はそれぞれ独立した基盤の上に存立していた。自治の総本山たる市庁舎はグラン・プラス（フローテ・マルクト）と呼ばれる中心広場に面し、大聖堂はそこからやや離れた高所に立地することが多い。

ただし、例外もあり、独立教会国家（司教領）の首都リエージュでは、聖ランベール司教座聖堂、司教宮殿、市庁舎がマルシェ（市場）広場に踵を接して立地していた。

「戦う人」の根拠地はどうか。中世、市壁整備は市当局の管轄だったが、ルネサンスの星形の理想都市から発展した「稜堡式築城術」は、大土木工事、そして、守備に十分な兵員と要塞砲を必要としたので、一都市レベルで保ちうる代物ではない。結局、兵権を持つ君主の手で建設維持された。ゆえに、「戦う人」の場は、市域以上の面積を占め、町を環状に取り巻く都市防御構築物の領域、とくに、星形の拠点要塞（シタデル）となる（❶）。低地地方の場合、1714年までスペイン領、その後は皇帝領なので、スペイン王国軍、ついで帝国軍が各都市に駐留した。

実は、市当局と軍司令の間に都市防衛戦について意見の相違もあった。当時、攻城軍が武力をもって力ずくで都市を陥れた場合、略奪し放題という不文律があったが、その前に町側が降伏すれば、市長が攻囲軍司令官に開城の象徴たる鍵を渡す開城式が行われ、攻め手も敗者に対して礼儀を守らねばならなかった（ベラスケス画「ブレダの開城」はその一場面）。ゆえに、市民の生命と財産を守りたい市当局は早めの降伏を望むことになる。

逆に、その都市をあくまで戦略の一駒ととらえる司令官は、攻囲戦の帰趨が救援軍と攻城軍の戦いの結果によって決まった当時、救援軍の到着までは持ちたえる必要があった。また、救援軍の当てがなくとも、敵を一定期間足止めしておくことは無益なことではなかった。

この矛盾の建築的解決の一つがシタデルであり、市当局が早めに降伏しても守備軍が籠もって粘ることができたのである。リールの「五稜郭」は17世紀のシ

❶ トゥルネ（ベルギー）地図（右下に五角形のシタデル、1668-74）

❷ リール（フランス北部）のシタデル（稜堡の突端）

❸ リールのシタデル。正面入口を堀から望む

❹ ナミュール（ベルギー）のシタデル。テッラ・ヌオーヴァ（新地）と呼ばれる部分

タデルの典型であり（❷、❸）、また、ナミュールのシタデルは中世から第二次世界大戦までの要塞建築の諸様式をよく伝えている（❹）。

ただし、攻囲軍の攻撃目標は軍事施設だけに限らない。1695年、フランス軍のブリュッセル砲撃で、グラン・プラスの市庁舎を除く同業組合の建物群が灰燼に帰した。「世界で最も美しい広場」はその後の再建になる。

● **都市要塞群と「国境線」の出現**

17世紀の要塞建築術は、16世紀の「稜堡式築城術」の延長線上にある。多角形平面を基本とし、隅部を角のように前に張り出して、要塞砲の死角をなくしている。この角の部分を稜堡（バスティヨン）、稜堡と稜堡の間の防御壁を幕壁（カーテンウォール）、幕壁を守るために堀を挟んだ前面に築かれた堡塁を半月堡（❺）という。各防壁上には要塞砲を設置する胸壁（パラペット）も整備された。

この築城術の特徴は断面にも顕著である（❻）。稜堡や幕壁は壁というよりも堤であり、攻城砲による砲撃にも耐えるつくりになっている。その表面を内岸壁といい、堀の反対側の面を外岸壁という。外岸壁の外にはなだらかな斜堤が広がり、胸壁に植樹されたこともあって、敵側から見ると、こんもりとした森があるようにしか見えない。

これらは新たな防衛戦略の重要な担い手でもあった。フランスの城塞総監セバスティアン・ル＝プレストル＝ドゥ＝ヴォーバン（1633-1707）は「プレ・カレ（縄張り）」戦略と「鉄鎖」戦略により、フランス北部と北東部の都市に稜堡を備えた防壁とシタデルを築き、それらを結んだ国土防衛線を構想した。ただ一都市の防御ではなく、都市を線で結んで王国の防衛を考える点が新しく壮大である。

そのためには諸都市がなるべく一線上に並んでいなければならず、ルイ14世が起こしたスペイン領低地地方帰属戦争（1667-68）とオランダ戦争（1672-79）の目的の一つはその実現にあった。その結果、中世的な冊封関係に由来する飛地など錯綜した領土関係が整理され、現在のフランス・ベルギー間国境に近いものが出現した。

この過程で新たな軍事都市も建設された。ハプスブルク側では、1666年にブリュッセル南方防衛のため、六角形のシャルルロワ要塞が築かれた。1659年にフィリップヴィルとマリアンブールがフランスの手に落ちて低地地方南方の防備が手薄になったからである。この町自体も1668年から10年ほどフランス領となり、ヴォーバンが外郭工事と都市住民を呼ぶための「下町」整備を進めた。

フランス側では、ライン川左岸西方にヴォーバンがヌフ・ブリザックを計画し、八角形の郭内に、放射状ではなく、グリッド・プランで町がつくられた（1699-1703、❼、❽）。

ヴォーバンの好敵手としては、オランダにクーホールンがいる（オランダの築城術では地の利を生かして土と水堀を有効に使用）。築城家は同時に攻城の名手でもあるので、まさに直接対峙したのである。当時の城攻めは人海戦術で斬壕を掘り進み（犠牲は最小限）、防壁下で地雷を爆破するという地味なものではあったが。（中島智章）

❺ルクセンブルクの半月堡

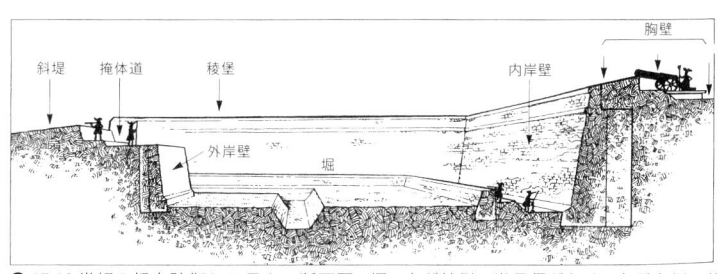

❻ 17-18世紀の都市防御システムの断面図。堀の左が外側で半月堡があり、右が内側で幕壁がある。また、奥手には稜堡の側面が見える

❼ヌフ・ブリザックの稜堡と幕壁（フランス東部）

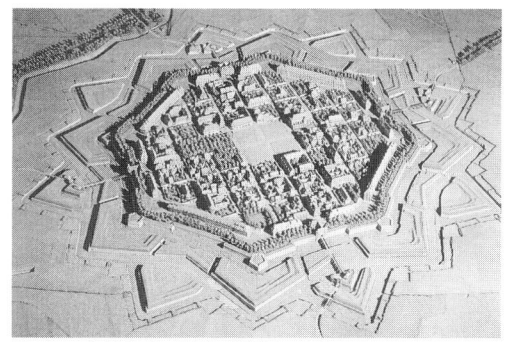

❽ヌフ・ブリザックの当時の模型（1/600）

14 劇場建築の発展

バロック芸術の特徴はさまざまだが、それらは「劇場性」というひとことから演繹されたのだともいえる。直接に五感に感じられる世界に重きを置き、しかも、それすら夢か現か定かではない仮象のイメージにすぎないのではないか、「舞台は夢」だという感覚である。一方、劇場建築は建築家ではなく専門の舞台演出家の手に徐々に委ねられていった。

●祝典と劇場

古代以降、恒久施設としての劇場建築が登場したのは16世紀末である。現存するのは、パラーディオの遺作テアトロ・オリンピコで、ウィトルウィウスの建築書の中の古代劇場に想を得て、半円形に近い階段席、その後に巡る柱廊、舞台の後のスカエナを備えている。ルネサンス人にとって古代劇場の姿は発想の大きな源だった。

しかし、古代劇場そのままの姿に近いものが採用されたのは、実は、このテアトロ・オリンピコくらいであり、そこでも、ルネサンスの特徴である透視図法を用いた「街路」がスカエナに穿たれている(プロスペッティヴァという)。恒久施設としての劇場建築の構成は、古代劇場の形態よりも、ルネサンス時代に盛んだった野外祝典のための仮設劇場に多くを負っていた。

ジョヴァンニ・バッティスタ・アレオッティが設計したパルマのテアトロ・ファルネーゼ(1618-28)はその代表作である(❶、❷)。14段の階段状観客席(4500人収容)がU字型に平土間を囲み、U字型の開いた一方の端部に奥行の深い舞台がある。ルネサンスの野外祝典のように、平土間では騎馬槍試合や水を引いて模擬海戦も行われた。

舞台と観客席はプロセニアム・アーチという一種の額縁で仕切られて、舞台両側にはテラリという舞台装置が、一点透視図法的効果を高めるために奥に向かって徐々に狭まるように配置されている。テラリとはさまざまな場面を描いた縦長のパネルが重なったもので、パネルを素早く横にスライドさせることによって別の場面を描いたパネルが見えるようになり、急速な場面転換を可能にしている。これはアレオッティの弟子ジャコモ・トレッリ(1608頃-78)によりヴェネツィアの商業オペラ劇場にも導入された(❸)。

ただし、祝典譲りの豪華な舞台は、経済性を優先せねばならない商業オペラではなく、絶対王政下のフランスで花を咲かせた。トレッリもフランス宰相マザラン枢機卿に招聘され、ルイジ・ロッシ作曲「オルフェーオ」(1647)で腕を振ったし、ルイ14世成婚記念に上演されたフランチェスコ・カヴァッリの「恋するエルコレ」(1662)ではヴィガラーニ親子が活躍した。彼らはそのためにテュイルリー宮殿(1563起工、1871破壊、❹、❺)に機械仕掛けを駆使したサール・デ・マシーヌ(1659)を建設した。機械仕掛けの騒音のせいで音楽がきこえないという失敗作だったが、彼らの技は宮廷の野外祝典などで大評判を博す。じつは、イタリア・バロックのフランスへの導入は、石造の恒久建築ではなく木造の仮設建築から始まったのである。劇場の外でも、1660年8月26日の新婚の国王夫妻のパリ入城式の際に、仮設の華麗な凱旋門が建設された。

建築家たちはイタリア・バロックを受け入れなかったが、舞台では、歌だけでなく舞踏や合唱も駆使した華やかなジャン・バティスト・リュリ(1632-87)の音楽悲劇(オペラ)へと結実し、やがて、ジャン・ベランなどのフランス人演出家も育っていった。

●オペラと商業歌劇場

水の都に史上初の公開オペラ劇場サン・カッシアーノ劇場ができたのは1637年である。不特定多数の市民が入

❶テアトロ・ファルネーゼの観客席(アレオッティ、パルマ、1618-28) パラディアン・モチーフがみられる

❷テアトロ・ファルネーゼのプロセニアム・アーチ

場料を払ってオペラを観に行くという形式は、まず、ここで花開く。サン・マルコ聖堂楽長就任を機に、クラウディオ・モンテヴェルディは傑作「ウリッセの帰郷」(1642)、「ポッペーアの戴冠」(1643)を手がけ、その後、カヴァッリやチェスティなどの作曲家が活躍した。このヴェネツィア楽派の興隆と軌を一にして、商業歌劇場が発展、17世紀末には狭い島に16の劇場がひしめきあう。

これらの劇場は、テアトロ・ファルネーゼの形態を踏襲しつつも、階段席ではなく数段重ねの桟敷席を採用している。古代劇場の記憶をとどめる階段席は前のほう、つまり、下のほうほど良い席だが、中世の騎馬槍試合などのための施設に由来する桟敷席では上段になるほど高級になり、平土間は最も安い立見用である。こうして、桟敷席がU字形または馬蹄形に平土間を囲み、プロセニアム・アーチに縁取られ、テラリなど舞台装置を伴った一点透視図法的な奥行の深い舞台が、観客席と同様の面積を占めるというバロック歌劇場の定型が成立した。

17世紀後半から18世紀前半にかけて、語りのような朗唱によって劇の筋を進めるレチタティーヴォと登場人物の感情を旋律も技巧も豊かな歌によって表現するアリアに二極分化した、いわゆるナポリ派のオペラがフランス以外のヨーロッパを席巻するに及んで、バロック歌劇場は各地の中小都市に至るまで盛んに建設されていく。とくにバイエルン選帝侯国などで多くの劇場を手がけたビビエーナ一族は、釣鐘形平面の桟敷席や、観客に対して斜め45度に傾けた成角透視図法の使用で名声を博した。

桟敷席は薄い壁で細かく仕切られていたし、その平面形からも舞台がほとんど見えない席というものがありえた。作品鑑賞という観点からはそういう席はあってはならないが、当時の人々は劇場にオペラを観に行くだけでなく、桟敷席の中の人間模様をも鑑賞の対象にしていた。また、桟敷席でも自宅の一部であるかのようにゲームや食事に興じて、ときにひいきの歌手に声をかけたりもする。レチタティーヴォとアリアに二分化された、アレッサンドロ・スカルラッティやヴィヴァルディ、ヘンデルらのオペラも、美しく官能的な女性歌手や高い声を保つために去勢したカストラートと呼ばれる男性スター歌手が引き立つように書かれたのである。　　　　（中島智章）

❸ 1654年の宮廷バレエ「テティスの婚礼」の上演（ジャコモ・トレッリ演出）

❹ テュイルリー宮殿庭園側ファサード（ドゥロルムの計画により1563起工、ビュラン、デュ・セルソー、ル・ヴォー参加、1871破壊）

❺ テュイルリー宮殿平面図の劇場部分（ヴィガラーニ父子、-1659）

15 図面の力

Baroque

18世紀前半の英国では、16世紀イタリアの建築家パラーディオの影響を受けた建築が流行する。パラーディオ主義の建築はやがてジョージアン・スタイルと呼ばれるものの中に溶け込み、イギリスの住宅建築の質を一挙に高めることになるが、そうした動きを促したのはこの時代に普及する建築図面を中心とした出版物の力であった。

● イギリスのパラーディオ主義とその背景

17世紀の初頭、イタリアに舞台美術の勉強に行ったイニゴー・ジョーンズ（1573-1652）は、パラーディオの著書『建築四書』に触発されて建築を独習し、バンケティング・ハウスなどパラーディオ風の作品を設計してイギリス最初の本格的なルネサンス建築家となった。その晩年に起こった清教徒革命とそれに続く共和制の時代は建築的に不毛であったが、1660年の王政復古後は王党派の建築家サー・クリストファー・レン（1632-1723）が大活躍を始める。彼は1666年のロンドン大火後、51の教会とセント・ポール大聖堂などの設計を手がけ、1669年から半世紀近くも王室建設総監の地位を独占し、ブレニム宮を設計したサー・ジョン・ヴァンブラ（1664-1726）らと共に華やかな作風でイングリッシュ・バロックと呼ばれる一時期を画した。

しかし、18世紀に入るとしきりに違う趣味の建築が求められるようになる。それは1688年に名誉革命（立憲君主制を確立した無血革命）を主導した議会派の勢力が強まったことと関係している。王党派好みのバロックは飽きられ、もっと簡素で厳格な建築が求められたのである。そうした気運を察知したように『建築四書』の英語版と『ウィトルウィウス・ブリタニクス（英国のウィトルウィウス）』の第1巻が1715年に出版される。後者は建築家コリン・キャンベル（1673-1729）がイギリスの建築家たちの作品を集めた図面集であるが、レンよりもイニゴー・ジョーンズとその流れを汲む建築家たちの作品に重点が置かれていた。この2冊の本によって新しい趣味の方向はパラーディオ風であることが示唆されたのである。

ちょうど1715年に大陸遊学大旅行（グランド・ツアー）から戻った議会派の若手、バーリントン伯爵（1694-1753）はこれらの本に刺激され、キャンベルを雇ってピカデリーの邸宅を改築させ（現在のロイヤル・アカデミーの建物）、パラーディオの作品を見る目的で再び1719年にイタリアに旅行し、オリジナル図面や建築書を大量に購入して帰国すると、自分でも設計を始める。ロンドン郊外の広大な敷地に建てたチズウィック・ハウスは、ラ・ロトンダをモデルとしながら細

❶ チズウィック・ハウス（バーリントン卿自邸、バーリントン、ロンドン、1725）

❷ ヴェネツィア窓の例（W.Kent "Designs of Inigo Jones" 1727 より）

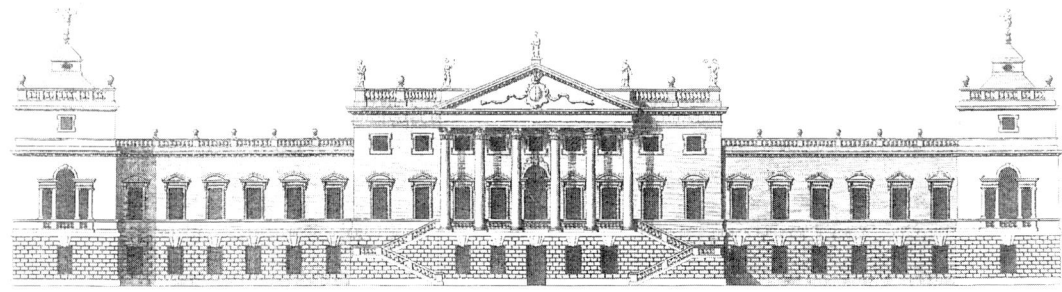

❸ ウォンステッド・ハウス第3案（キャンベル、エセックス、1720、現存せず）（"Vitruvius Britannicus" vol.III, 1725 より）

部を変えて独自の作風を示したもので、彼の代表作であると同時にパラーディオ主義の象徴的作品となる（❶）。ここで用いられたペディメントを戴くポルティコ（柱廊玄関）、2本の方立を持つ半円形の浴場窓（ディオクレティアヌス窓ともいう）、中央にアーチの載るヴェネツィア窓などは、パラディアン・スタイルの主要な要素として広く模倣されることになるものである（❷）。

●カントリーハウスとテラスハウス

バーリントン卿の影響で、同様に自ら建築書を手引きに設計を始める貴族たちも数多く出現し、この時代はアマチュア建築家全盛の時代となる。バーリントン卿はまた、ローマから連れ帰り庇護下に置いた画家のウィリアム・ケント（1685-1748）を建築家に転向させ、他にも自分の助手たちを建築関係の役職に就かせるなどして新様式の普及に尽力し、パラーディオ主義全体のパトロンと言われるようになる。チズウィック・ハウスの庭園を手がけたケントはイギリス式風景庭園の創始者となる。

チズウィック・ハウスはコンパクトなヴィラ型であるが、大邸宅を望む貴族たちが手本としたのは、キャンベルによるウォンステッド・ハウスという横長のカントリーハウスの設計図であった（❸）。パラーディオの設計したヴィラには立方体に近い主屋の両側に納屋の建物が延びる形式のものがあるが、それをイギリス好みの長大な建物に変え、中央にペディメントの載るポルティコを据えたのがイギリス式パラディアン・ハウスというわけである。

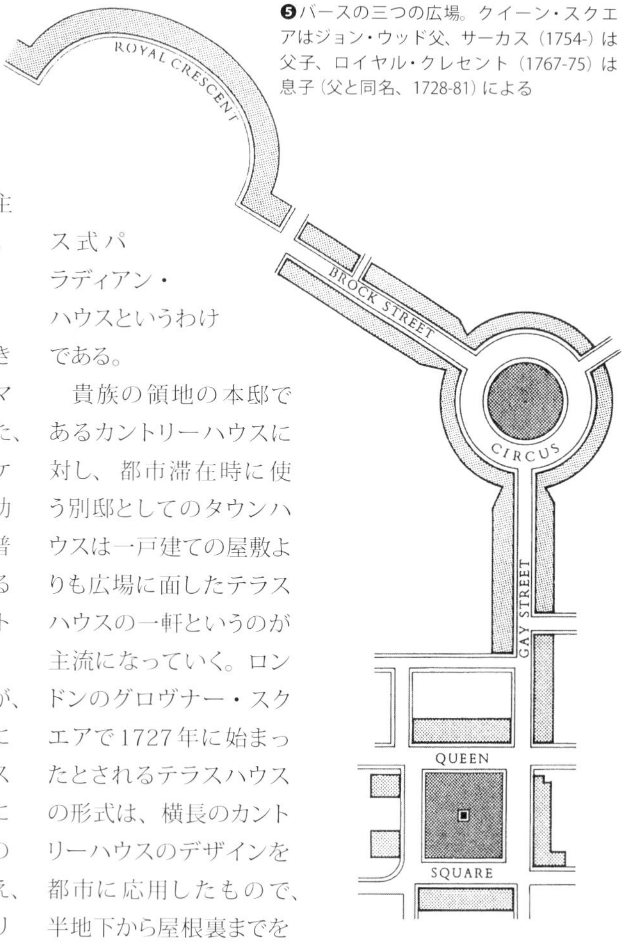

貴族の領地の本邸であるカントリーハウスに対し、都市滞在時に使う別邸としてのタウンハウスは一戸建ての屋敷よりも広場に面したテラスハウスの一軒というのが主流になっていく。ロンドンのグロヴナー・スクエアで1727年に始まったとされるテラスハウスの形式は、横長のカントリーハウスのデザインを都市に応用したもので、半地下から屋根裏までを立体的に占有する家が何軒も横に連なって一つの立派な館のような外観を構成し、広場の中心の共有緑地を庭園に見立てたものである。その後、バースのジョン・ウッド父子による都市計画の成功を通して広まり、ロンドンでもたくさんの広場とテラスハウスが高級住宅地として開発される（❹、❺）。

ベッドフォード・スクエアの場合、テラスハウスの中央2軒分は白く塗られペディメントとポルティコを平たく張り付けた形、両側の窓三つずつで1軒の家々はオーダーはないが、プロポーションは中央部分と同じである（❻）。このように端正なジョージアン・スタイル（ジョージ1世から4世まで、1714-1830の様式）の建物もパラーディオ主義から派生したものであることがわかる。この時代は『建築四書』をはじめとする本格的な建築理論書の他に、その内容をやさしく解説して図版を多く載せた本やパターン・ブックの類がたくさん出版され、商売として成り立った。そうした本のおかげでパラーディオ様式という古典主義建築の規則や細部も広く理解され、高水準の住宅建築が普及したのである。世界的に評価の高いイギリスの住宅というイメージは主として18世紀の建物から醸成されたものに他ならない。（渡辺真弓）

❺バースの三つの広場。クイーン・スクエアはジョン・ウッド父、サーカス（1754-）は父子、ロイヤル・クレセント（1767-75）は息子（父と同名、1728-81）による

❹クイーン・スクエア北側の連続住宅（ジョン・ウッド父（1704-54）、バース、1729-）

❻ベッドフォード・スクエアのテラスハウス（トマス・レヴァートン、ロンドン、1775）

建築と模型

　イギリスの新古典主義建築家ジョン・ソーン（1753-1837）は、建築教育にも熱意をもって当たり、彼の講義録は『建築講話』という形で、現在も読むことができる。この中でソーンは、模型が過去における重要な建築の意匠と構造を目の当たりにさせるとして、建築を学ぶため欠くことのできないものと述べている。事実、ロンドン、リンカンズ・イン・フィールズにあるサー・ジョン・ソーン美術館を訪れると、ソーンに大きな影響を与えたといわれるパエストゥムの古代ギリシア神殿の木製模型や、バンク・オブ・イングランドでモチーフにしたヴェスタに建つ古代ローマの円形神殿の石膏模型などが置かれている。写真のない時代、模型は建築物の実態を伝える重要な手段であった。ルネサンス時代、レオン・バッティスタ・アルベルティ（1404-72）が彼の『建築論』の中で、「仕上図やスケッチだけでなく厚板か何かの材料で作った模型によって、再三再四熟考し吟味すること」（相川浩訳、「アルベルティ『建築論』」、38頁）と述べているように、模型は設計のエスキスにも必要・不可欠であった。また、アルベルティはそれを「建築習慣」とも表現しており、彼の時代以前から建設の過程でスケール模型をつくることは、建築の実務における情報の媒体であったことがわかる。事実、ルネサンス時代の建築模型は、たとえばサン・ピエトロ大聖堂のドームなどのように、建物のあるべき姿の提示として意味をもつ。それだけでなく、いまでは虫食いの穴などもあいた木でつくられた模型には細部まで丁寧かつ微妙に表現されており、模型それ自体が芸術性を帯びている。それは、模型のもつ不思議な現実感である。ルネサンスやソーンなどの模型は、材料自体は木や石膏など、決して建物の実際を表してはいないし、色も同じではない。にもかかわらず感じられる迫真感。新都庁舎が建設された当時、その模型がNSビル（新宿）に展示されていた。現在では、色も素材も実際の建物と変わらない表現が可能であり、模型のほうが生き生きとした表情すらもっていた。つまり仮想現実。しかしそれは、ルネサンスなどの模型の現実感とは異なる。アルベルティは、さきほどの言葉に続けて模型制作自体が目的ではないので、簡素にするよう述べている。また、ソーンは、「図面が完成したら、各階のいくつかの部分を示すために、建物全体の着色されていない模型を充分な大きさで作る必要がある。色はすべて省くが、色はただ、構成する部分を吟味することから注意を逸らすからである」（ソーン著、『諸建物の図面集成』、1788より）としている。現実を彷彿させることが目的の現代の模型。しかし、縮小コピーの域を出ないし、それが作成の意図でもある。一方、各階がはずれるように細工されてはいるが細部などは省略されたソーンの住宅の木製模型は、単なる模型のはずなのだが、より建築の本質をついている。模型に込められたのは、仮想ではなく意志である。ルネサンスの模型が、ソーンの模型が心を動かすのは、コピーを超えた模型自体が提示する像であり、模型の本来の魅力はそこにあることを示している。（星　和彦）

ローマのオベリスク

　現在のローマの都市景観を形づくっているのはバロック都市としてのローマである。その特徴の一つが、市内のランドマークとなり、都市内に視覚的な軸線をつくり出し、緊張感を生み出しているオベリスクの存在である。現在市内には13本のオベリスクが見られるが、それらは16世紀から19世紀にかけて立てられた。異教に対するキリスト教の勝利を誇示する意図を込め、ローマ市内の教会前広場にオベリスクを立て始めたのが教皇シクストゥス5世である。彼によってサン・ピエトロ大聖堂、ポポロ広場、サンタ・マリア・マッジョーレ大聖堂、サン・ジョヴァンニ・イン・ラテラーノ大聖堂前にオベリスクが立てられ、その後の教会前に立つオベリスクはその計画の延長上にあるといっても過言ではない。周知のごとくこれらのオベリスクはすべてローマ遺跡から転用されており、バロック時代に新たに切り出されたものではない。

　4世紀のローマの地誌によれば、ローマ市には48本のオベリスクが立っていた。現在市内に立つ13本以外のオベリスクについては、その断片がわずかに確認されている。トラヤヌス時代に立てられたと見られる2本一組のオベリスクの断片はナポリとミュンヘンにあり、ウルビーノのパラッツォ・ドゥカーレ内のオベリスクにはローマ時代の部材が組み込まれ、ルーヴル美術館所蔵のオベリスクの断片はイゾラ・ティベリーナに立っていたと考えられている。つまり地誌に述べられた48本のうち現在確認できるのはわずか17本ほどにすぎず、その多くの行方は明らかとなっていない。

　ローマ時代にローマに立っていたオベリスクは実はすべてエジプトの王朝時代の転用というわけではない。13本のうち5本はローマ帝政期に新たに切り出されており、たとえばサンタ・マリア・マッジョーレ大聖堂前とパラッツォ・クィリナーレ前のオベリスクはアウグストゥスが自らのマウソレウム前に2本一組で立てるためにアスワンで新たに切り出させたものである。

　エジプトにおいては太陽神を祀る神殿に立てられていたオベリスクは、ローマ時代にはエジプト制圧の戦勝記念として、あるいはエジプト由来のイシス神を祀る建築の宗教性を示すものとして、そしてまた日時計のような実務的役割を果たすために転用され、バロックの時代にはキリスト教の優位性を表現する宗教的意味をもって活用された。時代によって異なる意味を担いながら、ひとつの建築形態そのものが保ち続けた永遠性を、オベリスクの中に見ることができる。（渡邊道治）

新古典主義・19世紀

Neoclassicism-19th Century

新しき古代

原初からの再出発

幻視の建築家たち

風景の中の建築

廃墟の美学

建築家の旅

ギリシアを尋ねて

ゴシックの再燃

建築の蘇生術

「様式」の乱立

集うブルジョア

快適な都市をめざして

ヨーロッパ世界の拡大

工学としての建築

高さへの挑戦

18世紀半ばから19世紀までの流れを大まかに整理すると、それ以前の古典主義の伝統を刷新しようとする新古典主義の段階、次いで、歴史認識の高まりとともに、扱うべき対象が古典主義の範囲にとどまらず、過去のあらゆる時代や非ヨーロッパ圏の建築までをも新しいデザイン・ソースとして取り入れていく段階をとらえることができる。こうした進展の背後には、まちがいなく20世紀建築へとつながる技術の進歩がうかがえるのであるが、本章ではそうした進歩的ニュアンスを最小限にとどめ、本書の締めくくりとして、前章までに見てきたあらゆる時代との連続性や関係性を描き出すようにしている。

18世紀後半は、フランス革命やアメリカの独立に象徴されるように、社会の体制や価値観が大きく転換した時代である。こうした革命の背景には、それまで誰も疑わなかった権威や価値や常識を批判的に問いただす啓蒙思想の存在があった。そして、この啓蒙思想が建築にもたらした成果が「新古典主義」である。新古典主義は、18世紀半ばのフランスを中心に、装飾過剰なバロックやロココに対する反動として起こった。したがって、造形的には過剰な装飾を嫌い、建築全体の表現も簡潔で抑制されたものとなる。建築にとって本当に必要な要素は何か、疑う余地のない普遍的原理とは何か、といった主題を追求した結果、純粋で簡潔な建築が理想とされたのであった。そして、この純粋で本質的な要素をつかむために、ルネサンス以降の成果には一切頼らずに、古典主義の原点である古代建築に直接アプローチした。このように、新古典主義は、長らく模倣の対象であり続けた先人たちの偉業をすべて棚上げし、理想化された原点に立ち返って古典主義を再生しようとした点において、そ

新古典主義・19世紀
―高まる歴史意識と新しい建築の模索

れ以前の古典主義とは決定的に異なる。さらに、この頃発見された古代ギリシア・ローマの遺跡や、急速に進みつつあったギリシア建築の調査も、新古典主義の批判的姿勢に一層の弾みをつけた。一連の新しい情報は、それ自体が新鮮なデザイン・ソースにもなったが、なにより既成の慣例を正すきっかけとなった点が重要である。こうして、不必要な装飾は簡略化される一方で、建築のオーダーは厳格に規則化された。さらに、設計手法に対しても効率的なアプローチが主張されてゆくようになる。また、形態の単純化と純粋化の理想は、時に実現不能なイマジネーションとしても現れた。

新古典主義の刺激的なイマジネーションが開花した背後には、18世紀後半のイギリスに発した美的概念であるピクチュアレスクの影響もあった。自然の景観に見られるような不規則性や多様な変化を重視する美的概念である。一見すると新古典主義の厳格さと矛盾する傾向のように思われるが、庭園や廃墟趣味、あるいは建築の絵画的表現法において、両者は共存することがあった。同時に、ロマン主義の心情とも結び付いて、建築家の興味を脱古典主義的な傾向、すなわち、ゴシック趣味や異国趣味にも広げていった。このようにピクチュアレスクの概念は、アカデミックな古典主義建築に自由な創造力を与えただけでなく、建築を庭園や都市との関係において意識させたほか、さらに、建築を時の流れの中で移ろい変化してゆく存在として認識させることにもなった。そして、この認識が19世紀の歴史主義へとつながってゆくのである。

19世紀は産業革命の進展によって、ヨーロッパが近代国家としての基礎を固める時代であるが、各国はまず文化的アイデンティティを確立しなければならなかった。それが歴史に求められたのはごく自然な成り行きである。この時代になると、建築においても新古典主義の原理主義的な傾向は影を潜め、建築の表現は考古学的正確さを追求するようになっていた。ドイツのギリシア様式復興はその代表例である。さらに、世紀半ばになるとピクチュアレスクの伝統をもつイギリスでゴシック・リヴァイヴァルが流行し始めた。建築家たちは、古代だけでなく中世以降の建築をも対象とする歴史研究に新たな刺激を求めるようになっていた。歴史研究の進展とともに、建築家が活躍する舞台は歴史的建築の修復設計にも広がり、過去のあらゆる時代の建築が「様式」として整理され、新築設計における重要な手がかりともなった。

だが、歴史様式を手際よく理解し、効率的な設計手法として消化する過程は、結果的に過去の建築様式をもっぱら装飾の技法に封じ込めてしまった。産業革命によってもたらされた工学的な成果が建築の構造に大きな可能性をもたらした一方で、建築の「様式」は建物の表面を覆う装飾のレパートリーとして理解されるようになるのである。19世紀における構造と装飾の乖離は、建築の表現の在り方が急速な技術革新に十分に応じきれていない過渡的な状況を映し出すと同時に、ルネサンス以来、芸術家として存在してきた建築家の役割をも強く揺さぶることとなった。建築家は、近代社会が必要とした全く新しい施設、都市計画の問題に対応を迫られる一方で、全く新しい現代の「様式」をも生み出さねばならなくなったのである。そうした挌闘の中で、ついに歴史が顧みられなくなったとき、20世紀建築が幕を開けるのである。（横手義洋）

1 新しき古代

18世紀半ばになって、ようやく古代ギリシア建築の詳細が知られるようになった。イタリアでも相次いで古代都市の遺跡が発見された。こうした新しい発見はまず魅力的な図版を伴った出版物として出回り、次第に多くの建築家の目に触れるようになったのである。そのとき、古代は新しく新鮮なイメージとして映っていた。

●古代建築の刺激

ルネサンス建築は古代建築の要素を再構成したものであった。だから、当然ルネサンス時代から古代建築の調査は行われていた。だが、その作業は正確な古代建築の理解を意図したものではなかった。たとえば、古代ローマよりも古いギリシア建築を理想的な起源とする者はいたが、ギリシア建築の姿を正確に理解している者はいなかったのである。こうした中、古代建築を正しく知るきっかけとなったのが、ヘルクラネウム、ポンペイ、パエストゥム等の遺跡発見であった。これによって古代建築に対する興味は勢いを増すこととなる。ギリシアの植民都市であったヘルクラネウム、さらにローマ時代にも発展したポンペイはヴェスヴィオ火山の大爆発によって埋没した都市であったが、18世紀半ばより発掘が開始された。また、ギリシアの植民都市であったパエストゥムもうち捨てられた廃墟となっていたが、この時代に発見された。こうした考古学的な発見を契機に、古代建築に関する正しい知識を伝え、建築家のイマジネーションをかきたて、模倣の対象となるような出版物が数多く出回るようになった。

ギリシア建築に関する調査報告書は、イギリスとフランスが主導的役割を果たした。フランスのジュリアン・ダヴィド・ル・ロワ（1724-1803）による『ギリシアの最も美しい記念建造物の廃墟』（1758、❶）、イギリスのジェームズ・スチュアート（1713-88）とニコラス・レヴェット（1720-1804）による『アテネの古代遺跡』（1762-1816）は、建築家を大いに魅了した。一方、こうしたギリシア建築賛美に異論を唱えたのが、イタリアのジョヴァンニ・バッティスタ・ピラネージ（1720-78）だった。彼は古代ローマ建築に関する数多くの版画を残し、ローマ建築がギリシア建築には何も負うところがないこと、さらに、ギリシア建築に優るローマ建築の優位を熱く主張した（❷）。ギリシアとローマのどちらが素晴らしいというような論争は決着のつかないものであるが、こうした考古学的な図面が古代建築の魅力を広く知らしめるようになったことは確かである。

●考古学者＝建築家

ドイツのヨハン・ヨーアヒム・ヴィンケルマン（1717-68）も古代ギリシア芸術を擁護した重要な人物である。彼はギリシアを実際に訪れたことはなかったし、著作には建築家を引き付けるような図版もなかったが、彼が理想化したギリシア芸術は19世紀に入ってドイツ建築に大きなギリシア様式復興の流れを生み出すことになる。一方、イギリスにおいては、ギリシアだけでなくローマも含めて、実際の建築に考古学的な成果が応用された。バーリントン卿はバロック建築の放縦さを否定して古典的な調和を好んだ建築家だが、その傾向はもう少し前のパラーディオの信

❶ ル・ロワによるパルテノン神殿

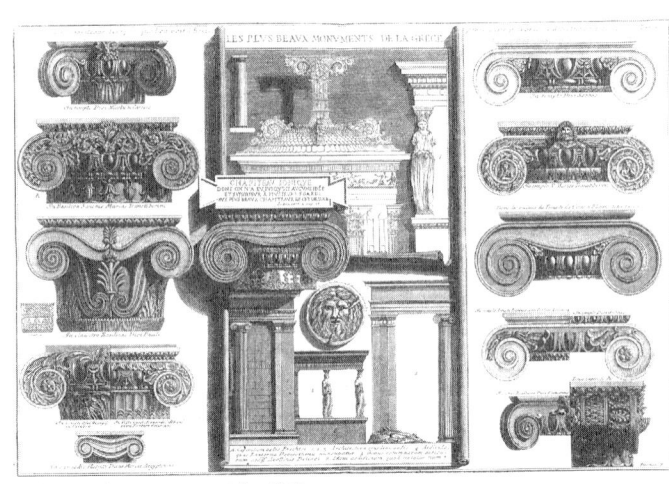

❷ ピラネージによるローマ円柱の柱頭

奉者イニゴー・ジョーンズにまで遡るものであった。まさにパラーディオこそが古代建築を調査した建築家であったわけだが、そのパラーディオをたどることで間接的に古代建築を参照したのがイギリスの特徴であったといえるかもしれない。バーリントン卿は、ローマ浴場の調査と復元を実際の建築設計にも生かした。また、パラーディオによるローマ浴場復元図を入手し、その考古学的な知識によってヨーク市集会場（1730）をデザインした（❸）。バーリントン卿の後継者、ウィリアム・ケントによるホーカム・ホール（1734頃）は、パラーディオが復元した建築に着想を得てデザインされている（❹）。イギリス人建築家の考古学的な関心は、建築のインテリアにもきわめて効果的にあらわれた。スチュアートによるスペンサー・ハウスの「彩色の間」（1758）はその好例である（❺）。ここでは室内装飾とともに家具や椅子もデザインされた。こうした中でロバート・アダム（1728-92）は古代建築に触発されながらも、それを自己のスタイルにまで高めることのできた建築家であった。親交のあったピラネージと同様、現実をいささか誇張してはいるが魅力的な建築版画を出版してもいる。アダムの建築作品においては、ギリシア、ローマ、パラーディオといったあらゆる要素が積極的に使用される材料であった。サイオン・ハウスの「控えの間」（1762-69）では、ル・ロワの図集を参考にしたギリシア建築の装飾を引用してはいるが、室内の随所にはローマ浴場からの参照が見てとれる（❻）。（横手義洋）

❸ヨーク市集会場内観（バーリントン、1730）

❹ホーカム・ホール　ホール内観（ケント、ノーフォーク、1734頃）

❺スペンサー・ハウス「彩色の間」（スチュアート、ロンドン、1758）

❻サイオン・ハウス「控えの間」（アダム、ロンドン、1762-69）

2 原初からの再出発

18世紀半ばの啓蒙思想は、バロックやロココの建築を根本から正すような理論を生んだ。建築の原始的な状態が想像され、建築にとって本質的な要素だけが重視されるようになる。その一方で、過剰な装飾は退けられた。科学の時代の到来とともに、古典主義建築の合理化と効率化が徐々に進行していく。これが新古典主義建築の理論的成果であった。

●真理による建築の浄化

フランスの啓蒙思想は、科学や哲学が示す絶対的真理によって建築の過ちを正そうという急進的な建築理論を生んだ。その際、建築の過ちとして糾弾された対象が、過剰な装飾を備えたバロックやロココの建築であった。マルク・アントワーヌ・ロージエ（1713-69）は、建築の起源をさかのぼることで建築に新たな指針を与えた。彼が著した『建築試論』の第二版（1755年、❶）には、原始的な小屋の絵が描かれている。大地に立つ4本の樹木には幹の上部に板がわたされ、そこから樹木は枝分かれして切妻屋根を形成する。この自生の小屋こそ、無駄な要素のない建築を示すきわめて観念的なモデルであった。すなわち、ロージエは、建築を柱、梁、ペディメントという最小の構造要素に還元することで、普遍的な建築の原理をつかもうとしたのである。この原理に従って、オーダーの規則の遵守が訴えられ、構造をあらわに見せるような独立円柱が推奨された。一方で、ピラスターや台座といったルネサンスの装飾要素は非難されたのであった。

ジャック・ジェルマン・スフロ（1713-80）によるサント・ジュヌヴィエーヴ聖堂（現パンテオン、1755-80）は、ロージエが「完全なる建築の実例」と賞賛した建築である（❷）。ここで、スフロは巨大ドームを円柱のみで支える構造に挑戦した。三重殻の大ドームを載せた建物の内部が、できるだけ細いアーチと独立円柱のみで構成されるのが理想であった。しかし、実際にはこうした構造は難しく、中央ドーム四隅の柱を3本ずつ一体化して巨大な三角形の支柱に変え（❸、❹）、1791年以降には鉄材によっても補強されることとなった。その後、建物をより純粋な形態にするため、外壁の窓がふさがれ、ポルティコの隅の塔が除かれて、現在の形となった（❺）。設計変更を余儀なくされたとはいえ、スフロの当初のアイデアは古代に対する新しく真摯な研究心を表明したものであり、古典建築の持つ規則性と記念性を明晰な構造の表現に結び付けようとする果敢な挑戦であった。

●合理化、効率化への道

ロージエに代表されるフランスの理論は、建築装飾のすべてを否定したわけではない。たしかに過剰な装飾や建築家の奇想は批判されたが、建築の本質的な要素、構築的な要素を表現するような装飾は、真理にもとづく美を保証するものとして重視されたのである。オーダーの規則はその最たるもので、新古典主義建築においても失われることはなかった。アンジュ・ジャック・ガブリエル（1698-1782）によるヴェルサイユのプティ・トリアノン（1761-68）は、抑制された装飾や均整の取れたボリュームによって、新古典主義の代表的作品とされる。また、1762年に建築アカデミーの教授となったジャック・フラン

❶ロージエ『建築試論』（第二版）の口絵　　❷サント・ジュヌヴィエーヴ聖堂正面外観（スフロ、パリ、1755-80）

ソワ・ブロンデル（1705-74）は、簡素で高貴な古典様式を公共建築の指導原則とし、オーダーの役割とその建築的意味を再確立しようとした。

　一方、イタリアにおいてはヴェネツィアのカルロ・ロードリ（1690-1761）が、当時発展しつつあった材料学の成果にもとづいてバロック建築の過剰装飾を非難し、科学から導かれる建築表現こそが真の建築の姿であることを主張した。ロードリの思想は建築の機能主義的理解の先駆とされる。石材学の実験により、力学的に無駄のない懸垂線がドームやアーチに応用されたのもこの時代である。

　19世紀になると、設計手法においても効率化が目指されるようになる。ジャン・ニコラ・ルイ・デュラン（1760-1834）は、革命後の1795年に王立陸軍技術学校をモデルとして設立されたエコール・ポリテクニーク（国立工科大学校）の建築学教授に任命され、1800年に『全種類の建物の比較についての選集』を出版した。そこでは、各時代のさまざまな建築を比較分析して、その構成要素をモデュールと比例にもとづいて規格化した。そして、これらの規格ユニットを組み合わせ、グリッド・プラン上に機能的かつ経済的なシステム化の理想を示した（❻）。一方で、建築の持つ歴史性や地域性は完全に無視されたのであった。デュランにおいても、歴史的な装飾が完全に放棄されたわけではないが、それはプランニングが導き出すボリュームを覆う副次的な衣装となったのである。デュランの教えは、建築の量産化に拍車をかける画期的な理論であった。（横手義洋）

❹サント・ジュヌヴィエーヴ聖堂内観　中央ドーム回隅の支柱

❺サント・ジュヌヴィエーヴ聖堂外観

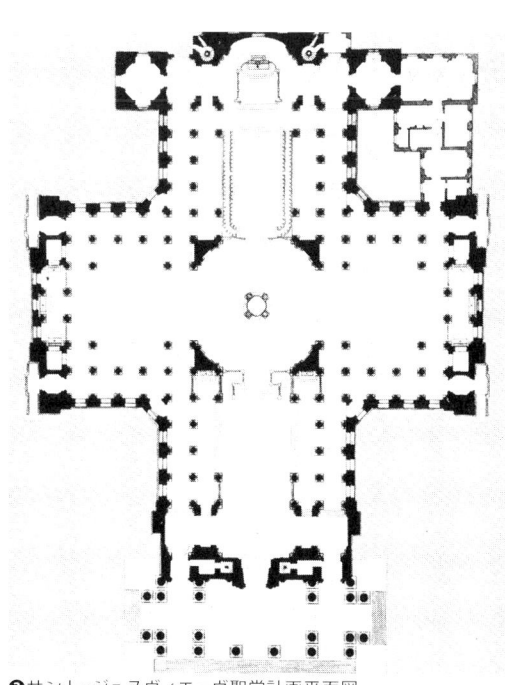

❸サント・ジュヌヴィエーヴ聖堂計画平面図

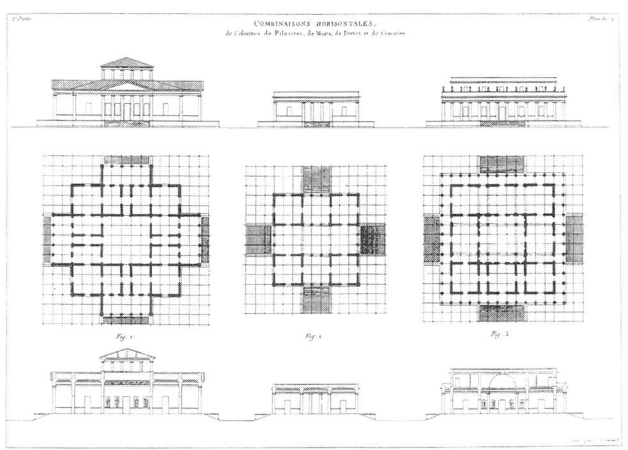

❻デュラン『建築講義概要』の図版（1823）

3 幻視の建築家たち

Neoclassicism-19th Century

フランス革命期の建築家たちは当時の建設技術力をはるかに超えた建築を夢想した。時代の本流からかけ離れた圧倒的なスケール感、装飾のない抽象的な造形…。彼らは誰もが疑わなかった常識に対する勇猛果敢な挑戦者たちであった。実現のかなわぬ建築。だが、彼らの見た幻は確実に後世の建築家を魅了することとなる。

●イメージの中の建築

18世紀の終わりに古典主義建築の系譜に衝撃を与える動きが見られる。フランス革命期の建築家によってなされた紙面上の試みは、立方体、球体、円筒形、ピラミッド形といった単純立体の形態による建築であった。ここでは簡素で純粋な建築形態を目指す新古典主義の理念がラディカルに推し進められ、細部は極度に簡略化された。少なくとも建築家の描いたイメージの中において、建築は古典的規範から完全に決別し始めていた。

エティエンヌ・ルイ・ブレー（1728-99）は、生涯に実現した建築はわずかであるにもかかわらず、描いた建築のイメージにおいて歴史にその名を残した。巨大スケールの誇大妄想的建築は当時の建設能力をはるかに凌ぐものであり、純粋形態への希求もすさまじかった。1784年頃に描かれたニュートン記念堂案は、円筒形の台座に据えられた巨大な球体建築である（❶）。科学者ニュートンに捧げられたプロジェクトは、宇宙の無限の広がりを現前させ天体の感覚に耽ることを想定している。ブレーは左右対称や規則正しさにおいて球体を完全な形態とし、その輪郭が人間にとって心地よいものであることを主張した。さらに、建築家の幻想は球体と光の効果へと向かう。昼と夜で全く異なる光の演出が図られるのである。昼は球の表面に開けられた無数の穴から内部に差し込む光が天体の星のごとく輝き、一転、夜は内部に吊り下げられたオブジェからまばゆいばかりの光が外側に向かって発せられる（❷）。同じ頃に描かれた王立図書館案は巨大なヴォールト天井による大空間建築である（❸）。列柱が延々と続く知の空間。そこに描かれた人物たちは建築の大きさを誇張するには十分なものだ。ブレーは生涯に公共建築、凱旋門、市門、霊廟、記念碑などのドローイングを数多く残すが、とりわけ霊廟や記念碑といったモニュメントにおいて円錐形、ピラミッド形が際立っている。まさに死者のための荘厳な建築であった。

●フランス革命と建築

ブレーの建築が紙上にとどまるのに対し、クロード・ニコラ・ルドゥー（1736-1806）はマダム・デュ・バリをパトロンとして建築家業を開始し、フランス王室建築家にまでなった。実作のうちで一連のパリの入市税徴収所は、簡略化された古典主義形態、控えめな装飾、単純幾何学形態の組合せにおいて新しい考え方を示すと同時に、ひとつのビルディング・タイプに適応する様式的なレパートリーを例示するものである（❹）。現存するものでは、ヴィレット運河の先端にあるものがギリシア十字平面に円筒形が載った大胆な着想を示している。また、フランス東部アルケ・スナンにある王立製塩工場（1775-79）はルドゥーによって実現された理想都市である（❺）。半円形の敷地に、マニエリスムの柱廊玄関が特徴的な長官の館、工場、労働者の館などが配置される。都市門には、同様にマニエリスムの影響を受けた洞窟風の玄関部仕上げ（❻）が見

❶ニュートン記念堂案（ブレー、1784頃）外観

❷ニュートン記念堂案断面図　上が夜、下が昼

られ、工場や労働者の館には流れ出る水を表した石の装飾(❼)が見られる。

このようにルドゥーの実現した作品の大半は、馴染みのある古典主義のモチーフを示している。しかし、彼の建築家人生はフランス革命とともに終局を迎える。投獄された後、実現される望みのない設計案の出版準備をしながら、彼は生涯を閉じた。死後に出版された作品集には、革命前に実現したアルケ・スナンの製塩工場をさらに拡張した理想都市計画があった。長官の館を中心とする円形の都市、そして、都市周りの各建築は、枠組のない開口部や平坦な屋根、無装飾の壁による全く新しい構成形式が試みられていた。球体、ピラミッド形、円筒形をといった自律形態を用い、そして、時には二つの形態を相互浸透させて全体のボリュームを形づくった(❽)。

ブレー、ルドゥーに続くジャン・ジャック・ルクー(1757-1825以降)は前二者とは違った奇怪な幻想を描いている。1790年頃に描かれた「見晴らし台のある落ち合い場」は変形された古典主義的モチーフ、ゴシックの尖頭アーチ、無装飾で幾何学的な開口部といった建築要素が組み合わされている。いわば19世紀の折衷主義の先取りである。さらに、「王子の狩猟のための公園出口」、「新鮮な牧草地にたつ牛小屋」は動物の頭部あるいは全体が建築と同化してしまっている。こうしたドローイングは新古典主義の展開の幅広さを伝える指標であると同時に、建築家の夢想がすでに古典主義の厳格な規律を軽々と飛び越えていたことを伝えているのである。(横手義洋)

❸ 王立図書館案(ブレー、1780頃)内観

❺ アルケ・スナンの王立製塩工場(ルドゥー、1775-79)

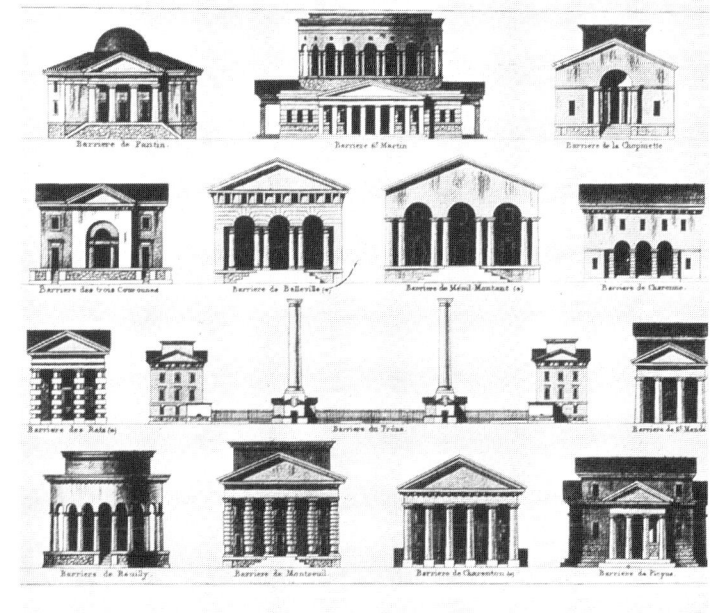

❹ 入市税徴収所のための設計案(ルドゥー、1785-89)

❻ アルケ・スナンの製塩工場 正門の玄関部

❼ アルケ・スナンの製塩工場 工場外壁の装飾

❽ 球形の住宅案(ルドゥー、1780)

4 風景の中の建築

建築はもともと風景の中に存在するものではあるが、建築と風景の関係は不変ではなかった。ルネサンス以降、建築家の造形の意図は建築物だけにとどまらず、建築とそれが置かれる風景にも及ぶようになる。そして18世紀、自然のとらえ方の変化から、建築と風景の間に新たな関係が生まれることになった。

●ルネサンス式庭園とバロック式庭園

風景の中の建築、その在り方はギリシア神殿、ローマの神域などにも見られるように、古くから認められる。その場合、風景は自然と同じ意味をもち、建築物はもっぱらその中に置かれる存在であった。建築と自然の関係の意識的な構築、つまり風景に建築家の世界観が反映されるのは、やはりルネサンス期以降のことといえる。それを端的に表すのが、建築と庭園の関係である。その一つの実体化は、16世紀のイタリアにおけるルネサンス式庭園であった。ルネサンスの世界観を表した軸線性と相称性を基本とする建物と庭園の構成は、起伏をもった地形の特性も生かして開花した。この指向をもとに、軸線の中心を権力と結び付け、無限に続く平坦な地形に応用することで、17世紀フランスのバロック式庭園が実現された。自然を制御する、あるいは支配するこうしたルネサンス式庭園やバロック式庭園は幾何学式（整形）庭園と呼ばれる。しかし17世紀末からのイギリスではこの方向性への批判が生まれ、それが新たな庭園を、すなわち自然との関係をつくり出した。風景式（イギリス式）庭園の誕生である。

●風景式庭園とピクチュアレスク

チズウィック・ハウスの庭園（ロンドン西郊、❶）は18世紀前半から造園が始まる。ラ・ロトンダを範とした、パラディオ主義の典型とみなされるチズウィック・ハウスを取り囲む庭園は、生垣に囲われた狭い苑路が円柱などに視線を導く箇所などもあるが、点在する、廃墟めいた彩りも与えられたモニュメント（❷）やわずかに蛇行する運河（❸）、平坦ではない地形が特徴といえる。このような風景画を思わせる、また絵のような美しさをもつ趣にはピクチュアレスクという用語があてられる。こうした造園方法の創始者は、チズウィック・ハウスの作庭にもかかわったウィリアム・ケント（1685-1748）であった。イタリアで絵画なども学んだケントは、イタリア・ルネサンス以来の幾何学式庭園に疑問を呈し始めた17世紀末からのイギリスにあって、風景式庭園への指向を明らかにした。そして18世紀中頃からこの造園法を確立したのは、ストウではケントとともに仕事にあたったランスロット・ブラウン（1716-83）である。ブラウンは、彼の意図する造園を実現する潜在力を敷地が持つと述べたところから、ケイパビリティ（可能性）・ブラウンというあだ名をもち、ウォーリック・カースル（1753-58）やブレニム宮殿の庭園（1764-69頃、❹）などの作品を残している。しかし18世紀末になるとこの方向性は、地形

❷円形の小神殿とオベリスク 　　❸蛇行する運河に架かる橋

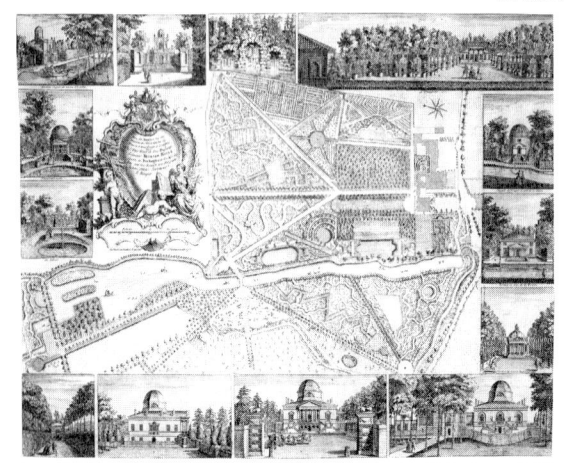

❶チズウィック・ハウスの庭園　ジョン・ロックによる地図（1736出版）

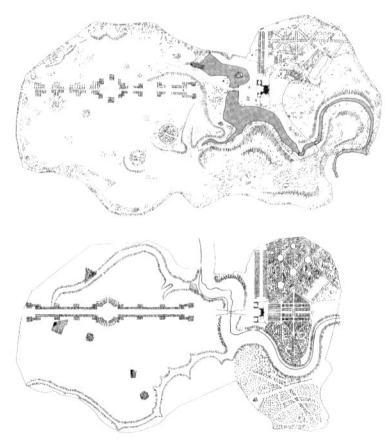

❹ブレニム宮殿の庭園（ブラウンによる造園前後の比較）

などの改変が恣意的で人工的という、ユーヴディル・プライス（1747-1829）をはじめとする批判を受けることになる。それとともに、より自然で多様な指向の表現としてのピクチュアレスクが主張されることになった。ブラウンを継承しつつこうした趣向を取り入れ、風景式庭園をさらに展開させたのはハンフリー・レプトン（1752-1818）である。ただ、彼は建物周囲にはむしろ整形風の庭園を復活させ、その外側をより自然風にしたのであった（❺）。

造園におけるイギリスでの動きは、その他の国へも伝播した。たとえば18世紀後半、ヴェルサイユ宮殿に王妃マリー・アントワネットの希望でつくられたアモー（1774頃-83頃、❻）は、不整形の池を囲みフランスの農村にある民家にモチーフを求められた建物が建ち、バロック庭園を持つ宮殿部分とは好対照をなしている。それは単に建築的な趣向などにとどまらず、生活の面からも求められていたということも重要である。

● ピクチュアレスクと都市景観

前述したように、イギリスではこうしたピクチュアレスクの考え方が、庭園にとどまらず都市構成にも取り入れられた。その嚆矢はバース（→バ15❹、❺）である。方形広場と連続住宅からなるクイーン・スクエア（ジョン・ウッド父、1729以降）から、古代ローマのコロッセウムの内外を反転させた構成、といわれることもある円形の都市住宅、サーカス（ウッド父子、1754起工）をへて、楕円形の都市住宅ロイヤル・クレセント（ジョン・ウッド子、1767-75）へと至る建物と情景の連続性と変化、そしてロイヤル・クレセントの自然を取り込む構成は、風景と建築の多様な在り方を示している。より都市的な中でこの関係の実現を試みた提案が、19世紀前半のジョン・ナッシュ（1752-1835）によるロンドンのリージェント・ストリート、リージェンツ・パークの計画であった（❼）。2度湾曲しながら延び、周囲の建物は見え隠れしながら建ち並ぶというリージェント・ストリートは、都市軸の意味付けがヨーロッパの他の大都市とは異なる（❽）。またその到達点として、大規模な連続住宅（テラス、❾）を配置し、むしろその周囲に自然を点在させたリージェンツ・パークは、都市に景観的な特色を与えるという視点で、風景と建築の新たな関係を提示している（❿）。ロンドン大火（1666）後、クリストファー・レン（1632-1723）は、ロンドンにバロック的な都市計画を提案した。それは日の目をみることはなく、いまあるロンドンの都市景観が生まれた。ピクチュアレスクは、こうしてイギリスを特色付ける言葉となったのである。（星　和彦）

❺ ケンウッド・ハウスの庭園（レプトンによる造園の提案前（上）、後（下）の比較、レッド・ブックより）

❻ ヴェルサイユ宮殿内のアモー（ミーク、1774頃-83頃）

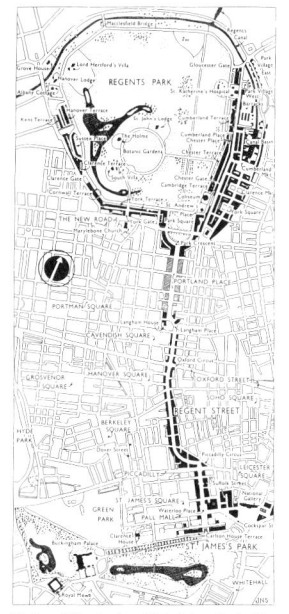

❼ リージェント・ストリートとリージェンツ・パークの計画（ナッシュ、ロンドン、1809-32）

❽ クオドラント付近のリージェント・ストリートの版画（ナッシュ、1822）

❾ チェルシー・テラス（ナッシュ、1825）

❿ パーク・ヴィレッジ・ウエスト（ナッシュ、1823-34）

5 廃墟の美学

建築といえども時間とともに朽ち果ててゆく。この当たり前の事実が美意識にまで高められたのは、18世紀イギリスにおけるピクチュアレスクの伝統においてであった。一方で、廃墟の断片が散在する様は、イタリアのバロック的奇想の中で建築要素の自由な構成への足がかりとなった。廃墟からのインスピレーションが新たな建築の扉を開いてゆく。

●廃墟のイメージ

イギリスにおいて庭園設計の分野に芽生えたピクチュアレスクの手法は、庭園に点在する建築そのものにも適用されるようになった。その際、建てられた後の建築の姿がクローズアップされるようになったことは重要である。すなわち、建築は完成時の姿がすべてではなく、時間の経過とともに移ろいゆく存在としてもとらえられるようになったわけだ。この流れの中で、ある種の建築家たちは自ら設計する建築がいずれ朽ち果て廃墟となっていく様を想像し、楽しんだのであった。時の流れの中で、建物の外壁は傷み、雨による染みができ、石は風化するだろう。そして、その表面は植物によって覆いつくされてしまうかもしれない。しかし、それも廃墟の示す絵画的な魅力であった。

18世紀イギリスにおける廃墟への関心は、古典派の詩人アレクサンダー・ポープ（1688-1744）が庭園につくった洞窟に見てとれる。貝殻などで装飾された洞窟は、古代神話から援用されたイタリア的要素であったが、それがイギリスにもたらされ、次第に大きな流行を生むようになったのである。17世紀の風景画、とりわけサルヴァトーレ・ローザ（1615-73）が好んで描いた荒々しい風景も、この時代の廃墟への関心を呼び込んだ一因であろう。イギリスにおいては、イタリア的な古典建築の美に対し、それを打ち壊した廃墟に美を見いだしたのである。風景式庭園の作家のうち、ウィリアム・ギルピン（1724-1804）は廃墟をわざわざ意図的に演出した。廃墟趣味の庭園設計においては、ゴシックの修道院や城跡が重宝がられたが、そのような廃墟が見つからない場合、わざわざ廃墟らしき建物をつくったのである。この流行は、基本的にイギリスが中心で、その後、フランスやイタリアにも類例が見られるようになる。ナポリのカゼルタ王宮につくられたイギリス式庭園には、イギリス人造園家J.A.グリーファーによって巧みに廃墟が演出されている（❶）。

ウィリアム・チェンバーズ（1723-96）による王太子霊廟案（1751-52）（❷）は、同時代のフランス、イタリアの流れに同調した新古典主義の建築である。ただし、イギリスの趣向を反映し、霊廟は風景の中の廃墟として描かれている。ここでは、新古典主義がピクチュアレスクによって廃墟化された。また、19世紀に入るとジョン・ソーン（1753-1837）は自らの代表作であるイングランド銀行（1791-1833）を、画家のジョセフ・マイケル・ガンディ（1771-1843）に依頼して廃墟の姿で表現させた（❸）。まもなく新しい建築が生まれようというときに、その死が先取りされて表現されたのである。ここには生と死が重ね合わされている。実際、ソーンの建築には、トップライトやハイサイドライトを使った不気味で神秘的な空間が多い。同時にソーンには、フランスのブレーが描いた「死の神殿」の響きも感じられる。

❶カゼルタ王宮にあるイギリス式庭園内の廃墟建物天井見上げ。意図的に天井が破られ、頭上に木々が見える（J.A.グリーファー、カゼルタ、1782）

❷チェンバーズによる王太子霊廟案（1751-52）

●幻想、そして独創へ

　イタリアにおいては、バロック建築の奇抜な着想の中で尚古趣味が展開していた。建築家ピラネージがその代表である。彼の描いたローマ建築はたしかに考古学的調査の報告を兼ねてはいるが、版画そのものの魅力がなにより重要である。たとえば、『ローマの古代遺跡』(1756)の扉絵ではローマ近郊のアッピア街道の古代風景が扱われているが、数々の墓廟が無数のモニュメントをともなって山積している（❹）。散在する個々のモニュメントは考古学調査によって発掘された品々であるが、これらが積み重なる構成は現実とは全く無関係である。ピラネージにおいては建築的オブジェが、古典的な規範に束縛されない自由なコンポジションで組み合わされているのである。これは同じ廃墟の風景でも自然やピクチュアレスクに依存していたイギリスの趣味とは好対照である。

　ピラネージの版画は、現実にはない風景を生み出すのであり、ときにそれはダイナミックな舞台空間にも転化する。とくに版画集『牢獄』(1758-60頃)はピラネージの独創的な世界を垣間見せてくれる（❺）。ピラネージは『グロテスキ』や『ローマの景観』といった当時の人々が見たいと望む版画を描き、生計を立てたという。風景だけではない。美術蒐集家たちは古代ローマ都市の完成図を欲しがった。ピラネージは遺跡の発掘や実測を行い、それでもわからない部分は自らの想像力で補うことで、壮大なローマ地図を完成させている（❻）。そこにおいては、考古学的な正確さは作業を行うきっかけにすぎず、いつしか考古学を独創と自由なイマジネーションが軽々と飛び越えていった。だからこそ、ピラネージの描いた版画は、後続の建築家の心をとらえて離さなかったのであろう。（横手義洋）

❹ピラネージによる『ローマの古代遺跡』(1756)

❺ピラネージによる『牢獄』(1758-60頃)

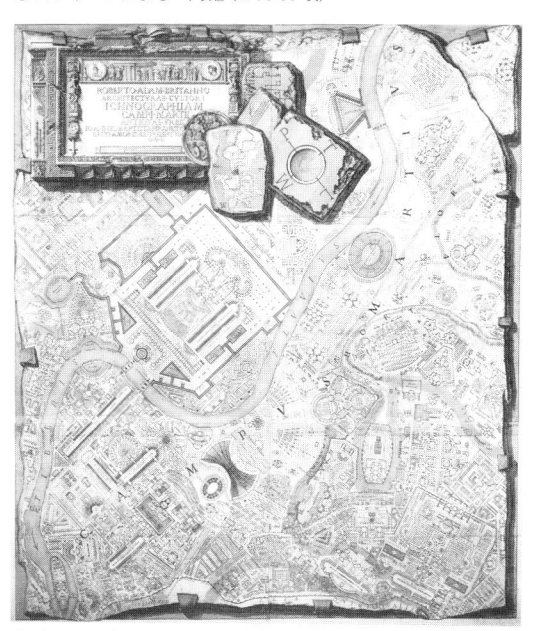

❸ガンディによるイングランド銀行(1830)

❻ピラネージによる古代ローマの地図(1762)

6 建築家の旅

Neoclassicism-19th Century

実際に建築の現場を訪れることは建築家にとってかけがえのない刺激となる。未知の古代建築を理解するために、数多くの若い建築家たちがイタリアをめざし、ギリシアにも渡った。これが大陸遊学大旅行(グランド・ツアー)と呼ばれるものだ。17世紀以降のローマは古典を学ぶ場所、19世紀のパリは建築教育の中心地となり、幾多の著名な建築家を輩出したのである。

●南をめざして

18世紀は大陸遊学大旅行(グランド・ツアー)が盛んに行われた時代である。とくにイギリスの貴族や裕福な地主層は、跡継ぎとなる息子を大陸への旅行に出し、その財産にふさわしい教養を身に付けさせようとした。その最終目的地はイタリアであった。書物で学んだ古典文化・教養を確かめるためにイタリアは欠かせない場所だったのである。こうした傾向の最も早い例はパラディアニズムだろう。その火付け役となったイニゴー・ジョーンズは17世紀初頭にイタリアを訪れ、パラーディオの建築、さらにローマの建築に魅せられた。こうしてジョーンズがイギリスに古典主義を開花させるわけだが、その後もパラーディオ建築の影響はしばらく続いた。18世紀にこの傾向の中心的人物となったバーリントン卿も19歳よりグランド・ツアーに出かけている。こうした古代への関心はディレッタンティ協会の設立へと至る。ようするに、古代ギリシアとローマを研究するクラブである。クラブの会員たちは考古学者や建築家に惜しみなく資金を提供した。ジェームズ・スチュアートとニコラス・レヴェットのイタリアとギリシア訪問は、こうした幅広い考古学的関心を背景にしていた。チャールズ・ロバート・コッカレル(1788-1863)も、ギリシア、トルコ、イタリアの建築を7年間調査した。彼の描いたドローイング「教授の夢」(1849)は、エジプト以来のさまざまな建築を一堂に集めた壮観なものである

(❶)。ロバート・アダムはフランスとイタリアで学び、イタリアにおいては版画で有名だったピラネージと親交を深めた。ヨーロッパの北と南の知的交流が、この時代の建築の流行をつくったのだった。

また、古典を学ぶ以外にもイタリアに魅せられたイギリス人がいた。19世紀の文学者にして建築理論家のジョン・ラスキン(1819-1900)である。彼の興味はイタリアの中世建築、とくにヴェネツィアの建築に向けられた。ラスキンのあげる四つの完璧な様式のうち、三つはイタリアの建築様式、すなわち、ピサのロマネスク、イタリア西部の初期ゴシック、ヴェネツィアのゴシックであった。とりわけ、ラスキンが著した『ヴェネツィアの石』(1851-53)は、建築家たちにこの様式を模倣させることとなった(❷)。このとき、時代はゴシック・リヴァイヴァルのただなかにあった。

●教養としての古代ローマ

フランスのエコール・デ・ボザール(国立高等美術学校)は、絵画、彫刻、建築の3分野を包括する高等教育機関として1816年に誕生した。その前身であるアカデミーの時代より、設計競技の勝利者にはローマ留学への道が開かれ、古代建築の実測と復元設計が課せられた。このように当時のローマは、ヨーロッパの建築教育の聖地となっていた。留学した建築家たちは残された古代遺跡の断片をつなぎ合わせ、失われた部分は想像によって全体像を再構成した。ルイ・ジョゼフ・デュク(1802-79)はコロッセウムの復元図を残している(❸)。当時コロッセウムは採石場と化していたが、19世紀初頭より復元作業が進められていた。また、マリー・デジレ・エクトール・ジャン・バティスト・デスプーイ(1854-1928)は、マクセンティウスのバシリカの実測と復元に熱中した(❹)。実測

❶コッカレルによる「教授の夢」(1849)

対象はローマ建築だけではなかった。アンリ・ラブルースト（1801-75）はギリシア遺跡のパエストゥムの神殿を対象とし、実測図をパリに送っている。こうしたボザールのエリート建築家がローマ留学後に多くの実作を生んでいったのだった。

ローマが古代建築に関する教養を得る貴重な場であった一方、建築教育の現場としてはパリのエコール・デ・ボザールがヨーロッパで大きな名声を得るようになっていた。19世紀の後半になるとボザール教育をめざしてヨーロッパ各地から学生が集まった。アメリカも例外ではなかった。実際、パリ留学を終えた建築家たちが、アメリカにおける古典主義建築をリードしていった。代表的な建築家としてはリチャードソン（1838-86）やチャールズ・フォレン・マッキム（1847-1909）などがあげられる。両者ともにハーヴァード大学を経て、パリに学んでいる。マッキムは、ミード（1846-1928）、ホワイト（1853-1906）とともに建築事務所を設立して実作を手がけた。ボストン公共図書館（1887-98）は、アメリカにおけるアカデミックな古典主義建築の傑作であり、パリに学んだ建築家たちの大いなる成果であった（❺）。（横手義洋）

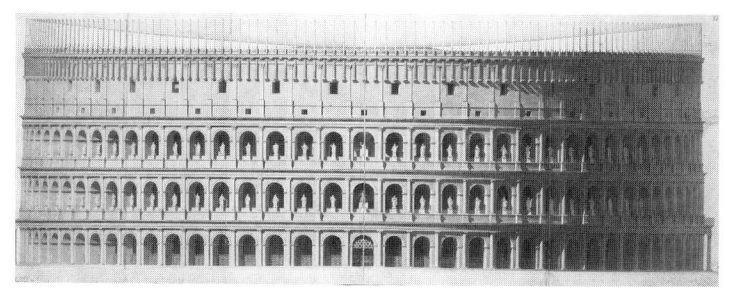

❸ コロッセウムの復元図（デュク、ローマ、1830-31）

❹ マクセンティウスのバシリカの実測および復元図（デスプーイ、ローマ、1888）。完成させたコンスタンティヌス帝にちなんで「コンスタンティヌスのバシリカ」とも呼ばれる

❷ ラスキンによるパラッツォ・ドゥカーレのスケッチ

❺ ボストン公共図書館（マッキム、ミード、ホワイト、アメリカ合衆国、1887-98）

7 ギリシアを尋ねて

18世紀後半から古代ギリシア建築の姿が正確に理解されるようになると、古代ローマ建築だけが模範であった西洋建築にとってギリシアは新しい刺激として注目を集めた。アテネのパルテノン神殿の優美さ、ギリシアのドリス式円柱の力強さが建築家たちを魅了し、19世紀に各国でグリーク・リヴァイヴァルが花開くこととなった。

● グリーク・リヴァイヴァル

18世紀半ばにおいて、古代ギリシア建築そのものが建築家にとって新鮮だった。なぜなら、当時のギリシアはトルコの支配下にあったため、容易に訪れることのできる場所ではなかったからである。実際、それまでのギリシア建築に関する記述は推論によるところが大きく、様式的な特徴もよくわかっていなかった。だが、考古学的発見やギリシア建築の調査が進むにつれ、多くの建築家がギリシア様式、とりわけ簡素で力強い印象を与えるギリシアのドリス式円柱に積極的な関心を示すようになる。この傾向はとくに19世紀のドイツにおいて大きな流行を生む。ベルリンのブランデンブルク門（1788）は、アテネのプロピュライア（神域の門）に着想を得ている（❶）。ただ、門の円柱は柱身が細くベースを持つから、正確にはギリシアではなくローマのドリス式であると言わねばならない。しかし、この後になって、ベースを持たないギリシアのドリス式オーダーが多くの建築に採用されるようになる。純粋さ、崇高さといった価値でとらえられるようになったギリシア神殿は、フリードリヒ・ジリー（1772-1800）によるフリードリヒ大王記念碑のコンペ案（1797）において直接引用されている。この案は実現には至らなかったが、その姿にかなり近いものがレオ・フォン・クレンツェ（1784-1864）によるヴァルハラ（1831-42）（❷）に認められる。レーゲンスブルク近郊の小高い丘に建つ神殿は、明らかにアテネのパルテノン神殿のコピーであり、ヴィンケルマンが主張していたギリシア芸術の高貴さを体現する究極の姿であった。巨大な基壇に載せられた神殿の内部にはドイツの政治家や文化人たちの胸像が収められ、天井にはトップライトが設けられた。さらに、内部は非常に多彩な色大理石で仕上げられた。また、クレンツェはミュンヘンにギリシア建築に倣ったプロピュライア（1848-60）を実現させている（❸）。ただし、左右に配されたパイロンはいささかエジプト風でもある。そして、19世紀ドイツを代表する建築

❶ブランデンブルク門（ラングハンス、ベルリン、1788）

❷ヴァルハラ（クレンツェ、レーゲンズブルク近郊、1831-42）

❸プロピュライア（クレンツェ、ミュンヘン、1848-60）

❹ベルリン王立劇場（シンケル、1818-21）

家カール・フリードリヒ・シンケル（1781-1841）も、ギリシアのモチーフを用いて多くの傑作を生み出した。ベルリン王立劇場（1818-21）（❹）はギリシアの形態を応用し、劇場建築の機能にうまく対応させている。アルテス・ムゼウム（1823-30）❺はギリシアのストアの形態を模した美術館で、ファサードを構成するイオニア式の列柱廊が正面広場に面する外観の大きな特徴となっている。巨大なイオニア式列柱は、ロバート・スマーク（1780-1867）による大英博物館（1823-47）にも共通するが、こちらは正面のペディメント、両翼の張出しが巨大な規模に変化を与えている。また、スコットランドにおいても、トマス・ハミルトン（1784-1858）、ウィリアム・ヘンリー・プレイフェア（1790-1857）といった建築家が明らかにアテネのパルテノン神殿に着想を得たデザインを試みている。

● **各地の多様な展開**

19世紀前半はヨーロッパの各地でギリシアの要素が建築家に刺激を与えた。ローマ建築の伝統が強かったイタリアにあってはさすがにパンテオン型の円形神殿が模倣されたが、それでもグリーク・リヴァイヴァルの影響は見受けられる。アントニオ・カノーヴァ（1757-1822）による円形神殿（1819-30）はたしかにパンテオンの類型であるが、玄関部分にはパルテノンのごとくギリシア・ドリス式円柱が並ぶ（❻）。また、ジュゼッペ・ヤペッリ（1783-1852）によるカフェ・ペドロッキ（1816-31）にもギリシア・ドリス式円柱が見られる（❼）。では、本家本元のギリシアはどうだったのか。1829年にトルコから独立したギリシアは、バイエルン王子のオットーを王に迎えた。したがって、この時代は政治的にも建築様式においても、ドイツとギリシアのつながりは大きかったのである。アテネの都市計画では、シンケルと同時代に活躍したフリードリヒ・フォン・ゲルトナー（1792-1847）が活躍した。グリーク・リヴァイヴァルが用いられたのはいうまでもない。

ロシア、北米においてもグリーク・リヴァイヴァルは認められるが、古代ローマ建築をも区別せずに参照する新古典主義の様相を呈していた。実際ロシアでは、イタリア、フランス、イギリス、ドイツの建築家が招かれて建築作品を手がけたから、純粋なギリシア様式に限定される理由はなかった。一方、北米においては、古代建築を独自の様式にまで発展させたパラーディオやアダムの手法が手本とされたから、やはりギリシアとローマの要素が厳密に区別されることはなかった。そして、時代が進むにつれ、簡潔で崇高な価値を認められていたギリシア様式さえ建築家にとっては唯一絶対の存在ではなく、使用可能な様式レパートリーの一つと考えられるようになっていったのである。
（横手義洋）

❺アルテス・ムゼウム（シンケル、ベルリン、1823-30）

❼カフェ・ペドロッキ（ヤペッリ、パドヴァ、1816-31）

❻円形神殿（カノーヴァ、ポッサーニョ、1819-30）

8 ゴシックの再燃

18世紀のゴシック趣味は、19世紀になると次第に歴史的な正確さを備えたゴシック・リヴァイヴァルへと進展する。そこでは古典主義を排斥するために、ゴシックの優位性が宗教、民族、国家、歴史、技術といったあらゆるレベルで強調された。とりわけゴシック構造の機能主義的な理解は、新たな建築を模索する中で積極的な鉄の使用へとつながっていった。

●ゴシック・リヴァイヴァル

アルプス以北のヨーロッパ諸国においては、ルネサンス以降もゴシック建築の伝統は根強く続いていた。18世紀のイギリスでは、ピクチュアレスクの美学の中でゴシック建築が田園において趣味的に用いられていたが、19世紀に入りゴシック建築が学術的に研究されるようになるや、より正確なゴシック様式の復興へとつながったのである。まず、歴史研究の成果によって、中世建築の形態的特徴が時代ごとに細分されるようになった。さらに、ナポレオン以後の民族主義の高まりと相まって、ゴシック建築こそが自国の建築であるという主張が登場し、新しい建築のデザインにゴシック様式が適用された。こうして19世紀前半のイギリスにおいて、ゴシック・リヴァイヴァルは一気に時代の主流になった。中世にはもっぱら教会建築を特徴付けていたゴシック様式が、あらゆるビルディング・タイプで装飾的に使用されるようになったのである。

イギリスの国会議事堂（1840-64）はゴシック・リヴァイヴァルの代表的公共建築である（❶）。全体の平面計画を チャールズ・バリー（1795-1860）が、細部の装飾をオーガスタス・ウェルビー・ノースモア・ピュージン（1812-52）が担当した。諸室が左右対称に配置される平面計画とは対照的に、外観は非対称な大小二つの塔によってゴシック様式のアクセントが加えられている。ピュージンは、邸宅においてもゴシック様式を巧みに使ってみせた（❷）。彼こそがゴシック・リヴァイヴァルの中心的建築家であり理論家でもあった。ピュージンにとって、古代ギリシアやローマに根ざす古典様式は異教徒の様式であり、ゴシックこそがキリスト教の正当な様式であった。こうしたゴシックへの執着は、建築の問題を超えた宗教的倫理観に立脚するものであった。その信念は、実際に1840年代につくられた数多くの教会建築にうかがえる（❸）。宗教的情熱とは別に、ピュージンはゴシック建築の構造を真理を包み隠さず表現する形式ともとらえていた。彼は一連の著作において、ゴシック建築に真の構造と機能を認める一方で、セント・ポール大聖堂に代表される古典主義建築を外見から構造がわからない偽りの建築として退けたのである。だが、ピュージン的な倫理観に裏付けられたゴシックの合理論はあまり長続きしなかった。19世紀後半には、赤レンガと白色石材を組み合わせた色彩豊かな壁面デザインが流行するようになる。これは盛期ヴィクトリア朝時代の特徴の一つであり、代表的な作品としてはウィリアム・バターフィールド（1814-1900）によるオクスフォードのキーブル・カレッジ礼拝堂（1867-75）（❹）があげられる。

●ゴシック構造の合理的解釈

フランスにおいても中世建築に対する考古学的な研究を反映して、1840年代にゴシック・リヴァイヴァルが見られる。中世教会堂の姿をそのままに再現することが盛んに行なわれたが（❺）、世紀後半になるとその傾向はかげりをみせる。ゴシック様式をそのままに写し取ることでは飽き足らず、別の可能性を模索し始めるようになっていたの

❶イギリス国会議事堂（バリーとピュージン、ロンドン、1840-64）

である。ピュージンと同様、ゴシック建築の構造が機能的に明快であるということはフランスでもよく知られていた。この合理的解釈が、ゴシック建築を新しい材料と融合させる大きな鍵となった。実際、鉄と融合するゴシック建築はフランスにおいて華々しかった。19世紀にはゴシック教会の大屋根が旧来の木造ではなく、鉄骨造に置き換えられていった。ルイ・オーギュスト・ボワロー（1812-96）が設計したパリのサントゥジェーヌ聖堂（1854-55、❻）にいたっては、身廊の柱さえも鋳鉄製のものに置き換えられた。ボワローは、ゴシックの形態を円柱やリブ、トレーサリー、天井に至るまですべて鉄で置き換えた。この試みは根本から新しい建築形態を生み出したわけではないが、建築家が鉄による建築の表現に躊躇することがなくなったことを示している。このように、19世紀後半におけるフランスの特徴は、ゴシックの構造部位が大胆に鉄製の部材で置き換えられてゆく点にある。すなわち、ゴシック建築を合理的構造のシステムととらえる点ではイギリスよりも進んでいた。こうした流れの大きな立役者が、建築家ウジェーヌ・エマニュエル・ヴィオレ＝ル＝デュク（1814-79）であろう。

彼は中世のゴシック建築の中に構造の合理主義的原理を見ていた。そして、その構造の一部を鉄で置き換えることも容認するようになり、自ら鉄材を大胆に用いたコンサート・ホール案（1866頃）（❼）をデザインした。こうしたフランスの合理主義思想がゴシック・リヴァイヴァルの範疇を超えて、新しい近代建築の扉を開いてゆくことになるのである。（横手義洋）

❸ ピュージンによるゴシック・リヴァイヴァルの教会（1843）
ピュージンによってデザインされた24棟の教会が描かれている

❷ スカリスブリック・ホール（ピュージン、ランカシャー、1837-45）

❹ キーブル・カレッジ礼拝堂（バターフィールド、オクスフォード、1867-75）

❺ サント・クロティルド聖堂（ガウとバリュ、パリ、1846-57）

❻ サントゥジェーヌ聖堂内観（ボワロー、パリ、1854-55）

❼ ヴィオレ＝ル＝デュクによるコンサート・ホール案（1866頃）

建築の蘇生術

建築は建てられたときの姿で永遠に存在するわけではない。時間とともに部材が破損したり、異なる様式によって改造されたりもする。歴史意識の高まった19世紀には、おもに中世建築を対象として修復設計が行われたが、これは同時代のゴシック・リヴァイヴァルと並行する現象であった。建築家たちは様式的な統一をめざして理想的な建築の再現を試みたのである。

●失われた過去の再生

時間とともにあらゆるものが朽ちてゆく。建築とて例外ではなく、当然、どこかで人間が蘇生させてやる必要がある。フランスでは、18世紀末の革命によって多くの建築やモニュメントが破壊行為の的となった。歴史的建築に対する敬意や配慮が芽生え出すのは、皮肉にもこの歴史的破壊行為の後であった。失われてしまった建築部位や装飾を元の状態に戻そうとする作業、すなわち建築修復が開始されるのである。当初こうした作業は経験的に進めざるをえなかったが、19世紀前半には国家主導で修復作業が管理され、修復前後の図面が残されるようになった。なかでも、国内外に大きな影響力をもった建築家がヴィオレ=ル=デュクであった。ヴェズレーのラ・マドレーヌ聖堂（❶、❷）をはじめ、パリのノートルダム大聖堂、サント・シャペルなど無数の修復工事に携わった。それ以外にも手がけた建築は膨大である。ピエルフォン城（1858-70）、カルカソンヌの城塞都市（1846-64）などでは、打ち捨てられていた廃墟を見事に再生してみせた。ヴィオレ=ル=デュクが生涯にこれだけの活躍ができたのは、友人であり歴史的記念建造物局総監でもあったプロスペール・メリメ（1803-70）を通じて、ナポレオン3世との関係をもてたからであった。実際、ピエルフォン城はまさにナポレオン3世のための居城として設計された。当初、ヴィオレ=ル=デュクは城館以外は廃墟として残すつもりであったが、最終的には皇帝の意を汲んで城全体を大々的に改変することになった。こうして、修復行為はいつしか新しい建築の設計行為と区別がつかなくなっていた。建築の現状を保存するのではなく、建築をこれまでなかったほどに完全な状態に再生させることが最終的な目標とされた。実際、クレルモン・フェラン大聖堂の西正面（1862-79）や、パリ郊外につくられたサン・ドゥニ・ドゥ・レストレ聖堂（1864-66）といった新築の設計も数多く手がけた。こうした類まれなる実績は、まぎれもなく中世建築に対する詳細な歴史研究の上に築かれていた。彼の著書『中世建築事典』（1854-68）は一連の修復作業とともに、ゴシック建築の理解についても19世紀後半のヨーロッパに大きな影響力をもったのであった。

●建築修復と中世主義

イタリアでは中世教会のファサードが未完成のまま放置されていたが、未完のファサードを完成させようという動きが、国家統一後に見られるようになる。フィレンツェ大聖堂のファサード（1867-87、❸、❹）、ナポリ大聖堂のファ

❶ヴェズレーのラ・マドレーヌ聖堂　修復前
ヴィオレ=ル=デュクによって描かれたもの

❷ヴェズレーのラ・マドレーヌ聖堂　修復後

❸フィレンツェ大聖堂のファサード（1868以前）

サード（1877-1905）などが19世紀後半につくられた代表的なものである。ファサード完成のために開催された設計競技では、新しいファサードが教会堂の本体と様式的に矛盾しないように配慮がなされたのであった。同時に、中世の教会堂にバロック装飾がついている場合は、それを取り除き、改めて中世の装飾が加えられることさえあった。ローマのサンタ・マリア・イン・コスメディン聖堂のファサード（1893-99）はその典型例である（❺、❻）。フランスと同様、様式的統一という名のもとに、修復行為は積極的な中世主義の設計論と化していたのである。

イギリスでも多数のゴシック教会建築が修復された。ジョージ・ギルバート・スコット（1811-78）は、ロンドンのウェストミンスター・アベイ、イーリ大聖堂といった大規模な中世教会堂の修復工事を担当した。そこでは建築の構造的な安定を得るとともに、様式の改変、装飾の除去と付加が行われた。スコットが好む様式は、ゴシックの中でも装飾式ゴシック（13世紀末から14世紀後半までの様式）であった。この好みはゴシック・リヴァイヴァルを推進したピュージンと同じである。スコットは、新しい建築の設計においてもゴシック主義を貫いた。セント・パンクラス駅（1865-74、❼）、アルバート・メモリアル（1863-72）などが代表作である。また、ケルン大聖堂を修復したフリードリヒ・フォン・シュミット（1825-91）はウィーンにおいてネオ・ゴシックの市庁舎（1872-83、→新10❸）を新築している。

ここに見る通り、新しい建築の設計と歴史的建築の修復は分かちがたく結び付いていた。歴史的建築への配慮が中世建築を中心に考えられていたのは確かであり、積極的な修復作業ほど歴史的建築を破壊する行為になっていたことも確かである。このような省察はイギリスの文学者や思想家を中心に起こり、19世紀末になると、それまでの修復法に大きな方向転換を迫ることとなった。すなわち、修復行為は建築家の好みや想像力ではなく、科学的・歴史的事実に根拠をもつ必要性が訴えられていくようになるのである。（横手義洋）

❺サンタ・マリア・イン・コスメディン聖堂（ローマ）修復前

❻サンタ・マリア・イン・コスメディン聖堂　修復後

❹フィレンツェ大聖堂のファサード（デ・ファブリス、1867-87）完成時

❼セント・パンクラス駅舎およびホテル（スコット、ロンドン、1865-74）

10 「様式」の乱立

Neoclassicism-19th Century

われわれが過去の建築を理解するために使っている「様式」という考え方、これが生み出されたのが19世紀のことである。過去の建築が時代や地域にしたがって分類され、建築設計に有用なデザインのレパートリーを提供した。そして、過去の様式を自在に操れるようになった建築家の中には、折衷主義という新たな可能性に向かう者も現れた。

● 様式復興はとめどなく

新古典主義の流行によって、ヨーロッパ各国で、古代ギリシアやローマの様式が好んで用いられるようになった。だが、こうした潮流に並行する傍流として、古代エジプト様式に対する関心もあった。もちろん、エジプト建築への関心はそれ以前にも断片的に認められるが、そこではオベリスクやピラミッドといったエジプト建築の局所的なイメージが取り入れられたにすぎなかった。建築家の刺激となるようなエジプト建築の包括的なイメージは、ピラネージが残した晩年の版画によってもたらされ、その後、徐々にエジプト様式復興の潮流にまで高められることになる。ピラネージは1769年に『暖炉装飾のさまざまな手法』を出版したが、その中にはエジプト様式を駆使した数多くのモチーフが含まれている（❶）。とはいえ、ピラネージの書は、エジプト建築の正確な姿を記録するというよりは、新しい装飾デザインの刺激を未知の世界に求めたものだった。だからこそ、フランス革命時代の建築家の間で反響を呼んだ。ルドゥーやブレーに見られる巨大建築への理想は、まさしくエジプト建築の特徴でもあり、実際に彼らの描いたドローイングには巨大なピラミッドが出現しているのである（❷）。19世紀初頭になると、エジプト様式の流行は建築の実践としてもヨーロッパの主要都市のみならず、遠くアメリカでも見られるようになる。神秘と死者の国を連想させるエジプトのイメージは、一部の建築家にとっては新鮮なデザイン・ソースとして格好の素材となった。とりわけ、死のイメージによって、エジプト様式が墓地や刑務所に適用された例は少なくない。それ以外にも、異国趣味、新しい様式としてさまざまなビルディング・タイプに用いられたのも事実である。様式復興は未知の素材を求めてさらに続けられてゆくのである。

●「様式」という理解

19世紀は、古代から現代に至るすべての建築を総体として眺められるようになった時代である。そして、こうした膨大な数の建築群を理解するために、時代ごと地域ごとに共通する構造や形態によって分類するようになった。これが「様式」による理解である。この分類法のおかげで、建築家たちはヨーロッパ土着の歴史様式をはじめ、ヨーロッパ以外のエキゾチックな様式に至るまで、多種多様な装飾デザインのレパートリーを手にすることができたのである。前者については、ギリシア、ローマ、ゴシック、ルネサンス、バロックといった歴史変遷に従った様式の区分をし、後者については、エジプト、イスラム、インド、中

❷ピエール・フランソワ・レオナール・フォンテーヌ（1762-1853）による墓碑案（1785）

❶ピラネージによる『暖炉装飾のさまざまな手法』（1769）

❸ウィーン市庁舎（フリードリヒ・フォン・シュミット、1872-83）

国のように地域的な特性にもとづいた様式区分をした。むろん、建築の歴史的研究が精緻に行われるにつれ、さらに細かい様式分類も生み出された。そして、時代と地域ごとに建築の歴史書や、各建築を特徴付けるパターン・ブックが出版された。これらは建築家にとって、デザインの資料集成のごときものであった。このように過去のあらゆる建築を様式によって整理することは、建築のデザインに幅広いバリエーションをもたらした。過去の建築様式は、本来の時代や地域とは無関係に、突如目新しいものとして流行させられたのであり、場合によっては、全く新しい価値観が植え付けられることさえあった。

ただ、こうしたリヴァイヴァリズムのプロセスは19世紀における大きなジレンマを生み出した。過去の建築は様式によって理解できたのであるが、自分たちの時代の建築も様式によって考えざるをえなくなったのである。そして、19世紀に固有の様式を考えたとき、折衷主義という考え方が生まれた。複数の過去の様式を混合し折衷させることこそが、過去のどの時代にもない新しい手法であると信じ

られたのである。むろん、この手法を安易すぎると批判する者も多くいた。だが、過去の様式に依存しながらではあるが、折衷主義は19世紀に特有の可能性を示したことはまちがいない。一口に折衷主義といってもいろいろな試みがあった。まず、様式をビルディング・タイプ別に使い分ける手法がある。たとえば、市庁舎には中世様式、博物館や図書館にはルネサンス様式、劇場にはバロック様式といったような具合である（❸-❺）。あるいは、別々の様式を内部と外部や諸室ごとに使い分ける手法、さらに、異なる様式の細部を組み合わせたり、並存させる手法などもあった。ハンガリー国会議事堂はひとつの建築にさまざまな様式が混在している典型例であろう（❻）。建築全体としては左右対称の厳格な古典主義的立面構成をとりながら、中央にルネサンス風の巨大なドームがそびえている。その一方で、フライング・バットレスや尖塔、さらに開口部に見られる要素は明らかにゴシック様式によるものである。
（横手義洋）

❹オーストリア国会議事堂（テオフィル・フォン・ハンゼン（1813-91）、ウィーン 1873-83）

❺ドレスデン歌劇場（ゴットフリート・ゼンパー、1838-41、1871-78）

❻ハンガリー国会議事堂（イムレ・シュタインドル（1839-1902）ブダペスト、1885-1904）

11 集うブルジョア

Neoclassicism・19th Century

謹厳なイメージのある大バッハに「コーヒー・カンタータ」という軽妙洒脱な声楽作品がある。当時、流行中のコーヒーを飲みたいと駄々をこねる娘とそれを止めようとする頑固親爺の掛合いが面白い。当初、コーヒーはいかがわしい飲み物とみなされていたが、それを飲むために新たなビルディング・タイプが生まれ、不特定多数の市民が集う場となった。

●コーヒー・ハウスとオペラ・ハウス

コーヒーや紅茶がヨーロッパで盛んに飲まれるようになったのは17世紀のことであり、多くの都市でそれを飲ませるための施設が営業されるようになった。それらは文人・思想家も含む多くの市民の溜り場となり、雑多な情報が飛び交って、たとえば、そこからロンドンのロイズ保険組合の母体が成立していったのである(1688)。

さらに、従来は宮殿の一室で特定少数の王侯たちにのみきかれていた室内楽の傑作が、不特定多数の市民たちに開かれていく現場ともなった。料金を支払ってある場所に音楽演奏を聴きに行く「コンサート」という形で音楽に接するという行為は17世紀末のロンドンで始まっている。18世紀には欧州各国に広まり、ライプツィヒのような地方中核都市にまでコーヒーハウスが営まれるようになって、当地の教会音楽の責任者だった大バッハにも世俗器楽を不特定多数に向かって発信する場を与えていた。

しかし、これら市民の溜り場のために建築作品として取り上げるに値する建物が出現したのは、本格的市民社会を迎えた19世紀のことだった。パドヴァのカフェ・ペドロッキ（1816-31）は新古典主義的な神殿風ファサードの重厚な建築である（❶）。そして、脇にネオ・ゴシック様式の部分が新古典主義の本体に寄り添っているのも、多様な歴史様式が同時に花開いた19世紀を体現していて面白い。

レストラン（元々は消化によいブイヨンの意）も1760年代に出現、代金と引換えに広く市民に開かれ、かつ、中に入ると誰にも干渉されない自分（たち）だけの食卓空間を楽しむことができる、カフェとは違った「公共空間」として19世紀初頭には確固たる存在となった。

一方、コンサートのための場も独立して建てられるようになり、「シュー・ボックス（靴箱）」式という長方形のホールを内包する、ウィーン楽友協会ホール（1866-70、ネオ・グリーク様式、❷）は、現在も名声を誇っている。

実は、コンサート・ホールの出現以前、貴族に限らない不特定多数の人々が入場料を払って集まる施設は古代以来存在していた。劇場である。シェークスピアで有名なロンドンのグローブ座（1599）の他、1637年にはオペラの専用劇場がヴェネツィアに現れている。奥行の深い舞台、U字形か馬蹄形に連なる桟敷席といった、バロック時代のオペラ劇場の形態的特徴は後の時代にも受け継がれ、ガブリエルのヴェルサイユ宮殿付属歌劇場（-1770）のような美しい作品を生んでいった（❸）。

たしかに、18世紀後半から19世紀、建築家の側からバロック式ではない新たな劇場建築の試みが盛んに行われたのも事実である。ルドゥーのブザンソン歌劇場（1775/78-84）、シンケルによるベルリン王立劇場（シャウシュピールハウス）（1818-21、→新7❹）やゴットフリート・ゼンパー（1803-79）のドレスデン歌劇場（1838-41、1871-78、→新10❺）、ウィーンのブルク劇場（1874-88、→新12❺）などの例がある。

しかし、軽めの新古典主義建築であるミラノのスカラ座（1776-78）、これもやや弱い折衷主義建築であるウィーン国立歌劇場（シュターツオーパー）（1861-68）など、オペラの世界で著名な歌劇団の本拠地劇場は、建築としては傑作とまではいえず、その他、各地の大小歌劇場も含めて、バロックから受け継いだ劇場形式を踏襲していった。

その中で、建築的質の高さを達成したのがパリのオペラ座（1861-74）である（❹）。バスティーユ広場の新オペラ座が完成した後、それと区別して、設計者シャルル・ガルニエ（1825-98）の名からサール・ガルニエという。

第二帝政時代までに、現在のパリの骨格となる新しい幹線道路網と広場の整備などの大改造が行われた。オペラ座と周辺道路の計画はその枠内で考えられ、いわば帝都パリに冠を戴かせるものだったのである。1860年のコンペでは、ナポレオン3世お気に入りの建築家フルリと皇妃ウージェニーの贔屓するヴィオレ＝ル＝デュクを押しのけて、無名の若手ガルニエが金星をあげた。

最大の建築的焦点は、バロック劇場を踏襲した劇場本体よりも、色大理石や天井画を豪華に施した中央大階段と正面に面したホワイエにある。鑑賞の前後や休憩時間、着飾ったブルジョアたちの姿が、あたかも舞台上の俳優のように映え、大階段脇のバルコニーから一般市民が見下ろして鑑賞するという、社会の縮図が展開する第2の舞台だった。かつては桟敷席がその場だったが、この機能を特別に担う建築的場が新たに加わったのである。

●中世の教会堂、近世の宮殿、近代の…

ミュージアム（博物館、美術館）である。19世紀には、それまで王侯の許に秘蔵されてきた美術作品が公開されるようになった。芸術家たちの活動・居住の場だったルー

ヴル宮殿が美術館として整備されたのはナポレオン1世以降である。現在のガラスのピラミッドの中庭に面した部分は、シャルル・ペルシエ（1764-1838）とピエール・フランソワ・レオナール・フォンテーヌ（1762-1853）が、カルーゼルの凱旋門（1806-7）とともに整備を開始し、ナポレオン3世時代の事業（1852-57）によって完成した（❺）。

大英博物館や、ゼンパーとハゼナウアーによるウィーン自然史・美術史博物館（1872-81）もあげておく。後者は、隣り合うノイ・ホーフブルク宮殿とともに、リンクシュトラーセ整備事業の重要な一翼を担った。

その他、近代の新しいビルディング・タイプには駅舎とパサージュ（商業施設）がある（❻）。前者では、ジャコブ・イニャーズ・イトルフ（1793-1867）のパリ北駅（1861-65）の他、アムステルダム中央駅（1881-89）、アントワープ中央駅（1895-1905）、後者では、ガレリア・ヴィットリオ・エマヌエレ2世（1865-77）をあげたい（→新14❸）。（中島智章）

❶カフェ・ペドロッキ（ヤペッリ、パドヴァ、1816-31、ネオ・ゴシックの部分は1837）右がネオ・グリーク、左がネオ・ゴシックの部分

❹オペラ座（サール・ガルニエ）中央大階段（ガルニエ、パリ、1861-74）

❷ウィーン楽友協会ホール（1866-70）

❺ルーヴル美術館（ヴィスコンティ（1791-1853）、パリ、1852-57）ガラスのピラミッド側に展開した部分

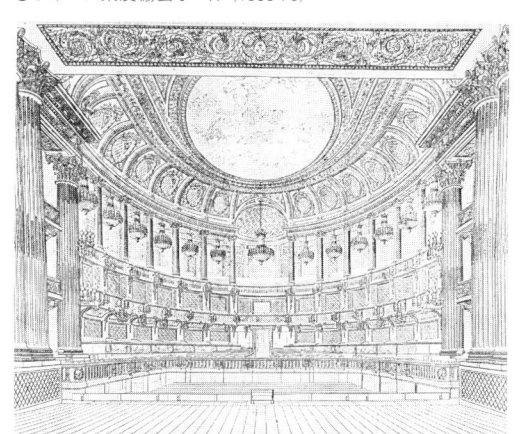

❸ヴェルサイユ宮殿付属歌劇場。王太子ルイ（後のルイ16世）とマリー・アントワネット姫の婚礼の際に、リュリの「ペルセ」（1682年初演）の再演でこけら落とし

❻鉄骨造によるプランタン百貨店（セディーユ、パリ、1883頃）

12 快適な都市をめざして

花の都パリ。その「昔ながら」のたたずまいは多くの旅行者や留学生を引き付ける一つの魅力となっている。しかし、その街並みの有様が決定付けられたのはそれほど古い話ではなく、19世紀の第2帝政期を待たねばならない。このときに道路網やそれに面したファサードなどの街の美観のみならず、上下水道などの都市インフラも整備されたのである。

● 19世紀パリの都市計画

ルイ14世は1682年5月に政府の機能をヴェルサイユ宮殿に移し、パリから「遷都」したが、パリは彼の治世以降もヨーロッパで1、2を争う都市として発展し、1801年、すでに人口は55万を数えた。そして、産業革命と交通手段の発達を経て、世紀の半ばには120万にまで膨張する。

これは都市に危機をもたらした。まず、不良家屋や劣悪な居住環境の問題があげられる。不衛生な環境は疫病の温床であり、いまだコレラの脅威を克服されていなかった。また、道路は十分な幅員を持たず、幹線となるような道路も市中を貫通していなかったし、セーヌ川の右岸と左岸の連絡もあまりうまくいっていなかった。

1830年、七月革命によりブルボン家のシャルル10世を退けてオルレアン家のルイ・フィリップ1世が即位する。七月王政は問題を認識していた。時のセーヌ県知事ランビュトーは新たな道路の開設、給排水設備の整備、新交通手段である鉄道の駅の建設などに精力的に取り組んだ。そして、コンコルド広場の中央にルクソール神殿のオベリスクを移設・建立したり（イトルフ案）、市庁舎の拡張やレ・アール（市場）の新計画案など、都市の大規模建造物も残している。エトワールの凱旋門（1836）やラ・マドレーヌ聖堂（1842）が完成したのもこの頃である。

やがて、二月革命（1848）により七月王政が倒れて、第二共和政、さらにナポレオン3世の第二帝政（1852-70）に変わったが、七月王政の成果や計画、問題意識は帝政下のセーヌ県知事ジョルジュ・ウジェーヌ・オースマン（1809-91）の事業にも引き継がれた。皇帝も問題を認識しており、知事に初めて謁見した折にパリの道路網計画図を示した。後の事業は、おおむねこれに従って進められる（❶）。

その代表的な工事が、パリの東西軸としてのリヴォリ通りの延長や、サン・マルタン通りとサン・ドゥニ通りの間のブールヴァール・ドゥ・セバストポールの新たな開削である。既存の建築物を無視して新たな道路を開くことは、不良家屋の撤去にもつながった。そして、2本の通りは帝国サーカス場（現シャトレ劇場）と歌劇場（現市立劇場）を擁するシャトレ広場で交わることになる。

鉄道駅へのアクセスなど、その他のブールヴァールや広場も次々に整備され、エトワール広場、オペラ座（現サール・ガルニエ）とその広場など、現在のパリの表情を決定付けている建築規制を伴って実現していった（❷、❸）。しかし、七月王政期にすでに問題化していた、セーヌ川左岸より右岸、東より西への不均衡な発展は、これらの事業、とくに「首都の首都」たるオペラ座建設で顕在化していく。

その他、皇帝はロンドンに亡命経験もあり、イギリスのスクエアに想を得た都市の小公園群「スクワール」から、西のブーローニュの森と東のヴァンセンヌの森などの大規模な公園まで、公園整備にも力を入れた。給排水設備の整備もさらに進み、帝政末期には上水道管の総延長は1,600km近くに及び、下水渠も560kmほど建設された。

● ウィーンの環状道路とパリの再武装

市壁外に膨張した19世紀の都市では、市壁を撤去して跡地に環状道路を設け、旧市街と新市街の一体化を図ることが多かった。ウィーンでは、皇帝フランツ・ヨーゼフ1世が1857年に市壁と稜堡の撤去を宣言、全周6.5km、幅57mの壮大な並木道リンクシュトラーセ（1858-65）が出現した（❹）。そして、1869年から1888年に、ジカルド＝フォン＝ジカルズブルクとファン・デア・ニュルの国立歌劇場（1861-68、折衷様式）、ゼンパーとハゼナウアーの自然史・美術史博物館（ネオ・ルネサンス）とブルク劇場（ネオ・バロック、❺）、奉献教会堂（フォティーフキルヒェ）と市庁舎（ラートハウス）（ネオ・ゴシック、→新10❸）、国会議事堂（ネオ・グリーク、→新10❹）などの多様な様式による壮麗な公共建築群が建設され、新たなウィーンの都市景観を形成していった。このような例は、ブリュッセルの五角形環状道路など枚挙に暇がない。

しかし、普墺戦争＝七週間戦争（1866）の際、鉄道・電信技術を駆使したプロイセン軍ヘルムート・フォン・モルトケ参謀総長の電撃的な分進合撃作戦により、オーストリア軍がケーニヒグレーツ（チェコ）の戦いで大敗すると、裸の帝都は危機に陥る。結局、プロイセン宰相オットー・フォン・ビスマルクの反対でウィーン進撃は放棄されたが…。

実は、航空機が実戦投入されるまで、都市防御手段としての市壁その他のシステムが無用の長物と化したのでは決してない。ナポレオン1世の国民皆兵制以降、陸上兵力は大膨張し、国境さえ要塞化された都市群で固めておけば国土防衛は磐石だという時代は過ぎた。都市に攻囲軍を張り付けたまま野戦軍を前進させうるだけの兵員数が

確保されたからである（太陽王はライン渡河を果しただけだが、ナポレオンはロシアまで遠征した！）。

ゆえにパリでは市壁の必要性が議論され、1840年、アドルフ・ティエール首相の発議で市壁建設が決定された。「ティエールの市壁」（1841-45）は全長38km、94基の稜堡と37m幅の堀を備える。1670年の城壁撤去以来、170年ぶりにパリは市壁で護られることになったのである（ルドゥーの関税障壁は軍事的意義をもつ市壁ではなかった）。やがて、旧関税障壁と市壁の間のコミューヌの存在も既成事実化し、第二帝政下にはパリ市に正式編入されて、12区制から現在の20区制に移行した。普仏戦争（1870-71）では、皇帝の降伏後と臨時政府の降伏後、パリは2度もプロイセン側に籠城戦を挑み、大勢を覆すことはできなかったが、市民の結束の力が示された。

ただし、19世紀には攻城砲の射程が伸び、新たな都市防御システムも考案された。「ベルギーのヴォーバン」と呼ばれるアンリ・アレクシス・ブリアモン将軍（1821-1903）は、地中にほぼ埋まった鏃状平面のコンクリート造要塞を複数、護るべき都市から距離をおいて環状配置するシステムを、アントワープ、ナミュール、リエージュに築く。リエージュを囲む12の要塞群は第一次世界大戦時にドイツ軍の猛攻に多少は耐え、ドイツ軍緒戦の躓きの一因となった。

実は、パリでも、市壁か環状配置要塞群かの論争があり、市壁建設と同時に17の独立要塞が環状に配置された。

そして、1929年に市壁を撤去、跡地は環状自動車道（ペリフェリック）となる。第一次世界大戦後に、ようやく、都市は軍事的な意味でも市壁や要塞から解放されたのである。（中島智章）

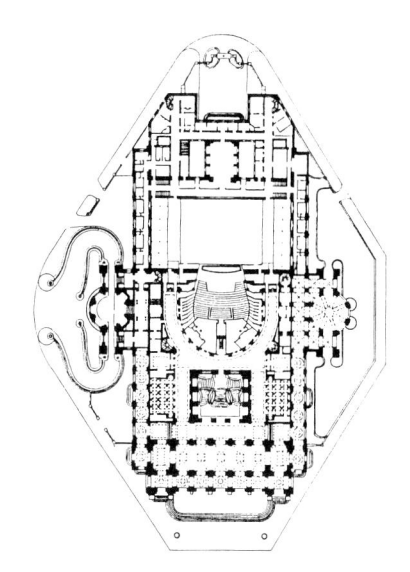

❸ パリのオペラ座（ガルニエ）平面図

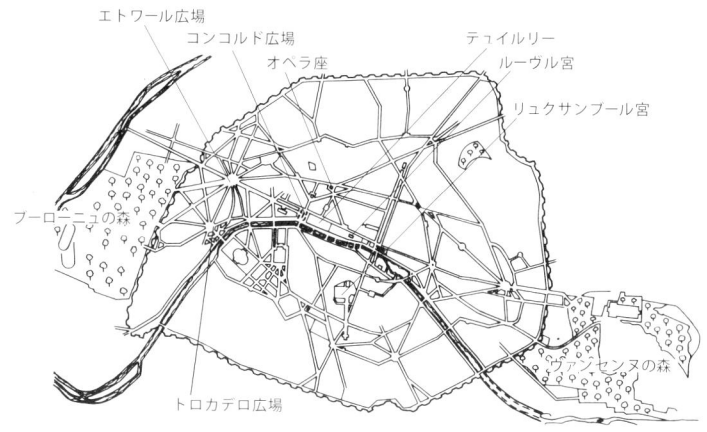

❶ オースマンのパリ計画案（1853以降）。外周がティエールの市壁で囲まれている。

❹ ウィーンのリンクシュトラーセ

❷ パリのオペラ座（サール・ガルニエ）ファサード（ガルニエ、1861-74）

❺ ブルク劇場ファサード（ウィーン、ゼンパーおよびハゼナウアー、1874-88）

13 ヨーロッパ世界の拡大

Neoclassicism-19th Century

植民地経営が拡大する19世紀、異国の文化は新鮮な対象としてヨーロッパに持ち込まれた。建築のデザインはもちろん、さらに、熱帯の大型の植物のために巨大な温室が生まれた。そして、産業革命の完成と、異国の物産はもっと巨大な空間を必要としたのである。すなわち、世界中のあらゆる物産を収容することのできる万国博覧会施設であった。

●異国趣味

イギリス南西部グロスターシャーにあるセジンコートの邸宅は、インド風建築のきわめて早い例である(❶)。この背景にはイギリスによるインドの植民地化があった。18世紀より植民地政策を開始していたイギリスは、19世紀初頭には北インド一帯に広大な領土を得ていた。植民地インドから戻ったジョン・コッカレルは、邸宅の設計を身内の建築家サミュエル・ピープス・コッカレル(1753-1827)に任せた。ここに再現されたインド趣味は遠い異国に対する単なるあこがれではなく、植民地政策の直接的な反映であった。インド－イスラム風の特徴は、建物中央のたまねぎ型ドームに如実に表れている。脇に延びるカーブした翼部はオレンジ栽培室である。

建築家ジョン・ナッシュは、もっと華々しい東洋趣味を実現している。イギリス南東部ブライトンにあるロイヤル・パヴィリオンは、摂政の宮(後のジョージ4世)のための別邸である。この宮殿は18世紀末に新古典主義でつくられ、1804年に大きなインド風ドーム屋根のついた馬屋が付け足されていた。ナッシュは1815年から21年にかけて既存の宮殿を大幅に改造し、インド風様式を採用して規模を拡大し、宮殿全体を様式的に統一させたのである(❷)。既存の宮殿に加えられたコロネードの上部は、イスラム風アーチをかたどった格子細工となっている。ナッシュはこのコロネードとベランダ、五つのたまねぎ型ドームを加えた。中央のドームは鉄骨のフレームに鉄板を張ったもので、側面を一周するように開口部が設けられた。ドームの周りには、イスラム建築の特徴であるミナレットが建ち並ぶ。宮殿の両端には、音楽室と宴会室が加えられ、古い部分を覆うようにギャラリーが付けられた。外観がインド－イスラム風なのに対し、内観は中国風である。とりわけ、ドラゴンのモチーフが多く用いられている。これらは西洋世界がつくり上げた独特な東洋観を示すものである。その点では、ウィリアム・チェンバーズがキュー・ガーデンに建てた中国趣味の塔(1757-62)も同様である(❸)。まさにチェンバーズの東インド会社での経験がデザインに直接反映されたのだった。

●温室と万国博覧会

植民地政策の中で新しく手に入れた異国の物産は、新しい建築施設を生むことになる。たとえば、温室は寒冷な地方で熱帯植物を栽培するには必須の施設であった。そして、栽培の対象がオレンジから、パイナップル、ヤシへと変化する中で、それらを覆う温室も大規模な内部空間を必要とするようになっていった。スコットランドにある温室ダンモア・パイナップル(1761)は、異国に対するあこがれをパイナップルの姿そのままに表現している(❹)。こうした温室はたいがい庭園内に計画された。そして、造園家や技師によってガラスで覆われる温室が設計されるのである。ジョセフ・パクストン(1803-65)によるチャッツワースの温室(1836-40)は、木材と鉄による構造をガラスで覆ったものである(❺)。これに対し、デシマス・バート

❶セジンコートの邸宅(S.P. コッカレル、グロスターシャー、1805頃)

ン（1800-81）とリチャード・ターナー（1798-1881）が設計したキュー・ガーデンのパーム・ハウス（1844-48）は技術的にもう一歩進み、鉄のみの構造と滑らかなガラスの表面を実現している（❻）。

そして、温室以上にこの時代を象徴する施設が誕生する。1851年にロンドンで行われた第1回万国博覧会は、世界中の物産と産業革命の成果が一堂に会する象徴的な場であった。こうしたイベントは西洋本位で進められ、以後しばらくはヨーロッパとアメリカの主要都市で開催されてゆく。多くの物産を陳列する大空間には温室設計の手法が使われた。パクストンは巨大温室での経験を生かし、木材と鋳鉄製フレームをガラスで覆ったクリスタル・パレスを実現してみせたのであった（❼）。これは、あらかじめ規格化された部材を用意し、それらを現場で手早く組み立てるプレハブ建造物の先駆となった。敷地に生えていた樹木を取り込むために、中央部分にはトンネル・ヴォールトが架けられた。建築の形式は側廊を備えた巨大なバシリカ型の教会堂に似ている。

ただし、当時は鉄とガラスによる温室や博覧会施設は必ずしも「建築」とは見なされなかった。クリスタル・パレスの装飾を担当したオーウェン・ジョーンズ（1809-74）は、この巨大な仮設建造物を建築らしくせよとの使命を受け、独自の色彩システムを考案したくらいである。結果、室内は赤、黄、青のストライプで、外部は青と白で彩色されたのであった。（横手義洋）

❷ロイヤル・パヴィリオン（ナッシュ、ブライトン、1815-21）

❸キュー・ガーデンの中国趣味の塔（チェンバーズ、ロンドン、1757-62）

❹ダンモア・パイナップル（スコットランド、1761）

❺チャッツワースの温室（パクストン、1836-40）

❻キュー・ガーデンのパーム・ハウス（バートンとターナー、ロンドン、1844-48）

❼クリスタル・パレス（パクストン、ロンドン、1850-51）

14 工学としての建築

西洋建築史において建築は高尚な芸術の世界であり続けていた。だが、産業革命以降、その基盤が揺らぎ始める。鉄とガラスが大量生産され、建築に新しい空間の可能性がもたらされた。それは同時に、伝統的な建築観に大幅な変更を迫るものだった。そして、工学としての建築が求められるとき、建築家の役割も変わらなければならなくなった。

●鉄とガラス

18世紀に起こった産業革命は建築の世界に新しい可能性をもたらした。その大きな役割を担ったのが鉄とガラスである。ただし、これらは決して新しい材料だったわけではない。鉄は以前より建築の補強材として使われていたし、ガラスも教会堂のステンドグラス等に使われていた。だが、その使用範囲はきわめて小さかった。重要なのは、こうした材料が大量に生産され、安価に出回るようになったということである。当初、鉄を使った大スパン架構は建築よりは土木構造物、とりわけ橋梁に使用された。

建築に鉄とガラスが目立って使われだすのは、建物に付随する中庭の覆い屋根であった。チャールズ・バリーによるリフォーム・クラブ（1837-41）は、イタリア・パラッツォ形式による建物の中庭に鉄骨ガラス屋根を用いた好例である（❶）。また、オクスフォード大学博物館（1855-61）は、中庭に鉄とガラスでゴシック建築の構造を実現している（❷）。柱から天井まで連続的につながるほっそりとしたゴシックの骨組は、いともたやすく鉄材で置き換わりえた。さらに、都市街路をガラス屋根で覆ったパサージュは19世紀に各都市で見られるようになったが、世紀後半にはもっと大規模なものにまで発展する。ミラノのガレリア・ヴィットリオ・エマヌエレ2世（1865-77）は、街路の覆い屋根としては当時最大級のアーケードであり（❸）、近代的なショッピング・アーケードの先駆的モデルとなった。ガレリアに使用された鉄とガラスは工業先進国であったイギリスから調達されたものである。ただ、こうした試みは建築そのものを変えたというより、建築の屋外空間を覆うものであった。だが、19世紀後半になると、ヨーロッパのあちこちで鉄を積極的に使い、軽快な空間を内包するような建築が登場するようになる。アンリ・ラブルーストのサント・ジュヌヴィエーヴ図書館（1834-50）は、外観こそルネサンス様式を模しているが、内部には鋳鉄製のほっそりとした円柱とアーチによって軽快な閲覧室が実現されている（❹）。ラブルーストはパリ国立国会図書館（1859-68）においても、鋳鉄の柱で実現した軽快な閲覧室を実現したほか、書庫においても鋳鉄製の空中通路を何層にも積み重ね、鉄材のポテンシャルを最大限に利用している（❺、❻）。

●建築家の役割

鉄材の使用による最大のメリットは、これまでの石造建築に比べ工期が大幅に短縮されたこと、さらに、大スパンによる巨大な内部空間が生み出されたことである。こうし

❶リフォーム・クラブ（バリー、ロンドン、1837-41）

❷オクスフォード大学博物館（トマス・ニューアナム・ディーン（1792-1871）、ベンジャミン・ウッドワード（1815-61）、1855-61）

❸ガレリア・ヴィットリオ・エマヌエレ2世（ジュゼッペ・メンゴーニ（1829-77）、ミラノ、1865-77）

た利点は、橋梁をはじめ、鉄道駅舎、博覧会施設、市場、温室、工場といったビルディング・タイプに積極的に生かされるようになる。とくに産業革命をいち早く達成したイギリスでは、大スパンの駅の上屋が数多くつくられた（❼）。こうした施設は当時必ずしも「建築」とは認識されていなかったものであるが、時代とともに鉄の活躍の場は重要な建築の主要構造にまでその領域を広げてゆくことになった。そうなると、高尚な総合芸術家として存在してきた建築家たちも、構造や力学といった工学的知識に関心を向けざるをえなくなる。建築が工学的性格を帯びれば帯びるほど、それまでの建築家の役割が問題視されるのは当然のことであった。高尚な芸術として建築を固持し、建築家の役割を様式の正確な再現や華麗な装飾の演出にとどめるのか。あるいは、新しい工学的知識を駆使する技師に歩み寄るのか。こうした中、最新の構造や設備を技師が担当し、装飾を建築家が担当するという分業も避けられない状況になっていた。ただし、現実には、こうした建築家と技師の区別さえはっきりとつけられるものではなかった。そのことは、この時代の建築教育が芸術的教養のみならず、工学的教養をも兼ね備えるようになっていた事情と密接に関係している。パリでは、伝統的な美術教育を維持するエコール・デ・ボザールとは別に、1794年に工学教育の場としてエコール・ポリテクニークが誕生した。その他のヨーロッパ諸国でも、新しい工学的教育の場としての建築学校が続々と誕生していった。建築家と技師の役割はますます曖昧になっていった。こうした事情を反映して、少なくとも建築家という職種を社会的に保証するために、建築家協会なる組織が19世紀前半に成立している。王立英国建築家協会（RIBA）はその早い例で、設立を1834年にまでさかのぼることができる。その後、各国に誕生する建築家協会によって、次第に近代という時代に即した建築家の資格制度が整備されてゆくようになるのである。（横手義洋）

❹サント・ジュヌヴィエーヴ図書館　2階閲覧室（ラブルースト、パリ、1834-50）

❺パリ国立国会図書館　閲覧室（ラブルースト、パリ、1859-68）

❻パリ国立国会図書館　書庫

❼セント・パンクラス駅の上屋（バーロウとオーディシュ、ロンドン、1864-68）

15 高さへの挑戦

Neoclassicism・19th Century

産業革命の進展にあわせて建築の高層化は進んだ。それは新しい技術の力だけではなく、より高い建築を望む人間の冒険心があって初めてかなえられたものである。だからこそ、高さへの希求は時に使用しうる技術の限界を見せてくれる。石造でつくられてきた西洋建築。その伝統において実現しうる高さの極みが19世紀末にあった。

●モーレ・アントネッリアーナ

19世紀の建築に関してイタリアはあまり注目されることがないが、少なくともこの時代のヨーロッパで最も高い石造建築はイタリアで実現している。その建築を実現した人物がトリノの建築家アレッサンドロ・アントネッリ（1798-1888）であった。彼の代表作はモーレ・アントネッリアーナ（1863-1869、1878-1900）（以下モーレと略記）（❶-❸）として知られる。「モーレ」とはイタリア語で「巨大建築」を意味する。実際には巨大建築というよりは、おそろしく高い古典主義建築と言ったほうが適切である。一般に歴史的建築の中では、高い尖塔を備えるゴシック建築が垂直性の表現には向いているとされる。だが、このモーレは基本的に古典主義の建築言語を使用しながら、高さを追求した点においてかなり興味深い実例である。もっとも、これはゴシック建築の実例が少ないイタリアでは当然のことだった。

そもそもモーレは、トリノ市のユダヤ人たちがアントネッリに依頼したシナゴーグであった。その用途はユダヤ教の集会所であったので、ここにわざわざ高さを追求する必要はなかった。実際、アントネッリによる初案は高さ47mの建築にすぎない。だが、建設が進められるうちにアントネッリは徐々に設計を変更していった。より高い建築をめざして、球形のドーム屋根が細長い釣鐘形の巨大角ドームとなり、さらにその上にランタンが載せられた。この巨大ドームは下部において独立柱のみで支えられる。そして、驚くべきことにモーレの基本的な構造はレンガだった。しかし、さすがに建設が進む中で躯体に亀裂が走り、構造的な不安が指摘され、工事は中断してしまう。その後、施主であるユダヤ人たちが過剰な経済的負担を理由に建設の継続を放棄してしまう。結果、シナゴーグはトリノ市が買収し、独立記念博物館とされる。さらに、ヴィットリオ・エマヌエレ2世に捧げる国家的記念碑という新たな意味が付加されたのであった。この用途変更はアントネッリの高さの追求にさらに拍車をかけた。ランタンは次第に高さを増し、最終的にはさらにその上に高い尖塔が載せられた。これだけの高さを実現するには、さすがに要所要所に硬い花崗岩や、引張力に耐える鉄材を使わざるをえなかった。だが、モーレはレンガ造である。高さに執着したのと同様、アントネッリはその高さをレンガで実現することにもやはりこだわったのであった。そして、167.5mのモーレはトリノのシンボルになった。

●石造で到達する高さ

アントネッリはモーレの前に、ノヴァーラ市にあるサン・ガウデンツィオ聖堂のドーム（1844-87）（❹）を実現している。これも高

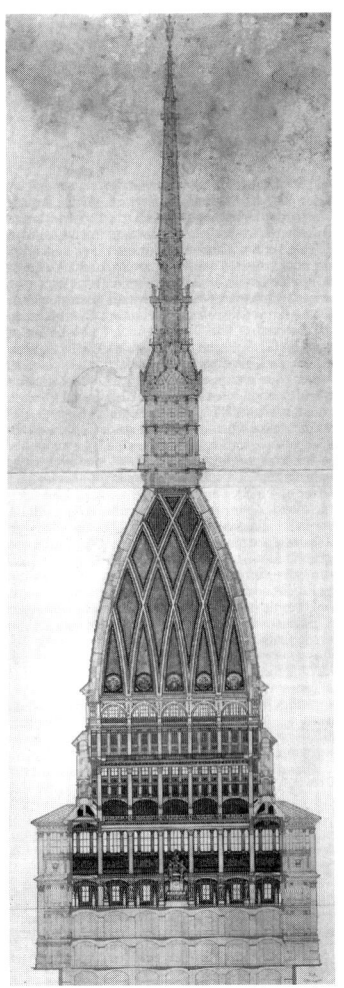

❶モーレ・アントネッリアーナ断面図（アントネッリ、トリノ、1863-69、1878-1900）

❷モーレ・アントネッリアーナ外観

さへの執着をうかがわせる作品で、設計案を重ねるたびに高くなっていった。最終的に高さ122mにまで達するドームは、明らかに教会全体のプロポーションを逸脱しており、巨大な尖塔ドームが教会の中心部に突き刺さっている印象を与える。

　他国に目を配ると、モーレとほぼ同時期にドイツのウルム大聖堂の大尖塔が完成している（❺）。こちらは高さ161mで、モーレにはとどかないもののゴシック建築で最も高い作品となった。建物自体は中世から建設されてきたが、大尖塔が19世紀に完成したという事実は見逃せない。さらに、アメリカにおいても、モーレに匹敵する高さのモニュメントが建てられている。ワシントン記念塔である（❻）。アメリカ初代大統領を記念したモニュメントは、建築というよりは巨大なオベリスクである。1848年より着工されたが、途中で南北戦争により工事が中断、1885年に完成させられた。高さ169mはモーレよりもわずかに高く、これが石造建築における世界一の高さとされている。構造材として内部には花崗岩が使用され、外部には白大理石が張られた。内部にはエレベーターが設置されている。

　石造建築における高さへの挑戦は、1890年までに170mを臨むまでになった。ここが、石造建築における高さの臨界点である。これ以後、石造建築で高さを追求することはなくなる。1889年、フランスのパリにおいて高さ300mの鉄塔、エッフェル塔がそびえた。その姿はもはやこれまでの建築の姿をしていなかった。と同時に、石造建築をはるかに凌駕する高さを実現していたのである。（横手義洋）

❺ウルム大聖堂（ドイツ、1377-1890）

❸モーレ・アントネッリアーナ　尖塔内観見上げ

❹サン・ガウデンツィオ聖堂（アントネッリ、ノヴァーラ、1844-87）

❻ワシントン記念塔（ミルズ、ワシントンD.C.、1848-85）

映画と都市

　映画好きが何人か集まれば、ヨーロッパの都市を舞台にした映画の題名を順番にあげていくといったゲームができるだろう。たとえばローマといえば「自転車泥棒」(1948)、「ローマの休日」(1953)、「甘い生活」(1959)、といった具合。しかし、古い映画まで射程に入れると際限がないので、ここでは1980年代以降のものに限定して一人でゲームを続ける。

　すると意外とローマでは「建築家の腹」(1987)、「親愛なる日記」(1993)くらいしか思いつかない。フィレンツェが美しく撮られているのは「眺めのいい部屋」(1986)、「ムッソリーニとお茶を」(1999)、「ハンニバル」(2000)、「冷静と情熱のあいだ」(2001)など。ヴェネツィアなら「鍵」(1984/谷崎潤一郎原作の翻案もの)、「鳩の翼」(1997)、「ヴェニスで恋して」(2000)、ナポリだと「マカロニ」(1985)、シチリアではシラクーザの旧市街を架空の町に設定した「マレーナ」(2001)がよかった。

　イタリア以外はちょっと弱いが、ロンドンの街歩きを楽しめるのが「ダロウェイ夫人」(1997)、ケンブリッジが美しいのが「モーリス」(1987)、パリだと「聖なる酔っぱらいの伝説」(1988)、「アメリ」(2001)。ここまではすべて街の実写を見ることができるものである。しかし実写が不可能なケースもあり、パリを舞台にした「ポン・ヌフの恋人」(1991)は撮影許可が降りず、橋はセットであるらしい。ウィーン時代のモーツァルトを描いた「アマデウス」(1984)は18世紀のウィーンの街角の雰囲気を求めてプラハで撮影された。逆にソ連支配時代のプラハを描いた「存在の耐えられない軽さ」(1988)は政治的な理由でプラハでは撮影できず、フランス中部の都市リヨンの旧市街が使われたという。

　しかし1989年のベルリンの壁崩壊後は事情が変わり、「コーリャ・愛のプラハ」(1996)ではその前後の話が実際のプラハを背景に描かれる。「卍ベルリン・アフェア」(1985)は谷崎潤一郎の『卍』の翻案で1940年代のベルリンを舞台に設定しているが、この時点ではまだ東ベルリンでの撮影はできず、19世紀の様式建築の並ぶ街並みが似ていることからウィーンでロケが行われた。「ベルリン天使の詩」(1987)はまだベルリンの壁がある時の西ベルリンを描いているが、同じ監督の「時の翼にのって」(1993)には東ベルリンの街並みがたくさん出てくる。東欧も自由化されて、「暗い日曜日」(1999)や「太陽の雫」(1999)ではナチス時代の暗い過去も語られるようになったが、どちらもハンガリーのブダペストを舞台とした美しい映画である。

　映画に出てくる都市はもちろん実録とは異なるが、行ったことのある都市でも違う表情を見ることができたり、見知らぬ都市に思いを馳せたり、映画の中に都市や有名建築を発見する楽しみは尽きない。フィルム・コミッション制を導入し、ロケ誘致を促す都市が増えたのも、映画のもたらす効果が大きいからである。

　紙面の制約から監督や俳優の名、内容などは割愛せざるを得ず、またきわめて偏ったリストになってしまったが、ぜひお好みに応じてそれぞれにゲームを続けていただきたいと思う。（渡辺真弓）

中庭という空間

　魅力的な建築空間を生む「中庭」という手法は、現代の住宅や商業建築にもしばしば登場する。その重要な源泉は、西アジアや地中海世界にある。石や日干しレンガなどで壁構造の建物をつくるこの地域は、古来、「中庭」の宝庫だった。外界から遮断できる中庭は、外敵から守るばかりか、乾燥地帯の厳しい暑さの中でも快適さを生み出せた。

　まず、メソポタミアの古代アッシリア、バビロニア帝国の神殿や宮殿に広く用いられた。同時にこの地域では、一般の住宅にも中庭が登場し、紀元前2000年頃に繁栄したウルでは、迷宮的な都市空間の中に中庭型住宅がぎっしり並んでいた。よく似た構成が実は、中東のアラブ・イスラム世界の住宅地に今も受け継がれ、居心地のよい空間を生んでいる。

　ローマ時代のドムスは、イタリア土着のアトリウムとヘレニズム世界から取り入れたペリステュリウムという二つの性格の違う中庭を持つ住宅を発展させた。帝政ローマ期の都市の様相を示すオスティアの遺跡には、集合住宅(インスラ)ばかりか、ホレアなどの商業建築にも中庭型が多く見られる。中世には、修道院に柱廊の巡る中庭が設けられ、僧たちの生活と瞑想のための空間を生んだ。

　ヨーロッパで、古くからの地中海世界の中庭の特徴を最もよく継承するのは、アラブ支配を経験したアンダルシアの諸都市である。パティオは柱廊で囲まれ、植栽で美しく飾られている。しかも1階が重要で、中庭が今も生活の中心となっている。

　中世のヴェネツィアにも中庭文化が開花した。貯水槽の水と緑の存在は、「地上に実現した楽園」としてのアラブの中庭にも通ずる小宇宙を形づくる。

　ルネサンス期に各都市につくられた貴族の邸宅（パラッツォ）は、柱廊が対称形に巡る象徴性を強調した中庭型の建築となっている。続くバロック期には一層華やかさを増し、演劇的効果のある大階段を正面奥に配した中庭型のパラッツォが、ジェノヴァ、ナポリなどに多く登場した。

　アルプス以北でも、中庭あるいは前庭を囲う邸宅や宮殿の設計手法は多く見られた。ルーヴル宮殿もその一つである。ミラノ、パリ、ウィーン、コペンハーゲンなどヨーロッパの大都市において、都心に豊かな生活空間を今なお保証しているのは、巧みに挿入された中庭の空間なのである。（陣内秀信）

■ヨーロッパの建築史年表

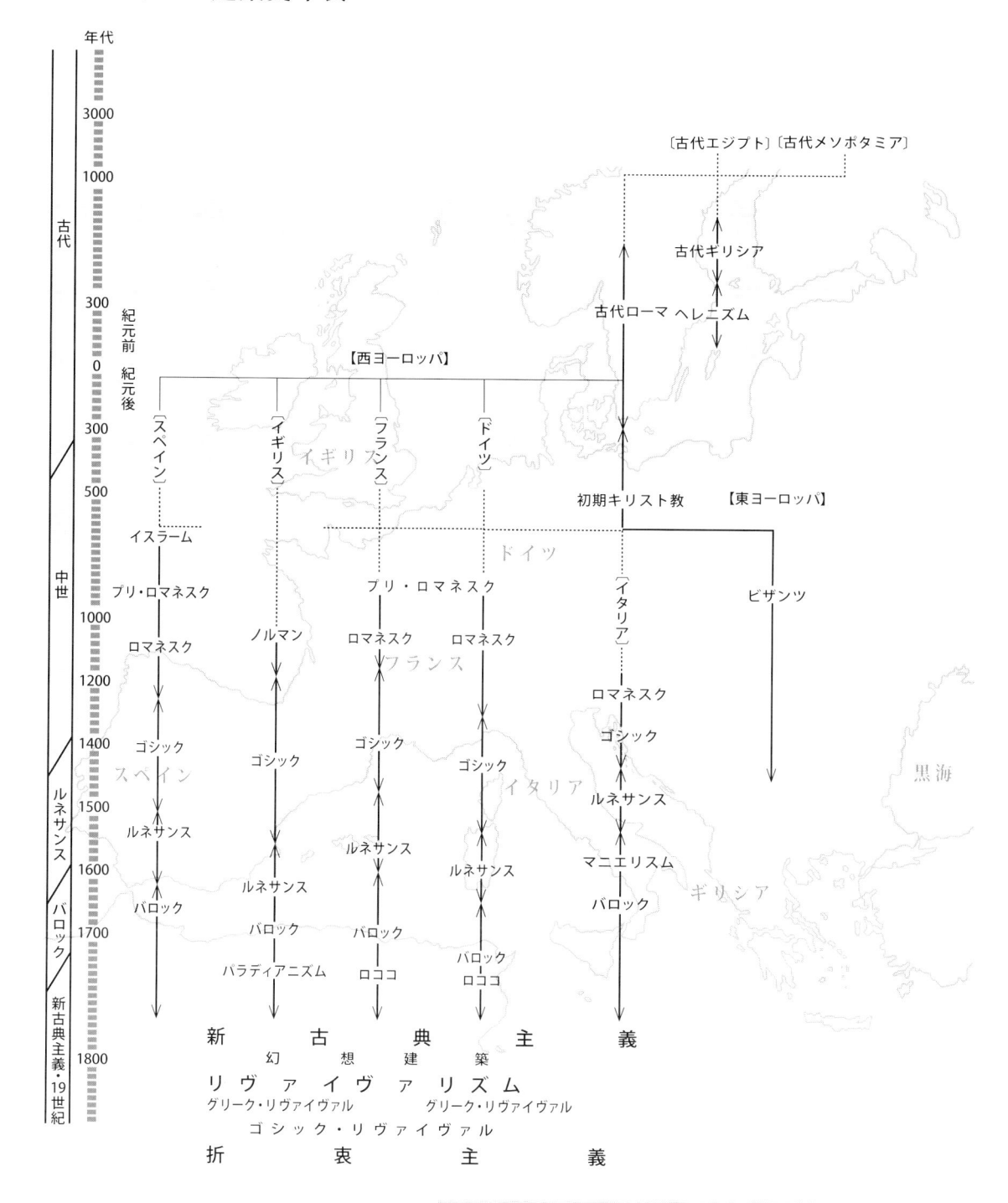

年代							
古代	3000〜1000 紀元前						〔古代エジプト〕〔古代メソポタミア〕
	300 紀元前／紀元後						古代ギリシア
	0	【西ヨーロッパ】					古代ローマ ヘレニズム
	300	〔スペイン〕	〔イギリス〕	〔フランス〕	〔ドイツ〕	〔イタリア〕	
中世	500	イスラーム				初期キリスト教	【東ヨーロッパ】
		プリ・ロマネスク		プリ・ロマネスク			ビザンツ
	1000	ロマネスク	ノルマン	ロマネスク	ロマネスク		
	1200					ロマネスク	
	1400	ゴシック	ゴシック	ゴシック	ゴシック	ゴシック	
ルネサンス	1500	ルネサンス				ルネサンス	
	1600		ルネサンス	ルネサンス	ルネサンス	マニエリスム	
バロック	1700	バロック	バロック	バロック	バロック	バロック	
			パラディアニズム	ロココ	ロココ		
新古典主義・19世紀	1800	新　古　典　主　義					
			幻　想　建　築				
		リヴァイヴァリズム					
		グリーク・リヴァイヴァル		グリーク・リヴァイヴァル			
			ゴシック・リヴァイヴァル				
		折　衷　主　義					

- ヨーロッパにおける建築の様式的な変遷を、代表的とみられる様式を規準にまとめた。
- 地域を、東ヨーロッパと西ヨーロッパと大きくとらえ、西ヨーロッパについては、さらに五つの地域に区分した。
- ⟵⟶は、その様式が展開されたおおまかな時代的範囲を意味する。
- 様式を結ぶ線については、
  ──：直線的な関連が認められる
  ……：何らかの影響が認められる
  と表現した。
- 矢印（→←）がなく二つの様式が書かれている場合は、時代的な区分が必ずしも明瞭でないことを示す。

おわりに

　彰国社の編集部から、「ビジュアルで読みやすい西洋建築史の魅力的な通史の教科書」がつくれないか、との相談を受けたのは、ちょうど4年前にあたる2001年の冬の頃だった。建築教育の中で、「建築史」、とりわけ「西洋建築史」は重要な意味をもつにもかかわらず、学生諸君にその面白さ、学ぶ価値がなかなかわかってもらえない、という悩みがある。魅力的な教科書が待ち望まれているのも事実だった。

　しばらく考えてみて、次のようなアイデアが浮かび、編集部に提案した。どうせやるなら、今までにない思い切った教科書にしたいと願いつつ。

- その1　若手の研究者にも加わっていただき、魅力的な執筆者のチームをつくり、その共同作業として皆で通史の教科書をつくること。
- その2　淡々と通史を記述するのではなく、建築史の面白さが伝わるよう、テーマ性が浮かび上がるように構成を工夫すること。
- その3　教科書だから概説書であるのはもちろんだが、執筆者の得意な分野については、研究の先端の内容を盛り込むことも積極的に考えること。
- その4　時代区分をした上で、各時代にふさわしいテーマを15ほど並べ、どれも見開き2ページで完結するように執筆すること。こうすれば、読者は興味に従って、どこからでも読むことができるし、書き手の側の執筆分担も容易となる。

　要するに、通史の教科書としての基本は押さえつつも、既成の型にとらわれないチャレンジングな本にしたいということ。そのためには、はつらつと研究に取り組む若い方々の新しいセンスと知識を教科書づくりにぶつけていただく必要があった。そして、執筆者の個性も押さえつけず、意欲的に楽しく書くことが、結局は学生諸君にも興味をもってもらえることにつながる、と考えたのである。

　この提案を彰国社の編集部の中山重捷氏は、「大変面白い。これで行きましょう」と幸い全面的に受け入れて下さった。それならばと早速、専門の時代と地域、そして世代のバランスに目を配りながら、個性溢れる強力な執筆者の布陣を考えた。自分の世代に近いところでは渡辺真弓氏、星和彦氏(二人とも専門はルネサンスが中心)にお願いし、中間の世代からは古代が専門の渡邊道治氏、若手からは中世の太記祐一氏、バロック時代の中島智章氏、近代の横手義洋氏に登場いただいた。

　編集会議は、いつも楽しいものだった。私はあくまで最初のきっかけをつくっただけの世話人。全員が対等の立場で意見を交換し、この本のイメージ、内容を明確化していった。建築史を学ぶ意味や教え方のノウハウにまで話は及んだし、時代区分をどう考えるかで、大いに論争もした。とくに、見開きで完結する各テーマのタイトル表現には、人柄やセンスがはっきり出ていて、なかなか面白い。

　編集会議の回数を重ね、本の構成と内容が明確になったところで、執筆分担の決定。基本的にはそれぞれの執筆者が得意な時代に責任をもったが、見開き1テーマ主義が威力を発揮し、自分の担当以外の時代にも入り込んで執筆できる、自由度の高いダイナミックな執筆分担が可能となった。

　執筆が終わったところで、それぞれの原稿にお互いに目を通し、誤りを指摘したり、表現の仕方についてアドバイスをし合った。とはいえこの段階では、実際に集まっての会議をしたわけではなく、お互いの間をメールが飛び交い、まさにインターネット時代ならではの本づくりの作業が進められた。フランクな相互批判も含め、まさに執筆者全員が力を合わせ、共同でつくり上げるユニークな本がこうして実現したのである。

　残されたのは、7人からなるこの執筆者グループにどういう名前をつけるか、という楽しくも難しい問題だった。例のごとく、皆の勝手な意見が飛び交った後に決着したのが、「グルッポ・セッテ」。1926年にジュゼッペ・テラーニらが創設した建築家のグループがGruppo 7 と名乗ったのにあやかってと言えなくもないが、まさにわれわれの気分としても、自然にその名前が口から出たというのが本音である。7人のチームワークはそれほど見事だった。

　このような大勢の執筆者がいて、内容も多種多様に広がる書物の編集作業はとてつもなく大変なものである。中山重捷氏のもとで、実際の編集実務を最初から一貫して担当して下さったのが、彰国社書籍部の大塚由希子氏である。彼女の粘り強くかつ周到な仕事なしには、この本の実現はありえなかった。大塚由希子氏と今はすでに彰国社を退職されている中山重捷氏のお二人に、執筆者一同、心から感謝の意を表したい。

　あとは、この本を読んで「建築史って面白いね」と感じてくれる学生諸君が、少しでも多く現れるのを期待したい。

2005年2月
陣内秀信

■参考文献

- ジョン・モスグローヴ編、飯田喜四郎、小寺武久監訳『フレッチャー世界建築の歴史』西村書店、1996
- 「人類の美術」シリーズ、新潮社
- 「世界美術全集」シリーズ、小学館
- 磯崎新＋篠山紀信「建築行脚」シリーズ、六耀社
- 香山壽夫監修「建築巡礼」シリーズ、丸善
- 日本建築学会編『西洋建築史図集 三訂版』彰国社、1983
- 桐敷真次郎『西洋建築史』共立出版株式会社、2001
- ジョン・サマーソン著、鈴木博之訳『古典主義建築の系譜』中央公論美術出版、1989
- クリスチャン・ノルベルグ＝シュルツ著、前川道郎訳『西洋の建築／空間と意味の歴史』本の友社、1998
- ジョン・オナイアンズ著、日高健一郎監訳、河辺泰宏ほか訳『建築オーダーの意味』2004
- 吉田鋼市『オーダーの謎と魅惑：西洋建築史サブノート』彰国社、1994
- ニコラウス・ペヴスナー著、小林文次、山口廣、竹本碧訳『新版 ヨーロッパ建築序説』彰国社、1989
- スピロ・コストフ著、鈴木博之監訳『建築全史』鹿島出版会、1990
- N.ショウナワー著、三村浩史監訳『建築の絵本 世界のすまい6000年』彰国社、1985
- シートン・ロイド、ハンス・ヴォルフガンク・ミュラー著、堀内清治訳『図説世界建築史2 エジプト・メソポタミア建築』本の友社、1997
- M.S.B.ダメルジ著、高世富夫、岡田保良編訳『メソポタミア建築序説』国士舘大学イラク古代文化研究所、1987
- ロラン・マルタン著、伊藤重剛訳『図説世界建築史3 ギリシア建築』本の友社、2000
- R.E.ウィッチャリー著、小林文次訳『古代ギリシアの都市構成』相模書房、1980
- C.A.ドクシアディス著、長島孝一訳『古代ギリシアのサイトプランニング』鹿島出版会、1978
- J.J.クールトン著、伊藤重剛訳『古代ギリシアの建築家』中央公論美術出版、1991
- ジョン・ブリアン・ウォードパーキンズ著、桐敷真次郎訳『図説世界建築史4 ローマ建築』本の友社、1996
- 青柳正規『古代都市ローマ』中央公論美術出版、1990
- 浅野和生『イスタンブールの大聖堂 モザイク画が語るビザンティン帝国』中央公論新書、2003
- 佐藤達生、木俣元一『図説大聖堂物語 ゴシックの建築と美術』河出書房新社、2000
- ジャン・ジャンペル著、飯田喜四郎訳『SD選書36 カテドラルを建てた人びと』、鹿島出版会、1969
- 陣内秀信『ヴェネツィア 水上の迷宮都市』講談社新書、1992
- 陣内秀信『南イタリアへ！地中海都市と文化の旅』講談社新書、1999
- 辻本敬子、ダーリング益代『図説ロマネスクの教会堂』河出書房新社、2003
- 益田朋幸『世界歴史の旅 ビザンティン』山川出版社、2004
- シリル・マンゴー著、飯田喜四郎訳『図説世界建築史5 ビザンティン建築』本の友社、1999
- ハンス・エリッヒ・クーバッハ著、飯田喜四郎訳『図説世界建築史7 ロマネスク建築』本の友社、1996
- ルイ・グロデッキ著、前川道郎、黒岩俊介訳『図説世界建築史8 ゴシック建築』本の友社、1997
- ピーター・マレー著、長尾重武訳『イタリア・ルネッサンスの建築』鹿島出版会、1991
- コーリン・ロウ著、伊東豊雄＋松永安光訳『マニエリスムと近代建築』彰国社、1981
- 福田晴虔『パッラーディオ』鹿島出版会、1979
- 相川浩『建築家アルベルティ』中央公論美術出版、1988
- 下谷和幸『マニエリスム芸術の世界』講談社、1971
- ジュリオ・カルロ・アルガン著、浅井萌子訳『SD選書170 ブルネッレスキ』鹿島出版会、1981
- 長尾重武『パラディオへの招待』鹿島出版会、1994
- 長尾重武『建築家レオナルド・ダ・ヴィンチ』中央公論新社、1994
- P.ファン・デル・レーほか著、野口昌夫訳『イタリアのヴィラと庭園』鹿島出版会、1997
- 横山正『ヨーロッパの庭園』講談社、1988
- ジェイムズ・S・アッカーマン著、中森義宗訳『ミケランジェロの建築』彰国社、1976
- [パラーディオ原著] 桐敷真次郎編著『パラーディオ「建築四書」注解』中央公論美術出版、1986
- 長尾重武編 [訳注] 『ジャコモ・バロッツィ・ダ・ヴィニョーラ 建築の五つのオーダー』中央公論美術出版、1984
- ウィトルーウィウス著、森田慶一訳注『ウィトルーウィウス建築書』東海大学出版会、1979

- L.B. アルベルティ著、相川浩訳『アルベルティ「建築論」』中央公論美術出版、1998
- 摩寿意善郎監修、辻茂、茂木計一郎、長塚安司著『アッシージのサン・フランチェスコ聖堂：建立初期の芸術』岩波書店、1978
- ロス・キング著、田辺希久子訳『天才建築家ブルネレスキ：フィレンツェ・花のドームはいかにして建設されたか』東京書籍、2002
- アントニオ・マネッティ著、浅井朋子訳『ブルネッレスキ伝 付グラッソ物語』中央公論美術出版、1989
- 日高健一郎「15世紀の建築」（『世界美術大全集』第11巻、pp.29-60）小学館、1993
- 辻茂『遠近法の誕生：ルネサンスの芸術家と科学』朝日新聞社、1995
- アルナルド・ブルスキ著、稲川直樹訳『ブラマンテ』中央公論美術出版、2002
- L.ベネーヴォロ著、佐野敬彦、林寛治訳『図説都市の世界史』（全4巻）、相模書房、1983
- A.ロッシ著、大島哲蔵、福田晴虔訳『都市の建築』大龍堂書店、1991
- 陣内秀信、三谷徹、糸井孝雄ほか『広場』（S・D・S）、新日本法規、1994
- カミロ・ジッテ著、大石敏雄訳『SD選書175 広場の造形』鹿島出版会、1983
- 竹山博英『ローマの泉の物語』集英社新書
- 中嶋和郎『講談社選書メチエ ルネサンス理想都市』講談社、1996
- S.ティドワース、白川宣力、石川敏男訳『劇場—建築・文化史』早稲田大学出版局、新装版1997
- 陣内秀信編『南イタリア都市の居住空間—アマルフィ、レッチェ、シャッカ、サルデーニャ』中央公論美術出版、2005
- 陣内秀信『歩いてみつけたイタリア都市のバロック感覚』小学館、2000
- 陣内秀信『SD選書200 ヴェネツィア―都市のコンテクストを読む』鹿島出版会、1986
- 河辺泰宏『ローマ―「永遠の都」都市と建築の2000年』河出書房新社、2001
- 石鍋真澄『聖母の都市シエナ』吉川弘文館、1998
- 石鍋真澄『ベルニーニ バロック美術の巨星』吉川弘文館、1985
- フィリップ・ボーサン著、藤井康生訳『ヴェルサイユの詩学―バロックとは何か―』平凡社、1986

- ノルベルト・エリアス著、波田節夫、中芳之、吉田正勝共訳『叢書・ウニヴェルシタス107 宮廷社会』法政大学出版会、1989
- ジャック＝フランソワ・ブロンデル著、前川道郎監修、白井秀和訳『ジャック＝フランソワ・ブロンデル 建築序説』中央公論美術出版、1990
- 福田晴虔『建築と劇場：十八世紀イタリアの劇場論』中央公論美術出版、1991
- ジャン＝クロード・ル＝ギュー著、飯田喜四郎訳『ルーヴル宮 パリを彩った800年の歴史』西村書店、1992
- ジャン＝クロード・ル＝ギュー著、飯田喜四郎訳『ヴェルサイユ 華麗なる宮殿の歴史』西村書店、1992
- ジョン・サマーソン著、堀内正昭訳『18世紀の建築 バロックと新古典主義』鹿島出版会、1993年
- ジェフリー・パーカー著、大久保桂子訳『長篠合戦の世界史―ヨーロッパ軍事革命の衝撃 1500-1800年―』同文館、1995
- エミール・マール著、柳宗玄／荒木成子訳『ヨーロッパのキリスト教美術 12世紀から18世紀まで』（上下2冊）、岩波書店、1995
- ジャン＝マリー・アポストリデス著、水林章訳『みすずライブラリー 機械としての王』みすず書房、1996
- 松井道昭『フランス第二帝政下のパリ都市改造』日本経済評論社、1997
- ピエール・ラヴダン著、土居義岳訳『パリ都市計画の歴史』中央公論美術出版、2002
- 西本真一『知の蔵書21 ファラオの形象：エジプト建築調査ノート』淡交社、2002
- エミール・カウフマン著、白井秀和訳『理性の時代の建築イギリス・イタリア篇』中央公論美術出版、1993
- エミール・カウフマン著、白井秀和訳『理性の時代の建築フランス篇』中央公論美術出版、1997
- 鈴木博之著『建築の世紀末』品文社、1997
- ロビン・ミドルトン、デイヴィッド・ワトキン著、土居義岳訳『新古典主義・19世紀建築（1）』本の友社、1998
- ロビン・ミドルトン、デイヴィッド・ワトキン著、土居義岳訳『新古典主義・449世紀建築（2）』本の友社、2002
- ジョセフ・リクワート著、黒石いずみ訳『アダムの家―建築の原型とその展開』鹿島出版会、1995
- 杉本俊多『建築夢の系譜―ドイツ精神の一九世紀』鹿島出版会、1991
- ニコラウス・ペヴスナー著、鈴木博之、鈴木杜幾子訳『美術・建築・デザインの研究（1、2）』鹿島出版会、1980

■図版出典リスト

【古代】中扉―パンテオン（ローマ）
1 粘土の王国
  ❶❷　日本建築学会編『西洋建築史図集　三訂版』彰国社、1983
  ❸❹　都市史図集編集委員会編『都市史図集』彰国社、1999
  ❺❻　シートン・ロイド、ハンス・ヴォルフガンク・ミュラー著、堀内清治訳『図説世界建築史2　エジプト・メソポタミア建築』本の友社、1997 より作成

2 永遠なる建築を求めて
  ❶　エジプト大使館エジプト学・観光局提供
  ❸　鈴木博之編、鈴木博之、伊藤大介、高原健一郎、鈴木哲威、原口秀昭著『図説年表　西洋建築の様式』彰国社、1998

3 ギリシア神殿の建築美
  ❶❹❼❾　G. Gruben "Die Tempel der Griechen" München, 1980
  ❷　B. Dismoor "The Architecture of Ancient Greece" New York, 1973 (3rd ed.)
  ❸❺　A. W. Lawrence "Greek Architecture, Pelican History of Art" Yale Univ. Press, 1996 (5th ed.)
  ❽　A. Giulano "Storia dell'arte greca" La Nuova Italia Scientifica, 1989

4 建築の文法としてのオーダー
  ❷　Robert Chitham "The Classical Orders of Architecture" New York, 1985
  ❸　Cyril M. Harris ed. "Historic Architecture Sourcebook" New York, 1977

5 ランドスケープと神域
  ❶❸　G. Gruben, "Die Tempel der Griechen" München, 1980
  ❷　C.A.Doxiadis "Architectural Space in Ancient Greece" The MIT Press, Cambridge, Massachusetts and London, 1978 (2nd ed.)
  ❹　C.A.Doxiadis, 前掲書より作成
  ❺　C. Humann and others "Magnesia am Maeander" Berlin, 1904 より作成
  ❻　A. Giulano "Storia dell'arte greca" La Nuova Italia Scientifica, 1989
  ❼　A. Boëthius "Etruscan and Early Roman Architecture" Penguin Books, Hamondsworth, 1978 (2nd ed.)

6 古代民主政の都市生活
  ❶❷❹　A.W.Lawrence "Greek Architecture, Pelican History of Art" Yale Univ. Press, 1996 (5th ed.)
  ❸　J. Onians "Art and Thought in the Hellenistic Age" Thames and Hudson, London
  ❺　Wilfried Koch "Baustilkunde" München, 1994
  ❻　W. Hoepfner and others "Geschichte des Wohnens" Deutsche Verlags-Anstalt, Stuttgart, 1999, Band 1
  ❼　P. C. Rossetto and G.P.Sartorio ed. "Teatri greci e romani" Roma, 1994, vol.1
  ❽　A. von Gerkan and W. Müller-Wiener "Das Theater von Epidauros" Stuttgart, 1961
  ❾　E. Akurgal "Ancient Civilaizations and Ruins of Turkey" Istanbul, 1970

7 ゾーニングと景観の都市計画
  ❶❷　W. Hoepfner and E. L. Schwandner "Haus und Stadt im klassischen Griechenland" München, 1994
  ❸　W. Hoepfer and others "Geschichte des Wohnens" Deutsche Verlags-Anstalt, stuttgart, 1999, Band 1
  ❹　E.A.A. "Roma" 1963, vol.5
  ❺❻　A.Giulano "Storia dell'arte graca" La Nuova Italia Scientifica, 1989

8 ローマの市民生活の中心―フォルム
  ❶　青柳正規『古代都市ローマ』中央公論美術出版、1990
  ❷　ジョン・ブリアン・ウォードパーキンズ著、桐敷真次郎訳『ローマ建築、（図説世界建築史4）』本の友社、1996年
  ❸　P. Gros "Aurea Templa" Rome, 1976
  ❹　P. Gros "L'architecture romaine" Paris, 1996, vol.1
  ❺　H.Bauer, "Kaiserfora und Ianustempel" Römische Mitteilungen, 1977, vol.84
  ❻　E. M.Steinby ed. "Lexicon Topographicum Unbis Romae" Roma, 1993, vol.1
  ❽　W. Koch "Baustilkunde" München, 1994
  ❾　E. A. A. "Roma" 1966, vol.7

9 ローマ都市の娯楽施設
  ❶　M. Bieber "The History of the Greek and Roman Theater" Princeton Univ. Press, Princeton, 1961
  　　P. Gros "L'architecture romaine" Paris, 1996, vol.1
  ❺　John Musgrove ed. "Sir Banister Fletcher's A History of Architecture, 19th ed." Butterworths, 1987
  ❻　I. Nielsen, "Thermae et Balnea" Aarhus Univ. Press, Aarhus, 1990
  ❼　F. Yügel, "Baths and Bathing in Classical Antiquity" The MIT Press, Cambridge, Massachusetts and London, 1992

10 ローマ都市の都市住宅
  ❶　W. Koch "Baustilkunde" München, 1994
  ❷❸　A. Boëthius "Etruscan and Early Roman Architecture" Penguin Books, Hamondsworth, 1978 (2nd ed.)
  ❺　J. B.Ward-Perkins "Roman Imperial Architecture" The Perican history of art, London, 1999 (2nd ed.)
  ❻　G. Calza ed. "Scavi di Ostia" Roma, 1953, vol.1
  ❼　F. Pasini "Ostia antica" Roma, 1978

11 地中海都市の基礎としての古代都市
  ❶　『都市住宅』1976年7月号
  ❷　M. Guido "Siracusa-guido storico pratica ai suoi principali monumenti ed ai buoghi d'interesse" Marchese-Siracusa, 1967
  ❺　L. Benevolo "Storia della città" Editori Laterza, Roma-Bari, 1976

12 ヴィラ建築のはじまり
  ❶　磯崎新、篠山紀信、青柳正規『逸楽と郷愁のローマ』六耀社、1981
  ❷❸❼❽　J. B. Ward-Perkins "Roman Imperial Architecture" The perican history of art, London, 1999 (2nd ed.)
  ❹　John Musgrove ed. "Sir Banister Fletcher's A History of Architecture, 19th ed." Butterworths, 1987
  ❻　W. Hoepfner and others "Geschichte des Wohnens" Deutsche Verlags-Anstalt, Stuttgart, 1999, Band 1

13 記憶の継承
  ❷　青柳正規『古代都市ローマ』中央公論美術出版、1990
  ❺❻　H. von Hesberg "Monumenta" Milano, 1992
  ❹　J. J. Rash "Das Mausoleum bei Tor de'Schiavi in Rom" Mainz am Rhein, 1993

14 帝都の建築　属州の建築
  ❸　O. Ziegenaus, "Das Asklepieion" Berlin, 1981
  ❹　日本建築学会編『西洋建築史図集　三訂版』彰国社、1983

181

❻❼　J. B.Ward-Perkins "Roman Imperial Architecture"
15　古典建築を造るもの
❶　J・J・クールトン著、伊藤重剛訳『古代ギリシアの建築家－設計と構造の技術－』、中央公論美術出版、1991
❷　Panayotis Tournikiotis "The Parthenon And Its Impact in Modern Times" Melissa Publishing House, Athens,1994

【中世】中扉―モンレアーレ大聖堂回廊
1　「神の家」の建設
❸　Roger Stalley "Early Medieval Architecture" Oxford, 1999
❹　アンリ・ステアリン著、鈴木博之訳『図集　世界の建築　上』鹿島出版会、1979 より作成
❺❻　Richard Krautheimer "Early Christian and Byzantine Architecture" Penguin Books, Harmondsworth, 1965 より作成

2　死と再生の場
❶❷❻　アンリ・ステアリン著、鈴木博之訳『図集　世界の建築　上』鹿島出版会、1979 より作成
❹❺　Richard Krautheimer "Early Christian and Byzantine Architecture" Penguin Books, Harmondsworth, 1965

3　古代最後の輝き
❸　シリル・マンゴー著、飯田喜四郎訳『図説世界建築史5 ビザンティン建築』本の友社、1999 より作成
❻　アンリ・ステアリン著、鈴木博之訳『図集　世界の建築　上』鹿島出版会、1979 より作成

4　ビザンツの煌めき
❷❸❹❺　Robert Ousterhout "Master Builders of Byzantium" Princeton University Press, 1999

5　瞑想から生まれた帝国
❶　日本建築学会編『西洋建築史図集』彰国社、1983
❷❸❺❻　Kenneth John Conant "Carolingian and Romanesque Architecture 800 to 1200" Penguin Books, Harmondsworth, 1959
❹　Kenneth John Conant "Carolingian and Romanesque Architecture 800 to 1200" Penguin Books, Harmondsworth, 1959 より作成

6　ロマネスクの石
❷　アンリ・ステアリン著、鈴木博之訳『図集　世界の建築　上』鹿島出版会、1979 より作成
❺　Dethard von Winterfeld "Die Kaiserdome Speyer, Mainz, Worms und ihr romanisches Umland" zodiaque-echter, Würzburg, 1993
❻　Kenneth John Conant "Carolingian and Romanesque Architecture 800 to 1200" Penguin Books, Harmondsworth, 1959

7　罪深き愚か者
❶❷　John F. Baldovin S. J. "The Urban Character of Christian Worship" Pont. Institutum Studiorum Orientalium, 1987 より作成
❸　Thomas F. Mathews "Byzantium from Antiquity to Renaissance" Prentice Hall, 2003 より作成
❹　アンリ・フォシヨン著、神沢栄三、長谷川太郎、高田勇、加藤邦男訳『SD選書　西欧の芸術1　ロマネスク』上下、鹿島出版、1976 より作成
❺　アンリ・フォシヨン著、神沢栄三、長谷川太郎、高田勇、加藤邦男訳『SD選書　西欧の芸術1　ロマネスク』上下、鹿島出版、1976

8　異文化混淆の建築
❹　G. Spatrisano "La Zisa e lo Scibene di Palermo" Palermo, 1982
❺　A. Chirco "Palermo-tremila anni tra storia e arte" Palermo, 1992

9　ゴシックの光
❹　ルイ・グロデッキ著、前川道郎、黒岩俊介訳『図説世界建築史第八巻　ゴシック建築』本の友社、1997

11　遍歴する職人
❷　藤本康雄『ヴィラール・ド・オヌクールの画帖に関する研究』中央公論美術出版、1991
❸　(絵)佐藤達生、木俣元一著『図説大聖堂物語　ゴシックの建築と美術』河出書房新社、2000
　　(写真) Albrecht Kottmann "Bauen im Mittelalter" Müenchen, 1985
❹　ジャン・ジャンペル著、飯田喜四郎訳『SD選書36 カテドラルを建てた人びと』鹿島出版会、1969
❺　(絵)ドイツ史蹟建造物図集成刊行会編『ドイツ史蹟建造物図集成』、株式会社遊子館、2002

12　都市の空気
❷　G. Perocco 他 "Civiltà di Venezia 1" Venezia,1973
❸　G. Perocco 他 "Civiltà di Venezia 2" Venezia,1974
❹　G. Fanelli "Firenze:architettura e città" Firenze,1973
❻　G. Fanelli, F.Trivisonno "Toscana" Cantini,1990
❽　陣内秀信他『広場』(SPACE DESIGN SERIES 7)新日本法規,1994
❾　同上

13　小宇宙の秩序
❸　F. Redi "Pisa com'era : archeologia, urbanistica e strutture materiali (secoliv-xn), GISEM LIGUORI EDITORE,1991

14　聖と俗のはざま
❹　"Padova. Ritratto di una Citta" Padova, 1973

15　世俗権力の構築物
❸　Jacques Androuet du Cerceau "Les plus excellents bastiments de France" présentation et commentaires par David THOMSON, traduit de l'anglais par Catherine LUDET, L'Aventurine, Editions Sand, Paris, 1988
❻❼　Fritz Krischen "Die Landmauer von Konstantinopel" Berlin, Walter de gruyter, 1983

【ルネサンス】中扉―ラファエッロ画「アテネの学園」
1　フィレンツェ花の都
❶❹❺❻　Giovanni Fanelli "Brunelleschi" Firenze, 1977
❷　野口昌夫提供
❸　"L'enciclopedia" volume 1- fascicolo n.14, Novara, 1977

2　再生という名の創造
❶　野口昌夫提供
❷　Lewis Mumford "The City in History" Penguin Books, 1961
❹❽　Leonardo Benevolo "Storia dell' architettura del Rinascimento" Roma-Bari, 1977
❻　『世界美術大全集11　イタリア・ルネサンス1』小学館、1993

3　音楽、数、建築の比例
- ❶ 渡辺真弓『石は語る　建築は語る』ほるぷ出版、1983 より作成
- ❸❹ 桐敷真次郎編著『パラーディオ「建築四書」注解』中央公論美術出版、1986
- ❻ George L. Hersey "Architecture and Geometry in the Age of the Baroque" The University of Chicago Press, 2000

4　ヒューマニズムと教会建築
- ❶❹　Peter Murray "Renaissance Architecture" Milano,1978
- ❻ Ludwig H. Heydenreich, Paul Davis (revised) "Architecture in Italy 1400-1500" New Haven and London,1996
- ❼ Vaughan Hart (tr.), Peter Hicks ed. "Sebastiano Serlio on Architecture" New Haven and London,1996
- ❿⓫⓬ Henry A. Millon(tr.), Vittorio Magnago Lampugnani "The Renaissance from Brunelleschi to Michelangelo" New York,1994

5　書物の力
- ❶❷❾⓫　Vaughan Hart, Peter Hicks ed. "Paper Palace" New Haven and London,1998
- ❸ Robert Peake (print.)(facsimile ed.) "Sebastiano Serlio: The Five Books of Architecture" New York,1982
- ❹ Vaughan Hart (tr.), Peter Hicks ed. "Sebastiano Serlio on Architecture" New Haven and London,1996
- ❺❻ 長尾重武編（訳注）『ジャコモ・バロッツィ・ダ・ヴィニョーラ　建築の五つのオーダー』中央公論美術出版、1984
- ❼❽ Robert Tavernor(tr.), Richard Schofield "Andrea Palladio: The Four Books on Architecture" Cambridge, Mass. And London,1997
- ❿ Vincento Scamozzi (facsimile ed.) "Dell'Idea della architettura universale" Ridgewood,1964
- ⓬ John Shute (facsimile ed.) "The First and Chief Grounds of Architecture" London (The Gregg Press)

6　透視図法と新しい世界観
- ❶ Alessandro Parronchi "Studi su la Dolce Prospettiva" Milano, 1964
- ❷❸ Giovanni Fanelli "Brunelleschi" Firenze, 1977
- ❾ Anthony Blunt "Guide to Baroque Rome" New York, 1982

7　宮廷文化とパトロン
- ❶ 篠山紀信、長尾重武　『メディチ家の華』六燿社、1992
- ❷⓬ Henry A. Millon(tr.), Vittorio Magnago Lampugnani "The Renaissance from Brunelleschi to Michelangelo" New York,1994
- ❸ Ludwig H.Heydenreich,Paul Davis (revised) "Architecture in Italy 1400-1500" New Haven and London,1996
- ❹ Michele Furnari "Formal Design in Renaissance Architecture" New York, 1995
- ❺❼❽❿ Fracesco Paolo Fioli et als. "Storia dell'architettura italiana: Il Quattrocento" Milano,1998
- ❻⓫ John T. Paoletti, Gary M. Radke "Art in Renaissance Italy" New York, 1997
- ❼ Peter Murray "Renaissance Architecture" Milano,1978

8　建築家像の変遷
- ❷ Ross King "Brunelleschi's Dome" London,2000
- ❸❻ Ludwig H. Heydenreich, Paul Davis (revised) "Architecture in Italy 1400-1500" New Haven and London, 1996
- ❹ Franco Borsi "Leon Battista Alberti" New York, 1989
- ❺ Fracesco Paolo Fioli et als. "Storia dell'architettura italiana: Il Quattrocento" Milano, 1998
- ❼ Peter Murray "Renaissance Architecture" Milano, 1978
- ⓫ 上田雅子提供

9　偉大なるパラッツォ
- ❶ 野口昌夫提供
- ❸ Lewis Mumford "The City in History" Penguin Books, 1961
- ❹ Corrado Ricci "L'Architettura del Cinquecento in Italia" Torino, 1923
- ❻❿ 日本建築学会編『西洋建築史図集　三訂版』彰国社、1983
- ❼ Wolfgang Lotz "Architecture in Italy 1500-1600" Penguin Books, 1974

10　美しき田園のヴィラ
- ❶ 野口昌夫提供
- ❷ Catalogo della Mostra "Palladio" Vicenza, 1973
- ❸ M. Mosser & G. Teyssot ed. "The History of Garden Design" Thames and Hudson, 1991
- ❽ Centro Internazionale di Studi di Architettura "Andrea Paladio" Vicenza
- ❾ Giuseppe Mazzoni "Ville Venete" Roma, 1973

11　ルネサンス都市の理想像
- ❶ Leonardo Benevolo "Storia dell' architettura del Rinascimento" Roma-Bari, Editori Laterza, 1977
- ❷ Virgilio Vercelloni "Atlante storico della città ideale" Jaca Book, 1994
- ❸ 同上
- ❹ L. Benevolo "Storia della città : 3. La città moderna" Roma-Bari, Editori Laterza,1993
- ❺ 『都市住宅』1976 年7月号
- ❻ M. Morini "Atlante di Storia dell'Urbanistica" Editore Jlrico Hoepli, Milano, 1963

12　ルネサンスの祝祭性
- ❶ R.Strong "Art and Power" Suffolk, 1984
- ❷ R.Strong "Art and Power" Suffolk, 1984
- ❸ G.Ricci "Teatri d' Italia" Milano, 1971
- ❹ G.R. カーノードル、佐藤正紀訳『ルネサンス劇場の誕生』晶文社、1990
- ❺ G.Franelli "Firenze Architettura e città" Firenze, 1975
- ❻ R. Strong "Art and Power" Suffolk, 1984
- ❼ "Architettura e Utopia nella Venezia del Cinquecento" Electa Editrice, Milano, 1980
- ❽ R. Strong "Art and Power" Suffolk, 1984
- ❿ G. Ricci "Teatri d' Italia" Milano, 1971

13　マニエリスムの創造力
- ❷ Peter Murray "Renaissance Architecture" Milano, 1978
- ❸❻❽Wolfgang Lotz, Deborah Howard (revised) "Architecture in Italy 1500-1600" New Haven and London, 1995
- ❹ Manfredo Tafuri,et als. (Fabio Barry, tr.) "Giulio Romano" Cambridge, 1998
- ❼ James S. Ackermann "The Architcture of Michelangelo" Harmondsworth, 1970
- ⓫ Guido Beltramini ed. "Andrea Palladio: The Complete Illustrated Works" New York, 2001

14　ルネサンス建築の伝播
- ❽ 日本建築学会編『西洋建築史図集　三訂版』彰国社、1983

15　北方での多様な展開
- ❶❷ Eberhard Hempel "Baroque Art and Architecture in Central

- Europe" Harmondsworth,1965
- ❸❹ David Watkin "A History of Western Architecture (2nd edtion)" London,1996
- ❼ John Bold "Greenwich" New Haven and London,2000
- ❿ Giles Worsley "Classical Architecture" New Haven and London,1995

【バロック】中扉―世界地図としては最初の木版地図、プトレマイオス作 (1482)

1 反宗教改革の建築
- ❶❸ 鈴木博之編、鈴木博之、伊藤大介、高原健一郎、鈴木哲威、原口秀昭著『図説年表　西洋建築の様式』彰国社、1998

2 教皇の都市ローマ
- ❶ L. Benevolo "Storia della città" Roma-Bari, Editori Laterza, 1976
- ❹ 陣内秀信他『広場』(SPACE DESIGN SERIES 7) 新日本法規、1994
- ❼ ROMATURISMO.COM 提供
  イタリア政府観光局提供

3 装いに真実を求めて
- ❹ 鈴木博之編、鈴木博之、伊藤大介、高原健一郎、鈴木哲威、原口秀昭著『図説年表　西洋建築の様式』彰国社、1998
- ❺ Jean-Marie Pérouse de Montclos "Histoire de l'Architecture Française, De la Renaissance à la Révolution" éditions Mengès - Caisse Nationale des Monuments Historiques et des Sites, 1989

4 ドームの幾何学
- ❸❺ Christian Norberg-Schultz "Baroque Architecture" Electa, 1986
- ❻ David Watkin "A History of Western Architecture" Laurence King, 1996

5 王権の建築
- ❸ Alfred Marie "LA NAISSANCE DE VERSAILLES, LE CHATEAU - LES JARDINS" 2 vols., ÉDITIONS VINCENT, FRÉAL et Cie, Paris, 1968

6 王権とパリの勃興
- ❸ Jean-Marie Pérouse de Montclos "Histoire de l'Architecture Française, De la Renaissance à la Révolution" éditions Mengès - Caisse Nationale des Monuments Historiques et des Sites, 1989
- ❹ Robert W.Berger "The palace of the sun: the Louvre of Louis XIV" The Pennsylvania State University Press Pennsylvania, 1993
- ❻ Jacques-François Blondel "L'Encyclopédie ou Dictionnaire raisonné des sciences, des arts et des métier, par une société de gens de lettres, mis en ordre & publié par M. DIDEROT et quant à la partie mathématique par M. D'ALEMBERT" tome 1-7, Briasson, Paris, 1751-1765, tome 8-17, S. Faulche, Neufchastel, sans date, Recueil de Planches, tome II, Architecture.

7 野外祝典とフランス式庭園
- ❸ Alfred Marie "LA NAISSANCE DE VERSAILLES, LE CHATEAU - LES JARDINS" 2 vols., ÉDITIONS VINCENT, FRÉAL et Cie, Paris, 1968.

8 機械の幻惑
- ❶ Jo. Friedrich Weidler "TRACTATVS DE MACHINIS HYDRAVLICIS" Wittemberg, 1733
- ❷ Stéphane PINCAS " Versailles : Un jardin á la Française" édition de La Martinière, Paris, 1995

9 建築と新旧論争
- ❶❷❸ Roland Fréart, sieur de Chambray "Parallèle de architecture antique et de la moderne" Paris, 1650, 1702
- ❹❺❻ Claude Perrault "LES DIX LIVRES D'ARCHITECTURE DE VITRUVE, CORRIGEZ ET TRADUITS nouvellement en François, avec des Notes et des Figures" Chez Jean Baptiste COIGNARD, Paris, 1673., Péface Antoine PICON, Bibliothèque de l'Image, 1995
- ❼ Antoine "Claude Perrault ou la curiosité d'un classique" Picard, 1988

10 百花繚乱のロココ
- ❶❺ 日本建築学会編『西洋建築史図集　三訂版』彰国社、1983

11 啓蒙絶対主義と後期バロック
- ❶ Norberg-Schultz, Christian (Christian Norberg-Schultz "Late Baroque and Rococo Architecture" Electa, 1985)
- ❸ Balestrini, Bruno (Christian Norberg-Schultz "Late Baroque and Rococo Architecture" Electa, 1985)
- ❹ D. A. U. (Christian Norberg-Schultz "Late Baroque and Rococo Architecture" Electa, 1985)
- ❺ 「Turin a town to look at」
- ❼ Robin Middleton, David Watkin "Neoclassical and 19th Century Architecture/1" Electa, 1987

12 市民の建築
- ❻ 鈴木博之編、鈴木博之、伊藤大介、高原健一郎、鈴木哲威、原口秀昭著『図説年表　西洋建築の様式』彰国社、1998
- ❽ 都市史図集編集委員会編『都市史図集』彰国社、1999

13 都市と国家戦略
- ❶ Catalogue de l'exposition "Plans en Relief, Villes Fortes des Anciens Pays-Bas Français au XVIIIe S" Musée des Beaux-Arts de Lille, 1989
- ❻ Jean-Pierre Rorive "La guerre de siège sous Louis XIV, en Europe et à Huy" Éditions Racine, Bruxelles, 1998
- ❽ Isabelle Warmoes "Le musée des Plans-Reliefs, Maquettes historiques de villes fortifiées" Caisse nationale des monuments historiques et des sites / Éditions du patrimoine, Paris, 1997

14 劇場建築の発展
- ❸❹❺ Israël Silvestre "Vues de Paris" Berger-Levrault, 1977

15 図面の力
- ❷ Steven Parissien "Palladian Style" London, 1994
- ❸ James Stevens Curl "Georgian Architecture" Exeter,1993
- ❺ John Summerson "Architecture in Britain 1530-1830" Penguin Books, 1970

【新古典主義・19世紀】中扉―トマス・コール「建築家の夢」(1840)

1 新しき古代
- ❶ Robin Middleton, David Watkin "Neoclassical and 19th Century Architecture/1" Electa, 1987
- ❷ "Julien-David Le Roy The Ruins of the Most beautiful

　　　　Monuments of Greece" Gettey Research Institute, 2004
　❸　Courtauld Institute of Art
　❹　Kersting, A.F.
　❺　Royal Commission on Ancient Monuments (Scotland)
　❻　"Country Life"

2　原初からの再出発
　❶❸　Robin Middleton, David Watkin "Neoclassical and 19th Century Architecture/1" Electa, 1987
　❻　Kenneth Frampton "Studies in Tectonic Culture" The MIT Press, 1995

3　幻視の建築家たち
　❶❷　Bibliothèque Nationale de France, Paris
　❸❹❽　Robin Middleton, David Watkin "Neoclassical and 19th Century Architecture/1" Electa, 1987

4　風景の中の建築
　❶　John Harris "The Palladian Revival" New Haven and London,1994
　❹　チャールズ W. ムーアほか著、有岡孝訳『庭園の詩学』鹿島出版会、1995
　❺　Stephen Daniels "Humphry Repton" New Haven and London,1999
　❼　John Summerson "The Life and Work of John Nash" Cambridge, Mass, 1980
　❽　Michael Mansbridge "John Nash" London, 1991 Terence Davis "John Nash" Newton Abbot, 1973

5　廃墟の美学
　❶　Foto Luciano Romano（Henry A. Millon (ed.) "The Triumph of the Baroque, Rizzoli" 1999）
　❷　Victoria and Albert Museum
　❸　Robin Middleton, David Watkin "Neoclassical and 19th Century Architecture/1" Electa, 1987
　❹　町田市立国際版画美術館
　❺　国立西洋美術館
　❻　本の友社

6　建築家の旅
　❶　Royal Academy of Arts,London
　❷　ジョン・ラスキン著、福田晴虔訳『ヴェネツィアの石 2』中央公論美術出版、1995
　❸❹　École Nationale Supérieure des Beaux-Arts,Paris
　❺　David Watkin "A History of Western Architecture" Laurence King, 1996

7　ギリシアを尋ねて
　❶　David Watkin "A History of Western Architecture" Laurence King, 1996
　❷　Mayer, N. / Ricciarini, L.
　❻　Quiresi E.

8　ゴシックの再燃
　❷　"Country Life"
　❸　Paul Atterbury, Clive Wainwright "Pugin" Yale University Press, 1994
　❹　David Watkin "A History of Western Architecture" Laurence King, 1996
　❼　Robin Middleton, David Watkin "Neoclassical and 19th Century Architecture/2" Electa, 1987

9　建築の蘇生術
　❶❷　Jukka Jokilehto "A History of Architectural Conservation" Butterworth-Heinemann,1999
　❸　Sop. alle Gallerie, Firenze-2393
　❹　Brogi-5407
　❺　Jukka Jokilehto "A History of Architectural Conservation" Butterworth-Heinemann,1999
　❼　Kersting, A.F.（John Musgrove (ed.) "Sir Banister Fletcher's A History of Architecture, 19th ed." Butterworths, 1987）

10　「様式」の乱立
　❶　Pierluigi Panza "Piranesi Architetto" Guerini Studio,1998
　❷　École Nationale Supérieure des Beaux-Arts, Paris
　❻　Hungarian Studio of Commercial Photography（Claude Mignot "Architecture of the Nineteenth Century in Europe" Rizzoli, 1983）

11　集うブルジョア
　❸　Christopher Tadgell "Ange-Jacques Gabriel" A. Zwemmer, London, 1978

12　快適な都市をめざして
　❶　日本建築学会編『西洋建築史図集　三訂版』彰国社、1983
　❸　鈴木博之編、鈴木博之、伊藤大介、高原健一郎、鈴木哲威、原口秀昭著『図説年表　西洋建築の様式』彰国社、1998
　❹　都市史図集編集委員会編『都市史図集』彰国社、1999

13　ヨーロッパ世界の拡大
　❶　"Country Life"
　❷❸　David Watkin "A History of Western Architecture" Laurence King, 1996
　❹　"Il Disegno di Architettura" No.16, nov.1997, Guerini e Associati, 表紙
　❺　"Country Life"（John Musgrove (ed.) "Sir Banister Fletcher's A History of Architecture, 19th ed." Butterworths, 1987）
　❻　Sir John Summerson（John Musgrove (ed.) "Sir Banister Fletcher's A History of Architecture, 19th ed." Butterworths, 1987）
　❼　H.R.Hitchcock "Architecture: Nineteenth and Twentieth Centuries" Penguin Books, 1958

14　工学としての建築
　❶　David Watkin "A History of Western Architecture" Laurence King, 1996
　❷　Courtauld Institute of Art
　❸　Renato De Fusco, "L'architettura dell'ottocento" UTET,1980
　❹　Studio Pizzi
　❺　Lauros-Giraudon
　❻　Bibliothèque Nationale
　❼　Kersting, A.F.（John Musgrove (ed.) "Sir Banister Fletcher's A History of Architecture, 19th ed." Butterworths, 1987）

15　高さへの挑戦
　❶　Franco Rosso "Alessandro Antonelli" Electa, 1989
　❸　Moncalvo
　❺　日本建築学会編『西洋建築史図集　三訂版』彰国社、1983

＊明記のない写真は、著者の提供による。

■ 人名索引

【ア―オ】

アザム、エギッド・クヴィリン　Asam, Egid Quirin（1692-1750）　113
アザム、コスマス・ダミアン　Asam, Cosmas Damian（1686-1739）　113
アダム、ロバート　Adam, Robert（1728-92）　147
アルドゥアン＝マンサール、ジュール　Hardouin-Mansart, Jules（1646-1708）　117
アルベルティ、レオン・バッティスタ　Alberti, Leon Battista（1404―72）　78、80、82、86、88、92、94、98、100
アレオッティ、ジョヴァンニ・バッティスタ　Aleotti, Giovanni Battista（1546-1636）　138
アンテミオス（トラレスの）　Anthemios of tralles（474頃-534頃）　64
アントネッリ、アレッサンドロ　Antonelli, Alessandro（1798-1888）　174
アンマナーティ、バルトロメオ　Ammanati, Bartolomeo（1511-92）　97
イシドロス（ミレトスの）　isidoros of miletus（442頃-537頃）　64
イトルフ、ジャコブ・イニャーズ　Hittorf, Jacob Ignaz（1793-1867）　167
イムヘテプ　Imhotep（前27世紀頃）　12
イル・ロッソ　Il Rosso Fiorentino（1495-1540）　104
ヴァザーリ、ジョルジョ　Vasari, Giorgio（1511-74）　94
ヴァンヴィテッリ、ルイジ　Vanvitelli, Luigi（1700-73）　121
ヴァンブラ、サー・ジョン　Vanbrugh, Sir John（1664-1726）　121、140
ヴィオレ＝ル・デュク、ウジェーヌ・エマニュエル　Violet-le-Duc, Eugène-Emmanuel（1814-79）　161
ヴィガラーニ、カルロ→シャルル　Vigarani, Carlo / Vigarani, Charles（1625頃-1713）　124
ヴィスコンティ、ルドヴィコ・トゥッリオ・ヨアキム　Visconti, Ludovico Tullio Joachim（1791-1853）　167
ウィトルウィウス・ポリオ、マルクス　Vitruvius Pollio, Marcus（前90頃-前20頃）　17、86、92、98、100
ヴィニョーラ、ジャコモ・バロッツィ・ダ　Vignola, Giacomo Barozzi da（1507-1573）　87、96
ヴィラール・ドゥ・オヌクール　Villard de Honnecurt（1190頃-1260）　64
ヴィンケルマン、ヨハン・ヨーアヒム　Winckelmann, Johann Joachim（1717-68）　146
ヴォーバン、セバスティアン・ル＝プレストル　Vauban, Seigneur de, Sébastien le Prestre（1633-1707）　127
ウッチェッロ、パオロ　Uccello, Paolo（1397-1475）　88
ウッド子、ジョン　Wood the younger, John（1728-1781）　141、153
ウッド父、ジョン　Wood the elder, John（1704-1754）　141、153
エレーラ、フアン・デ　Herrera, Juan de（1530頃-97）　105
オースマン、ジョルジュ・ウジェーヌ　Haussmann, Georges-Eugène（1809-91）　168

【カ―コ】

カノーヴァ、アントニオ　Canova, Antonio（1757-1822）　159
ガブリエル、アンジュ・ジャック　Gabriel, Ange-Jacques（1698-1782）　122、148
カリアーリ、ベネデット　Caliari, Benedetto（1538-98）　97
ガルニエ、シャルル　Garnier, Charles（1825-98）　166
カンペン、ヤコプ・ファン　Campen, Jacob van（1595-1657）　106
ギベルティ、ロレンツォ　Ghiberti, Lorenzo（1378-1455）　78
キャンベル、コリン　Campbell, Colen（1673-1729）　140
キュヴィリエ、フランソワ・ドゥ　Cuvillies, Francois de（1698-1768）　131
ギョーム（サンスの）　Guillaùme de Sens（不詳）　64
ギルピン、ウィリアム　Gilpin, William（1724-1804）　154
グァリーニ、グァリーノ　Guarini, Guarino（1624-83）　117、119
クールトンヌ、ジャン　Courtonne, Jean（1671-1739）　122、130
クレンツェ、レオ・フォン　Klenze, Leo von（1784 1864）　158
ゲルトナー、フリードリヒ・フォン　Gartner, Friedrich von（1792-1847）　159
ケント、ウィリアム　Kent, William（1685-1748）　141、147、152
コッカレル、サミュエル・ピープス　Cockerell, Samuel Pepys（1753-1827）　170
コッカレル、チャールズ・ロバート　Cockerell, Charles Robert（1788-1863）　156

コット、ロベール・ドゥ　Cotte, Robert de（1656-1735）　　121
コドゥッチ、マウロ　Coducci, Mauro (or Codussi)（1440頃-1504）　　95

【サ―ソ】
サルピィツィオ、フラ・ジョヴァンニ　Sulpitius, Fra Giovanni（不詳）　　86
サンガッロ、アントニオ・ダ　Sangallo, Antonio da, il Giovane（1483-1546）　　94
サンガッロ、ジュリアーノ・ダ　Sangallo, Giuliano da（1445頃-1516）　　96
サンソヴィーノ、ヤコポ　Sansovino, Jacopo（1486-1570）　　93
サンミケーリ、ミケーレ　Michele Sanmicheli（1484頃-1559）　　95
シュート、ジョン　Shute, John（-1563）　　87
シュミット、フリードリヒ・フォン　Schmidt, Friedrich von（1825-91）　　163
ジュリオ・ロマーノ　Giulio Romano（1499頃-1546）　　102
ジョーンズ、イニゴー　Jones, Inigo（1573-1652）　　107、140、147
ジョーンズ、オーウェン　Jones, Owen（1809-74）　　171
ジョット　Giotto（1267頃-1337）　　70
ジリー、フリードリヒ　Gilly, Friedrich（1772-1800）　　158
シンケル、カール・フリードリヒ　Schinkel, Karl Friedrich（1781-1841）　　159
スカモッツィ、ヴィンチェンツォ　Scamozzi, Vincenzo（1548-1616）　　87、89、101
スコット、ジョージ・ギルバート　Scott, George Gilbert（1811-78）　　163
スチュアート、ジェームズ　Stuart, James（1713-88）　　146
スフロ、ジャック・ジェルマン　Soufflot, Jacques-Germain（1713-80）　　148
スマーク、ロバート　Smirke, Robert（1780-1867）　　159
スミスソン、ロバート　Smythson, Robert（1535頃-1614）　　107
聖アントニオ　Sant'Antonio di Padova（1195-1231）　　70
聖フランチェスコ、San Francesco di Assisi（1181/2-1226）　　70
セルリオ、セバスティアーノ　Serlio, Sebastiano（1475-1554）　　86
ゼンパー、ゴットフリート　Semper, Gottfried（1803-79）　　166
ソーン、ジョン　Soane, John（1753-1837）　　154

【タ―ト】
ターナー、リチャード　Turner, Richard（1798-1881）　　171
ダ・ヴィンチ、レオナルド　Da Vinci, Leonardo（1452-1519）　　90、98
ダンテ　Dante Alighieri（1265-1321）　　78
チェザリアーノ、チェザーレ・ディ・ロレンツォ　Cesariano, Cesare di Lorenzo（1483-1543）　　86
チェンバーズ、ウィリアム　Chambers, William（1723-96）　　154
ディーテルリン、ヴェンデル　Dietterlin, Wendel（1500頃-1599）　　87
デゴデ、アントワーヌ　Babuty Desgodetz, Antoine（1653-1728）　　129
デシャン、ジャン　Deschamps, Jean（1218-95）　　64
デスプーイ、マリー・デジレ・エクトール・ジャン・バティスト　D'Espouy, Marie-Désiré-Hector-Jean-Baptist（1854-1928）　　156
テッシン、小ニコデムス　Tessin, Nicodemus den Yngre（1654-1728）　　121
デッラ・ポルタ、ジャコモ　Della Porta, Giacomo（1537頃-1602）　　112
デュク、ルイ＝ジョゼフ　Duc, Louis-Joseph（1802-79）　　156
デュラン、ジャン・ニコラ・ルイ　Durand, Jean-Nicholas-Louis（1760-1834）　　149
ドゥロルム、フィリベール　De L'Orme, Philibert（1510頃-1570）　　83、104
ドナテッロ　Donatello（1386-1466）　　80
トレッリ、ジャコモ　Torelli, Giacommo（1608頃-78）　　138
トレド、フアン・バウティスタ・デ　Toledo, Juan Bautista de（-1567）　　105

【ナ―ノ】
ナッシュ、ジョン Nash, John（1752-1835）　　153、170
ノイマン、ヨハン・バルタザール　Neumann, Johann Balthasar（1687-1753）　　117、132

【ハ―ホ】
バートン、デジマス Burton, Decimus（1800-81）　　170
バーリントン、第三代伯爵、リチャード・ボイル 3rd Earl of Burlington, Richard Boyle（1694-1753）　　140
パクストン、ジョセフ Paxton, Joseph（1803-65）　　170
ハゼナウアー、カール・フォン Hasenauer, Karl von（1833-94）　　167
バターフィールド、ウィリアム Butterfield, William（1814-1900）　　160
ハミルトン、トマス Hamilton, Thomas（1784-1858）　　159
パラーディオ、アンドレア Palladio, Andrea（1508-80）　　82、89、93、95、97、101、103
バリー、チャールズ Barry, Charles（1795-1860）　　160、172
ヒッポダモス Hippodamos（不詳）　　22
ピテオス Pytheos（不詳）　　15
ピュージン、オーガスタス・ウェルビー・ノースモア Pugin, Augustus Welby Northmore（1812-52）　　160
ビュラン、ジャン Bullant, Jean（1520頃-78）　　104
ピラネージ、ジョヴァンニ・バッティスタ Piranesi, Giovanni Battista（1720-78）　　146
ヒルデブラント、ヨハン・ルーカス・フォン Hildebrandt, Johann Lukas von（1668-1745）　　132
ファゾロ、ジョヴァン・アントニオ Fasolo, Giovan Antonio（1530-72）　　97
フィッシャー＝フォン＝エルラッハ、ヨーハン・ベルンハルト Fischer von Erlach, Johann Bernhard（1656-1723）　　113、132
フィラレーテ（本名アヴェルリーノ、アントニオ）（Averlino, Antonio）Filarete（1400頃-1469）　　81、98
ブーシェ、フランソワ Boucher, Francois（1703-70）　　131
フォンテーヌ、ピエール・フランソワ・レオナール Fontaine, Pièrre François Léonard（1762-1853）　　167
フラ・アンジェリコ Fra Angelico（1395頃-1455）　　81
プライス、ユーヴディル Price, Uvedale（1747-1829）　　153
ブラウン、ランスロット Brown, Lancelot（1716-83）　　152
フラ・ジョコンド、ジョバンニ Fra Giocondo, Giovanni（1433-1515）　　86
ブラマンテ、ドナト Bramante, Donato（1444-1514）　　84、88、90、95、102
フランチェスコ・ディ・ジョルジョ・マルティーニ Francesco di Giorgio Martini（1439-1501）　　91
ブリアモン、アンリ・アレクシス Brialmont, Henri Alexis（1821-1903）　　169
プリマティッチョ、フランチェスコ Primaticcio, Francesco（1504-70）　　104
ブルネレスキ、フィリッポ Brunelleschi, Filippo（1377-1446）　　78、81、84、88、90、92
フレアール＝ドゥ＝シャンブレ、ロラン Fréart, Sieur de Chambray, Roland（1606-76）　　129
プレイフェア、ウィリアム・ヘンリー Playfair, William Henry（1790-1857）　　159
ブレー、エティエンヌ・ルイ Boullée, Étienne Louis（1728-99）　　150
ブロス、サロモン・ドゥ Brosse, Salomon de（1571-1626）　　112
フロリス、コルネリス Floris, Cornelis（1514-1575）　　105、106
ブロンデル、ジャック・フランソワ Blondel, Jacques-François（1705-74）　　83、122、148
ブロンデル、ニコラ・フランソワ Blondel, Nicolas-François（1618-86）　　122、128
ペッペルマン、マテウス・ダニエル Pëppelmann, Matthäus Daniel（1662-1736）　　121
ペトラルカ Petrarca, Francesco（1304-1374）　　78
ベラン、ジャン Berain, Jean（1640-1711）　　138
ペルシエ、シャルル Percier, Charles（1764-1838）　　167
ペルッツィ、バルダッサーレ Peruzzi, Baldassare（1481-1536）　　88
ベルニーニ、ジャンロレンツォ Bernini, Gianlorenzo（1598-1680）　　89、112、114、115、118
ヘルモゲネス Hermogenes（不詳）　　14
ペロー、クロード Perrault, Claude（1613-88）　　122、129
ボッカッチョ Boccaccio, Giovanni（1313-1375）　　78

ボッロミーニ、フランチェスコ　Borromini, Francesco（1599-1667）　　89、114、118
ボフラン、ジェルマン　Boffrand, Germain（1667-1754）　130
ホル、エリアス　Holl, Elias（1573-1646）　106
ボワロー、ルイ・オーギュスト　Boileau, Louis-Auguste（1812-96）　161

【マ―モ】
マザッチョ　Masaccio（1401-29頃）　88
マッキム、チャールズ・フォレン　McKim, Charles Follen（1847-1909）　157
マデルノ、カルロ　Maderno, Carlo（1556-1629）　112
マンサール、フランソワ　Mansart, François（1598-1666）　112
ミーク、リシャール　Mique, Richard（1728-1794）　153
ミケランジェロ・ブオナローティ　Michelangelo Buonarroti（1475-1564）　84、91、93、94、95、102、115、118
ミケロッツォ・ディ・バルトロメオ　Michelozzo di Bartolomeo（1396-1472）　81、94
メイ、ヒュー　May, Hugh（1621-1684）　107

【ヤ―ヨ】
ヤペッリ、ジュゼッペ　Jappelli, Giuseppe（1783-1852）　159
ユヴァッラ、フィリッポ　Juvarra, Filippo（1678-1736）　117、133

【ラ―ロ】
ラウラーナ、ルチアーノ　Laurana, Luciano（1420頃-1479）　81、91
ラスキン、ジョン　Ruskin, John（1819-1900）　156
ラファエッロ・サンツィオ　Raffaello Sanzio（1483-1520）　88、95
ラブルースト、アンリ　Labrouste, Henri（1801-75）　157、172
リゴーリオ、ピッロ　Ligorio, Pirro（1510頃-83）　96
リチャードソン、ヘンリー・ホブソン　Richardson, Henry Hobson（1838-86）　157
リベルジェ、ユーグ　Libergier, Hughues　（-1263）　64
ル・ブルトン、ジル　Le Breton, Gilles　（1506/10-58）　104
ル・ヴォー、ルイ　Le Vau, Louis（1612-70）　120、132
ルクー、ジャン・ジャック　Lequeu, Jean-Jacques（1757-1825以降）　151
ルドゥー、クロード・ニコラ　Ledoux, Claude-Nicholas（1736-1806）　150
ル・ノートル、アンドレ　Le Nostre, André（1613-1700）　124
ル・ブラン、シャルル　Le Brun, Charles（1619-90）　122、124
ル・ポートル、アントワーヌ　Le Pautre, Antoine（1621-79）　122
ル・メルシエ、ジャック　Le Mercier, Jacques（1585-1654）　112
ル・ロワ、ジュリアン・ダヴィド　Le Roy, Julien-David（1724-1803）　146
レヴァートン、トマス　Leverton, Thomas（1743-1824）　141
レヴェット、ニコラス　Revett, Nicholas（1720-1804）　146
レスコ、ピエール　Lescot, Pierre（1500/15-78 ）　104
レプトン、ハンフリー　Repton, Humphry（1752-1818）　153
レン、サー・クリストファー　Wren, Sir Christopher（1632-1723）　140、153
ロージエ、マルク・アントワーヌ　Laugier, Marc-Antoine（1713-69）　148
ロードリ、カルロ　Lodoli, Carlo（1690-1761）　149
ロッセリーノ、ベルナルド　Rossellino, Bernardo（1409-1464）　91
ロンギ、小マルティーノ　Longhi, Martino, il Giovane（1602-60）　117
ロンゲーナ、バルダッサーレ　Longhena, Baldassare（1598-1682）　117

■建物索引

【アーオ】

アーヘン宮廷礼拝堂 ………………………………… 54
アヴィニョンの教皇宮殿 …………………………… 72
アウグストゥス記念門 ……………………………… 35
アウグストゥスの墓 ………………………………… 34
アウグストゥスのフォルム ……………………… 24、36
アウグスブルク市庁舎 …………………………… 106
アウレリアヌスの市壁 ……………………………… 73
赤ピラミッド ………………………………………… 12
アクロポリス ………………………………………… 30
アゴラ（アテネ） …………………………………… 20
アゴラ（ナポリ） …………………………………… 30
アゴラ（プリエネ） ………………………………… 20
アスクレピオス神殿（ペルガモン） ……………… 36
アスクレピオス神域（コス） ……………………… 19
アゼ・ル・リドー城館 …………………………… 104
アテナ神域（リンドス） …………………………… 19
アテナ神殿（プリエネ） ………………………… 15、18
アテナ神殿（ペルガモン） ………………………… 18
アネ城館 …………………………………………… 104
アヒロピエトス聖堂 ………………………………… 45
アファイア神域（アイギナ） ………………… 14、16、18
アポロン神殿（コリント） ……………………… 14、16
アポロン神殿（デルフィ） ………………………… 18
アポロン神殿（テルモン） ………………………… 14
アマーリエンブルク離宮 ……………………… 121、131
アマルフィ（都市） ……………………………… 58、69
アマルフィ大聖堂 …………………………………… 58
アミアン大聖堂 ……………………………………… 60
アムステルダム中央駅 …………………………… 167
アメン大神殿（カルナック神殿） ………………… 13
アヤ・エカテリニ修道院 …………………………… 49
アヤ・ソフィア大聖堂 ……………………………… 48
アルコス・デ・ラ・フロンテーラ ………………… 69
アルテス・ムゼウム ……………………………… 159
アルテミス神殿（マグネシア） ………………… 15、18
アルバート・メモリアル ………………………… 163
アルハンブラ宮殿 ……………………………… 59、105
アレッポ（都市の構造） …………………………… 31
アントワープ（アントウェルペン）市庁舎 …… 105、106
アントワープ中央駅 ……………………………… 167
アンボワーズ城館 ………………………………… 104
イーリ大聖堂 ……………………………………… 163
イギリス国会議事堂 ……………………………… 160
イシュタル門 ………………………………………… 10
イル・ジェズ聖堂 ………………………………… 112
イル・レデントーレ聖堂 ………………………… 103
イングランド銀行 ………………………………… 154
ヴァル・ドゥ・グラース聖堂 …………………… 112
ヴァルハラ ………………………………………… 158
ウィーン楽友協会ホール ………………………… 166
ウィーン国立歌劇場 ………………………… 166、168
ウィーン自然史・美術史博物館 …………… 167、168
ウィーン市庁舎 …………………………………… 168
ヴィクトワール（勝利）広場 …………………… 122
ヴィラ・カルドーニョ ……………………………… 97
ヴィラ・ジュリア …………………………………… 96
ヴィラ・デステ ……………………………………… 96
ヴィラ・バルバロ …………………………………… 97
ヴィラ・ファルネジーナ …………………………… 88
ヴィラ・フォスカリ（ラ・マルコンテンタ） …… 97
ヴィラ・メディチ（ポッジョ・ア・カイアーノ） … 96
ヴィラ・ランテ ……………………………………… 96
ウェストミンスター・アベイ …………………… 163
ヴェッティの家 ……………………………………… 28
ヴェネツィア（都市） …………………………… 66、68
ヴェルサイユ宮殿 ……………… 120、124、125、153、166
ウェルズ大聖堂 ……………………………………… 61
ヴォー・ル・ヴィコント城館 …………… 117、124、132
ヴォルムス大聖堂 …………………………………… 55
ウォンステッド・ハウス ………………………… 140
ヴュルツブルク司教宮殿 ……………………… 121、132
ウル第3王朝時代のジッグラト …………………… 10
ウルビーノ（都市） ……………………………… 101
ウルム大聖堂 ……………………………………… 175
エクーアン城館 …………………………………… 104
エステ城館 ………………………………………… 72
エドフのホルス神殿 ………………………………… 13
エトワールの凱旋門 ……………………………… 168
エバーバッハ修道院 ………………………………… 53
エピダウロスの劇場 ………………………………… 21
エル・エスコリアル宮殿 ………………………… 105
エルタム・ロッジ ………………………………… 107
エルベ（野菜）広場 ………………………………… 31
エレクテイオン（アテネ） ………………………… 16
円形劇場（ポンペイ） ……………………………… 27
円形闘技場（アレーナ） …………………………… 31
王太子広場（パリ） ……………………………… 122
王立製塩工場（アルケ・スナン） ……………… 150
王立図書館案 ……………………………………… 150
オーストリア国会議事堂 ………………………… 168
オクスフォード大学博物館 ……………………… 172
オシオス・ルカス修道院 …………………………… 51
オスペダーレ・マッジョーレ ……………………… 81
オットハインリヒスバウ ………………………… 106
オテル・ドゥ・スービーズ ……………………… 130
オテル・ドゥ・マティニョン …………………… 130
オペラ座 …………………………………………… 166
オベリスク ………………………………………… 114
オリュントスの住宅 ………………………………… 20
オリンピエイオン（アテネ） ……………………… 17

【カーコ】

カール5世宮殿 …………………………………… 105
カールスキルヒェ ………………………………… 133
階段ピラミッド …………………………………… 12
ガイヨン城館 ……………………………………… 104
カゼルタ王宮 ……………………………… 121、154
カフェ・ペドロッキ ……………………… 159、166
カラカラ浴場 ……………………………………… 27
カランルク・キリセ ……………………………… 51
カルーゼルの凱旋門 ……………………………… 167
カルカソンヌ（都市） …………………… 72、162
ガレリア・ヴィットリオ・エマヌエレ2世 … 172
カンピドリオ広場 ………………………………… 103
カンポ・マルツィオ地区 ………………………… 115
カンポ広場 ………………………………………… 67
キーブル・カレッジ礼拝堂 ……………………… 160
ギザの三大ピラミッド …………………………… 12
ギムナシオン（オリンピア） …………………… 21
ギムナシオン（プリエネ） ……………………… 21
ギムナシオン（ペルガモン） …………………… 21
キュー・ガーデンのパーム・ハウス …………… 171
旧アポロン神殿（ディディマ） ………………… 14
旧アルテミス神殿（エフェソス） ………… 14、16
旧市場（リール） ………………………………… 135
旧サン・ピエトロ大聖堂 ………………………… 45
クイーン・スクエア ……………………… 141、153
クイーンズ・ハウス ……………………………… 107
屈折ピラミッド …………………………………… 12
グラナダ大聖堂 …………………………………… 59
グラン・トリアノン ……………………………… 125
グラン・プラス（ブリュッセル） ……………… 135
クリスタル・パレス ……………………………… 171
クリュニー修道院 ………………………………… 52
グローブ座 ………………………………………… 166
外科医の家 ………………………………………… 28
ケルスス図書館 …………………………………… 36
ケルン大聖堂 ……………………………………… 65
ケンウッド・ハウス ……………………………… 153
コーラ修道院 ……………………………………… 63
国王広場（現ヴォージュ広場） ………………… 122
国王広場（現スタニスラス広場） ……………… 122
コロッセウム ……………………………………… 27
コンコルディア神殿（アクラガス） …………… 18
コンスタンティヌス記念門 ……………………… 35

【サーソ】

サール・デ・マシーヌ …………………………… 138
サイオン・ハウス ………………………………… 147
サン・ヴィターレ聖堂 ……………………… 49、63
サン・カルロ・アッレ・クアットロ・フォンターネ聖堂 ………
　　　　　　　　　　　　　　　　　　114、116、118
ザンクト・ガレン修道院計画図 ………………… 52
サンクト・ペテルブルク冬宮（エルミタージュ） … 121
ザンクト・マリア・イム・カピトール聖堂 …… 65
ザンクト・ヨーハン・ネポムーク聖堂 ………… 113
サン・ジェルヴェ聖堂 …………………………… 112
サン・ジミニャーノ ………………………… 67、68
サン・ジョヴァンニ・イン・ラテラーノ大聖堂 … 57
サン・スーシ宮殿（無憂宮） …………………… 121
サンス大聖堂 ……………………………………… 61
サン・セバスティアーノ聖堂 ……………… 84、92
サン・セルナン聖堂 ……………………………… 57
サンタ・コスタンツァ聖堂 ………………… 34、46
サンタ・スザンナ聖堂 …………………………… 112
サンタ・マリア・デッラ・サルーテ聖堂 ……… 117
サンタ・マリア・デッラ・パーチェ聖堂 … 115、117
サンタ・マリア・デッレ・グラツィエ聖堂 … 90、91
サンタ・マリア・デル・フィオーレ（フィレンツェ大聖堂）………
　　　　　　　　　　　　　　　　　　　　78、84、162
サンタ・マリア・ノヴェッラ聖堂 ……………… 82
サンタ・マリア・プレッソ・サン・サティロ聖堂 … 88、91
サンタ・マリア・マッジョーレ大聖堂 ………… 114
サンタニェーゼ聖堂 ……………………………… 115
サンタポリナーレ・イン・クラッセ聖堂 ……… 44
サンタンジェロ城 ………………………………… 72
サンタンドレア・アル・クィリナーレ聖堂 … 116、118
サンタンドレア聖堂 ……………………………… 92
サンティ・ヴィンチェンツォ・エ・アナスタジオ聖堂 … 117
サンティアゴ・デ・コンポステラ大聖堂 ……… 57
サンティーヴォ・アッラ・サピエンツァ聖堂 … 118
サンティッシマ・シンドネ礼拝堂 ………… 117、119
サンテティエンヌ聖堂 …………………………… 55
サン・ドゥニ修道院 ……………………………… 60
サン・ドゥニ門 …………………………………… 122
サント・シャペル …………………………… 63、162
サント・ジュヌヴィエーヴ聖堂 ………………… 148
サント・ジュヌヴィエーヴ図書館 ……………… 172
サント・スピリト聖堂 …………………………… 80
サント・フォア修道院聖堂 ……………………… 57
サントゥジェーヌ聖堂 …………………………… 161
サン・パオロ・フオーリ・レ・ムーラ大聖堂 … 45
サン・ピエトロ・イン・モントリオ聖堂 ……… 84
サン・ピエトロ大聖堂 ……………… 84、93、112、115
サン・フランチェスコ修道院聖堂 ……………… 70
サン・フロン大聖堂 ……………………………… 55
サン・マルコ小広場 ……………………………… 101
サン・マルコ聖堂 ………………………… 48、65、66
サン・マルコ図書館 ……………………………… 93
サン・マルシアル聖堂 …………………………… 57
サン・ロレンツォ聖堂（フィレンツェ） … 84、90、102
サン・ロレンツォ聖堂（トリノ） ………… 117、119
サン・ロレンツォ聖堂　旧聖具室（フィレンツェ） … 84、90

サン・ロレンツォ聖堂　新聖具室（フィレンツェ）……90、92	ツヴィンガー宮殿……………………………………121
ジーザ……………………………………………………58	テアティーネ修道院聖堂…………………………113
シェーンブルン宮殿……………………………121、132	テアトロ・オリンピコ……………………………89、101
シエナ（都市）…………………………………………66	テアトロ・ファルネーゼ…………………………138
士官学校（パリ）……………………………………122	ディアナの家……………………………………………29
四国学院（パリ）……………………………………122	ディアルバクル（都市の構造）………………………31
シタデル（リール）…………………………………136	ティエールの市壁………………………………………169
シニョリーア広場………………………………………66	ディオクレティアヌス浴場……………………………27
シャルトル大聖堂………………………………………61	ディオニソス劇場（アテネ）…………………………21
シャルルロワ要塞……………………………………137	ティトゥス記念門………………………………17、35
シャンボール城館……………………………………104	テオドシウス2世の城壁………………………………73
シュヴァルツェンベルク宮殿………………………132	テュイルリー宮殿……………………………………104
シュノンソー城館……………………………………104	Dema　House（アテネ）……………………………20
シュパイヤー大聖堂……………………………………55	デロス島の住宅…………………………………………20
ジュリイイ家の墓………………………………………34	テンピエット…………………………………………84、102
シラクーザ………………………………………………30	テンピオ・マラテスティアーノ（現サン・フランチェスコ聖堂）
新修道院（ネア・モニ）………………………………51	………………………………………………………84、92
シント・ミヒール教会堂………………………………113	塔上住宅（ピサ）………………………………………68
スカラ・レジア………………………………………112	ドミティアヌスのフォルム……………………………24
スカラ座………………………………………………166	トラヤヌス記念柱………………………………………34
スタビア浴場……………………………………………27	トラヤヌスのフォルム…………………………………24
捨子保育院（オスペダーレ・デリ・インノチェンティ）……80	トリノ司教座聖堂……………………………………117
ストゥピニージ宮殿………………………………117、133	ドレスデン歌劇場……………………………………166
ストックホルム王宮…………………………………121	
スフォルツァ城…………………………………………90	【ナーノ】
スフォルツィンダ………………………………………98	ナヴォナ広場…………………………………………115
スペンサー・ハウス…………………………………147	ニュートン記念堂案…………………………………150
聖アントニオ聖堂………………………………………70	ヌフ・ブリザック……………………………………137
正教徒洗礼堂……………………………………………46	ネーニッヒのヴィラ……………………………………33
聖ゲオルク聖堂…………………………………………61	ノートルダム大聖堂（パリの大聖堂）………61、162
聖使徒教会………………………………………48、65	
聖シメオン聖堂…………………………………………47	【ハーホ】
聖セルギオスと聖バッコスの聖堂……………………48	ハイデルベルク城………………………………………72
聖誕教会…………………………………………………46	廃兵院サン・ルイ礼拝堂……………………………117
聖墳墓教会………………………………………………47	バシリカ・パラディアーナ…………………………103
聖ミヒャエル聖堂………………………………54、62	バスティーユ城…………………………………………72
聖ヨアンネス聖堂………………………………48、65	パッツィ家礼拝堂………………………………………80
ゼウス神域（オリュンピア）…………………………18	ハトシェプスト女王葬祭殿……………………………13
セプティミウス・セウェルス記念門…………………35	ハドリアヌスのヴィラ…………………………………33
セプティミウス・セウェルスのフォルム（レプティス・マグナ）…37	ハドリアヌスの神殿……………………………………36
セント・パンクラス駅………………………………163	ハドリアヌスの墓………………………………………34
セント・ポール大聖堂……………………………117、160	バビロンの王宮…………………………………………10
	パラッツォ・ヴェッキオ………………………………66
【タート】	パラッツォ・ヴェンドラミン…………………………95
大英博物館……………………………………………159	パラッツォ・カリニャーノ…………………………117
大ピラミッド……………………………………………12	パラッツォ・キエリカーティ…………………………93
大ラヴラ修道院…………………………………………51	パラッツォ・グリマーニ………………………………95
ダマスクス（都市の構造）……………………………31	パラッツォ・スパーダ…………………………………89
ダンモア・パイナップル……………………………170	パラッツォ・デイ・コンセルヴァトーリ…………103
チズウィック・ハウス……………………………140、152	パラッツォ・デリ・ウフィツィ………………………94
チャッツワースの温室………………………………170	パラッツォ・デル・テ………………………………102

パラッツォ・ドゥカーレ	91	ヘラ神殿（サモス）	14、16、18
パラッツォ・バルベリーニ	116	ベルヴェデーレ宮殿（上宮）	132
パラッツォ・ピッコローミニ	91	ベルヴェデーレの中庭	91
パラッツォ・ピッティ	102	ペルセポリス百柱殿	11
パラッツォ・ファルネーゼ	94	ベルリン王宮	121
パラッツォ・ポルト	95	ベルリン王立劇場	159、166
パラッツォ・メディチ	94	奉献教会堂（フォティーフキルヒェ）	168
パラッツォ・ルチェッライ	94	ボーヴェ大聖堂	65
パリ北駅	167	ボーヴェ邸館	122
パリ国立国会図書館	172	ホーカム・ホール	147
パルテノン神殿（アテネ）	14、16、18	ボストン公共図書館	157
パルマノーヴァ	99	ポセイドン神域（スニオン）	18
パレルモ（都市）	58	ポセイドン神殿（イスミア）	14
バンケティング・ハウス	107	ポセイドン神殿（スニオン）	18
パンテオン	36	ポン・ヌフ	122
パントクラトール修道院	51	ポンペイウス劇場	27
ピアッツァ・アルメリーナのヴィラ	33	ポンペイのフォルム	24
ピエルフォン城	162		
ピエンツァ（都市）	99	【マーモ】	
秘儀荘	32	マインツ大聖堂	55
ピサ（都市）	68	マウリッツハイス	106、135
ピサ大聖堂	55	マクセンティウスの墓	34
ビュリー城館	104	マティニョン邸館	117、122
ファウノの家	28	マドリード王宮	117、121
フィーアツェーンハイリゲン巡礼聖堂	117	マルカタ宮殿	13
ブイヨン城	72	マルクス・アウレリウス記念柱	34
フィレンツェ（都市）	66	マルクト広場（ブリュージュ）	67
フィロエ島イシス神殿	13	マルケルス劇場	17、27
ブールヴァレ邸館	122	マルリーの機械	126
フェラーラ（都市）	99、101	マントヴァ（都市）	101
フォルトゥナ・アンノナリアの家	28	ミュケナイの宮殿	14
フォルトゥナ・プリミゲニア神域	19	ミレトス（都市計画）	22
フォルム	30	ミレレオン修道院	50
フォルム・ロマヌム	24、34	メイドゥムのピラミッド	12
フォンテーヌブロー城館	104	メゾン・カレ	36
フォントネー修道院	53	メゾン・ラフィット城館	122
ブザンソン歌劇場	166	モーレ・アントネッリアーナ	174
プティ・トリアノン	125、149	モンレアーレ大聖堂	58
ブランデンブルク門	158		
フランドル伯居城	72	【ヤーヨ】	
プリエネの住宅	20	ユピテルと巨人の円柱	34
ブリュージュ（ブルッヘ）	67	ヨーク市集会場	147
ブリュージュ（ブルッヘ）記録保管所	105		
ブルク劇場	166、168	【ラーロ】	
ブレニム宮殿	121、152	ラウレンティアーナ図書館	90、102
プロピュライア	158	ラファエッロの家	95、102
ブロワ城館	104	ラ・マドレーヌ聖堂	55、168
壁画のある家	28	ラ・ロトンダ	83、103、152
ベッドフォード・スクエア	141	ランス大聖堂	61
ベネディクト会修道院	113	ラン大聖堂	61
ヘラ神殿（オリンピア）	16、18	ランベール邸館	122

リアルト広場 …………………………………………… 66
リージェンツ・パーク …………………………………… 153
リージェント・ストリート ……………………………… 153
理想都市 ………………………………………………… 98
リフォーム・クラブ ……………………………………… 172
リュクサンブール宮殿 ………………………………… 122
リンクシュトラーセ ……………………………………… 168
ルイ15世広場（現コンコルド広場）…………………… 122
ルイ14世広場（現ヴァンドーム広場）………………… 122
ルーヴル ………………………… 72、104、122、128、167
ルクソール神殿 ………………………………………… 13
ル・トロネ修道院 ……………………………………… 53
レ・アール（市場）……………………………………… 168
レプティス・マグナのフォルム ………………………… 24
ロイヤル・クレセント …………………………………… 153
ロイヤル・パヴィリオン ………………………………… 170
ロングリート …………………………………………… 107

【ワ】
ワシントン記念塔 ……………………………………… 175

著者略歴

陣内秀信（じんない・ひでのぶ）
　1947 年　福岡県生まれ
　1971 年　東京大学工学部建築学科卒業
　1980 年　東京大学大学院工学系研究科博士課程満期退学
　1973-76 年　ヴェネツィア建築大学、ローマセンター留学
　現在、法政大学名誉教授、アマルフィ名誉市民
　工学博士
　専攻は西洋建築史・都市史。イタリア都市史
　サントリー学芸賞、建築史学会賞、地中海学会賞、
　日本建築学会賞受賞、ローマ大学名誉学士号、サルデーニャ
　建築賞 2008、ANCSA アルガン賞
　📖
　『ヴェネツィア―都市のコンテクストを読む』（鹿島出版会）
　『都市を読む・イタリア』（法政大学出版局）
　『サルデーニャ―地中海の聖なる島』（共著、山川出版社）等

太記祐一（たき・ゆういち）
　1965 年　東京都生まれ
　1989 年　東京大学工学部建築学科卒業
　1997 年　東京大学大学院工学系研究科博士課程修了
　1993-95 年　マインツ大学、美術史研究所留学
　現在、福岡大学教授。博士（工学）
　専攻は西洋建築史・都市史。とくにビザンツ建築史
　📖
　西洋建築史研究会編『パラレル 建築史・東西』（共著、本の友社）
　中川武監修『世界宗教建築事典』（共著、東京堂出版）
　鈴木博之・石山修武・伊藤毅・山岸常人編『シリーズ都市・建築・歴史 3　中世的空間と儀礼』（共著、東京大学出版会）
　『カラー版　建築と都市の歴史』（共著、井上書院）等

中島智章（なかしま・ともあき）
　1970 年　福岡県生まれ
　1993 年　東京大学工学部建築学科卒業
　2001 年　東京大学大学院工学系研究科博士課程修了
　1998-2000 年　リエージュ大学留学
　現在、工学院大学教授。博士（工学）
　専攻は西洋建築史。フランス・ベルギー近世建築史
　2005 年日本建築学会奨励賞受賞
　📖
　『中世ヨーロッパの城塞―攻防戦の舞台となった中世の城塞、要塞、および城壁都市』（翻訳、マール社）
　『図説ヴェルサイユ宮殿　太陽王ルイ 14 世とブルボン王朝の建築遺産』（河出書房新社）
　『図説バロック　華麗なる建築・音楽・美術の世界』（河出書房新社）等
　『リノベーションからみる西洋建築史』（共著、彰国社）

星　和彦（ほし・かずひこ）
　1951 年　東京都生まれ
　1975 年　東京都立大学工学部建築学科卒業
　1981 年　東京都立大学大学院工学研究科博士課程満期退学
　現在、前橋工科大学名誉教授。工学博士
　専攻は西洋建築史・英国建築史、歴史的環境
　テーマはルネサンスから新古典主義まで、歴史を活かしたまちづくり
　📖
　スピロ・コストフ著『建築全史』（共訳、住まいの図書館）
　『ビジュアル版　西洋建築史』（監修・共著、丸善）
　『インテリアデザインの歴史』（共訳、柏書房）等

横手義洋（よこて・よしひろ）
　1970 年　鹿児島県生まれ
　1994 年　東京大学工学部建築学科卒業
　2001 年　東京大学大学院工学系研究科博士課程修了
　1997 ～ 99 年　ミラノ工科大学留学
　現在、東京電機大学教授。博士（工学）
　専攻は西洋建築史。イタリア近代建築史
　1996 年日本建築学会優秀修士論文賞、
　2004 年日本建築学会奨励賞受賞
　2010 年建築史学会賞受賞
　📖
　『ピラネージ建築論　対話』（翻訳、acetate）
　『近代建築史』（共著、市ヶ谷出版社）
　『イタリア建築の中世主義―交錯する過去と未来』（中央公論美術出版）
　『建築史とは何か？』（翻訳、中央公論美術出版）等
　『リノベーションからみる西洋建築史』（共著、彰国社）

渡辺真弓（わたなべ・まゆみ）
　1948 年　東京都生まれ
　1971 年　東京大学工学部建築学科卒業
　1979 年　東京大学大学院工学系研究科博士課程満期退学
　1976-77 年　パドヴァ大学留学
　現在、東京造形大学名誉教授。博士（工学）
　専攻は西洋建築史・都市史。とくにイタリア・ルネサンス建築史
　2011 年建築史学会賞受賞
　📖
　『石は語る・建築は語る』（ほるぷ出版）
　『ルネッサンスの黄昏　パラーディオ紀行』（丸善）
　『パラーディオの時代のヴェネツィア』（中央公論美術出版）
　『イタリア建築紀行　ゲーテと旅する 7 つの都市』（平凡社）等

渡邊道治（わたなべ・みちはる）
　1956 年　熊本県生まれ
　1978 年　熊本大学工学部建築学科卒業
　1987 年　東京都立大学工学研究科博士課程満期退学
　1984-87 年　ローマ大学留学
　現在、東海大学名誉教授。博士（工学）
　専攻は西洋建築史
　地中海学会ヘレンド賞受賞
　📖
　『古代ローマの記念門』（中央公論美術出版）
　『古代地中海とローマ』（共著、小学館）
　『〈カラー版〉西洋建築様式史』（共著、美術出版社）等

図説　西洋建築史

2005年4月10日　第1版　発　行
2023年6月10日　第1版　第13刷

著　者　陣内秀信・太記祐一
　　　　中島智章・星　和彦
　　　　横手義洋・渡辺真弓
　　　　渡邊道治

著作権者との協定により検印省略

発行者　下　出　雅　徳
発行所　株式会社 彰　国　社
　　　　162-0067　東京都新宿区富久町8-21
　　　　電話 03-3359-3231（大代表）
　　　　振替口座　00160-2-173401

自然科学書協会会員
工学書協会会員

Printed in Japan

Ⓒ 陣内秀信（代表）2005年

印刷：壮光舎印刷　製本：ブロケード

ISBN 4-395-00648-5　C3052

https://www.shokokusha.co.jp

本書の内容の一部あるいは全部を、無断で複写（コピー）、複製、および磁気または光記録媒体等への入力を禁止します。許諾については小社あてご照会ください。